미국과 중국, 천하를 다투다

홍정표 지음

The Dragon Challenges American Tianxia

Jeong-Pyo Hong

BAIKSAN Publishing House

차례

▶ 시작하면서 · 7

제1장 웨스트팔리아와 세력균형 ·················13

1. 서의 봉건제와 동의 중앙집권 · 13
2. 웨스트팔리아 시스템(The Westphalian System) · 16

제2장 중국천하와 아메리칸천하(Tianxia) ·················19

1. **중국의 천하질서관** · 20
    1) 전통 이념형 천하질서관 · 20
    2) 왕경우의 천하질서 · 24
    3) 자오팅양의 천하체계 · 29
    4) 시진핑의 천하관 · 33
    5) 서양인이 보는 시진핑의 천하관 · 35
2. **아메리칸 천하(Tianxia)** · 42
    1) 역사적 배경과 근거 · 42
    2) 진정한 천하 · 49
    3) 아메리칸 천하는 저무는가? · 54

3. 21세기의 세계패권 · 63

제3장 중국 특색의 천하구상 ·············67

1. 중국의 개혁과 개방 · 67
2. 안휘성 집단농장 개혁개방 · 70
3. 덩샤오핑의 타오광양후이(韜光養晦) 24字 전략 · 72
4. 중국의 꿈(中国梦) · 83
   1) 일대일로(一帶一路 BRI) · 83
   2) 중국제조2025 · 94
5. 중국 특색의 사회주의와 천하질서 · 98

제4장 중국굴기(崛起) vs. 미국패권(霸權) ·············103

1. 미국과 중국, 승자는 누구인가? · 103
2. 인구문제 · 114
3. 미중 무역전쟁 · 120
4. 칩(chip) 전쟁 · 133
5. 달러화 위기 · 138
6. 중진국 함정 · 144
7. 글로벌 민주화 · 147
8. 리더십과 리더의 인식 · 152

제5장 소용돌이치는 천하질서 ·················157

1. 우크라이나 전쟁과 중국 · 157

1) 블라디미르 푸틴과 시진핑 · 157

2) 전쟁과 협상 · 161

3) 협상, 북한군 참전, 그리고 트럼프 재당선 · 171

4) 트럼프의 중재 · 175

5) 러시아의 중국에 대한 의심 · 192

2. 이스라엘-팔레스타인 분쟁과 중국 · 194

1) 하마스 공격 · 195

2) 가자 효과 · 200

3) 요르단 · 204

4) 이스라엘의 보복과 헤즈볼라 · 206

5) 이스라엘-하마스 정전 · 209

6) 이란과 미국, 트럼프 외교혁명과 결단 · 211

7) 하마스의 트럼프 최종가자정전협정안 수용 · 217

3. 타이완 해협 · 219

1) 일국양제와 하나의 중국 · 219

2) 2024년 대만총통 선거 · 224

3) 중국은 어떻게 타이완을 통일하는가 · 227

4). 예측불가의 예측가능 · 238

4. 한반도와 중국과 미국 · 239

1) 북한핵의 기원과 중국 · 239

   a. 한국과 핵무기 · 243

  b. 나노혁명과 우주선 · 250
 2) 중국 vs. 미국 · 254
  a. 남중국해 9단선 · 256
  b. 초한전(超限战) · 259
  c. 반접근/지역거부(Anti-Access/Area Denial) 전략 · 262
  d. 미국의 대중국 종말게임(endgame) 논쟁 · 266
   미국은 중국에 대한 종말게임(endgame)을 가지고 있는가? · 266
   왜 우리가 지고 있나, 어떻게 승리를 시작하는가? · 278
   미국의 대중정책 목표— "종말 국면(end state)" · 286
   중국과의 경쟁: 종말게임 논쟁 · 293
   중국과의 장기전을 준비하라 · 298

제6장 결론 ·· 315

1. 미국의 역사교훈과 외교원인 · 316
 1). 역사적 교훈 · 316
 2). 미국외교의 근본원인 · 326

2. 중국의 과잉투자와 공동부유 · 332

3. 마치며 · 339

▶ **참고문헌** · 346

▶ **미주** · 359

시작하면서

　　대한민국과 중화인민공화국이 1992년 8월 24일 국교를 수립한 이듬해인 1993년 2월 22일, 나는 베이징대학(北京大学: Peking University)에서 박사학위를 꿈꾸며, 중국의 수도 베이징(北京)에 가기 위하여 티엔진(天津)행 비행기 — 이때는 수교 직후라서, 아직 베이징을 직접 한국에 개방하지 않았다고 함 — 에 올랐다. 하늘에서 내려다보이는 중원(中原)은 2월의 찬 공기로 황량하고 누렇게 보였다. 저 넓은 펼쳐진 땅에 농사가 잘 된다면 많은 사람들을 먹여살릴 수 있겠구나 하고 잠시 생각에 잠겼다. 비행기가 공항에 도착하고 입국심사를 받기 위하여 두꺼운 천의 군복색 커튼을 열어젖히니, 당시 중국 특유의 시큼한 내음이 코를 찔렀다. 티엔진(天津)에서 마이크로 버스를 타고 베이징의 중관촌에 있는 베이징위엔원화대학(北京语言文化大学) 서문에 도착하니 얼굴은 몰랐지만 먼저 온 친구들이 마중을 나와 있었다. 어릴 때, 나는 아버님으로부터 한학을 배운 덕으로 이 대학에서 세계 여러 나라에서 중국어를 배우려 온 학생 중에 단 한 학기의 어학코스를 마치고 박사학위 과정을 위해 베이징대학으로 옮길 수 있었다. 베이다(北大)에서 가을 학기에 준비반 과정을 거쳐, 1994년 초에 박사과정 입학시험을 만족스럽게 통과하고, 9월에 정식으로 첫 학기를 시작하였다. 그리고, 1997년

7월, 베이징대학 국제관계학원에서 "중국 특색의 외교정책: 이론과 실천"이란 제목의 박사학위논문으로 베이징대학을 졸업하였다.

같은 해 8월에 귀국하여, 이듬해 1998년 봄학기부터 고려대학교와 숙명여자대학교에서 "정치학"과 "중국정치와 문화"를 강의하였다. 가을 학기에는 한국개발원 KDI School에서 "중국의 정치와 경제" 과목을 당시 한동훈 박사와 함께 강의하였다. 강의를 하면서, 특히 나의 전공인 중국과 미국 관계에 관한 강의를 준비하는 과정에서 한쪽의 가슴은 중국에 관한 지식으로 충만했지만, 서구 특히 미국에 대한 현지 연구의 부재로 인하여 다른 한쪽 가슴은 텅 빈 느낌으로 너무나 허전하였다. 1999년 봄학기, KDI School에서 조교수가 된 후, 이러한 허전함을 메우기 위해 같은 해 8월에 미국으로 향하기로 마음을 먹었다.

이해 여름에 다시 미국으로 가는 비행기에 올랐다. 시카고에서 미시건주 이스트렌싱을 향하는 프로펠러 비행기로 바꾸어 탔다. 비행기는 푸른 오대호 위를 날아 이스트렌싱에 도착하였다. 노란 신호등과 녹색의 자연환경이 어우러지는 미시건주립대학(Michigan State University) 캠퍼스가 인상적이었다. 이곳에서 VIPP의 1년의 방문학자로 대학원강의 청강과 프로그램 연구를 경험한 후, 다시 2000년 8월부터 2001년 8월까지, 워싱턴 D.C.에 있는 조지타운대학(Georgetown University)의 아시안 프로그램(Asian Program)에서 방문교수로 연구활동을 하였다. 이때 워싱턴 소재의 많은 연구소들과 대학들을 방문할 수 있었고, 특히 조지타운대학의 Asian Program에서 매주 워싱턴에 주재하는 각국의 대사들을 초청하여 열리는 강연회는 미국과 중국 관계를 연구하는 데 이론과 실제를 함께 할 수 있어서 매우 유익하였다. 중국을 안과 밖에서 연구할 수 있는 좋은 기회였다. 이곳 아시안 프로그램의 스타인버그(David Steinberg) 소장님의 배려에 감사드린다.

생각지도 못하였던 것으로, 2001년 8월, 미시건주립대학에서 개최된 학회의 세미나에서 만난 미국 교수의 소개로 일본 규슈(九州)에 있는 미야자키국제대학(Miyazaki International University)으로 가게 되었다. 이곳에서 조교수로 시작하여 5년 차, 바로 정교수가 되면서 2021년 8월까지 국제관계론, 일본과 동북아 관계, 미국과 중국 관계, 중국정치, 일본정치 및 한반도 관계 등을 영어로 강의해 왔다.

이 책을 쓰는 데는 두 가지 동기가 있다. 먼저, 첫 번째는 2017년 9월 6-9일까지 노르웨이의 오슬로대학에서 개최된 유럽정치연구연합총회(ECPR)의 학회에 논문 발표를 위하여 공석기 교수와 김영춘 교수와 함께 참석했을 때, 그곳의 한 북페어 코너에서 *American Tianxia*(아메리칸 천하) 라는 제목의 B5 사이즈의 소책자 한 권이 눈에 확 들어왔다. 내용을 보니, 중국과 미국을 천하(天下)의 관점에서 시각적으로 비교하여 서술하고 흥미있게 분석한 전체가 87쪽밖에 되지 않는 작은 책이었다. 이 책도 천하관에 기초하여 중국과 미국의 관계, 즉 현재의 국제관계에서 미국의 패권에 도전하는 중국의 저력과 미국의 역량을 진화하고 발전하는 관점에서 비교하고 서술하려고 시도했다고 하겠다.

둘째, 2019년과 2020년 사이 겨울 방학에 베이징에 필드 리서치를 갔다. 중국의 발전상이 1993년 처음 중국에 갔을 때보다 시각적일 뿐만 아니라 실질적으로도 느껴지고 있었다. 베이징대학과 칭화대학(清华大学) 그리고 런민대학(人民大学)의 친구 교수들과 중국사회과학원(中国社会科学院) 연구원들의 생활 수준이 상당히 높아지고 있었다. 제2차 세계대전 후, 냉전기에는 중국의 대학과 연구소에서 엘리트 교수와 연구원들은 대부분 러시아어를 할 수 있는 소련에서 유학한 학자들이 주류였다. 그러나 개혁개방 후 이들 교육기관의 엘리트 학자들은 영어를 할 수 있는 미국 및 유럽의 유학자들로 세대가 교체되었다. 이들은 자국의 발전과 세계를 향한 자신감에 충만해 있었다. 경제발전과 함께 사회의 변화도 빠르게 나타났으며, 2008년 베이징 올림픽을 계기로 중국의 젊은 청년들의 행동은 발랄하고 표정은 한층 밝아 보였다.

그러나 나는 이 학자 친구들과 어울려 담소하는 자리에서 "중국이 덩샤오핑의 타오광양후이(韜光養晦: 도광양회) 전략을 너무 일찍 버린 것이 아닌가? 샴페인을 너무 일찍 터트린 것이 아닌가?" 하고 물어보았다. 그리고 COVID-19가 중국에서 시작하여 세계를 휩쓸고, 중국과 미국 사이 무역분쟁이 가속화되고, 나아가 칩 전쟁으로 중미관계가 한 단계 더 분쟁으로 격화되고 있었다. "중국이 너무 일찍 허리를 펴는 것이 아닌가?"하는 생각이 들었다. 그리고, 나는 먼저 중국에서 유학을 하였음으로 "중미관계"라는 말이 "미중관계"라는 말보다 쉽게 나온다.

덧붙여, 중국과 미국 그리고, 특히 일본에서 오랜 기간 강의한 후에 귀국을 해보니, 중국과 관련하여 한국의 학술계에 많은 변화와 발전이 있었다. 중국에서 학위를 받고 귀국하여 한국에서 활동하는 학자들 중에 서구 편향적 경향이 있는 학자들이 있고, 서구 특히 미국이나 영국 등 유럽 및 기타 국가에서 중국을 전공한 박사학위 소지한 중국전문가 중에 상당수의 학자들이 중국에 경도되어 호의적인 것으로 보였다. 중국의 부상을 실감하게 되었다.

이룬 것 없이 그동안 주위의 여러분들로부터 너무나 많은 도움을 받았다. 이번의 책을 내는 데는 서울대 아시아연구소 방문학자로 있으면서 책 집필에 집중할 수 있도록 배려해 준 연구소와 관련자 여러분께 깊은 감사를 드린다. 아울러 서울대 아시아연구소 창립소장 임현진 교수님께서 많은 배려, 특히 이 책의 제목에 대한 좋은 아이디어와 목차에 관해 여러 차례 코멘트를 해주시고 좋은 조언을 주신 데 대해 감사드린다. 그리고, 이진규 (재)미래인력연구원 이사장님의 적극적인 연구지원에 감사드린다. 첫 만남에 흔쾌하게 신뢰를 주신 인품의 크기에 대하여 고개를 숙인다. 책의 구상과 영어에 도움을 준브라톤 (Daniel Bratton)교수께도 감사를 표한다. 중국에 관하여 의문이 있을 때 도움을 주는 서울대 법대 강광문 교수에게도 고마움을 표한다. 좋은 인연을 만들어 주시는 홍기송 선배님과 나노혁명에 관한 지식을 갖게 해 주신 나창주 교수님께도 감사의 말씀을 드린다. 중국의 군벌과 국민당 시기의 역사적 의미와 서양의 정치사상에 대하여 주신 말씀이 책을 쓰는 동안 좋은 영감이 떠오르게 해 주셨다.

박사학위 과정의 지도 교수님이셨던 베이징대학의 량쇼우더(梁守德) 교수님과 사모님께 깊은 감사의 마음을 드린다. 그리고, 베이징대학 부총장 겸 당위원회 당서기였던 하오빈(郝斌) 선생님과 사모님께도 충심으로 감사를 표한다. 하오빈 선생님은 당시 베이징대학 공산당 최고 간부로서 내가 연락을 드릴 때면, 언제나 "이번에는 무엇을 도와줄까?"하시며 되묻곤 하셨다. 중국에서 그렇게 지도력이 있고 학문이 높은 분을 찾기가 쉽지 않으리라. 우리 민족으로 박혜숙 선생님은 나의 베이징 생활에 따뜻한 누님 같은 분이셨다. 내외분의 건강과 행복을 빈다. 아울러, 장학금으로 어려운 시기에 유학을 가능하게 하여주신 성덕스님과 이영희 이사장님 및 베이징대학에 감사의 마음을 드린다. 그 장학금의 일부로 다른 친구를 도울 수가 있었다. 대구에서 상경할 때, 힘이 되어주셨던 최희목 선생님도 잊을 수 없다. 지금은 고인이 되셨지만 학문에 뛰어나시고 인품이 고매하셨던 두 분의 선생님, 국제연합 해양법재판소 재판관으로 고려대학교 법대 박춘호 교수님과 미시건 주립대 및 KDI School 초대 대학원장 임길진 교수님이 계시지 않았더라면 나의 중국과 미국의 문은 열리지 않았을 것이다. 두 분의 명복을 빈다.

익명의 두 학자의 허심탄회한 조언에 감사드린다. 원래는 American Tianxia와 같이 분량이 적은 책으로 구상을 했으나 이 두 분 학자의 평으로 양이 늘어나게 되었다. 오랜 해외 생활을 해온 본인에게 자세하게 국내 학계의 흐름을 알려주고, 나아가 나의 연구를 통하여 배우려는 마음을 가진 인품에 고개를 숙인다. 많은 광범위한 자료가 영어와 중국어로 되어 대부분이 번역되어 실렸다. 그러다 보니 번역에 오역과 착오가 있을 수도 있다. 모두 나의 책임이며, 또 표현이 매끄럽지 못한 점도 더욱 노력해야 한다고 생각한다. 4차 혁명시대로 바뀌면서 관련 내용은 전문가 유튜버의 내용도 참고에 도움이 되었다. 그분들의 연구에 감사한다. 조미나 선생은 컴퓨터 작업에 큰 도움이 되었다. 출판을 흔쾌히 허락해 주신 김철미 이사장님께 깊은 감사의 말씀을 드린다. 특히 이 책에 인용된 내용의 해외의 원저자분들의 연구와 노고에 경의를 표하며 마음에 간직한다.

대학 공부를 위해 상경을 할 때, "天不生無祿之人, 地不生無名之草 (천불생무록지인, 지불생무명지초)"란 명심보감(明心寶鑑)의 한 구절로 격려를 해주시던 숙부님이 생각난다. 형님들께서 모두 떠나시고, 바로 위의 형수님께서 집안을 이끌어 가고 계신다. 건강히 오래 사시기를 바란다. 넓은 마음으로 늘 배려해 주시는 누님께 감사드리고, 늘 웃음으로 반기시던 자형의 명복을 빈다. 항상 균형 잡힌 생각과 행동의 모범을 보이는 동생과 매제에게도 감사를 보낸다. 착한 처남과 그의 가족에게도 행복을 빌며, 나의 주위에 울이 되어주시는 장모님께 감사한다. 지금도 마음의 안식처가 되어주시는 하늘에 계시는 어머님께 고개를 숙인다. 딸과 아들에게 함께 하지 못하여 늘 미안한 마음을 가진다. 검소하고 생각이 깊은 아내에게 감사하며, 여기에서 사랑을 표한다.

2025년 7월 하순에

홍 정 표

제1장 웨스트팔리아와 세력균형

1. 서의 봉건제와 동의 중앙집권

본 저서에서는 현재의 미국과 중국의 대립관계를 1972년 리처드 닉슨 미국 대통령의 중국방문 이후의 양국 관계에 초점을 맞추어 체제 비교 관점의 시각에서 분석해 보려고 한다. 여기서 체제란 중국과 러시아와 현재의 독립 민주국가들 그리고 동유럽을 포함한 과거의 공산 진영을 의미하는 동(東)과 미국과 유럽 그리고 남미 및 아시아의 민주주의 국가들로 구성된 민주진영의 서(西)의 두 축을 의미하며, 냉전은 이 두 축이 이데올로기로 대립하는 과정을 의미하는 것이다. 중국은 공산주의 소련 진영의 하나로서 수정주의자 소련과, 이미 역사적으로 그리고 양국 지도자들 사이에 쌓여온 불만이 1969년 진보도 사건의 발생으로 중소전쟁 위험의 가능성이 높아가고 있었다. 중국은 그들의 표현에 따르면 제국주의 미국에 의하여 포위되고, 국내적으로 문화대혁명으로 어려움을 겪고 있었다. 이때 중국은 미군이 소련군보다도 훨씬 강하다는 것을 인식하고, 미국이 내민 유화의 손을 잡게 되었다. 1971년 백악관 안보 보좌관 헨리 키신저(Henry Kissinger)가 극비리에 베이징을 방문하여 국무총리 겸 외교부장 저우언라이(周恩來)와 회담을 가졌다. 그리고, 중국의 최고지도자 마오쩌둥(毛澤東)은 미국 대통령 닉슨을 만났다.

이로부터 미국과 중국의 관계는 협력의 관계로 전환되었으며, 1979년 1월 1일, 미국과 중국 두 나라는 정식으로 양국의 수도에 각자의 대사관을 설치하게 되었다. 한편, 1945년에 시작된 냉전 기간에 소련은 미국과 체제 및 군비경쟁을 통하여 1991년 붕괴의 길을 걷게 되었다. 이로부터 지난 30여 년 간 경제에서 두 자리 숫자로 발전해 온 중국이 계속 발전하여 국제질서에서 새로이 세계적인 패권의 지위를 가지게 될지, 아니면 미국이 계속하여 세계를 지배해 가는지를 분석하는 데 이 책을 쓰는 중점이 주어지고 있다. 이를 위해 우선 세계 패권의 흐름을 역사적 관점에서 조망해 볼 필요가 있다.

세계를 동(East 東)과 서(West 西)의 두 부분으로 크게 나눌 때, 서는 미국을 포함한 유럽의 국가들로 이루어진다. 유럽의 세계는 봉건지주와 농민 그리고 이들 사이에서 지주의 안전을 보호하고 그 대신 봉읍을 받는 기사로 이루어진 봉건사회였다. 당시 서쪽의 유럽에서는 구교인 카톨릭과 신교인 프로테스탄트 사이에 30년간 치열한 종교전쟁을 마무리하는 1868년 웨스트팔리아 조약이 체결되었다. 이후, 나폴레옹 전쟁을 마무리하고 다시 유럽질서를 구축하기 위하여 1815년에 형성된 비엔나 체제도 당시까지 한 세기 반 동안 계속 유지되었던 웨스트팔리아 시스템을 다시 채택(대체)한 것이다. 그리고 이 시스템은 다시 제1차 세계대전의 베르사이유 체제까지 한 세기 동안 유럽의 안정을 지키는 제도로 작용해 왔다.

이에 반하여 동(East)은 러시아를 이어 1917년 공산주의혁명이 시작되었던 소련과, 중국공산당(CCP)의 중국화인민공화국(CPR)을 포함한 동아시아 국가들과 일부의 중앙아시아로 구성되었다고 보자.

기원전 221년 중국의 진나라(秦) 시황이 춘추전국시대(BC 770 - BC 221)를 통일한 후 수립된 진나라는 중앙집권적 권위주의체제로서, 중앙의 황제(皇帝)가 직접 지방을 수직적으로 다스리는 권위주의제도가 확립되고, 이것이 전통적으로 지금까지 지속되어 왔다고 볼 수 있다. 15년 후인 BC 206년, 진말의 혼란기에 유방(劉邦)의 한(漢)이 항우(項羽)의 초(楚)를 멸하고 현대 중화문화의 기초가 되는 한(漢)나라를 세웠다. 한왕조 역시 중앙집권적 권위주의적인 정치체제를 이어왔다.

1917년 러시아 공산혁명으로, 1922년 12월 22일에 태어난 소련(USSR 소비에트 사회주의 공화국 연방)은 당시 그와는 달리 군벌이 활개를 치고 있던 농업 대국인 이웃 나라 중국에 압도적인 영향을 미치고 있었다. 1840년 아편전쟁으로 기울기 시작한 청제국을 이어, 1910년 한족(漢族)에 의해 건국된 중화민국의 국민당 쑨웬(孫文)의 후계자 장제스(蔣介石)는 전국의 군벌을 정리하면서 공산당과 항일전선을 이어가고 있었다. 마침내, 1945년 제2차 세계대전에서 제국주의 일본이 패하고, 제2차 세계대전이 종전에 이르렀다. 1921년에 창당된 중국공산당의 지도자 마오쩌둥(毛澤東)은 목표를 국내로 돌려 내전에 집중하였다. 항일전쟁을 통하여 자체의 힘을 기르고, 또 항일전쟁을 위하여 국민당과 맺었던 국공합작을 통한 통일전략전선을 버리고 중국을 공산당 단독으로 지배하기 위해 국민당군과의 인민해방전쟁을 시작하였다. 1949년 10월 1일, 비로소 중국공산당의 마오쩌둥은 중화민국의 국민당의 장제스에게 승리하고, 아편전쟁 후 중국인민이 100년 치욕에서 벗어나 스스로 중화인민공화국으로 우뚝 서게 되었음을 세계에 공포하였다.

2. 웨스트팔리아 시스템(The Westphalian System)

유럽의 30년 종교전쟁을 종식시킨 웨스트팔리아 조약은, 먼저 1648년 1월 스페인이 네덜란드의 독립을 인정한 뮌스터조약과 같은 해 10월 뮌스터와 오스나브뤼크에서 조인된 두 개의 조약을 포함한 이들 세 개의 조약으로 이루어졌다. 이 세 개의 다자조약은 신의 영광과 기독교 세계의 안전을 위하여, 기독교적이고 보편적이며 영구하고도 참되며 진지한 평화와 우정을 이들 조약국들의 의도로 선포한 것이다. 여기서, 국가는 제국이나 왕조나 종교적 기준이 아니라, 유럽의 질서를 건축하기 위한 하나의 벽돌로서 간주된다는 것이다. 이로써 국가의 주권 개념이 확립되었다.

https://mail.yahoo.com/n/folders/folders=1&listFilter=PRIORITY/messages/AL4QCbjAUNS6mBhw1KsHgvhPG1I/AL4QCbjAUNS6mBhw1KsHgvhPG1I:2?.src=ym&reason=myc (2025.07.12. 인용)

웨스트팔리아 평화(Peace of Westphalia)는 동맹의 특별한 구성이나 유럽의 어떤 정치적인 구조를 위임하는 것이 아니었다. 당시 정통성의 최후의 보루로 여겨지던 보편적인 교회의 종말과 신성로마제국이 허약하게 되면서, 유럽을 위한 질서의 기준으로 세력균형(balance of power) 개념이 등장하였다. 이 세력균형은 그 정의(definition)에 따르면 이념적으로 중립이며 진화하는 상황에 끊임없이 적응한다는 것이다. 다시 말해서 오늘날 우리가 이해하는 "세력균형이란 어느 지역에서 압도적인 국력을 가진 한 국가가 자신의 제국을 건설하기 위하여 나머지 다른 국가들을 점령하기 시작할 때, 나머지 국가들은 점령당하는 국가의 경우를 자신들이 점령당한다고 간주하고 모두가 다 협력하여 그 점령국에 공동으로 대응하려고 한다. 이로써 점령국은 그 시도를 멈추고 이 국가들 사이에 평화가 유지된다"는 것이다. 당시, 영국 정치가 팔머스톤(Lord Palmerston)은 세력균형의 기본 원리를 다음과 같이 설명하였다. "우리는 영원한 동맹도 없고, 영원한 적도 없다. 우리의 이익이 영원할 뿐이다. 그리고 그러한 이익이 우리가 따라야 할 의무다." 이 원리가 이후 나폴레옹전쟁 때까지 유럽의 평화를 유지하는 틀이 되어왔다.
　나폴레옹전쟁(1803-1815)을 마무리하고 유럽의 새로운 질서를 세우기 위하여 1815년 오스트리아의 빈에서 오스트리아, 영국, 프러시아, 러시아에 의하여 비엔나회의(Congress of Vienna)가 개최되었다. 비엔나회의에서 창안된 "세력균형"이 유럽대륙에서 존재하였고, 이 비엔나 체제를 영국이 프랑스, 오스트리아, 러시아와 함께 효과적으로 유지시켰다. 비엔나협약은 역사에 드물게도 유럽에 안정을 주었다. 첫째 목적은, 유럽에서 나폴레옹 제국과 같은 제국주의를 방지하고, 유럽에 세력균형을 확립하고, 이들 사이에 평화를 유지하는 것이다. 둘째, 현상을 유지하기 위하여 프랑스 혁명과 같은 정치혁명을 방지하는 것이 목적이었다. 이 회의에서 다시 채택된 웨스트팔리아

시스템의 특징은 시스템 자체가 융통성과 실용주의 — 그 자체가 보편적인 것 — 적이라는 것이다. 이는 어떤 지역에도 이론적으로 확장될 수 있고, 다양한 국가들과 어떤 결합도 가능하다는 것이다. 국제사회에서 구성국들의 평등에 기초한 웨스트팔리아 시스템은 이 구성국가들 사이의 균형이 무너지는 제1차 세계대전까지 지속하였다.

제1차 세계대전 중 영국 패권의 쇠퇴기, 대영 제국의 패권에 도전했던 독일은 실패하였다. 세계 패권은 영국의 관점에서 볼 때, 1871년 통일을 한 후 공격적이고 물질적인 독일보다는 온건하고 관념적이며 같은 앵글로색슨의 미국에게 패권이 전이되는 것을 선호하였다.[1] 1차 대전에서 패배한 파시스트 독일은 일본과 함께 미국의 패권에 도전하였다. 그리고, 파시스트의 패배는 마르크스 이론에 기초한 공산주의 진영의 소련과 신생국 아메리카의 대립으로 표현되는 새로운 냉전체제를 보게 된다. 1989년 봄, 중국의 민주화를 상징하는 베이징의 봄을 이어, 이해 가을 동유럽에서의 민주화 열기는 같은 해, 동서독의 베를린 장벽을 무너뜨리고, 1991년에는 미국패권에 도전하던 소련이 붕괴되었다. 이제 세계질서는 냉전의 양극체제에서 미국 위주의 단극체제가 되었다.

2008년의 세계적 금융위기는 미국의 위상이 떨어지는 계기가 되었으며, 중국은 이제 세계질서는 다극체제의 시대라고 강조하고 나섰다. 2010년, 중국은 자국의 외화 보유고가 미화 10조 달러를 넘으면서 일본을 제치고 제2의 세계 경제 대국이 되면서 미국이 주도하는 세계질서에 불만을 갖게 되었다. 21세기 초 현재의 시점에서, 세계 패권의 역사적 흐름을 볼 때, 미국과 중국 사이에 양국의 국력을 가름하는 기준이 되는 다양한 요인들이 있을 것이다. 양국 관계를 비교 분석하여 중국이 미국의 세계질서에 성공적으로 도전할 수 있는가를 알아보는 것은 매우 흥미로운 일이다.

제2장 중국천하와 아메리칸천하(Tianxia)

중국은 아시아 동부 대륙에서 가장 일찍 그리고 먼저 중앙집권 봉건주의적 전제대국을 건립하였다. 3,000여 년 지속된 이 제국은 고대와 중·근대에 동서방 국가들과 발전된 교류를 가지지 않은 채 고립된 상태였다. 이 제국은 고도의 문명을 가진 사회로, 일련의 정치·경제·군사·사회 등 제도와 완미한 이론과 철학을 갖추고 있었다. 이러한 긴 역사는 화족(華族: 汉族)을 위주로 중국의 각 민족의 통치자들과 그 땅에 거주하는 그들의 인민들로 하여금 자신들의 총명한 재능과 비할 바 없는 인력과 물력을 발휘하게 하였다. 또한 제국의 관할 범위는, 지리상의 극한 지대인 북으로는 대 사막지대, 서로는 대 고원지대와 눈 덮인 고산지까지 이르는 광대한 영토국가에 이른다. 중국 봉건제국은 그 독립 발전 시기에, 세계에 대한, 특별히 인접국에 대해 자기의 특수한 인식을 가지고 있었는데, 이에 근거하여 자신의 대외정책을 실행해 왔다.

이에 반하여 아메리카합중국은 아메리카대륙의 동부 13개의 식민지가 합쳐 1776년에 독립을 한 후, 점진적으로 서부를 개척하면서 현재의 영토로 확장되어왔다. 그리고 한 세기 동안 지도자들은 미국의 "분명한 운명(Manifest Destiny)"의 성취를 위하여 노력하였다. 1800년대 전반 50년 동안, 미국은 서쪽으로 팽창하여 태평양에 이르렀고,

19세기 후반의 50년은 확보한 영토를 강화하여 부유하고 결집력 있는 국가를 세우는 데 우선하였다.

미국은 1803년 광대한 미시시피강 이서 지방을 프랑스로부터 1,500만 달러에 매입함으로써 영토가 두 배로 늘어났다. 1819년, 스페인으로부터 플로리다를 빼앗아 영토확장의 2단계에 착수했다. 3차 영토 확장은 1845~1848년 사이에 일어났는데, 이미 텍사스가 1836년에 노예제도를 가지고 합병되기를 요구하다가, 결국 노예제도를 폐지하고 1945년 12월 29일 미국에 합병이 되었다.

이어 1846년 6월, 미국은 영국과 오리건 영토문제를 해결하여 태평양 서북으로 확대하였고, 영국과 오리건합의가 이루어지기 전인 5월 초, 멕시코에 선전포고를 하여 오늘날의 캘리포니아를 점령하였다. 2년 사이 영토가 64% 늘어난 것이다. 1853년 멕시코로부터 국경선을 모양 있게 하려고 소규모(개스텐) 지역을 구입하였으며, 1867년 러시아로부터 알래스카를 매입하였다. 캐나다도 19세기 동안 미국이 차지하려고 하였으며, 쿠바는 카라브해 지역의 가장 주요한 대상이었다.[1] 2025년 1월, 도널드 트럼프는 그의 2차 미국대통령 임기를 시작하면서 다시 미국의 영토확장을 언급하고 있다.

1. 중국의 천하질서관

1) 전통 이념형 천하질서관

유럽인은 고대와 중세의 지도를 만들 때, 그 지도에 그들의 문명을 기존에 발견된 문명의 가장자리에 놓는다. 이에 비하여, 중국인은 그들 자신의 문명을 항상 지도의 "중심"에 놓는다. 중국이 세계의 중심이라는 뜻이다. 중국의 제국체제를 말할 때, 제국이란 직/간접지배를 통해 지배 영역을 하나의 정치적 단위로 통합한 지배체제를 말한다. 근대 이전에 '중국 중심의 천하질서'가 존재했다. 이의 구현체를 중화제국이라 부른다. 당송 변혁기를 경계로 중화제국은 한당(汉唐)중화제국과 명청(明淸)중화제국을 전형으로 삼는다. 진시황이 만들고 한대에 그 전형이 기본적으로 완성된 제국체제는 제국의 요점을 비교적 잘 구비하고 있었다. 역사적으로나 실질적으로 많은 변화를 거쳤음에도 불구하고 진한시대에 만들어진 제국체제는 20세기 초까지 유지되었다.2)

전통적인 중국의 천하(天下: Tianxia) 개념에 따르면, 중국의 천하질서의 구조는 다섯 개의 동심원으로 구성된다. 첫째, 가장 중심의 동심원에 황제의 개인 황실 영지가 있다. 둘째의 바깥 동심원은 황제인 한족(漢族) 제후의 영역이다. 셋째 동심원은 영토 내의 정복왕조의 비한족, 즉 소수민족으로 구성된다. 이들 세 개의 지역은 중국 제국 내부에 존재해 왔다. 이론상 처음 세 개의 동심원에 속하는 지역은 중국의 법률에 복속된다. 이들 세 개의 동심원 밖의 네 번째 동심원에는 중국과 조공관계에 있는 소위 야만인으로 불리는 진영이 있다. 동으로는 이(夷), 서로는 융(戎), 남으로는 만(蠻), 북으로는 적(狄)이고, 한국과 월남이 이들에 속하였다. 이들은 매년 정기적으로 중국에 대한 복종의 표시로 중국 황제에게 조공을 바치고 하사품을 받아온다. 일종의 조공무역 관계였다. 외부의 마지막 다섯 번째 동심원에 속하는 곳은 가장 거친 야만인들의 영역이다. 여기에는 일본이 속하였다. 마지막의 두 영역은 중국법의 영향을 받지 않고 자신들의 풍습에 따라 생존하는 데 자유로웠다. 다시 말해서, 이들 다섯 개의 지역 중 네 번째의 국가들은 중국과 조공제도의 국가관계를 유지하였다.

중국에서는 이 다섯 개의 동심원 "중국중심의 조공제도" 관계를 소위 "중국천하"라고 불러왔다. 조공제도(朝貢制度)의 목적은 자국의 경제적 이익을 도모하거나 외국사회를 군사적으로 지배하는 것이 아니라 방위를 공고히 하는 데 있었다.3)

5개 동심원의 전통적 중국천하관4)

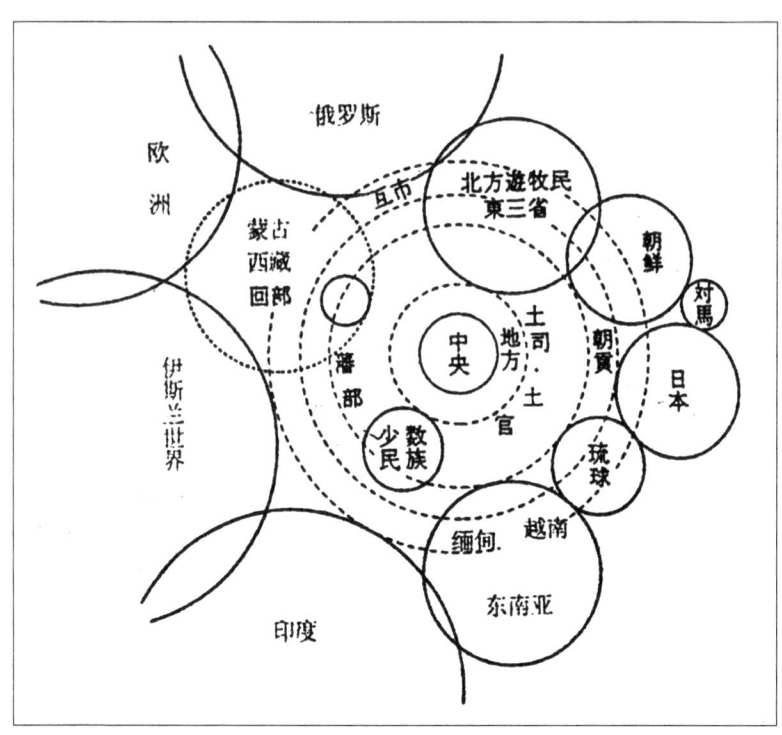

이 그림은 중국과 주변 관계도로 중국 봉건왕조와 천하관의 자기중심주의와 대국주의적 사상을 보여주고 있다. (杨公素, 2006. p. 220)

예로써, 네 번째 동심원인 속국(属国)과 번국(藩国)은 중국의 판도에 속하지 않는다. 다만, 정월 초하루와 신하국으로서 조공을 바치겠다는 것을 제외하고는, 그들의 국내 사무는 완전히 자율인 것이다. 한나라의 남흉노는 투항 후, 하남으로 옮겨서, "5속국(五属国)"으로 별칭되었다. 한나라 이후의 각각의 왕조에는 많은 속국들이 있었다. 청나라 조정에는 번부(藩部) 외에 속국(属国)도 있었다. 양자는 다음에서 구별된다. 번부는 내몽고, 서장, 청해, 몽고와 성(省) 수립 이전의 신장의 각부인데, 이들은 비록 내부의 자치권이 있으나 청의 조정에서 보낸 흠차대신(각 지방에 따라 다르게 부른다)이 있어서, 대외와 군사 문제는 흠차대신과 함께 진다. 그 내각부의 사무도 비록 자율로 하나, 필요시 황제는 흠차대신을 통하여 묻고 간여할 수 있다. 청조에는 반부사무를 관리하는 이반원(理藩院)이 없었다.4)

중국의 역사에서 서양의 웨스트팔리아 시스템과 글로벌 경제체제가 가능할 수 있었던 시기는 매우 짧은 기간이었다. 1911년 청조가 무너지고, 이듬해인 1912년 허약한 쑨웬(孫文)정부가 수립하고 1928년 장제스(蔣介石)의 강력한 중앙정부가 출범하여 그러한 자유민주주의 시장경제체제의 가능성이 있어 보였다. 그러나 1931년에 반세기 이전부터 아시아의 제패를 꿈꾸며 근대화를 준비해온 일본이 만주를 점령하였다. 제2차 세계대전을 맞으며 다시 중국은 승전국의 하나로 떠올랐으나 내전과 혁명의 소용돌이 속에서 웨스트팔리아 시스템의 성립과는 멀어졌다.6) 그리고, 다시 중국에서 개혁개방 후 경제발전에 따라 후진타오 시기부터 모습을 나타내던 천하관에 대한 중국의 정치계와 학계의 관심도 중국정부가 주장하는 새로운 세계질서와 무관하지 않게 논의가 활발히 전개되어 오고 있다.7)

2) 왕경우의 천하질서

17세기의 30년 전쟁 이후 형성된 서구의 민족국가 단위에 의한 세계질서인 웨스트팔리아 시스템에 반하여, "천하(天下: tianxia)"의 개념으로 중국의 3조(三朝)인 하(夏), 상(商), 주(周)의 상대부터 20세기에 이르는 중국역사를 왕경우(王赓武) 교수는 그의 책 *RENEWAL*(2012)에서 설명하고 있다. 천하는 행정기능, 경제적 상호의존, 문화적 친근성에 의하여 다양한 구성원들 사이 문화적·정치적·경제적 공동체 구조가 가능하다. 소수민족과 부족은 자치와 중국과 특별한 관계를 가지며, 인접국은 정치적으로는 중국과 독립되어 있으나 경제 및 문화에서는 중국의 영향 범위에 있다는 것이다.

여러 세대에 걸쳐 중국의 유학자들은 그들의 유교사상이 보편적이며 인간 역사의 광범위한 변화를 구상할 수 있는 기초를 제공할 수 있다고 한다. 도덕적 권위 — 우리들을 인간으로 생각하게 설명하도록 의도된 — 를 통하여 재현된 우주적 질서에 관한 고대의 사상은 오늘날 우리들로 하여금 인간을 생각하게 한다. 따라서 큰 그림을 그리는 중국의 역사가들, 예로 한(漢: BC 206~AD 220)의 사마천과 반고, 11세기의 사마광 등은 그들이 알고 있던 세계에서 중국에 기초한 보편주의를 그들 자신의 방법으로 도덕적이며 문명화된 세계, 즉 "천하(天下 tianxia)"로 형상화하였다.[8]

역사란 부족, 왕국, 국가, 제국 등이 권력과 부에 묶여 끊임없이 변화하는 과정일 때, 이는 중국인들이 이해할 수 있는 것이다. 중국의 역사가들은 역사를 문명에 기여한 것을 포함하여 무질서로부터 질서를 가져오기 위한 통치자들에 의한 노력으로 보고 있다. 만일 왕국과 제국들이 어떤 이상적 질서의 비전도 없이 끊임없이 싸운다면, 그 결과는 어느 종류의 보편가치의 신의에 상처를 입히게 하는 것이다. 여기서 중국인들은 안전된 중간의 필요성을 보았다. 그들은 또한 도덕적 권위의 원천으로 작용하는 정치질서로서 "중국(中國 central state)"이란 아이디어를 인식하였다. 작은 국가, 왕국, 심지어 제국까지도 중심 국가를 에워싸고 그들 사이에 싸울 수 있었으나, 중심 국가가 제시하는 가치에 직면해서는, 모두가 역사 쪽에서 옳은 방향으로 나아간다는 것이다.9)

중국에서 국가라는 지위가 생기면 다양한 아이디어와 제도가 생긴다. 중국의 현대 역사와 가장 관련된 개념은 "천하일통(天下一统: tianxia yitong)"이다. BC 212년 진시황이 설립한 중앙관료 국가에 의하여 중국이 통일되었다. 이 제국 체제가 중국의 진화하는 문명에서 중요한 개념 — 통일은 규범이며, 분열은 이탈 — 이 되었다. 다음 단계로 '중국'의 의미는 상(商)과 주(周)의 시대에는 "상징적인 중앙"을 의미하였으나, 진(秦)과 한(漢) 대에 와서는 영토적 상태로 변하였다. 이 중국은 명의 시기와 청의 시기에는 점점 강해지다가 약해졌으며, 중화인민공화국 시기에 그 정점에 이르렀다. 이러한 두 가지 의미의 배후에는 고대의 천하(ancient tianxia)가 있는 것이다. 이는 현대 중국에서는 명확한 존재가 발견되지 않으나, 이의 반향은 현재 중국인들의 대화 속에 나타나며, 최근 신선한 관심을 끌고 있다고 한다.10)

청조(清朝)는 만주제국이 중국대륙을 점령하면서 성립되었으나, 또한 천자(天子: tianzi, Son of Heaven)를 통해 조작된 도덕적 권위를 흡수하면서 중국천하를 물려받았다고 선언하였다. 청의 황제들은 그들이 명대로부터 물려받은 조공제도에 건립한 국가관계의 네트워크에, 다시 몽고인 자신들이 대외적으로 확립한 제국들을 결합시켰다. 유사한 언어를 사용하면서, 그들은 방어와 무역을 위하여 중심에 있

는 모든 국가들을 관할하였다.11)

천하에서 예(禮)란 무엇인가? 즉, "하늘을 높이고 땅을 낮추는 것, 건곤이라고 정의한다"; 나라를 세우는 근본이다. 즉. 임금은 임금답고, 신하는 신하답고, 백성은 백성답고, 아버지는 아버지다우며, 아들은 아들다운 것이 대법이며, 일체의 규칙과 제도의 정체법규가 정연한 것이다. 예(礼)란 의식형태에서 사람의 사상을 제어하고, 명분과 존 귀천을 정의하면서 봉건제도의 통치를 공고히 한다. 이의 전형적인 예로, 중국의 통치자 황제는 하늘에서 명을 받아 백성을 관리하는 사람으로, 소위 천자(天子)라 불린다. 천자는 신성불가침한 것으로 "하늘에 죄를 짓지 않으면, 빌지 않는다." 천자란 단지 유일한 천자만 있을 뿐이다. 그와 평등한 또 하나의 천자란 있을 수 없다. 이와 같이 사상 상에 있어서 동등한 외국과 그 군주가 존재할 수 없는 것이다. "넓은 천하에 왕토가 아닌 곳이 없으며, 선비의 호수가 아닌 곳이 없으며, 왕과 신이 아닌 자가 없었다." 이는 이러한 사상이 형상화된 것이다.12)

"천하(天下: tianxia)", 하늘 아래 모든 것, 문명화된 세계를 아우르는 아이디어로 하늘에 의하여 축복을 받고, 천자에 의하여 관장되는 것이다. 여기에는 처음 정치적 통제가 개입되지 않았으나, 후에 제국의 토지문제를 참고하기 위하여 가미하였다. 그러나 이는 나중에 한국, 일본, 월남과 같은 비중국인 통치자들의 목적을 위하여 영토성에 관한 다른 용도에 이용되었다. 중국은 처음에는 관계를 천자가 실제로 지배하는 지역을 관여하였으나, 중국 변계의 외부 지배자들과 느슨하게 연결되곤 했다. 이 지배자들은 중국의 황제들과 어떤 봉건 또는 조공관계를 가지고 있었다. 그리고, 그러한 관계는 중화문명에 대한 동경을 표현한 것이라고 중국의 황제들은 생각하였다.13)

좀더 조공관계를 살펴보면, 속국이 아니면 그들의 통치자, 즉 국왕 또는 수장이 먼저 신하를 자칭하고, 청조를 향하여 투항을 표하고 난 후에 황제로부터 책봉을 받게 된다. 속국의 왕에게 내리는 관작은 그 봉작의 대소에 따라서 금인(金印), 은인(銀印), 동인(銅印)으로 구별된다. 속국은 중국 왕조의 연호를 사용하여 귀화를 표시한다. 다음 단계는 조공인데, 황제에 대하여 몇 년에 1차 조공을 하며, 조공은 당사국이 생산한 토산품이다. 황제는 조공을 접수한 후에, 상품을 하사하는데 그 물품의 내용은 그 질과 수량에 있어서 모두 그가 받은 조공을 초과한다. 조공 시에 각각의 속국은 양자 간에 사업의 거래를 하는데, 왕왕 거래의 수가 조공의 수량보다도 훨씬 많은 경우가 허다하다. 그래서, 조공 또한 중국과 속국 간의 물물교류로서 무역을 발전시켰다. <大淸会典>에 따르면, 류구(琉球)는 매 3년에 두 차례, 안남(安南: 월남)은 2년에 1차, 남장(南掌: 라오스)는 매 10년에 한 차례, 미앤디앤(緬甸: 태국)은 10년에 1차였다.14)

천하라는 말의 사용이 얼마나 혼란스러웠는가의 한 예가 있다. 진나라의 초대 황제가 제국을 통일하였을 때, 그는 그 결과를 묘사하기 위하여 "천하일통(天下一统: tianxia yitong)"이란 표현을 사용하였다. "일통(一统)"의 첨가는 진나라가 수세기 동안 싸워온 다른 여섯 패권 나라들보다도 진나라(秦)를 상위로 높이는 것을 의미한다. 새로 등극한 진시황은 영역을 강조하기 위하여 "천하(天下)"를 사용하면서 단어의 의미를 새롭게 하였다. 왕조 설립자가 창립한 중앙 행정은 새롭고 혁명적이기도 하였다. 그가 정복한 모든 토지는 군현이 되었으며, 후에 이는 제국의 수도에 의해 통치되었다. 이렇게 통일된 진제국과 이를 이어받은 한나라(汉)는 새로운 제국(empire)을 건설하였다.15)

다음 단계로, 중국은 유럽과 지중해 등 서쪽의 중앙 및 북아시아 부족의 지역을 포함하는 거대한 캔버스에 포함되는 것이다. 당시의 새로운 세계관은 유학자와 토착의 사상가들을 수세적인 위치에 서게 하였다. 589~618년 간의 수당의 통일까지, 중국 전통과는 낯설었던 일련의 불교적 정신단련과 형이상학적 이상이 조화와 문화적 응집인 천하(天下)를 위협하였다. 그러나 중국인들은 이러한 것을 연습하는 데 착실히 적응하였으며, 옛적인 것을 가지고 새로운 것을 통합하는 데 시간이 도왔다. 유교, 불교, 도교 그리고 그들 각자의 고전과 계율을 강력히 혼합하고, 뚜렷한 중국의 세계관을 형성하고, 중앙 국가를 변화하는 상황에 조화하도록 재조정하였다. 이후, 왕조가 천자를 옹거할 자격을 가질 수 있는지 여부가 역사가들에게 주어졌으며, 유학자들은 한족과 비한족을 불문하고 중앙 왕조의 수장이면 천자로 인정하는 현실이 되었으며, 수와 당의 중심 권력은 이후에 150년을 더 지속하였다.16)

10세기에서 13세기에 이르는 몽골의 통치 기간을 견디면서, 소수의 지식인들이 유교의 불꽃을 살리고, 몽골 귀족으로 하여금 중국어를 사용하고 중국의 통치사상을 받아들이도록 설득하였다. 역사편집에 있어서도 천하(天下)의 지속이 유지되었고, 이 외래 제국도 공식적으로 중화로 길들여졌다. 이로써 1368년 명왕조가 후계자로서 모든 과거의 왕조와 연결되고, 한-당의 세계관으로 돌아갈 수 있었다. 이는 새로운 유교 인사들로 하여금 제국 통치의 규범을 재생시켜 한-당의 영광과 접맥시키는 것이다. 1405년 영락제는 당시 세계 최대의 해군을 소집하여 멀리 인도양에 이르렀다. 해양 세력이 중국에 더 이상 위협을 취하지 않을 것이라고 결론을 내리고, 그 대신 명제국은 몽골의 침략에 대비하여 장성의 축조에 집중하고 약화된 제국과 방어적인 전략의 중앙 국가정책으로 동의하게 되었다.

3) 자오팅양의 천하체계

21세기의 시작과 함께, 국제질서에서 세계를 책임지는 대국이 되려는 중국은 급성장한 경제력을 바탕으로 확장적인 대외정책을 추진해 왔다. 구체적으로 어떠한 이론적 맥락에서 기존의 세계문명의 질서를 구축해 온 서구의 사상체계와는 다른 사유체계를 구축해야 하는 것인가? 약 3000년 전, 중국의 주(周)나라 정치질서인 "천하(天下)"로부터 소위 지금의 엉망이고 형편없이 실패한 세계를 구할 수 있는 해답을 모색하려는 시도가 있었다. 2005년 자오팅양(趙汀陽)이 중국 고대의 천하개념에서 유래한 "천하체계"(天下体系: All-under Heaven System)를 세계정치제도라 주장하고 이론적으로 발전시켜 왔다. 투쟁 대신에 공존, 개인 대신에 타인, 충돌 대신에 포용을 추구하는 천하체계는 현실에 실현하기는 이상적이나 더 나은 세계화를 위해서는 필요하다는 것이다.

2016년, 자오팅양은 지난 10년 간의 내용과 역사적 사항을 보완해 다시 ≪천하≫를 발표하였다. 미래 세계는 그에 상응하는 존재질서(order of being), 세계의 내부화를 실현하는 질서가 필요하며, 그것을 천하체계라 부른다고 한다. 천하는 중국 고대의 개념이지만 중국에만 해당하는 특수 개념은 아니다. 천하란 세계성을 갖춘 세계(a world of worldness)라는 것이다. 주나라의 천하체계는 이미 말한 대로 우리가 미래 세계를 상상하는 방법으로 남겨졌다. 우리가 미래를 알 수는 없지만, 침묵할 수는 없는 것이다. 따라서, 모든 이가 좋은 세계질서를 상상해 보는 것은 가치가 있다[7]는 것이다.

그는 저서의 '1부 5장 무외: 바깥이 없는 세계'에서 천하체계는 내부성만 있지 외부성은 없으며, 따라서 적의 개념도 사라지게 된다는 것이다. 어떤 사람도 받아들일 수 없는 외인(外人)으로 배타적이지 않고, 어떤 국가나 민족과 문화도 화해할 수 없는 적으로 인식되지 않는다는 것이다. 아직 천하체계에 가입하지 않은 어떠한 지역이든 천하의 공존하는 질서에 초대받을 수 있다는 것이다.[18]

주공이 당시 천하체계를 설계할 때는 이성주의와 이상주의를 다 고려하였다. 천하체계는 모든 나라를 하나의 공존체제 안에 포함하여, 평화적 관계를 최적 기준으로 삼아 상호이익 최적화의 가능성을 바탕으로 여러 다른 차원의 협력을 설정하였다. 이것이 소위 "협화만방(協和万邦)"의 원칙이고, 그 기본 원칙은 협력 최대화, 충돌 최소화의 세계를 구축한다는 것이다. 주나라(BC 1046~BC 771)는 이런 설계에 힘입어 8백 년을 지속하였고, 중국 역사상 가장 긴 왕조가 되었다.[19]

자오팅양은 자신의 책에서도 언급하였듯이, 중국이 경제력으로서만 대국이 될 수 없다고 한다. 그것에 걸맞는 사유체계를 제공해야 한다는 것이다. 세계적인 지식체계를 세우고 이에 따라 세계 보편의 지식체계를 생산하는 데 동참하며, 세계 문제를 사유하고 책임을 질 때 진정한 대국이 될 수 있다고 한다. 자오팅양은 서구의 '만인의 만인에 대한 투쟁' 즉, 개인의 욕망을 최고의 가치로 삼는 논리와 대비되는 중국 자신의 철학의 도덕과 예의로 인간과 인간 사이를 새로운 논리적 관계를 창조하는 과정을 거쳐 자발적이고 자생적인 정글을 구상하는 것이다.[20] 그는 정치공간의 구성원들 사이의 관계가 투쟁적인 서구의 정치문화와는 다른 새로운 정치문명을 "천하"라고 한다.

서구의 정치철학에 의하면, 국제사회는 개별 국가들이 각각의 이익(국익)을 위하여 상호 활동하는 집합체이다. 이에 반하여 중국의 '천하'는 선험적 개념으로 국가보다도 상위에 상정되어 있다. 진화한 이러한 세계는 이미 완성된 구조를 가진 체제였다. 따라서 선험적으로 체제를 인정하였다. 이러한 전제에서 각 국가들과 지방과의 관계를 보는 것이었다. 여기에서 자오팅양의 생각을 정리해 보면, 서구의 사유는 "부분에서 전체로 또는 분열에서 조화로"쯤으로 요약할 수 있을 것 같다.

그의 저서 『천하체계』와 10년 후의 『천하의 당대성』을 동시에 비교해 보면, 서구의 정치철학이 근간으로 하고 있는 현 정치구조를 "개인 > 공동체 > 민족국가"로 정리한다. 이에 대비하여 그는 중국의 정치구조를 "천하 > 국가 > 가정"의 순차적으로 정리하였다. 그는 "천하 > 국가 > 가정"을 '내포적 질서'(inclusive order), "개인 > 공동체 > 민족국가"를 '외연적 질서'(exclusive order)'로, 그리고 양자의 관계를 내재적 순환관계라 정의하였다. 자오팅양은 서구를 대표하는 "개인 > 공동체 > 민족국가"와 "천하 > 국가 > 가정"을 상징하는 천하질서 사이를 이론적으로 명확히 하기 위해 관계 이성(relational rationality)이 개인 이성(individual rationality)을 앞선다고 주장한다. 공존적 관계 이성과 경쟁적 개인 이성은 공존 관계로 동전의 양면과 같다. 천하 질서는 개인이 아닌 가정을 그리고 경쟁이 아닌 공존을 중심축으로 삼고 있다.

그는 '천하' 질서의 기원을 탐색하기 위하여 고대 주왕조의 역사를 연구한다. 주 왕조가 천하체계를 기점으로 삼는 정치체계의 길을 열어 놓았기 때문이다. 그 이유는 당시 주 왕조는 주변의 수많은 왕조를 자신의 품 안(체제)으로 감싸안아야 했기 때문이었다. 이를 위해서 주왕조는 '국가보다 상위의 세계체제라는 개념을 통하여 세계를 내부화시켜야 했다.21) 따라서 '천하'라는 개념의 기원은 중국의

고대 국가 주왕조가 처했던 상황에 상응하여 탄생한 정치체제로부터 유래한 것이다.22)

주 왕조에서 유래한 초국가 개념인 '천하'가 갖는 세 가지 층위의 의미가 있다. '지리학적 의미', '사회심리학적 의미', 그리고 '정치학적 혹은 정치제도적 의미'이다. 여기서 현대 서구정치 관념과의 차별성이 가장 두드러지는 것이 '사회심리학적 의미'이다. 자오팅양은 '천하'의 사회심리를 정초하는 "민심(民心)"이란 개념의 핵심은, ① 인민이 가장 관심을 갖는 것은 생존조건과 물질적 이익; ② 민심의 향배가 바로 표현되는 '발투표(foot voting); ③ 민심의 향배는 정치 정당성과 혁명 정당성을 증명해 주는 것의 세 가지라고 한다.23) 이와 같이 천하를 구성하며 사회심리학적 층위를 구성하는 "민심"은 생존조건과 물질적 조건의 차원에서 규정되고 있다. 현대 서구 정치 체제의 자신의 주체적 요구의 신념을 가진 '민의'의 의미와는 거리가 멀다.

그러면 천하는 작동할 수 있을까? 이 질문에 자오팅양 스스로 인정하였듯이, '천하' 개념도 현대 민족국가 체제 속에서 경제적 지위의 향상 때문에 가능하였다. 천하는 자신이 현대 민족국가의 체제 속에 뿌리를 깊게 내리고 있다는 것이다. '천하'는 거대한 지적 도전이다. 이는 '주체'와 '공동체'라는 난제이며, 문명전환의 전조이며, 미래에 대한 전망이다.24)

2012년, 필즈베리는 자오팅양이 천하관에 관한 연구로 명성을 얻게 된 후 베이징에서 그를 만났다. 필즈베리는 만일 중국의 천하체계에서 어느 한 국가가 그 규칙을 따르지 않을 때 어떻게 하느냐고 물었다. 자오팅양은 군사력이나 경제력으로 제재를 하면 된다고 대답하였다고 한다.25)

4) 시진핑의 천하관

중국공산당 당서기 시진핑의 천하관에 대한 인식은, 2013년 1월 그가 주재한 제18차 중앙정치국 제3차 집체학습, 2017년 1월 중국공산당 및 세계정당 고위자 대화에서의 제안, 2021년 신년사, 그리고 2021년 7월의 중국공산당 및 세계정당지도자 정상회의에서의 제안 등으로부터 확인할 수 있다.

그는 세계, 즉 천하는 한 집이며 운명을 함께하는 운명공동체로 빛나는 미래를 건설하는 것이다. 인류의 운명을 중국 자신 즉 중국공산당이 앞장서서 함께 개척해 나간다. 그의 천하관은 "인류는 어디로 가고 있는가?"라는 시대적 질문에 답을 하는 데서 시작한다. 그는 18차 당대회 이후, "중국과 세계의 발전이 대세"라는 것을 파악한 후, 이 세계를 어떻게 발전시키는가에 대하여 연구하여 "신형 국제관계와 인류 공동운명체"에 대하여 연구하고 글로벌 관리안을 구상하였다고 한다. 시진핑은 천하관을 확실히 이해하고, 중국민족의 대부흥인 중국의 꿈(中国梦)을 실현하고, "인류 공동운명체 건설"을 추진하며, "인류의 아름다운 미래를 공동으로 창조하는 것"이 중요하다는 것이다.

시진핑 천하관의 세 개의 이론 중 역사론에서는 중국은 평화, 화목, 화해의 이념을 추구하고 전승한다는 것이다. 이념론에서는 인류사회에 대한 마르크스 사상과 중국공산당에 대한 지도 및 평화공존 5원칙 및 덩샤오핑사상 등이다. 실천론에서는 두 가지 도전, 중국과 미국의 갈등과 글로벌화이다. 세계는 협력과 고립, 분열과 단결 등 변혁의 시기다. 개혁의 목표는 인민의 복지를 위한 것이며, 시진핑의

"중화민족의 부흥"을 위하여 일대일로 전략으로 매진하는 것이 지금 중국이 할 일이다.

시진핑 천하관의 풍부한 함의는 "사명", "이념", "방안", "경로"의 네 가지로 구분된다. 인류를 위하여 더욱 새로운 공헌을 하려는 "사명"이 있다면, 즉 "중국이 믿음이 있다면, 역량은 더욱 있다"는 것이다. 시진핑은 중국공산당 100주년 기념식에서 "중국공산당은 인류의 앞날에 세계의 일체 진보세력과 함께 손을 잡고 전진하며, 중국은 항상 세계평화의 건설자이며 전지구 발전의 공헌자이고 국제질서의 옹호자"라고 하였다. "이념"에서는 중국인민은 세계인민과 합심하여 인류의 운명공동체를 만든다는 것이다. 그는 각국 간에 동반자 관계, 안보체제, 경제발전, 문화교류, 생태계 발전 등을 착수하며, 지속적 평화, 보편 안전, 공동 번영, 개방 포용, 청결하고 아름다운 세계를 강조했다. 이를 실현하는 "방안"으로는 공동으로 사업을 하고 공동으로 건설하며 공동으로 누리는 원칙을 견지하고 세계경영을 추진한다는 것이다. 국제연합 헌장을 국제질서의 핵심원칙으로 하며, 일대일로의 제안하에 아시아 인프라투자은행을 설립하여 IMF의 분담금 비율과 관리 규칙을 개혁하며, 세계관리관, 문명관 등을 개혁한다. 천하관이 실현되는 "경로"는 일대일로를 통해서다. 2013년 가을, 시진핑은 "실크로드 경제벨트"와 "21세기 해상실크로드"의 건설안을 내놓았다. 실크로드는 2022년 4월 현재 세계 149개 국가와 32개 국제조직이 서명하였다.

그의 천하관의 특색은 자기 스스로 득도한 대국정치의 풍모가 있으며, 중화 전통과 지혜 및 마르크스주의의 무장과 실지의 과학적 계통에 있어서, 시대와 함께하며 역사의 주동을 파악한다는 것이다. 이에 근거하여 신형 국제관계의 건설을 제안한다는 것이다. 중국은 이미 절대 빈곤을 해결한 샤오캉사회(小康社会), 즉 "중등사회"에 들어

섰다는 것이다. 천하를 가슴에 품고, 손문이 말한 "대도지행, 천하위공(大道之行, 天下为公: 천하가 한 사람의 것이 아닌 천하의 것으로 세상을 꿈꾼다)"과 노자(老子)의 "대방자하류(大邦者下流: 대국은 강이나 바다처럼 낮은 곳에 있다)"를 명심하고, 전인류의 공동가치를 펼치며, 인류운명 공동체를 건설한다는 것이다.26)

5) 서양인이 보는 시진핑의 천하관

후진타오 시대(2002.12 - 2012.11)의 화해사회(和諧社會) 이후, 시진핑이 중국공산당 서기가 되면서 중국외교정책의 이론과 실천(logics & practices)에서 많은 변화가 일어난다. 그리고 중국의 꿈은 오늘날 가장 글로벌한 규모로, 이제는 오직 한 지역에 제한되거나 하나의 정책에 만족하지 않는다. 시진핑의 지도력하에, 공산당 국가의 전략공간 개념은 서서히 세계정치의 모든 장소와 공간과 시간 속으로 확대와 가속화되고 있다. 중국공산당에게 가장 중요한 것은, 세계의 발전은 중국과 양립해야 한다는 것이다.

이러한 노력은 세계질서의 "지(Geo. 地)"와 "정치학(politics)"을 영원히 변형시키며, 이 과정에 적어도 중국식 사고와 규범이 통합될 것이라는 점이다. 최근 독일 국제안보연구소(the German Institute for International and Security Affairs) 시니어 회원인 나딘 고드하트(Nadine Godehardt)가 현재 중국의 지정학코드를 이해하는 데 필요한 틀을 제공하는 중국외교정책 담론에서, 두 가지 주요한 점을 지적하였다. 전략적 코드는 "질서"와 "공간"이라는 두 전략적 비전을 제공하는데, 이들은 정부와 정치엘리트들이 어떻게 세계를 향하여 자신들을 적응시키며, 이것을 어떻게 세계질서의 개념으로 번역하는가를

시사한다.27)

시진핑 시대에 거론되는 천하관을 이해하는 데는 다음 몇 개의 용어 ― 글로벌(環球global), 질서(秩序order), 공간(空間space), 세계와 연결(接續 connectivity with the world), 연합(聯合 nexus), 연결(對面接觸 docking), 담론권(谈论權 discourse power), 발전(發展development), 안보(安保security), 문명(文明civilization) ― 를 이해하는 것이 중요하다. 중국의 "글로벌연결정치(China's global connectivity politics)"에서 "연결"이란 용어는 언어학 분석에 기초를 두고 중국 외교정책의 틀을 지으려는 의도에서 사용하였다. 2015년 이후, 중국에서 "글로벌" 혹은 "연결"과 같은 지리 관련의 용어가 중요시되어 왔다. 소위 일대일로(一帶一路: BRI)의 행동계획과 이와 관련된 지리적 그리고 항공우주 관련 프로젝트의 출판을 통해 기존의 "통합(integration)" 개념을 넘어 연결(connectivity)이 중요하게 되었다. 글로벌 연결정치에는 두 가지 양상이 있다.

첫째, 이는 먼저 '공간구조의 연합(nexus)': 경제적 회랑, 물리적/디지털 에코시스템, 수송의 허브, 전략 지원 기지, 그리고 다른 연결과, 또 '다양한 층의 테크놀러지': 텔레커뮤니케이션 네트워크, 디지털 페이 시스템, AI 시스템, 글로벌 에너지 상호연결, 에너지 생산과 위성 등 즉, 다른 중국 중심의 방법으로 된 테크놀러지를 생성하였다. 둘째, 중국정부와 여타 중국의 활동가들이 이러한 접속지역을 지정학의 전략적 주제로 삼고 있는 것이다. 코로나 바이러스 전까지, 중국 외교정책의 논리에서 두 가지 큰 변화 ― 연결(对接 docking)과 담론권(谈论权 discourse power) ― 가 왔다. 2015년과 2016년 사이 시진핑의 담론원칙에 따라 중국의 국제체제와의 통합을 이야기할 수 있게 되었다. 이는 중국의 수동적 태도가 폐지되었다는 것을 의미하며, 국제규범과 실제에는 덜 적용하나, 중국 자신의 발전의 예와 현대화를 적극적으로 홍보하는 것이다. 접촉과 홍보의 개념 사이에도 처음에는 명확하게 보이지 않으나, 전자는 중국 측으로 하여금 국제규범과 협약에 먼저 확인을 요청하지 않고도 접속을 가능하게 하는 것이다. 또한, 글로벌 연결정치는 세계에 대한 중국공산당의 리더십에 근본적 변화를 가져왔다. 그 주요 목적은 궁극적으로 현존하는 서구의 자유주의 법칙과 규범을 약화시키고, 중국의 사고와 규범을 국제체제 안으로 통합시키는 것이다. 그리고, 중국의 연결정치는 국제관계의 성격을 정의하지 않고, 단지 접속이기 때문에 국제관계는 평화도 폭력도 아니라고 한다. 그러나 연계에 대한 경쟁으로 인하여 국제공간 즉 글로벌 사우스에 대한 경쟁이 증가하고 있다.

연결(docking)의 원리는 두 가지 방법에서 중국 외교정책을 변화시킨다. 먼저, 중국이 현존하는 국제체제와 합병하기 전에 자신의 정치제제를 개혁하기로 토론하려고 하던 종래 자신의 의지를 종식시켰다. 다음으로, 연결은 중국이 클럽 거버넌스 접근방법에 호의를 표시했다는 것을 지적하였다. 이는 모든 종류의 내용과 특히 서구적 편견 없이 접속하는 생각을 공유하는 파트너들과의 "중국과 함께(China-plus)" 메카니즘에서 세워진다. 이러한 예는 중국-아프리카 협력포럼(Forum on China-Africa Cooperation), 라틴아메리카-캐리비언 국가 공동체(Community of Latin American and Caribbean States), BRICS 등이다. 결국 연계는 글로벌 체제를 중국공산당에 더 적합하도록 창조하기 위한 수단으로 지배적인 규범, 룰 및 가치 등을 변화시키는 접근에 토대를 두는 것이다.

시진핑의 집권 하에, 담론권(谈论权 discourse power)은 두 가지 면, 즉 정치적이고 교육적인 면에서 중요성을 갖게 되었다. 발언능력을 사용할 수 있다는 것은 국제무대에서, 예로 일대일로(BRI), 미래공유 인류공동체, 포괄적 다자주의 등은 활동공간에서 중국공산당의 전문

용어를 소개하는 수단이 된다. 이는 또한 현존하는 제도와 규범을 변화시키거나 새로운 것들을 수립함으로써 글로벌 거버넌스에 물질적 현실을 변화시킬 뿐만 아니라, 나아가 정치의 모든 가능한 채널과 장소를 중국식으로 재조정할 수 있는 것이다. 이에 더하여, 중국은 종종 "글로벌 지식산물이 이제 더 이상 글로벌노스(global north)의 활동가들에게만 한정되어 있지 않다"고 말하면서, 주의깊게 서구의 자유민주 세계질서의 어떤 개념이 중국 자신의 국제담화체제(国际话语体系)와 연관이 있을 수 있는지를 고려한다. 예로써, 중국은 "커뮤니티", "발전", "포용", "인권", "안보" 혹은 "탈세계화투쟁" 등 전통 서구의 편견에서 오는 그러한 단어들로 인하여 관계가 멀어질 가능성이 보이면, 이들 용어를 공산당 신념체계와 연결시키는 것을 목표로 한다. 중국인들은 공산당의 공식 용어를 국제적으로 선언하기 위하여 이러한 대화 메카니즘을 사용하고 있다.

중국의 글로벌 연결정치는 이미 중국의 사유(생각)와 실제를 국제무대에까지 확신시켰다. 이는 일대일로(BRI)의 틀 아래서 에너지, 발전, 건강, 인프라스트럭처, 디지털 테크놀러지, 그리고 교육 등 모든 분야와 세계의 각 지역으로 이루어졌다. 중국은 외국 정부 및 기업들과 양자 간 수많은 양해각서에 서명하였다. BRI는 시진핑의 인류의 공동미래를 위한 공동체 비전을 실현하는 중요한 도구로 진보해 왔다. 그러나, 파편화된 세계질서에 어떤 선택지가 될 것인가가 결여되어 있다. 중국의 야망과 실천이 세계정치의 공백 기간을 자초하는 불확실성과 불안을 초래하면서 때때로 확립된 행위자와 규범과 원칙을 거스르고, 공개적으로 도전해 왔다. 여기서, 중국의 글로벌 연결정치는 미래의 세계정치 환경을 만들 체제접근을 결여한 것이다. 여기에 중국공산당 리더십이 국제정치의 틀을 변형시키기 이전에 그들로 하여금 접근을 왜곡시킨 일련의 사건이 있다. 첫째, COVID -19

가 중국 사회와 정치 엘리트들을 서구 사회로부터 고립시키고, 중국의 경제발전에 지속적으로 부정적 충격을 주고 있다. 둘째, 중국과 미국 사이의 경쟁관계가, 중국의 기술 상승을 적극적으로 낮추려는 바이든 행정부의 결정으로 인하여 계속 증폭되고 있다. 셋째, 러시아의 우크라이나 침공으로 인하여 미국과 NATO가 대처하는 국제문제에서 점증하는 냉전멘탈리티에 중국이 확신을 가지게 된다.

이러한 배경에 직면하여, 시진핑은 세 가지 중국의 포괄적 세계질서를 위한 안을 제출하였으며, 여기서 그의 비전의 다양한 면을 볼 수있다. 첫째, *글로벌 발전 이니셔티브*(GDI: the Global Development Initiative)는 2021년 9월 제76차 유엔총회에서 시진핑이 발표했다. 중국 지도자들은 한편에서는 "지속가능한 발전을 위한 2030계획" 부분을 재인용하면서, 중국 형태의 글로벌 발전을 촉진시키고 중국이 리드하는 글로벌 전략 메카니즘의 설립을 목표로 한다. 이들은 "발전"을 세계에 특히 글로벌 사우스에 판매하는 것을 핵심으로 한다. 이는 상당한 기간에 걸쳐 사회경제적 성공을 이룬 발전국가로서의 중국 자신의 경험과 깊은 관련이 있다. GDI 또한 글로벌 사우스와 세계의 지배적인 국가로서 중국 자신의 성장하는 자기 이미지와 연관이 있다. 이는 중국의 지식을 국제무대로 전달하려는 새로운 결의의 단면이다.

둘째, *글로벌 안보 이니셔티브*(GSI: Global Security Initiatives)는 2022년 4월 보아오포럼(Boao Forum)에서 소개되고, 2023년 중국외교부의 GSI 내용 보고서에 상세히 나왔다. GSI는 중국인의 관점에서 변화하고 있는 글로벌 안보환경, 특히 중국과 미국 사이의 점증하고 있는 위험한 경쟁관계를 다루고 있다. 어떤 중국 전문가는 러시아가 우크라이나에서 벌이고 있는 전쟁은 유럽의 '시대전환(Zeitenwende)'에 필적한다고 하나, 특히 2019년 도널드 트럼프 미국 대통령이 시진평을 방문한 후에 중국에 대한 시대전환은 중국의 미국과 증대되는 적대감과 명확히 연결되어 있다. 글로벌 안보 이니셔티브는 "개별안보"에 초점을 맞추는 국제연합체제를 위한 안보개혁의 중국비전을 내놓은 것이다. 개별안보는 미국이 리드하는 군사동맹에 의하여 구성된 "집단안보" 개념과 대조되는 것으로, 중국은 이를 블럭정치와 냉전 멘탈리티의 잔재로 비판한다. GSI는 또한 아프리카 남단과 중동의 지역적으로 안보가 불안한 곳을 언급하면서 미래에 더 적극적으로 개입할 것을 언급하였다. 여전히 주요한 목표는 국제법의 프레임을 바꾸는 데 있다는 것이다.

마지막으로, 2023년 3월 중국공산당이 개최한 세계정당 고위자 회의에서, 시진핑은 *글로벌 문명 이니셔티브*(GCI: the Global Civilization Initiative)를 제안하였다. 이는 공식적으로 모든 문명 간의 관용과 공존을 강조하였다. "민주주의 대 독재정치" 혹은 "서양의 보편주의"를 비교하는 화법에 있어서, ― 세계의 나머지들에게는 배타적인 것으로 보이며, 특히 글로벌 사우스에게 ― GCI는 포용(inclusiveness)이라는 용어로 시작하였다. 이미 2019년에 시진핑은 새뮤얼 헌팅턴의 "문명의 충돌"이라는 테제를 거부하였다. 이 전통에 따라, GCI는 상호 학습하는 데 초점을 맞춘, 특히 하위 정부 레벨에 강한 초점을 맞춘 발전과 근대화의 길에 대하여 관점을 교환하는 가능성을 창조하는 것을 목적으로 한다. 이는 국제공간을 지배의 다른 규모로 확대하며, 이들을 중국의 글로벌 포트폴리오 속에 통합시킨다는 것이다. 해외에 훈련과 교육 프로그램을 교육시킴으로써, 정당들과 유대를 강화하고, 지역 커뮤니티들 사이에 교환을 강화하면서, 동시에 그들로 하여금 중국에 의존하게 하면서, 중국의 리더십은 국내적으로 얻은 지식을 다른 나라들에게 확산시킨다.[28]

이같은 하나의 세계질서에서 또 다른 세계질서로의 긴 기간에서,

중국의 글로벌 연결정치, 글로벌 발전, 글로벌 안보, 글로벌 문명은 중국공산당이 어떻게 미래에 국제정치의 공동공간을 조직하는가에 대한 관점을 보여준다. 중국의 지정학 코드는 어떤 형태의 공간과 행위자들이 베이징에 관련이 있는지, 그리고 중국의 리더들이 그들을 어떻게 지배할 의향이 있는지를 비추어 준다. 중국의 지정학 코드는 서구로 향하여 편향된 미국 주도의 자유국제질서에 의존해 온 나라들로부터 그 의존을 감소시켜 주는 동시에 이들을 중국에 의존케 하는 것을 강화하도록 계획되었다. 따라서 중국의 지정학적 비전은 어떻게 유럽 국가들과 미국이 적어도 부분적으로는 중국의 생각과 협약에 의하여 미래 질서를 위하여 준비하고 있는지에 관하여 문제를 제기하고 있는 것이다.

한편 브래드 글로서맨(Brad Glosserman, 2024)은 "중국의 최종 종말게임(ultimate endgame)은 무엇인가?" "베이징은 무엇을 원하는가?"라는 연구에서 나딘 고드하트(Nadine Godehardt)의 연구를 분석하였다. 나딘은 시진핑의 야망은 글로벌이며, 더 이상 한 지역이나 특별한 정책분야에만 국한되지 않으며, 중국은 일단 "협력"을 강조하며 현존하는 규칙과 원칙에 적응한다는 것이다. 중국은 "연결 docking"을 강조해 왔으며, 중국 측이 먼저 국제규범이나 회의에 확인을 하지 않고 세계와 연계를 가져왔다. 그녀는 접촉을 "중국+" 메카니즘의 증가 — 예로 BRICS, SCO, Forum on China-Africa Cooperation — 로 보았다. 이러한 접근은 중국의 규범과 생각을 국제체제 속으로 통합하기 위하여, 최후로는 서구의 자유주의 규칙과 규범의 충격을 완화시키면서, 중국과 공산당을 세계와 양립시키고 증가시키는 것을 모색하는 것이다.

이를 널리 알리는 주요 수단으로는 *글로벌 발전 이니셔티브*(全球發展倡议 Global Development Initiative), *글로벌 안보 이니셔티브*(全

球安保倡议 Global Security Initiative), 글로벌 문명 이니셔티브(全球 文明倡议 Global Civilization Initiative)의 셋이 있으며, 이들은 중국을 언급하지 않으면서, 국제정치의 정치, 법률, 규범적인 틀을 글로벌로 재정비하는 것을 목적으로 하도록 의도되었다. GDI, GSI, GCI의 거대한 언어는 "인류공동의 미래사회"와 "지속적 평화 보편적 안보 및 공동 번영의 세계", 즉 "개방, 포용, 깨끗하고, 아름다운 세계"를 요구하며, 서양인에게는 더 많은 생각을 하게 한다는 것이다. 서양인들은 이들 용어를 허황되고 공허한 선언 혹은 중국인 자신들의 이익을 증진시키면서 경솔한 사람들을 속이도록 의도된 가식적인 트로이 목마로 치부한다. 그것은 실수다.29)

2. 아메리칸 천하(Tianxia)

1) 역사적 배경과 근거

아메리칸 티엔샤(American 天下)의 배경은 무엇인가? 나는 스패니엘(John Spaniel)과 훅(Steven W. Hook)에게서 그 근거를 찾는다. 첫째, 권력정치의 반대, 즉 민주정치이다. 19세기에, 미국은 유럽의 권력정치로부터 전례없는 고립주의에서 자신의 안전을 즐길 수가 있었다. "유럽에 대한 거부"는 결국은 생존을 위한 미국의 주된 변명이다. 미국의 일반 시민의 마음에 유럽이란 전쟁, 빈곤, 그리고 착취를 의미한다. 반면에 미국은 평화, 기회, 그리고 민주주의를 상징하는 것일 뿐만 아니라, 단순히 생활에 있어서 최고의 민주적이고 대내적인 생활의 횃불인 것이다. 미국은 또한 도덕적으로 가장 우수한 형태의 국제행위자의 전형이다. 따라서 미국은 권력정치를 부인한다.

민주이론이란 시민은 잠재적으로 애국적이고 도덕적이며, 그들 사이의 차이점은 합리적인 사고와 도덕적 권고에 의하여 해결될 수 있다는 것을 의미한다. 이들 사이에 일어날 수 있는 유일한 차이는 단순한 오해인 것이다. 인간은 이성과 도덕성을 타고났기 때문에, 필요한 선의지가 주어지면, 어떠한 싸움도 해결될 수 있다. "평화" ― 인간들 사이에 조화의 결과 ― 는 자연적이며 정상적인 상태로 고려된다. "갈등"은 통제되지 않은 사악한 지도자들의 도덕과 이성의 이탈에서 연유한다는 것이다. "권력정치"는 이기적이고 독재적인 통치자의 도구다. 독재자 ― 민주적 여론에 의하여 제한받지 않는 자 ― 란 개인의 이익을 위하여 권력을 휘두르기를 즐긴다. 그들에게 있어서 전쟁은 거대한 게임이다. 그들은 궁궐 같은 집에서 머물며 잘먹고 화려한 생활을 즐기며, 전쟁의 어려움은 겪지 않는다. 결론은 명백하다. 비민주적 국가는 태생적으로 호전적이며 사악하고, 민주국가에서는 국민이 그들의 지도자들을 통제하고 정규적으로 교체하며, 국가가 평화적이고 도덕적이다.

둘째, 중산계급의 사회라는 것이다. 18세기와 19세기에 있어서, 평화에 민주주의를 결합시킨 것에 더하여, 미국이 권력정치에 거부하는 또 다른 이유는 이 사회가 하나의 계급사회라는 것이다. 이 사회에서 대부분 사람들이 그들이 중산계층의 자본주의적이고 민주적 가치의 공동체라는 믿음을 공유하고 있다는 것이다. 이와 대조적으로, 유럽의 나라들은 세 개의 계급으로 구성된 사회라는 것이다. 중간계급에 더하여, 유럽의 국가들은 귀족계급의 정치를 포함하고 있다. 이들은 그들 자신이 권력을 계속 유지하거나 다시 탈취하고 과거의 봉건시대의 영화로운 시대로 돌아가려는 데 혈안이 되어 있다. 더구나 19세기에 도시화가 시작되면서 프롤레타리아가 등장하기 시작하였다. 이들은 국익에서 정당한 분배를 받지 못했다고 느끼면서 혁명계급이 되었다. 구세계(the Old World)의 국가들은 이러한 세 요소 ― 반동적 귀족정치, 작으나 민주적, 그리고 혁명적인 프롤레타리아 ― 의 합성체이다. 이러한 국가들은 지적이고 정치적인 의미에서 우익, 중도, 좌익이 혼재하고 있다. 유럽의 국가들 사이에 국내적 계급투쟁과 국제적 갈등으로 인하여, 사회적 갈등은 자연스러우며 갈등을 해소하는 데 권력이 주요한 역할을 하는 것이 충분히 이해된다.

이와 대비적으로, 미국은 오직 지적이며 정치적으로 중간을 유지하고 있다. 미국은 대체로 평등주의적인 사회이기 때문에, 사회주의와 공산주의 같은 진정한 좌익운동이 없다. 프랑스의 정치학자 토크빌(Alexis de Tocqueville)은 1835년에 아메리카는 중간계급과 개인 그리고 자본주의 및 민주사회로 "자유롭게 태어난" 것이라고 관찰하였다.

셋째, 미국은 자본주의 사회다. 이 주제를 직선적으로 말하면, 미국에서 경제는 좋은 것이고, 정치는 나쁜 것이다. 중간계급 자신들은 국가권력이란 자유를 결핍한 실체로 보기 때문에, 그들은 이 국가권력을 제한하려고 한다. 민주적 철학은 이를 개인의 "자연권"의 관점에서 주장한다. 정치적 권위의 실행은 그러한 권위의 남용과 개인자유의 억압과 일치한다. 국가의 권력은 개인의 최대의 정치적 경제적 자유를 확보하기 위하여 최소한으로 제한되어야 한다. 연방주의와 권력분립제도는 모든 정부를 의도적으로 약화시키도록 구상되었다.

훌륭한 수입이 좋은 두 가지 이유가 있다. 경제적으로는 안정된 생활수준을 유지하는 것이고, 심리적으로는 사회적 지위를 얻고 동료 시민들의 존경을 받는 것이다. 경제적인 부는 미국에서 가치의 공통기준에 가장 부합하는 것이다. 충분한 돈을 벌지 못한 것이 개인 실패의 표상인 것처럼, 많은 돈을 가진 것이 권력과 권위와 성공의 상징이다. "좋은 사회"가 자유경쟁의 산물인 것처럼, 평화로운 국제사회는 자유무역에 의하여 창안되는 것이다.30)

한편, 21세기가 시작한 후, 미국의 점진적인 쇠약과 중국의 굴기(崛起)가 세계적인 연구와 관심의 대상이 되었다. 그러면 다음과 같은 화법이 맞는 것인가? 중국의 성장은 중국의 소득이 중진국 수준에 도달하면서 둔화하기 시작하였고, 미국은 여전히 중국보다도 압도적으로 부유하고 강력하다. 만일 언젠가 중국이 미국을 따라잡는다면, 이는 몇 십 년 혹은 몇 세기 간은 일어나지 않을 것이다. 왜냐하면, 21세기의 세계체제는 미국 영토 내에서가 아니라 미국 중심으로 세계적으로 형성되고 있기 때문이다. 예로써 전세계 모든 개인이 근본적으로 미국적인 이념과 취향의 개성있는 질서를 좋아한다. 이들은 미국의 정책에 동의하든지, 미국 대통령을 지원하든지, 혹은 심지어 미국에 입국을 하든 혹은 성공 지향적인 개인들은 미국이라는 세계에 살기를 선택한다. 이러한 현상은 어느 나라보다 중국에서 사실이며, 어느 누구보다 중국인을 위해서 사실이다.31)

피터 제이한(Peter Zeihan)은 그의 저서 *The End of the World Is Just the Beginning*에서 미국을 제2차 세계대전의 완벽한 승전국으로 묘사하였다. 미국은 로마, 베를린, 도쿄로 향하면서 세 개의 대륙과 두 개 대양의 경제, 인구, 물류 핵심 거점들을 장악하게 되었다. 연합국에 막대한 전쟁물자를 지원한 무기 대여법을 집행하고 수륙 양동작전을 직접 수행하는 가운데 미국은 이제 서반구와 동반구 사이에 있는 주요 공적 교두보들을 모조리 장악하였다. 여기에 대규모 해군까지 더해져 미국은 본의 아니게 유럽과 아시아 문제, 금융, 농업, 산업, 무역, 문화, 군사를 망라하는 문제들에서 결정적인 요인이 되었다.32)

그리고 미국은 연합국에 한 가지 제안을 하게 되었다. 미국은 전쟁에서 생존한 해군으로 세계의 바다를 순찰하고 모든 상선을 보호해 주며, 전쟁에서 살아남은 자국의 시장을 연합국의 수출을 위해 개방할 것이니, 우방국들은 경제로 재건하라. 미국이 전략적으로 보호해 줄 테니, 우방국들은 다시는 침략당하지 않을까 두려워하지 않아도 된다. 그러나 이 제안에는 한 가지 조건이 있었다. 이미 미국과 소련 양 진영 간 냉전이 시작되는 국제상황에서 누구 편이 되어야 할지 선택해야 한다는 것이다. 미국으로부터 안보를 보장받고 부자가 되면서 경제와 문화를 원하는 대로 발전시킬 수 있지만, 소련과 맞서고 미국 곁에(엄밀히 말해서 앞에) 서야 했다. 방대한 규모의 제국을 구축하는 대신 미국은 연합국에 뇌물을 먹여 소련을 봉쇄했다고 하겠다. 이 협정이 한마디로 브레튼우즈(Breton Woods)체제로 제2차 세계대전 이후 자유무역시대로 불리는 세계화시대가 시작된 것이었다.[33]

미국은 1950년 이후 동맹국이나 상대국의 국내통치의 형태에 대하여 영향력을 미치기 위하여 군사력을 사용해 왔으며, 이들 간의 국경을 변경시키기 위해서 군사력을 사용하지 않았다. 근대 웨스트팔리아 조약의 뚜렷한 주권 개념은 각국의 내정에 대한 불간섭원칙이 대세였다. 이원리는 냉전기에 소련과 중국의 지도자들에 의하여 지속적으로 주장되었다. 냉전기에는 미국과 소련이 반복하여 그들 동맹국이나 우호국의 내정문제에 간여할 권리를 지속적으로 주장하였다. 그러나 1991년 소련이 와해된 이후, 미국만이 글로벌 규모에서 우방국들의 국내문제에 영향력을 발휘하는 유일한 국가가 되었다. 다시 말해서, 미국은 적어도 세계의 70여 개 국가에 영구 군사기지를 포함하여 모든 대륙에 있는 국가들과 깊은 시민 및 군사 관계를 가지고 있다. 미국은 러시아와 중국을 제외한 전체로서의 서구와 함께 윤리적 연관관계, 즉 배타적인 이익관계가 아닌 지속가능하고 장기간의 윤리적 관계로 묶여있다. 개별적인 서유럽 국가들과 미국의 관계는 어찌할 수 없는 위계관계, 그러나 주권평등의 원칙에 기반을 두고 있다.

20세기 중반 이후 웨스트팔리아 조약의 내정불간섭 원칙이 재편되고 국가 간의 국경이 주목하리만큼 안정되면서, 현재의 세계체제(world system)를 규율하고 안정화시킬 수 있는 어떤 강력하고 중요한 힘이 필요하게 되었다. 미국만이 그러한 강력한 힘을 투사할 수 있는 능력을 가지고 있다. 중국은 늘 동아시아국가였음에 비해 미국은 오늘날 세계의 중심국가다. 이는 미국이 세계 모든 나라의 행동을 지배한다는 뜻이 아니라, 세계의 나라들 중 대부분이 미국의 글로벌 리더십에 동의한다는 뜻이다. 왕경우(Wang Gungwu 王賡武) 교수의 표현에 따르면, 명조의 조공제도에 대칭되는 "아메리칸 조공제도", 더 나은 표현으로는 "아메리카 천하"는 강력한 글로벌 존재가치와 누구도 대적할 수 없는 군사력과 정치적 영향력인 추진력을 가지고 있다. 이는 수동적이지 않고 방어적이지 않은, 확장하려는 위대한 능력에 의하여 지원을 받고 있다는 것이다.[34]

아메리칸 천하는 조공제도가 아님에도 불구하고 영향의 범위가 크고 넓은 것이다. 이는 실질적으로는 인간 노력의 모든 분야와 궁극적으로는 문명 그 자체를 정의하는 데 있어서 뚜렷한 구별을 하기 위한 윤리적 체계이다. 오늘날 미국의 국제관계를 중국의 명나라(明朝: 1368-1644)와 비교할 때, 미국은 모든 분야의 정점을 내포하고 있다. 예로써, 뉴욕은 미디어・재정・예술・패션・출판・자선 등에서, 보스톤은 교육에서, 실리콘 밸리는 정보 테크놀로지, 헐리우드는 영화, 심지어 볼티모어는 제약에서 글로벌 수준에 있다. 그러나 이들 모두는 미국과 세계의 최우수 상품이 고도로 융합되어 있음을 의미한다. 이는 비즈니스 분야에서 명확히 드러난다. 2013년을 기준으로, 25개 글로벌 산업분야 중 미국이 18개 분야에서 가장 높은 이익을 내고 있다고 한다. 중국의 회사는 오직 2개 분야 ― 금융(국유기업)과 건설(그것도 홍콩의 부동산 발전) ― 에서 두드러져 있다.35)

따라서 세계에서의 성공은 미국에서의 성공을 의미하며, 그 반대도 같은 의미가 되는 것이다. 스포츠를 비롯하여 많은 정상의 연구기관도 미국과 미국 국적의 시민들이 선도하고 있다. 이들은 미국의 조직 모델에 의하여 영향을 받고, 미국의 관리기관으로부터 인증을 구하며, 이들은 미국의 소프트웨어로 운영되고, 또한 영어로 비즈니스를 한다. 이는 글로벌 무대에서 성공을 위한 야심을 가진 모든 비 아메리칸 조직에 무거운 부담이 된다. 예로써, 영어를 구사하는 캐나다인은 아메리칸/글로벌 고위층 서열에 참여하기 위해서는 조금의 가입비만 지불해도 된다. 이탈리아인은 다소 더 지불해야 할 것이다. 러시아인은 훨씬 더 지불해야 할 것이다. 중국인은 모두를 지불해야 할 것이다. 그리고 아메리칸 개인, 조직, 기관은 그 댓가를 수확하게 되는 것이다.

아메리칸 천하는, 그 본질에 있어서 등급별로 이루어진 "글로벌 클럽"이다. 그리고 '사람들이 문명적으로 타당하게 행위한다면 그 클럽에 참가할 회비를 낼 경우에만 함께할 수 있는 것'이다. 미국인은 미국 국적의 다른 이들의 클럽에도 무료로 가입할 수 있다. '아메리칸 외국 직접투자위원회'는 미국에서 외국인에 의한 투자보다도 더 많은 수입을 얻도록 제도화되어 있다. 어떤 분야에는 과도한 특권이 만연되어있는 것처럼 보인다. 아메리칸 천하에서 아메리칸의 생활은 그외의 사람들처럼 그렇게 열심히 일할 필요가 없어 보인다. 비용을 지불할 때가 되면, 중요한 인물이 나타나서 그 비용을 지불하기 때문이다.36)

2) 진정한 천하

유럽 구세계(the Old World) 의 사회는 세 개의 계급, 즉 중간계급, 아리스토크래트(반항적인)계급, 그리고 프롤레타리아(혁명적인)계급으로 구성되어 있으며, 권력이 갈등을 해소하는 데 중요한 역할을 한다. 이에 반하여 신세계(the New World)인 아메리카에는 하나의 계급인 중간계급만이 존재해 왔다. 이 사회에서는 구성원이 자본주의적이고 민주주의의 가치를 가지고 "자유롭게 태어난다." 신세계에서는 개인주의와 경제가 좋은 것이며, 정치는 나쁜 것이다. 신세계 미국에서 "돈"은 권력과 특권과 권위의 상징이다. 돈은 자유경쟁과 자유무역에서 나온다. 토크빌(Alexis de Tocqueville)은 1835년 그의 책『미국의 민주주의』에서 미국인은 중간계급에서는 개인주의적이며 자본주의사회에서는 "자유롭게 태어난다"고 했다. 경제는 좋고, 정치는 나쁜 것이다. 경제적으로는 안정된 생활 수준, 물리적으로는 사회적 지위를 유지하고 동료 시민들로부터 존경을 얻기 위해, 이 두 가지 이유로 훌륭한 수입이 필요하다. 따라서 돈은 '권력'과 '명성'과 '성공'의 상징이다. 신세계인 이 사회에서 모든 과정이 '자유경쟁'을 통하여 이루어진다는 것이다.

미국경제는 1985년부터 2015년까지 30년간 재정적자에도 불구하고 지속적으로 회복되고 있다. 맥콜리[37]는 그 원인을 다섯 가지로 설명하고 있다. 첫째, 미국이 자신의 화폐인 US$로 대출을 받으며; 둘째, 세계 각국이 외환보유를 위해 미국화폐 US$를 사용하며; 셋째, 현금보유도 US$로 하며; 넷째, 미국 국내에 외국인의 투자에 비하여 미국의 해외투자로부터 들어오는 과도한 수입; 다섯째, 글로벌 재정에서 미국 은행이 누리는 특혜 등을 그 이유로 꼽고 있다. 그러나 맥콜리는 이들의 총합에서 나오는 외형의 효과를 경시하고 있다. 다시 말해서, 아메리칸 천하는 이들의 의도되지 않은 긍정적인 외형주의에 의하여 번성한다는 것이다. 예로써, 미국의 지배적인 투자 은행들은 아시아에서 사업할 때, 불안전한 투자를 제어할 수 있는가? 미국의 경영컨설팅과 공공관계 회사들은 은행의 비즈니스에 편승할 수 있는가? 이러한 회사에서 경험을 가진 중국인들은 중국의 고용시장에서 잇점이 있는가? 자녀들에게 미국교육을 위하여 프리미엄을 지불한 중국의 부모가 그들의 자녀들이 그러한 회사에 근무하는 것을 원하는가? 그러한 외형 효과에 대한 기회는 무한하다는 사실이다. 아메리칸 조직과 개인은 비 아메리칸 제도와 개인들의 합리적인 활동에 의해 만들어진 긍정적인 외형주의로부터 체계적으로 이익을 보고 있다는 사실이 아메리칸 경제에 기초가 된다는 점이다.38)

구조적인 면에서 볼 때, 명나라의 조공무역 제도가 엄격한 상-하(top-down) 베이스에 기초를 두고 있음에 반하여, 오늘날 미국의 조공무역 제도는 훨씬 대등한(bottom-up) 형태를 띤다. 이의 결과로 아메리칸 천하는 신성불가침의 원칙을 수용하지 않는다. 명의 천하는 전적으로 유교 이데올로기에 기반을 두고 있음에 반하여, 아메리칸 천하의 확고한 이념은 개인주의다. 그러나 이 개인주의는 하나의 텅 빈 컨테이너이다. 인권, 민주주의, 법의 지배 같은 원칙이 개인 우선의 기본 원칙을 만들고 유지하는 상위구조로 발전하는 것이다. 따라서 아메리칸 개인주의는 공허한 이데올로기로, 즉 이념을 가지고 있지 않다. 여기서는 미국의 적대국가의 국민도 미국의 대학에 다닐 수 있고, 미국 회사에서 일하고, 심지어 미국의 시민이 될 수 있다. 아메리칸 천하의 또 다른 특징은 미국이 세계의 돈과 재능을 빨아들이는 자석이라는 것이다. 아메리칸 천하는 조공상태의 이익, 심지어 미국

국가이익을 초월하여, 개인의 이익을 촉진시킨다. 그 결과는 또 다른 아이러니한 모순을 낳는다. 즉, 개인을 최우선에 두는 국가는 국가를 최우선에 두는 국가보다 더 강할지도 모른다. 약 1세기 이전에 최고에 도달한 미국은 후기 임페리얼 천하를 위하여 세계의 각지로부터 돈과 재능이라는 신선한 공기를 흡입하면서 계속하여 엔트로피를 사출하는 노력을 하고 있다.39)

아메리칸 천하를 "천하"로 부를 수 있는 것은 보편적인 도덕질서에 기반을 두고 있는 전체의 "세계"를 하나의 중앙국가 체제에 포함시킬 수 있기 때문이다. 이러한 의미에서 로마제국은 단일 국가였고, 유럽의 중세는 공유한 종교로 묶인 다자관할 문화였으며, Wallestein(1974)의 근대 세계체제는 16세기에 존재한 것으로 아메리칸 천하가 갖는 통합력을 갖지 못하였다. 아메리칸 천하는 세계문화가 중세 모델에 기반을 둔 것에 반하여 로마문화에 기반을 두면서도 후기 로마제국에 더 가깝다. 따라서 오늘날 세계체제에 있어서 미국의 위치는 그 자신의 근본 원칙에 따라 이념적으로 규정된 위계적 세계체제에서 중국 — 소위 중심 국가인 中國(central state) — 인 것이다. 다시 아메리칸 천하를 정의하면 이는 위계적 질서의 세계체제로, 미국이 중심국가이며, 개인주의가 지배적 이데올로기로 이루어진 천하인 것이다.

아메리칸 천하 또한 상징적이고 세속적인 권력에 근접한 다섯 개의 위계적 단위로 분류된다. 중국 명나라의 유교적 다섯 동심원 수준에 상응하는 것으로, 아메리칸 천하는 먼저 워싱턴 D.C.로부터 뉴욕을 거쳐 보스턴에 이르는 "로얄센터"지역 — 적어도 통치하는 — 이다. 아메리칸 천하의 핵심으로 미국의 동북부 지역은 이 나라의 혹은 세계의 지배적인 정부, 재정, 교육기관이 몰려있으며, 1인당 GDP가 미국의 어느 지역보다도 높다. 다음의 동심원은 이들 지역의 보조적인 주변으로 나머지 미국의 전 영토를 포함하는 지역이다. 즉, 미국의 본토를 필두로 하여 태평양 상의 하와이와 괌과 같은 지역이 두 번째의 동심원에 해당한다.

그리고, 한족의 영토를 포함하여 소수민족이 생활하는 명나라의 세 번째 동심원에 해당하는 아메리칸 천하에서는 미국의 본토와 앵글로색슨 동맹(Five Eyes, FYEY)이다. 미국은 영국, 캐나다, 오스트레일리아, 뉴질랜드 등, 이 국가들과 통합된 정보네트워크와 완전한 군사작전을 공유하고 있다. 세계의 톱 싱크탱크 10개 중에서 6개가 미국에 있으며, 3개가 이 지역의 하나인 영국에 있다.

최고의 경제국가들 중 대부분을 포함하여, 세계의 나머지 국가들이 미국과 광범위하게 연관을 갖고 있다. 대한민국, 호주, 영국, 캐나다, 프랑스, 독일, 이태리, 일본, 네덜란드, 스페인 등이 미국의 현대판 톱10 국가들이다. 미국은 이들과의 조공관계가 어떤 경제적인 규모로 판단된 것은 아니다. 나아가 아메리칸 천하의 이 네 번째 지역은 정치와 군사적으로는 북대서양조약기구(NATO)로 호주, 핀란드, 아일랜드, 스웨덴, 스위스 등 25개 회원국과 태평양조약동맹의 일본, 대한민국, 필리핀과 태국, 그리고 미국의 많은 군사 파트너로 아프리카, 중동, 동남아시아 지역과 인도를 포함한다. 이들 중 어느 국가도 미국과 지향하는 바가 반체제적이지 않다. 어느 한 나라가 아메리칸 천하의 핵심회원이 되기 위해서는 인권, 민주주의, 법의 지배라는 세계사회 규범을 따르는 것이 전제조건이다. 이는 21세기의 문명화된 보편적 원칙으로 규정된 것을 외부의 야만인 국가들에게 격렬히 훈계하는 것이 시스템의 핵심이다. 아메리칸 천하의 제4구역에 있는 어떤 과도하게 비자유적인 국가들, 일례로 터키와 같은 국가는 전략적 위치, 페르시안 왕국들과 같은 국가는 전략적 자원 때문에 아메리칸 천하에 소속되어 있다.

마지막 다섯 번째 그룹으로, 아메리칸 천하와 비동맹 및 적대 관계의 국가들이 있다. 이들은 "무모한" 국가들로서 네 종류가 있다. 첫째, 아프가니스탄과 소말리아와 같이 광범위하게 국가기관을 결여하고 있으므로 효과적으로 통치되지 못하는 경우에 해당한다; 둘째, 이란과 북한과 같이 폭력적으로 반미적인 레짐에 의해서 통치되는 경우이다; 셋째, 러시아와 중국과 같이 미국을 대하는 태도에서 대등한 지위로 인식되기를 원하는 경우이나 이데올로기에서 민주주의와 대립되고 있는 국가들이다; 마지막으로, 시리아와 캄보디아와 같이 사실상 러시아와 중국의 가신 국가들이 있다. 여기서 처음의 두 그룹은 대규모 세계체제의 구조를 이해하는 데 아무 관련성이 없으나, 다음 두 그룹의 국가들은 세계체제에서 러시아와 중국의 지위에 명백히 의존한다는 점이다.

내정불간섭의 웨스트팔리아 원칙의 규제 없이도 20세기 중반 이후의 세계체제는 상당한 안정과 질서를 유지해 왔다. 미국만이 그러한 초국가적인 힘을 소유하고, 또 빈번히 그 힘을 발휘하였으며 질서 유지에 완벽하였다. 중국이 동아시아에서 그러해온 것처럼, 미국은 오늘날 전 세계에서 그러하다. 이는 미국이 모든 나라의 행위를 명령하는 것이 아니라, 이들 나라가 미국의 말과 행위에 대하여 동의하는 것이다. 정치학자 유엔풍콩(Yuen Foong Khong)은 이를 "아메리칸 조공제도"로 중국의 명나라 조공제도에 정확히 비유하고 있다. 이보다 더 탁월하게 홍콩의 역사학자 왕경우 교수는 2013년 출판된 그의 저서 *Renewal* 에서 "아메리칸 천하"로 표현하였다.

아메리칸 천하는 지구상에 강력하게 존재한다. 이는 타의 추종을 불허하는 군사력과 정치 영향력을 가진 종교적 미션을 가지고 있다. 아메리칸 천하는 중국의 개념에 비교하여, 수동적이지 않으나 방어적이며, 이는 다른 우주적인 이상주의와는 달리, 확장할 수 있는 더 큰 능력에 의하여 지원을 받을 수 있다. "아메리칸 천하는 본질에 있어서 등급으로 지워진 글로벌 클럽인데, 여기에 회원으로 가입할 수 있는 조건이 있다." "소기의 이득을 얻기 위하여, 문명화되고 타당한 방법으로 행동하고 회비를 지불해야 한다."

 아메리칸 천하는 중국 기준에서 그러하지 않다. 이는 왕경우 교수가 제안하는 것으로, 새로운 형태의 천하란 실질적으로 모든 분야에서 인간 노력을 차별화하고, 최종적으로는 문명 그 자체를 정의하기 위한 새로운 윤리체제이다. 콩 교수는 오늘날의 미국의 국제관계를 명나라 당시의 조공제도에 비교할 때, 오직 아메리칸 천하의 한 가지 조건에만 초점을 맞춘다: 국가-대-국가관계. 그러나 오늘날의 세계체제에서는, 미국에 있어서도 모든 종류에서 각각의 우선순위가 있다. 예로써, 미디어·재정·예술·패션·출판·테크놀로지·자선 등은 그 정상이 뉴욕이며, 교육은 보스턴, 인포메이션 테크놀로지는 실리콘 밸리, 영화는 헐리우드, 의약은 볼티모어이다. 그러나 이들 모두는 미국과 세계의 우세군의 총합을 표시하는 것이다. 따라서 세계에서 성공은 미국에서의 성공을 의미하고, 미국에서의 성공은 세계에서 성공을 의미하는 것이다.[40]

3) 아메리칸 천하는 저무는가?

 사회학적 관점에서 아메리칸 천하는 저무는 것같이 보인다. 미국 민주주의는 도널드 트럼프 정부 시기(2017~2020)를 거치며 퇴보했다고 본다. 김호기 연세대 교수는 "민주주의는 정치학자 야스차 뭉크가 『위험한 민주주의』(2018) 에서 주장한 것처럼 파시즘, 공산주의와 맞서 싸웠던 것에 이어 세 번째로 새로운 '포퓰리즘의 모멘트'에 도달했다"고 말했다. 그는 이어 "현재 우리가 마주하고 있는 자유민주주의의 위기는 두 가지 형태를 띤다"며, "포퓰리즘을 등에 업고 '권위주의적 스트롱맨'이 독재로 나아가는 '권리 없는 민주주의'가 하나라면, 테크노크라트의 과두제가 민주주의를 압도하는 '민주주의 없는 권리 보장'이 다른 하나"라고 했다.41)

<민주주의와 선거지원 국제기구(IDEA)>가 2021년 11월 22일 발표한 "2021 글로벌 민주주의 상태" 보고서에서 미국, 브라질, 인도 등의 국가가 '민주주의 후퇴국'으로 분류돼 있다. 미국이 국제기구 평가에서 '민주주의 후퇴국'으로 분류되는 불명예를 안았다. 도널드 트럼프 전 대통령의 2020년 대선 불복과 조지 플로이드 사망 사건으로 촉발된 인종차별 반대 시위 진압 등이 미국 민주주의 후퇴의 대표적인 양상으로 지목됐다. IDEA는 보고서에서 "많은 민주주의 정부들이 후퇴를 경험하고 있다"고 진단하면서 특히 미국의 사례에 주목했다. 보고서는 "올해 처음으로 미국을 민주주의 후퇴국으로 분류했다"면서 "데이터를 보면 미국의 민주주의 후퇴 사례는 최소한 2019년부터 시작됐다"고 밝혔다.

보고서 작성자 중 한 명인 알렉산더 허드슨은 AFP통신에 "미국은 실적이 좋은 민주주의"라면서도 "시민적 자유, 정부에 대한 견제 등에서의 하락은 민주주의의 본질에 심각한 문제가 있음을 나타낸다"고 지적했다. 그는 "트럼프 전 대통령이 2020년 미국 대선 결과의 정당성에 의문을 제기했을 때가 역사적 전환점이었다"면서 "2020년 여름 집회와 결사의 자유의 질도 하락했다"고 덧붙였다. 특히 트럼프 전 대통령의 대선 불복 이후, 미얀마, 페루, 이스라엘에서도 선거불복 움직임이 나타나는 등 다른 나라의 민주주의에도 악영향을 미쳤다고 지적했다. 조 바이든 미국 대통령은 취임 일성으로 미국의 민주주의가 위기에 빠졌다면서 민주주의 재건을 주요 국정 목표로 내세

였다. 국제기구의 평가에서도 미국의 민주주의 후퇴 현상이 그대로 확인된 셈이다.

IDEA는 민주주의 후퇴와 권위주의 발흥은 세계적인 추세로 보인다고 지적했다. 보고서에 따르면 5년 연속 민주주의로 이행한 나라보다 권위주의로 후퇴한 나라 숫자가 많았으며 지난 10년을 기준으로 보면 권위주의로 후퇴한 나라가 민주주의로 이행한 나라보다 3배 이상 많았다. 2020~2021년 기준, 전 세계 인구의 4분의 1이 국내적으로 민주주의 후퇴 현상을 경험한 것으로 추정됐다. 이 기간에 권위주의 정권으로 후퇴한 국가는 미얀마, 아프가니스탄, 코트디부아르, 세르비아, 말리, 콩고민주공화국 등 6개 국가였다. IDEA는 "전 세계 인구의 70%가 현재 비민주정권의 지배를 받거나 민주적으로 퇴보된 국가에 살고 있다"고 전했다.

특히 전 세계 국가 중 64%가 COVID-19를 억제한다는 명분으로 과도하고 불필요하거나 불법적인 조치를 취하는 등 팬데믹도 민주주의를 위협한 주요 요인으로 지목되었다. 보고서는 "비민주주의 체제들이 억압에 있어서 더욱 뻔뻔해지고 많은 민주주의 정부들이 언론 자유를 제약하고 법의 지배를 약화시키는 퇴행적 조치들을 취하므로 세계는 더욱 권위주의적으로 되었다"고 밝혔다. 다만 보고서는 팬데믹에도 불구하고 세계 80개 국에서 정부의 강압적 제한 조치에 반대하는 시위가 벌어진 것은 민주주의의 복원력을 보여주는 사례로 주목했다.42)

기후위기와 포퓰리즘 및 새로운 세대(MZ)의 부상으로 인한 '뉴노멀' 시대에는 과거와 같은 구도로 미국정치를 해설할 수 없다. '진보적인' 민주당과 '보수적인' 공화당으로 양분된 미국의 정치구도에 대한 기존의 설명 틀은 이른바 '유권자 재편성론(Voter Realignment theory)'이었다. 중대선거를 계기로 유권자분포가 재구성되면서 정당체계도 바뀐다는 이 설명은, 루즈벨트 당선을 계기로 미국 민주당이 지금과 같은 진보적인 정당으로 변모한 사실을 적절하게 설명해왔다. 그러나 '혼돈의 시대'인 지금은 다른 설명의 틀이 요구된다. 기후위기로 인해 화석연료에 의지하던 자본주의는 이전과 같은 방식으로 유지되기 어려울 전망이고, 포퓰리즘 세력의 등장으로 의회 민주주의가 위협받기 시작하면서 기존의 '민주-공화 양당 구도'로 설명될 수 없는 여론과 정치세력이 출현하고 있다.

바이든 시대가 열리면서 미국은 더 이상 우리의 흥분을 고조시키는 스릴러 장소가 아니라 과거와 다른 낯선 미국을 보고 있는 것 같았다. 비록 상식과 전통의 바이든이 왔지만, 최근 우리 앞에 펼쳐지고 있는 미국은 우리가 알던 그 미국이 아니다. 지금까지 세계 민주주의의 기준이자 기둥으로 우뚝 선 미국 의사당이 전직 대통령의 선동에 따라 미국 내 테러리스트들에 의해 점거된 건 좋은 예이다. 이것만 봐도 미국판 "테스 형, 세상이 왜 이래?"를 보는 것 같았다.

안병진은 그의 저서 『미국은 그 미국이 아니다』(2021)에서 그동안 우리가 알던 미국의 모습이 더 이상 유효하지 않다는 전제에서 출발해 미국을 새롭게 규정하려는 세 정치에 주목한다. 미국의 자유주의 민주주의 모델의 수명은 끝났다고 보았다. 지금 미국의 민주주의는 걸출한 발명 이후 업데이트만으로는 혁신이 가능한 시점을 지났다는 것이다. 이제 미국은 '새로운 이행기'에 들어섰다는 것이다.

그가 말하는 미국의 이행기를 규정하는 세력은 기존의 미국적 가치와 경계선을 지키려는 '토크빌주의', 체제를 넘어 문명 충돌적 시각에서 미국을 변화시키려는 '헌팅턴주의', 안정성과 엘리트적 관리를 넘어 민중의 힘에 기반해 사회민주주의로 나아가려는 '데브스주의'다. 이들 세 세력의 특징과 대표 전략가와 정치가를 제시하면서 미국의 현재와 미래를 진단한다.

먼저 토크빌주의는 매디슨, 해밀턴 등 건국의 아버지가 세운 주류적 가치와 제도의 경계선을 지키면서, 더욱 내구성 있고 탄력 있게 강화하려는 세력을 일컫는다. 이 세력은 미국적 가치의 건강성을 예찬한 프랑스 정치학자 알렉시스 드 토크빌의 이름에서 비롯됐다. 이들은 지금까지 미국을 지탱해왔다. 따라서 미국의 현 시스템을 긍정하는 점진주의 세력이다. 토크빌주의자는 무엇보다 미국 헌법에 녹아 있는 건국 정신을 부단히 현재화하려고 노력한다. 따라서 자유주의, 공화주의적 가치를 존중하는 만큼 정치를 적대적 투쟁의 공간이 아닌 선의의 경쟁과 통합으로 바라본다. 무엇보다 자유주의적 가치를 미국 내에서만 그치는 것이 아닌, 국제적인 네트워크를 구축해 미국의 힘과 지속 가능성을 추구하려 한다. 토크빌주의를 구현할 인물로 존 아이켄베리와 카멀라 해리스가 있다.

둘째, 헌팅턴주의자는 미 안팎 타자의 문명으로부터 미국을 방어하고자 한다. 이 세력의 이름은 대표적인 문명충돌론자 새뮤얼 헌팅턴의 이름에서 비롯됐다. 주목할 점은 헌팅턴주의자가 말하는 타자는 비단 국제관계에서만이 아니라 히스패닉, 아시안 등 이질적 문명의 미국 내 공동체 '침입'을 동등한 위험으로 다룬다는 것이다. 따라서 나치즘, 파시즘, 초기 네오콘과 친화성을 가진다. 또한 음모론, 가짜뉴스 등을 이용해 기존 워싱턴 주류의 문제점에 대한 불편한 진실을 교묘하게 활용함으로써 대중에게 인기를 얻는다. 또한 백인 문명을 중심으로 한 국제적 연대와 패권적 문명 질서를 구축하려고 한다. 무엇보다 중국을 실존적 위협으로 간주한다. 이를 대표하는 인물은 헌팅턴주의의 대표자로 도널드 트럼프 전 미국 대통령과 트럼프의 수석 전략가였던 스티브 배넌 등이다.

셋째, 미국의 자본주의와 정면 대결한 사회주의자며 노동운동가인 유진 데브스의 이름을 따서 데브스주의라 일컫는다. 이는 미국의 매디슨, 해밀턴적인 자유주의적 건립정신, 즉 토그빌주의를 데브스 스타일의 사회민주주의로 전환하려는 세력이다. 데브스주의는 공동체가 창출하고 생산한 것들에 대한 동등한 접근과 합의를 중시한다. 토크빌주의가 기존의 주류적 진통에 기초한다면, 데브스주의는 진보적 공화주의 흐름이다. 토크빌주의보다 좌파적이고 진보적인 포퓰리즘 전략을 추구한다. 여기엔 노동자계급에 기초한 계급운동뿐만 아니라 범민중 반기득권 운동이 뒤섞여 있다. 대표적 인물은 엘리자베스 워런 민주당 상원의원과 알렉산드리아 오카시와-코르테즈(AOC) 등이다.

안병진은 앞으로 이행기에는 전혀 새로운 경계선을 설정하기 위한 세 세력 간 쟁투가 본격적으로 벌어진 것으로 예측한다. 그렇다면 결국 누가 이길까? 그는 "알 수 없다"고 말한다. 다만 "세 세력 간 전투 양상을 보면 미래가 보인다는 것은 확실하다"면서 "지금 미국의 정치 세력들은 이 삼자 간에 서로에 대한 무지, 불안, 혐오, 오해, 순진한 희망 등이 섞여 비틀거리고 있다"고 말한다. 이제 미국은 더 이상 기존 주류인 토크빌주의 경계선 안에서 안전하게 움직이지 않는다. 이 세 정치 세력의 각축전이 오늘날 미국정치에 어떤 의미를 부여하게 될까에 대한 질문에 통찰을 제공한다고 말한다.43)

그러나 지정학적인 측면에서 볼 때, 관점은 달라진다. 미국은 지리적으로 대서양과 태평양의 가운데 놓인 아메리카대륙의 중간에 위치한 나라다. 미국인들이 인식하는 세계는 미국이 세계의 한복판에 놓여있고 왼편에는 태평양과 아시아 대륙, 오른편으로는 대서양과 유럽대륙이 존재하는 세계다. 미국은 태평양과 대서양을 양쪽에 두고 고립되어 있는 나라로 인식된다. 이러한 세계지도로부터 미국인들의 전통적인 대전략이 나온다. 즉, 유럽 혹은 아시아에서 막강한 지역 패권국의 출현을 막는 것이다. 유럽 전체를 장악할 정도로 막강한 지역국가가 출현할 경우, 이 나라는 대서양을 건너 미국을 위협하게 될 것이기 때문이다. 마찬가지로 미국은 아시아 전체를 장악하는 아시아 지역 패권국의 출현도 막으려 한다. 아시아 전체를 장악한 패권국은 태평양을 넘어와서 미국을 위협할 것이기 때문이다. 유럽과 아시아에서 지역 패권국(Regional Hegemon)의 출현을 막아야 한다는 미국의 대전략은 세계지도가 변하지 않는 한 앞으로도 영원히 지속될 것이다.44)

나아가 냉전 시대인 1970년대 중반 이후, 미국이 차지하고 있던 경제력은 세계의 1/4 수준이었고, 소련이 붕괴된 1991년 이후부터, 미국은 실질적 패권국으로 등장하였다. 이때부터 10년간 경제력은 급속히 성장하여, 이 기간 일본, 프랑스, 독일 등이 10%대 성장을 이룬 것에 반해 미국은 무려 39.2%의 경제성장을 이루었다. 같은 기간에 문화와 기술에 있어도 미국이 세계의 패권국이라고 말하는 데에 다른 나라들에게 모자람이 없었다. 미국은 패권국으로서 지위를 향유하였고, 또 그것을 유지하려고 한다. 그래서, 소련의 도전을 물리쳤고, 일본의 도전도 물리쳤고, 유럽의 도전(EU)도 물리쳤다.45)

1990년 이래 실질적인 패권국의 지위를 확보하고 있는 미국은 자신에게 도전하는 중국과 이슬람에 대해 어떻게 대처할 것인지 생각해 왔다. 2001년부터 약 10년 동안 미국은 이슬람의 도전에 대응하는 데 더 많은 시간과 노력을 기울였다. 그러나 2010년 이후의 대전략을 분명히 아시아 쪽으로 틀고 있다. 미국은 21세기 미국 패권 유지의 관건이 동아시아와 중국에 달려 있다고 보고 있었다. 당연히 패권 유지를 위한 미국의 노력은 동아시아의 중국에 집중되고 있다. 오바마 행정부에 의한 "미국의 아시아 축(Pivot to Asia) 전략" 혹은 "아시아

재균형(Rebalancing Asia)" 전략은 미국이 중국과 본질적으로 패권경쟁을 벌일 것임을 정책으로 표명한 것이다.46)

제3세대 현실주의 국제정치이론인 '공격적 현실주의 의론'을 주장하는 존 미어세이머(John J. Mearsheimer) 교수는 "미국이 중국의 도전을 그대로 방치하지는 않을 것"이라고 자신한다. 그러면서 그는 "중국이 패권을 추구하는 것은 중국문화가 본질적으로 공격적이라든가 중국의 지도자들이 잘못된 길로 인도되기 때문이 아니다. 중국이 패권을 추구하는 것은 그것이 국가의 생존을 위해 가장 좋은 보장장치이기 때문이다. 물론 미국은 중국이 아시아의 패권국이 되는 것을 저지하려 할 것이다. 미국은 세계 무대에서 미국에 근접할 도전국의 존재를 용인하지 않기 때문이다. 결국 중국과 미국 사이에는 냉전 당시 미국과 소련의 관계와 유사한 심각한 안보경쟁이 야기될 것이다."47)

미국의 '신국방전략보고서48)'는 미래의 도전이 아시아에 있다고 명기하고 있다. 동아시아, 인도양, 남아시아 지역에 미국의 경제와 안보 이익이 심각하게 연계되어 있다고 보며, "미국은 전세계 안보에도 기여해야 하지만, 아시아 태평양 지역을 더욱 강조해야 할 필요가 있다"고 단언하였다. 여기에서 인도의 전략동맹으로서의 중요함과 중국의 군사력 증강의 투명성에 대하여 의구심을 나타냈다. 미국과 세계 안보에 대한 부정적인 국가로는 북한, 중국, 이란을 적시하였으며, 그 중 두 나라 중국과 북한이 동아시아에 있다. 그리고 지구의 공유지(Global Commons)인 "바다"는 누구라도 자유롭게 사용해야 한다고 한다. 이 보고서는 미국 해군은 동지나해는 물론 서해(황해), 동해에서 자유롭게 활동할 것임을 선언하고 있다.49)

그러면 동아시아에서 지정학은 어떠한가? 이 지역에 미국의 오바마 행정부와 트럼프 행정부를 거치면서 양자 동맹체제에 기반한 미국주도의 안보질서가 구축되었다. 오바마 대통령의 아태전략 프로젝트로 모노-허브(mono-hub) 형태의 차륜구조(hub-and-spokes) 체제가 정착되었다. 다자주의적이고 헌정주의적인 서유럽의 구조와는 다른 단(單) 허브를 갖게 된 이유는 역내 국가들이 서로 멀리 떨어져 흩어져 있고, 국력보유에서 미국과 격차가 크기 때문이었다. 전임 부시 행정부의 일방주의적 선제공격 독트린은 제국적 과잉팽창으로 귀결되었기에, 단극체제의 균열 후 탄생한 오바마 시대의 대전략의 요체는 자유국제주의로의 회귀 시도였다. 그리고 무엇보다도 위기에 빠진 미국 패권의 회귀의 시도였다. 이러한 차륜구조 변화의 예로, 패권조정이란 대전략상의 변화 맥락에서 2010년대에 신미국안보센터(CNAS)와 전략국제문제연구소(CSIS) 등 주요 싱크탱크들이 아시아-태평양지역 아키텍처 변화에 대한 보고를 제출하게 하였다. NATO와 같은 역내의 안보 레짐은 갖지 않았으나, 아태지역에서 상호연결성과 위협증대에 대응하며, 해로(sea lane) 등 공동자원에 대한 접근을 보장하는 안보 네트워크 발전 경향에 주목하고 발전시킨다고 미군 수뇌부의 입장을 밝힌 것이다. 특히, 기존의 양자에 국한된 틀을 넘어 한-미-일 3자 매카니즘이 발전하고 있고, 냉전 기간에는 서로 연계되어 있지 않던 국각들(spokes) 간의 협력이 두드러지고 있으며, 나아가, 아세안 확대 국방장관회의(ADMM Plus) 같은 다자 안보 아키텍쳐가 부상하고 있는 것이다. 오바마 시대에 등장한 역내 복잡 네트워크 질서는 기존 센프란시스코체제의 경직성과 위계성을 벗어나 미중 경쟁의 긴장도를 떨어뜨려 주는 유용한 탈근대적, 탈세력균형적 아태지역 아키텍처로 평가받았다.[50]

일본이 주도하여 중국에 대항하여 일본, 미국, 호주, 인도 등 4국으로 안보대화(QUAD)를 구성하였으며, 2017년 도널드 트럼프 대통령이 아시아 순방 중 "자유롭고 번영하는 인도태평양(FOIP)"이란 개념을 사용하면서 본격적인 국제정치언어로 부상하고, 이어서 태평양사령부(USPACOM)가 인도태평양사령부(USINDOPACOM)로 확대개칭되어 인도-태평양은 새로운 전략공간 개념으로 자리잡게 되었다. 2019년 6월1일 발표된 미 국방부 "인도-태평양 전략 보고서"의 부제 '지역 네트워크화 촉진하기(promoting a networked region)' 구절, 즉 지역 안정과 번영이라는 궁극 목표의 달성을 위한 수단 중의 하나인 규칙 기반 질서(rules-based order)의 수호를 위해 역내 동맹과 파트너십을 "네트워크화된 안보 아키텍처(networked security architecture)"로 강화발전시킬 것을 다짐했다. 이는 인태지역안보의 기초가 미군의 전진배치에 더해 동맹과 파트너로 구성된 네트워크의 증대에 달려있다고 주장하고, 양자 및 (소)다자 관계 강화뿐만 아니라 아시아 내부의 관계망을 확대증진시킬 것을 강조하였다. 실제로, 한-미-일, 미-일-호, 미-일-인 등 3자 파트너십, 아세안(ASEAN)과 쿼드(QUAD) 등을 중심으로 한 지역 다자체, 그리고 인도-태평양 해양안보구상(MSI), 지구평화작전구상(GPOI) 등의 연합군사작전 등을 열거했다. 아태개념이 주로 경제협력에 치중하였으나, 인태개념은 역내의 군사화, 봉쇄의 전면화라는 패러다임 전환이 내재되어 있었다.51) 바이든 행정부에서는 기존의 대영제국공동체(The 54 Great British Commonwealth Nations)와 NATO 그리고 한국, 미국, 일본, 타이완의 4국에 의한 대중국 반도체 공급망을 공고히 하는 "칩4"를 결성하였다.

3. 21세기의 세계패권

나폴레옹전쟁 후 제1차 세계대전까지 유럽, 즉 세계 평화의 중심에는 영국이 있었다. 세계는 해가 지지 않는 나라로 영국의 패권(Pax

Britannica)에 의하여 글로벌화가 되었다. 그러나, 20세기의 중반이 되자 영국은 같은 세기 초의 미국과 같이 타국에 대해 자신의 규칙을 강제하기 위하여 군사력을 사용하려 하지 않고 권력의 행사에 조심하기 시작하였다. 제1차 세계대전과 제2차 세계대전을 통하여 독일은 영국과 미국에 패권도전을 하였으나 실패로 끝났다. 영국에서 미국으로의 패권 이동은 앵글로색슨 국가들 간에 피를 흘리지 않고 권력이 전이되었다. 그리고 제2차 세계대전의 마무리와 함께 소련을 중심으로 하는 공산주의 이데올로기에 의한 동구의 블럭과 미국을 중심으로 하는 자유민주주의 이념의 서구 진영, 즉 두 개의 세계 사이에 냉전이 시작되었다.

1972년 소련과 갈등관계에 있던 공산당의 중국이 미국에 마음을 열고, 1978년 개혁개방을 시작하면서 중국은 급격한 경제성장을 시작하게 된다. 미국과 중국관계는 점진적으로 순항을 하면서, 이후 30여년 간 중국경제는 가파른 성장을 이루어 왔다. 그러나, 1989년 봄, 중국에서 시작한 민주화운동이 실패하였으나, 이에 이은 동유럽 공산권국가들은 민주화운동을 거치면서 도미노 카드가 쓰러지듯이 공산권의 붕괴가 확산되었다. 중국 베이징 천안문광장의 자유화운동이 유산된 후, 폴란드 "단결운동"의 자유선거를 소련의 지도자 고르바초프가 수용하고, 헝가리가 다수당 제도를 도입하고, 이해 11월에는 냉전의 상징이었던 동서독 사이의 베를린 장벽이 무너지면서 동독이 붕괴되었다. 이는 냉전의 종말을 상징하는 사건들이었다. 오직 루마니아의 독재자 차우세스쿠만이 민주화의 흐름에 거역하다가 그의 처와 함께 자신의 군에 의하여 길거리에서 처참하게 처형되었다. 1990년, 동서독이 서독으로 통일하고 이들이 NATO에 가입하면서 동유럽에 냉전의 종말이 온 것이다. 1992년 소련이 해체되면서, 동서 양극의 한 쪽 세계가 붕괴되고, 냉전시대는 막을 내리고, 국제질서는 양극에서 일극체제로 변하고, 세계의 패권은 계속하여 미국으로 수렴되었다.

미국의 패권질서(Pax Americana)는 상대국의 국경과 관련하여 현상유지 정책을 유지하나, 이 국가들의 내정에 관여하는 정책을 지속해 왔다. 이는 상대국의 주권 독립을 인정하는 웨스트팔리아 평화에 거스르는 후기적 급격한 웨스트팔리아 평화였다. 그러함에도 불구하고 미국에 의한 세계평화, 즉 국가들 간의 국경분쟁이 상대적으로 적고 세계가 주목할 만큼 안정되었던 것은 ─ 중국이 동아시아에서 그러한 것처럼 ─ 미국만이 세계질서에서 강력한 군사력을 가지고 있었고, 필요시 빈번하게 무력을 사용하였기 때문에 가능하였다. 그리고 세계 대부분의 국가들이 미국의 그러한 글로벌 리더십을 인정하였기 때문이다.

미국에서 2001년 9.11 사태는 건국 후 미국이 국가가 아닌 적에 의하여 처음으로 국내에서 피해를 본 사건이었다. 2008년 글로벌 금융위기는 중국인의 마음에 내재하고 있던 대국에 대한 기대에 자극이 되었다. 나아가, 2010년 중국은 외화보유고가 미화 10조 달러를 초과하여 일본을 제치고 제2의 세계 경제 대국이 되었다. 세계가 미국과 소련으로 양분되었던 냉전체제(Bipolar System or Cold War System)가 와해되고, 바로 이은 미국 주도의 단극체제(Unipolar System)에서, 미국의 금융위기는 중국으로 하여 이제 세계가 다극체제(Multipolar System)라고 말할 수 있는 환경과 근거가 된 것이었다. 2013년, 중국의 시진핑은 미국의 오바마 정부에 대하여 중국과 미국 사이에 대국외교관계를 가질 것을 제의하였다. 그리고 중국과 미국이 서태평양을 공동으로 이용할 것을 제안하였다. 2017년 트럼프 행정부의 미국과 시진핑의 중국 사이에 무역분쟁이 시작되면서 미국과 중국 사이의 괴리감은 넓고 깊어지기 시작하였다.

미국은 중국에 대하여 주변국에 대한 패권 야심을 버리고 국제간에 "책임있는 이익상관자(responsible stakeholder)"로 경제협력에 협조할 것을 요구하고 있다. 이에 반하여 중국은 미국의 민주당과 공화당의 갈등관계를 이용하여 미국에 대하여, 타이완 문제는 국가의 핵심 이익이며, 미국이 이에 관여하는 것은 내정간섭이라고 하면서, 나아가 서태평양에서 미국의 협력을 요구하고 있다. 2019년 말 COVID-19 팬더믹 발생 후, 미국과 중국의 관계는 양국의 무역전쟁뿐만 아니라, 2022년 러시아의 우크라이나 침공, 하마스의 이스라엘 습격은 확산되는 이스라엘-팔레스타인의 중동문제를 개선하기 어렵게 하고 있으며, 미국 중심의 세계체제는 새로운 도전에 직면해왔다.

2021년, 중국공산당 창립 100주년을 보내면서 중국은 GDP가 미화 일만 달러로 전국민이 샤오캉사회(小康社會: 중등사회)에 진입하였다고 결정하였다. 현재의 세계질서에 불만을 갖고 세계 패권에 도전하는 중국공산당의 중화인민공화국은 다시 건국 100주년이 되는 2049년을 전후하여 중국의 꿈인 세계 속의 패권국으로 중화민족의 부흥을 이루고 세계에서 가장 앞서는 국가가 되겠다고 한다. 21세기에 들어서도 다양한 어려움을 극복하면서 글로벌 사무를 관장해 온 미국이 계속하여 세계패권을 유지할 수 있을까?

제3장 중국 특색의 천하구상

1. 중국의 개혁과 개방

　1978년 12월 18일, 제11차 중국공산당3중전회는 중국이 과거와 결정적인 단절을 하고 중국의 개혁시대를 열고 중국이 수퍼파워로 부상할 수 있는 시발점이 되는 결정을 하였다. 농업의 변화는 산업정책에서도 변화를 초래하였다. 국유기업에 대한 국가보조금은 삭감되거나 폐지되었고, 어떤 국유기업은 도산하거나 매각되었다. 정부는 소비상품의 소비와 수출을 위하여 생산을 장려하며, 사적 기업과 개인 소유를 어느 정도까지 허락하게 되었다.1)

　개혁의 초기부터 해외의 개입이 절대적으로 중요하였다. 장기간 지속되어온 해외로부터 투자 금지가 철회되었으며, 외국회사가 중국 내륙에 공장을 세우는 것이 장려되고 특혜를 받았다. 고립과 자립의 마오쩌둥 원리를 포기하면서, 중국은 글로벌 마켓에 뛰어들었으며, 나아가 기계류를 수입하고, 거대한 양과 다양한 가공 상품을 수출하기 시작하였다.2)

　덩샤오핑(鄧小平)은 경제적 자유주의의 옹호자가 아니다. 그의 접근법은 이론적이기보다도 현실적이며, 결과를 원하며, 이를 위하여 더 새로운 방법을 시도하려고 하였다. 그는 한국, 타이완, 싱가포르와 같은 작으나 훨씬 발전한 동아시아의 국가들을 포함하여 다른 나라들의 경험을 배우는 데 개방된 마음의 자세를 가졌다. 덩은 중국의 경제를 자유화하고 이를 세계에 개방하도록 발전시키는 계획이 충분히 발전된 경우에만 그 논리를 따른다. 초기 개혁이 성공적으로 입증되자, 그는 더 거대하고 원대한 계획을 이끌어 나갔다.3)

 덩샤오핑과 그의 개혁가들은 장기간 중국 인민을 질식시켜 온 생활 수준을 향상시키는 것이 필요하다는 것을 확신하였다. 마오쩌둥(毛泽东)의 30년 통치 후에도 지속되는 공급부족과 수백만 농민의 기근에 대한 공포가 아직도 남아 있었다. 1989년 봄, 중국을 휩쓴 민주화 열풍과, 동유럽 국가 등의 민주화, 더구나 베를린 장벽의 붕괴와, 장기간의 불황에 따른 소비에트연방의 붕괴는 중국공산당으로 하여금 계속하여 권력을 잡기 위해서는 지속되는 물질적인 발전이 관건이라는 것을 자각시켰다. 다시 말해서, 시장경제밖에는 다른 대안이 없다는 것이었다.4)

 중국의 개혁가들은 개혁 초기부터 그들 국가의 국력과 자긍심을 고양하는 데 동기부여가 되었다. 물론 마오쩌둥이 중국을 정치적으로 강대국으로 만들었지만, 그의 후계자들은 중국이 실제로는 국력에 있어서 미국에 비교가 되지 않는다는 것을 알고 있었다. 그 국력의 차이를 극복하기 위해서는 조화의 수십 년의 경제-기술의 따라잡기 계획이 필요하였다.5)

 덩샤오핑의 개혁정책은 20세기의 초기 10년간, 지속적인 경제성장을 목표로 하는 "초성장" 기간을 유도해 나갔다. 연 GDP 성장률은 평균 9%를 유지하였다. 인구 출생률의 동시 하락으로 말미암아, 1인당 개인 수입은 연 7%로 증가하였다. 당시 중국은 세계 어느 나라보다도 경제가 발전되고 있었으므로, 개혁 초기 세계 총생산의 5%에서, 1990년대 중반에 10%로, 그리고 2004년에는 13%를 차지하였다. 중국은 성장을 통하여 대규모 경제대국의 반열에 서게 되었다. 20세기 초, 세계 경제력의 서열은 미국, 일본, 독일, 프랑스, 이태리 순에 이어 중국이 GDP 순에서 6위에 랭크되었다. 2005년에는 이탈리아와 프랑스를 초월하였으며, 독일에 가까워졌다. 2008년에 이르자 중국은 제3위 세계경제대국이 되고,6) 2010년에는 외화보유고 1조 달러로 일본을 제치고 세계 제2의 경제 대국이 되었다.

중국이 기술과 산업에서 현대화를 이룸으로써, 이 나라는 1980년에서 2015년에 이르는 25년의 기간에 다음과 같은 업적을 쌓았다. 국내총생산량(GDP)은 미국 GDP의 7%에서 61%로, 수입은 8%에서 73%로, 수출은 8%에서 61%로, 그리고 예비비에서는 16%에서 3,140%가 되었다. 그리고, 구매율에서는 미국을 앞섰을 뿐만 아니라 1980년에 2%에서 현재 세계 GDP의 18% 이상을 상회하고 있다. 중국은 또한 세계의 기술 제조국에서 정통의 최첨단 혁신 국가로 변신 중이다.7)

당시 서구의 중국 전문가들 사이에 중국이 미국을 따라잡을 수 있을까에 대한 논의가 분분하였다. 종종 인용되는 2003년 골드만삭스는 2041년이 되면 중국이 미국을 따라잡을 것이라고 예상하는 연구를 내놓았다. 2011년 카네기재단의 경제학자 앨버트 키델(Albert Keidel)은 미국과 중국의 교차점은 2035년이 될 것으로 예상하였다. 2010년 노벨수상자 로버트 포겔(Robert Fogel)은 더 높은 평가를 하였다. 2040년까지 중국은 경제 규모에 있어서 미국을 앞지른 후, 오랫동안 지속할 뿐만 아니라 경제 규모에 있어서 미국의 3배에 이르고, 세계 전체생산의 40%에 이를 것이라고 말했다. "이는 경제패권이 무엇을 의미하는 것인가"를 보여주는 것이라고 포겔은 말했다.8)

2. 안휘성 집단농장 개혁개방

　1978년 12월 4일 심야, 중국의 수도 베이징 남쪽 안후이성(安徽省)의 작은 농촌 마을의 55명의 중국공산당 지역 간부들이 모였다. 이들은 다음 해에 이 지역의 농업생산량을 어떻게 증가시킬 수 있는가를 토론하기 위하여 모임을 가졌다. 이 마을이 매년 국가로부터 부여받은 책임량은 그 생산에 있어서 해마다 줄어들고 있었다. 농민들은 국가가 이 마을에 할당한 양을 생산할 수가 없었다. 설상가상으로, 이 해에는 흉년이 들어 몇몇 농민들이 아사하는 상황이 일어나기도 하였다.

　이날의 심야 회의에서, 이 간부들은 다가오는 해에는 그 국가 소유 집단농장을 가족 단위로 나누어서 경작하고, 수확량을 그 가족 비례에 따라 국가에 납품(包产到户)하도록 결정하였다. 그리고, 국가에 납품하고 남은 것은 각자 농민들이 갖도록 결정하였다. 여기에 참가한 모든 간부들은 이러한 회의의 결정을 외부에는 엄중히 비밀로 하였다. 왜냐하면 이러한 비밀이 누설되어 이들이 집단농장의 법을 위반한 것으로 드러날 때는 엄한 처벌을 받거나 죽임을 당하게 될 것이기 때문이었다. 이러할 경우, 살아 남은 자가 희생자의 자녀를 16세까지 돌보아 줄 것을 약속하였다. 이들 간부 중 30명은 손가락을 잘라 피로써 서명하였다. 함께 하였던 이들 55명의 간부 중 25명은 동성동본의 친인척 관계에 있었던 것이다.

　이들 간부들은 왜 이러한 결정을 비밀로 하였을까? 1949년 10월 1일, 중화인민공화국이 설립된 후, 중국공산당 총서기 마오쩌둥은 중국의 최고 지도자로 1950년대에 공산주의 집단농장 건설을 위하여 대약진운동(大躍進運動)을 시작하였다. 집단농장은 혁명정신을 활용하여 농업생산에서 증가를 목표로 하였다. 그러나 이 운동은 충격적인 실패로 귀결되었다. 실패에 책임을 지고 마오쩌둥은 주석의 자리를 리우샤오치(劉少奇)에게 넘겨 주었다. 주석이 된 리우샤오치와 덩샤오핑은 생산과정에 인센티브 시스템을 도입하였다. 이는 집단농장의 폐쇄와 마오쩌둥의 실제 정치에서의 퇴각을 의미하는 것이었다.

여기서, 마오는 홍위병을 동원하면서 문화대혁명(無產階級文化大革命)을 시작하였다. 홍위병(紅衞兵: Red Guards)이란 1966년부터 1976년에 마오가 죽을 때까지 동원한 중국의 급진적인 10대의 청소년들이었다. 마오는 중학생인 10대들로서 혁명 열기를 가진 청소년들을 이용하여 리우샤오치나 덩샤오핑과 같은 모든 개혁자들을 몰아내기에 몰입하였다. 당시 전국적으로 우익성을 가진 모든 대학 선생과 학생들은 소위 혁명정신의 재교육을 위하여 하방(下放)이란 이름 하에 농촌으로 강제로 보내지거나, 비판을 받거나 혹은 희생이 되었다. 소위 문화대혁명이라는 미명하에 자행되었다. 이들이 자본주의와 연결이 되어 있거나 서구 문화에 노출되어 있다고 보았기 때문이다.

당시 황제당파에서 나왔던 시진핑은 10대 청소년으로서 농촌지역에 자진하여 하방을 하였다. 이 당시 중국의 모든 대학은 학생모집을 중단하였으며, 그 대신 노동자들이 마오쩌둥에 의하여 영향을 받고 전국의 대학을 접수하였다. 당시 중국은 전국적으로 혁명 열기로 흥분되어 있었다. 많은 지식인들이 스스로 목숨을 끊거나 살해되었다. 많은 개혁주의자들이 숙청되었고 리우샤오치를 포함하여 지도자들은 살해되었다. 이때 기자와 집단농장에서 개혁에 호응하던 개혁주의자들은 비밀리 처형되었다. 이 기간에 2천에서 3천만 명이 흉작과 혁명열기로 생명을 잃었다고 한다.

마오쩌둥은 1976년에 사망하였다. 그리고 덩샤오핑이 1978년에 권력에 복귀하였다. 이듬해 가을, 안후이성 마을의 농민들은 앞에서 설명한 그들이 정한 방법으로 그해 생산에서 전년도보다도 훨씬 많은 양을 수확하는 대성공을 하였다. 이 놀라운 소식이 당시 안후이성 성장 완리(萬里)에게 알려졌다. 다음 해, 완리는 이들을 징계하는 대신에 이 사실을 덩샤오핑에게 보고하였다. 덩은 농민들에게 이 개혁적인 방법을 전국적으로 실시할 것을 격려하였다.

안후이성 마을의 공산당 지도자들이 피로 서명한 그 문건은 지금도 북경의 천안문광장 동쪽에 있는 혁명박물관에 보물로 전시되고 있다. 중국의 개혁개방정책은 안후이성의 작은 농촌마을에서 시작한 것이었다. 이것이 '검은 고양이든 흰 고양이든 쥐만 잘 잡으면 된다'는 소위 "흑묘백묘론"으로 알려진 덩샤오핑의 개혁개방정책의 효시다. 이 아이디어는 단순히 마오쩌둥주의의 거부가 아니라 새로운 종류의 개혁을 위한 민중의 공동 요구였다. 만일 마오쩌둥이 훨씬 오래 살았더라면, 중국의 개혁과 개방정책은 훨씬 늦게 시작하였거나 아예 시도되지도 않았을 것이다.

3. 덩샤오핑의 타오광양후이(韜光養晦) 24字 전략

1972년, 미국 대통령 닉슨의 중국 방문을 계기로 중국과 서방의 교류가 시작되었다. 그리고 1978년 덩샤오핑이 실권을 잡은 후, 자유의 봄바람은 베이징대학 캠퍼스의 잔디밭에도 불어들었다. 잔디 위에서 대학의 학생들이 존 스튜어트 밀(John Stuart Mill)의 『자유론』(On Liberty)을 읽고 자유와 민주주의에 대하여 토론하곤 하였다. 그리고 어느 날 새벽 베이징대학의 마오쩌둥 동상도 말없이 철거되었다고 한다. 지금도 베이징대학에는 마오쩌둥 동상이 없다. 1989년 6월 4일 천안문광장 사태가 일어난 후, 동유럽에서는 베를린 장벽이 무너지고, 폴란드와 헝가리 등 동유럽국가들 사이에 자유화의 물결이 도미노 카드가 무너지듯이 번져갔다. 그리고 1992년 마침내 소련이 해체되었다. 이제 지구상에 남은 공산국가는 중국과 북한 그리고 쿠바만이 그 명맥을 유지하고 있다. 아니, 쿠바도 많이 개방되었다.

이러한 자유화 물결은 개혁개방의 성공가도를 달리는 중국의 지도자 덩샤오핑에게 섬뜩한 현실로 다가왔다. 그는 퇴임하기 이전에 국내외 정치를 이어갈 후계 지도자들에게 훈계가 될 것을 남겼다. "냉정히 관찰하고, 두 다리로 견고히 버티어 서서, 신중히 대처하며, 가진 재능을 숨기고 물러나 때를 기다리다가, 상황에 흔들리지 않고, 절대 앞에 나서 우두머리가 되지 말라"(冷静观察；站稳脚跟；身着应付；韬光养晦；善于守拙；绝不当头) 혹은 "흔들리지 않고 겸손히 대처하며, 결코 앞서 나아가 우두머리가 되지 말 것이며, 가진 재능을 숨기고 물러나 때를 기다리다가, 시기를 포착하고, 하고자 하는 일이 있으면 적극적으로 하라"(善于守拙；绝不当头；韬光养晦抓住时机；有所作为).9) 함부로 국제사회에서 튀지 말라는 것이다.

중국인들은 복잡한 군사 및 외교적 개념에 대하여 압축적인 함의를 가진 한자(漢字)로 표시하곤 한다. 그러한 예가 위에서 본 덩샤오핑의 "타오광양후이 24자전략"이다. 이는 1991년 여름에 중국공산당 고위 간부들에게 배포된 것으로, 곧 퇴임을 앞두고 있던 덩샤오핑이

후계 지도자들에게 남긴 훈계이다. 이 간결한 24자 전략은 중국의 외교와 국내전략에 대한 일반적 가이드라인을 제시한 것이다. "당과 국가는 냉정히 관찰하고, 우리의 위치를 안전하게 하며, 문제에 조용히 대처하며, 가진 재능을 숨기고 때를 기다리며, 항상 겸손하며, 결코 앞서지 말라." 당시 중국은 미국의 압력을 비켜가며, "개혁과 개방"을 통하여 성장을 아루는 데 필요한 자신의 장기간의 계획에 몰입할 필요가 있었다.

당시 덩샤오핑의 훈계의 핵심 내용에 대한 서구의 관점은 ① 중국이 미국과 대결상황을 피하는 것; ② 중국이 광범위하게 국력을 키우는 것; ③ 중국이 점진적으로 진보하는 것으로 파악하였다. 먼저 1990년대 초 중국은 대외정책에서 대결상황을 피하는 데 긍정적이었다. 1990년대, 첫 상반기에 베이징은 인도네시아, 한국, 베트남과 국교를 정상화하고 러시아, 인도와는 과감하게 국경문제를 논의하였으며, 중앙아시아 국가들과는 우호관계를 확립하였다. 이러한 회유적 태도에도 불구하고 중국은 대만해협(1955~1956)에서 워싱턴과 도쿄의 심기를 건드렸으며, 남중국해에서는 신 안보개념으로 해양 경계 문제를 촉발시켰다. 이상의 양자관계를 떠나 다자관계에서도 중국은 ASEAN 지역포럼에 참가하여 신뢰구축 갈등해소 등 안보관련 문제를 토론하였고, ASEAN+One과 ASEAN+3을 창설하였다. 중국은 신생독립한 중앙아시아 5국을 포함하여 샹하이협력기구(SCO)를 조직하였다. 1990년대 중국의 지도자들은 그들의 성장 능력을 확신하고, 책임에 대한 국제적인 평가에도 관심을 갖고, 미국의 우려를 완화하기 위하여 양보하는 태도를 보였다. 1992년 핵무기확산금지조약과 미사일기술통제레짐, 1993년 화학무기회의, 그리고 1995년에는 광범위 핵실험금지조약에 참가하면서 워싱턴과의 중요한 마찰의 근원을 제거하기를 희망하였다.[10]

2001년 부시(George W. Bush) 정부가 시작되는 시기에 이르면, 미국과 중국의 관계는 핵확산, 인권문제, 스파이 행위, 패권과 개입주의에 대한 논쟁, 그리고 1999년 베오그라드 대사관 폭파사건 등의 논쟁으로 미국과 중국의 양국관계는 개선되는 여지가 보이지 않았다. 더구나 타이완 독립문제는 양국 사이 불신과 의심의 핵심사항이 되었으며, 부시 대통령은 중국을 전략적 경쟁자로 지목하였다. 미국의 2001년 9.11사태를 계기로 미국과 정면으로 대치하는 것을 피해오던 중국이 하룻밤 사이에 태도를 돌변하였다. 몇 달 내에 베이징의 분위기는 주의 깊은 방관자에서 열광적인 낙관주의로 바뀌었다. 2002년 11월, 제16차 중국공산당대회에서 장쩌민(江澤民)은 "21세기 첫 20년은 중국을 위한 전략적 기회의 기간이 될 것"이라고 과감히 선언하였다. 워싱턴 또한 테러리즘과 중동에 관심을 가지느라 베이징에 신경을 쓰지 못하고 협력과 안정을 모색하는 데 더 치중하였다. 장쩌민의 선언은 미국에 의해 창안된 일정 기간의 상대적 안도에 대한 표현이겠지만, 자극하면서 전략적 기회의 기간을 낭비해서는 안될 것이라고 프레드버그가 말했다.11)

  여전히 두려움을 완화하고 충돌을 피하는 것이 중국외교정책의 핵심목표로 남아 있었다. 2008~2009년 미국의 금융위기의 후과로 인한 중국의 상대적인 성공은 새로운 자신감, 어느 정도에는 자만감을 불러일으킬지도 모른다. 중국의 전략가들은 최근의 이변이 그들 자신에 비하여 상대적으로 미국의 힘의 쇠퇴를 촉진시킬 것으로 확실히 기대하였다. 그러나 양국 사이에 무역 불균형과 환율에 관한 마찰은 진지한 갈등으로 변할지도 몰랐다. 중국은 스스로 설 수 있을 필요가 있으며, 주의해야 할 것은 민족주의와 이념, 철학, 그리고 가치에서의 차이가 무역문제에 영향을 미친다는 점이다. 최근 한 분석가는 중국은 계속해서 "때를 기다리고, 자신의 재능을 숨기라"는 외교

원칙을 계속하며, "중국은 국제경제 질서에서 미국을 대체할 상대를 찾거나, 똑같은 미국을 모색하지 않고 그 자신의 힘을 냉정히 깨달아야 한다"고 분석하였다. 2001년 9.11사태 이후 그들이 했던 것처럼, 중국의 지도자들은 대치 국면을 단순히 피하지 않고 더 밀접한 협력 관계를 증진시키기 위하여 이 위기를 우연한 것으로 치부함으로써 이 위기를 그들의 이익으로 전환시킬 수 있기를 기대하였다. 그러나 중국은 자신의 앞가름하기도 바쁘다. 미국 또한 글로벌 경제를 관리하는 데 중국의 도움이 필요하여 중국에 점점 의존해왔다. 그러나 미국은 그들의 "두 얼굴 정책" 또는 "방어적이며, 봉쇄적이고, 방해하는 중국" 정책을 버리지 않고 있다.12)

두 번째로, "중국이 광범위하게 국력을 키우는 것"에 대하여 알아보자. 갈등을 회피하는 것은 그 자체를 위해서도 좋다. 이는 베이징을 위해서도 큰 목적에 대한 수단이 되는 것이다. 덩샤오핑이 실질적으로 의식하고 있었던 것으로, 중국은 모든 면에서 자신의 광범위한 국력을 키울 필요가 있었다. 중국이 충분히 신뢰할 수 있을 정도로 자신의 안전을 유지할 때까지는, 어떠한 것도 말할 필요가 없이 자신의 안전을 보장하지 않을 것이다. 서구의 분석에 따르면, 중국인들은 산업 능력이 이념적 열정보다도, 즉 부(富)가 모든 다른 형태의 힘의 주요한 근원이 된다는 고통스런 경험을 해왔다. 마오쩌둥이 정치권력은 여전히 부분적으로는 총구에서 나온다고 말했지만, 총을 생산하는 데는 재정적인 자원과 과학적 전문성을 필요로 하는 것이다. 마오 자신의 경제원리에 계속 집착하는 한, 중국은 자신의 자본주의 경쟁자들과 같이 효과적으로 이러한 결정적이고 광범위한 국력의 거대한 틀을 이룰 수가 없음을 알고 있다.13)

개혁개방 이후, 중국의 분석가들은 이를 실현하기 위하여 1980년대 초기부터 21세기 중반까지의 기간을 3단계로 묘사하였다. 초기 국면(1981~2000)은 그 규모에서 4배로, 제2국면(2001~2010)의 결과는 두 배가 될 것으로 보았다. 발전을 수용할 수준을 확보하는 데 필요한 성장의 잔여분은 결과적으로 나머지 40년에 달려 있다는 것이다. 당시 논평은 2000~2020년 기간 — "전략적 기회의 기간" — 이 중국이 초강대국으로 굴기하는 데 결정적으로 중요하다고 했다. 상대적으로 평화롭고 긴 기간이 중국 역사에서 볼 때 많지 않으나 매우 중요하다. 중국은 지난 150년의 기간, 이를 경험해보지 못했다. 불행히도 이 막간극은 영원히 지속할 수 없는 것이다. 어떤 점에서, 워싱턴은 기존의 테러리즘과 핵확산으로부터 이탈하여 급속한 경제성장으로 야기된 자신의 패권 지배에 대해 점증하는 중국의 도전으로 자신의 관심을 돌릴 것이다. 그러할 경우 그것이 어떠한 형태를 취하든 중국은 새로운 압력에 충분히 강해야 한다.14)

중국의 국방비 증가도 경제발전 증가 속도와 행보를 같이 한다. 2008년 중국 국방백서에 따르면, 2020년에 이르면 인민해방군 현대화를 마치고, 군의 모든 단위와 부서에 컴퓨터화와 전산화하는 정보화를 마무리짓는 것으로 예상되었다. 21세기 중엽까지는 중국인민해방군의 현대화를 마무리짓고, 정보화된 상황과 지역 전쟁에서 확고한 능력을 갖출 것으로 예상하였다. 해외의 중국 전문가들은 중국 정부가 갖는 방위 문제에 관한 생각에 대하여 거의 문외한이었다. 중국의 정책 입안자들은 1960년대 미국의 상대자들이 했던 다음과 같은 질문 "얼마면 충분하냐?"에 명확하게 대답하지 않았다. 중국의 광범위한 국력의 군사력 구성의 최적량이 얼마인지 결정되어야 했다.15)

부와 군사력을 추구하는 데 더하여, 베이징은 명예, 존경, 그리고 정치적 영향력을 추구하고 있었다. 이러한 목적을 마음에 갖고, 중국의 전략가들은 미국 정치학자 조셉 나이(Joseph Nye)가 명명한 "연성권력(soft power)"에 대하여 묻고, 어떻게 활용할 수 있는가에 대하여 상당한 관심을 표했다. 이러한 주제에 대한 그들의 토론은 서구에서 지금은 활발히 진행중에 있다. 이라크 전쟁 후 미국의 영향력과 권위가 눈에 보이게 쇠퇴하고, 특히 미국의 경성권력(hard power)이 상당히 감소되었음에도 불구하고, 능력을 오직 물질적인 기준으로 측정하는 현실주의자들의 관점에서 볼 때 미국은 수수께끼로 보이는 것이었다. 만일 연성권력이 타당하게 이용된다면, 경성권력을 허약함에서 강하게 전환시킬 수 있다. 간단히 말하여 중국이 국제무대에서 정당한 위치를 원한다면, 자신의 경제와 군사력에 걸맞는 연성권력을 발전시켜야 할 것이다. 이러한 통찰력에서 분석가들은 먼저 자신의 집을 정리하고 "사회적 평등과 정의"를 위해 더욱 강건한 시스템을 만들 것을 경고한다. 그러할 때 중국은 현재 미국과의 연성권력의 차이를 좁힐 수 있다고 생각한 것이다.16)

최근 중국의 광범위한 국력평가 상승을 시도한 연구 결과 중국이 아직은 초강대국 범주에는 들지 못하였으나 일본, 러시아, 프랑스, 독일, 그리고 인도와 같은 국가 그룹의 하나로 나타났다. 다음 10년이 지나면, 중국은 광범위한 국력을 가진 3개의 주요 범위에서는 유일한 국가가 될 것으로 예상했다. 미국과 함께, 중국만이 상대적으로 균형잡힌 구조를 가질 것으로 예상되었다. 2020년, "기회의 기간", 중국의 분석가들은 광범위한 국력의 견지에서 세계 2위로 될 것으로 기대했다. 이러한 점에서 자신의 군사적 능력은 미국에 뒤지고 있지만, 두 나라의 GDP 격차는 본질적으로 좁혀지고, 아마도 사라질 것이다.17)

세 번째로, 중국은 점진적으로 진보할 것이다. 중국의 발전과정을 볼 때, "점진적으로 진보하는 것"에 대한 주제에 대해 1990년대에는 당과 정부관료, 씽크탱크의 분석, 학계의 언급으로 인해 그것이 가능해 보였다. 그러나 당시 서구의 중국 전문가들의 관점에서는 다양하게 표현되었다. 2001년 랜드연구소가 출판한 *Interpreting China's Grand Strategy*에서 스웨인(Michael Swaine) 과 텔리스(Ashley Tellis)는 중국을 "추측가능한 전략"으로 불리는 주제로 연구하고 있다고 했다. 이 연구에서는 경제성장과 군사발전, 그리고 21세기 첫 몇 십 년 간에 외교적 대의명분에 중점을 둘 것이라고 하였다. 골드스테인(Avery Goldstein) 은 중국이 단극의 위험으로부터 비교적 안전한 다극 세계로의 변화를 의도하는 "전이"의 "거대한 함의의 전략"을 시도하였다. 2008년 "중국 권력의 세 얼굴(Three Faces of Chinese Power)" 논문에서 램튼(David Rampton)은, 중국은 "세계에서 패권국"이 되기 위하여 "단기 및 중 단계에서는 비공격적인 노선"을 따를 것이라고 묘사하였다. 그러나 이러한 주제에 관한 토론에서 학자들과 연구에 대한 차이와 침묵 그리고 미래 중국 레짐(regime)의 특성에 대한 압도적인 불확실성으로 인하여, 두 가지 공통되고 밀접히 연관된 문제를 남기고 있다. 첫째, 때를 기다리고 능력을 숨기면서 자신의 광범위한 국력을 키울 것; 둘째, 일단 치욕의 낮은 자세를 버릴 만큼 충분히 강해지고, 초 강대국으로서 자신의 자리를 잡을 수 있을 때, 중국은 무엇을 성취하려고 모색할지 모른다.[18]

최후의 목적이 무엇이냐를 제쳐두고, "덩샤오핑의 24자 전략"을 해석하는 한 가지 방법은 일정 기간의 결정적인 행위를 하게 될 때까지의 인내하는 혹은 부동상태의 기간이다. 이러한 관점에서 볼 때, 중국은 자신이 강해지고 있을 때, 단순히 고개를 숙이고, 능력을 숨기며, 각광과 주목받는 행위를 해야 한다. 그러한 접근법이 훨씬 더 좋다는 것이다. 친절하고 겸손한 자세를 유지하는 것은 미국과 다른 강대국과의 충돌을 피할 수 있는 가장 좋은 기회를 제공할 수 있다는 것이다. 중국이 지속적으로 상대적인 약세의 경우, 어떤 미성숙한 판단으로 인하여 퇴보되거나 전쟁을 야기시키는 원인으로 작동하게

된다.19)

"때를 기다리며 자신의 힘을 길러라." 이는 중국의 중요한 엘리트들에게 각인시켜야 하는 공식이다. 이는 미국에서도 마찬가지다. 최근 경제적 상호의존의 득을 즐겨온 사람들은 계속된 평화와 안전에 깊은 관심을 갖고 있으며 갈등과 분열을 조장하는 어떤 것들에 대해서는 혐오를 한다. 동시에 모든 분야의 차원에서 광범위한 국력을 쌓을 것을 강조하기 때문에, 이 전략은 높은 우선순위를 원하며, 중국 공산당과 인민해방군 내의 핵심 세력이 부상을 하면서 군사 안보 분야에서 가파르게 점증하는 예산을 요구하는 것이다.20)

그러나 이의 유리한 점에 더하여, 일련의 접근법은 또한 진지한 개연성을 가질 수 있다. 어떤 점에서 만일 중국이 자신의 성장하는 능력들을 비밀로 하는 것이 불가능하지 않다면, 이는 어려운 상황이 될 것이다. 그렇게 하려는 지도자의 노력은 타인들을 조심성있고 재확신을 주기보다는 차라리 속이고 방해하도록 시도할지도 모른다. 사실 이러한 점에서 베이징은 이미 어려움에 직면하였다. 상대의 성격에 의존하면서 순수하게 수동적인 태도는 역효과를 나타내거나 심지어 위험하게 될 수 있다. 만일 이것이 잘못으로 그르치게 된다면 신중함이 오히려 침략을 부추길지도 모르는 것이다. 더군다나 만일 중국의 적성국들이 그들 자신의 적극적이고 단언적인 전략을 찾고 있다면, 방위적인 자세에 머무는 것은 적들로 하여금 그들의 목표를 더 쉽게 하는 것이 된다. 중국이 때를 기다리고 재능을 숨길 때, 적대국가들은 중국을 약화시켜 패퇴시키기 위하여 자신의 무기를 사용하고 있을지도 모른다.21)

그들이 직면한 상황을 평가하고, 공격적 성향의 미국전략을 인식하고 있는 중국의 입안자들은 신중함과 대범함 사이의 균형을 깨트

려야 한다고 결론지었다. 그들은 전략적 기회의 기간은 또한 상대적인 약점과 잠재적인 취약점의 기간으로 인지하고 있다. 이 중국인들은 또한 생존하기 위해서 자신의 이중 전략으로 미국의 이중 전략을 성공적으로 회피해야만 한다고 믿고 있다. 중국의 지도자들은 경제적 개입으로부터 끊임없이 최대의 이득을 추구하면서, 그들의 패권을 약화시키려는 시도를 방어할 필요가 있는 것이다. 동시에 이들은 직접적인 충돌을 피하면서, 중국을 에워싸거나 중국의 굴기를 저지하려는 미국의 노력을 폐쇄시키거나 회피하거나 파괴시켜야 한다. 특히 이러한 제2단계는 외부의 활동이 필요하다. 중국은 전략적으로 방어적 위치에 있는지도 모른다. 그러나 부분적으로는 그 이유 때문에 전술적 우선을 확보하고 유지하기 위해서는 기회를 모색해야 한다.22)

우리가 보듯이, 이러한 종류의 토론은 이전은 아니더라도 적어도 21세기가 시작한 후에는 중국의 정책과정에 실제로 반영되었다. 이론에 있어서 덩샤오핑 전략을 단언적으로 해석한다면 현재 부상하는 중국의 이미지와 부합하는지도 모른다. 2004년 한 중국 학자가 중국은 현재 "어마어마한 성공을 이루었다"고 말했다. 오만하거나 성급하지 않고 계속할 필요가 있으면서도, 이제 더 이상 필요가 없거나 심지어 역효과로서 사람들에게 우리의 재능을 숨기고 때를 기다고 있다는 느낌을 늘 주는 것이다. 몇몇 분석가들의 제안에 따르면, 이 오래된 접근법은 이제 중국역사의 무대에서 차츰 저물고 있다고 한다. 다른 사람들, 예로써 보수적 민족주의자 칭화대교수 옌 슈에통(阎学通) 교수는 덩샤오핑의 겸손한 표현을 좀 더 강력한 어떤 것, 즉 "국가이익을 위하여 우리의 광범위한 국력을 휘두를 수 있는" 것으로 대체되기를 좋아한다는 것이다.23)

당시 덩샤오핑의 타오광양후이에 대한 또 다른 반대의 의견도 학계에서 제기되었다. 2004년 베이징대학 국제관계학원 예쯔청(叶自成) 교수는 그의 저서『중국대전략』에서 중국정부가 취하고 있는 타오광양후이의 폐기를 주장하였다. "타오광양후이는 월왕(越王) 구천(句踐)의 계략이다. '능력을 감추고 세상에 나서지 않으면서 때를 기다리는 계략'이었던 것이다. 그러나 목적을 이루기 위해 모든 도덕규범을 고려하지 않는 이 방법을 주의할 필요가 있다. 음모와 위계는 국가 간에 쓰이는 것이기는 하나 이런 하급의 전략으로 목적을 이루는 것은 잘못이다. 도덕과 신의를 중시하는 중국의 전통적인 주류 사상과 어울리지 않는다는 것이다. 이제는 중국은 세계를 향해 세계 대국이 될 것이라고 당당히 말하고, 세계의 모든 나라와 평화롭게 지내는 코끼리가 되어야 한다"고 주장하였다.24)

예 교수의 이러한 주장은 2010년 전후 중국이 막강한 경제력으로 일본을 제치고, 세계 유일의 강대국 미국이 경제에서 상대적으로 위기에 있을 때, 중국 정부의 자부심이 반영된 것으로 판단이 된다. 중국의 대국주의 행보를 경계하는 "두오두오비런(咄咄逼人)"과 맥을 같이한다. 이 용어는 과거 제국주의가 힘으로 밀어 부치는 외교를 한 것과 같이, 2010년 9월, 일본 관할지역의 중국명 디아오위다오섬(釣魚島 Diaoyu dao, 센카쿠열도: 일본명 尖閣諸島 Senkaku)에서 중국어선이 일본 해양순시선에 대하여 충돌한 사건에, 일본 해양경찰이 중국선장을 체포하였다. 이에 중국은 희토류를 무기로 일본을 압박하여 중국선장을 석방시키면서, 중국은 일본에 대해 자국의 막강한 영향력을 보여 주었다. 2016년 미국의 사드고고도미사일 방어체제(THAAD)의 한국 배치 후에 중국에 진출한 한국기업에 대한 무자비한 경제보복과 특히 시진핑의 3연임 확정의 전후인 2022년 11월 중국외교부 70주년 행사에서 왕이(王毅) 중국 외교부장이 전현직 외교관들에게 "국제적 도전에 직면한 상황에서 중국의 이익을 대변하는 데 더 강한 투지를 보이라"고 촉구한 전랑외교(戰狼外交 wolf-warrior diplomacy)는 두오두우비런의 강압외교로 변하였다.

예쯔청 교수가 말하듯 중국이 장차 패도가 아닌 왕도적 세계질서를 구축하고자 한다면, 앞으로 계속하여 수십 년 고속성장을 거듭해야 할 것이다. 사실 이 길만이 중국이 패권국인 미국의 견제를 감소시키고 나아가 미국과 대등한 혹은 우월한 실력을 갖는 계기를 마련해 줄 수 있을 것이다. 2010년 중국과 일본 사이 센카쿠열도 사태 이후 일본과 미국에 의한 중국견제, 최근의 무역전쟁 및 칩 전쟁 등은 타오광양후이 전략이 중국 내에서 계속 유지되어야 한다는 주장과 무관하지 않다.25)

4. 중국의 꿈(中国梦)

1) 일대일로(一帶一路 BRI)

2012년 임기를 시작한 후, 이듬해 9월 13일 시진핑(习近平)은 중국 공산당 당서기, 중화인민공화국 주석, 그리고 중국인민해방군 군사위원회 위원장으로서 그의 시대를 시작하면서, 중앙아시아 국가 카자흐스탄의 나자르바예프(Nazarbayev) 대학을 방문하여 중국이 생각하는 의견을 "인민의 우호를 확대하고 아름다운 미래를 공동으로 창조하자"고 강연에서 피력하였다. 이것이 중국 역사에서 대륙실크로드(丝绸之路经济带)의 재탄생의 시발이 되는 순간이다. 그리고 그는 10월 APEC 참가자 등과의 비정식회의에서 해양실크로드(21世纪海上丝绸之路)의 중요성에 대하여 말하였다. 이상의 두 가지 구상이 고

대실크로드의 현대판으로 여러 국경을 경유하여 경제협력을 공유하는 국가들과 국제기구들로 이루어진 국제조직인 일대일로(一帶一路: The Belt & Road Initiative: BRI)인 것이다. 2022년 현재 세계 148개 국가 중 32개 국가가 중국의 일대일로와 관련하여 협력관계를 맺고 있다.

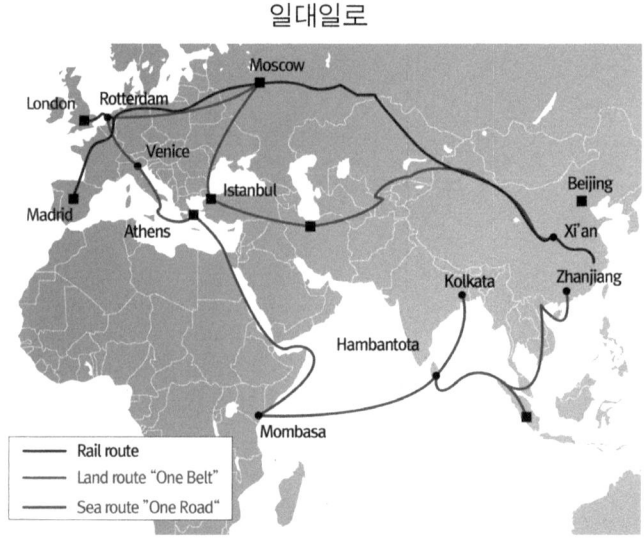

2019, DIVERSE+ASIA, 서울대학교 아시아연구소 https://diverseasia.ac.kr/?p=3026 (2025.07.12. 인용).

이는 중국에서 시작하여 중앙아시아, 북아시아, 인도양 연안, 홍해를 거쳐 지중해 연안, 남미주와 대서양의 70여 개 국가와 국제조직으로 구성되어 있으며, 이들 국가들 사이를 잇는 인프라, 무역, 금융, 문화교류 개발 및 경제계획이다. BRI는 시작은 미국이 관여하지 않는 지역을 대상으로 이루어진 틈새시장(niche market)을 대상으로 시작하였으나, 여러 목표를 동시에 노리고 지정학적 배경을 바탕에 둔 거대한 프로젝트다. 유럽 및 중동과의 경제 교류 강화, 중국에 더 우호적인 전략적 환경 확보, 이슬람 문화권인 중앙 및 남아시아의 안정화 등이 그 목표에 해당된다. 모든 활동은 해상의 동아시아보다 미국의 전략적 영향력이 비교적 약한 광활한 대륙 전체에서 이루어진다.

중국은 또한 향후 미국과 그 동맹국들로부터 경제적 기회를 박탈당했을 경우를 대비하여 새로운 시장을 구축하기를 희망한다.26) 일대일로는 시진핑 국가주석이 15억 중국인민의 꿈인 중국몽(中国梦), 즉 중화민족의 부흥을 위한 새로운 중국천하(New Chinese World Order)를 위한 그의 대국외교의 핵심전략 부분으로 실행하고 있으며, 이는 부단히 발전해온 중국의 경제발전에 근거하며, 중국으로 하여금 국제적으로 리더십을 발휘하게 하는 원동력이다.27)

중국의 관점에서, 지정학적으로 중앙아시아 국가들에게는 BRI가 매우 중요하다. 이 지역은 BRI가 처음으로 중국의 국경을 넘어 상륙하는 지점으로, 무슬림이 많은 중국의 신장지역과 접해 있는 5개 "스탄국가"들이다. 5개 무슬림 국가들과 중국이 정치, 경제, 안보의 유대를 강화하면, 국내외에서 위구르에 대한 물질적·대중적 지원을 잠재울 수 있다. 2013년 시진핑이 BRI를 카자흐스탄의 수도 아스타나에서 시작한 것만 보아도 알 수가 있다. 중앙아시아는 중국의 중요 에너지 및 원자재 공급원이며, 중국은 카스피해 카자크유전-신장 사이 2,500km 송유관 건설을 합의하였다. 한편, 중앙아시아가 경제적으로 중국의 파트너가 되는 것은 이들 국가들로 하여금 향후 수십 년 후에 이들이 중국에 종속될 우려를 줄 뿐만 아니라, 이 국가들이 냉전시기 러시아의 전신인 소련의 영향력 아래 있었기 때문에 러시아도 이들에 대한 중국의 영향을 고려하고 있다. 이에 2014년 소련 당시의 공화국들 간 지역 경제 협의체 형태에 기반하여 벨라루스, 카자흐스탄 등이 유라시아경제연합(EAEU)을 설립하기로 하였다. 중국도 BRI로 EAEU를 방해하지 않을 것을 약속하며, 2015년 시진핑은 푸틴과 의정서를 채택하였다. 그러나 중앙아시아를 둘러싼 중국과 러시아의 분열 가능성에도 불구하고, 이 지역에서 양국에 대한 이슬람의 안보위협이 양국의 갈등을 중화시켜 주고 있다.28)

중국의 국경이 접하고 있는 중앙아시아의 서쪽 아래로 두 개의 무슬림 국가 파키스탄과 아프가니스탄이 있다. 파키스탄 또한 중국의 전천후 동맹으로 일대일로에서 주요한 위치에 있다. 2억 2,000만 인구를 가진 동맹인 파키스탄이 자신의 구조적 경제불안과 정치적 불안정으로 인하여 중국에 미칠 영향력이다. 중국은 파키스탄의 오랜 이슬람문화와 극단적 테러단체의 등장이 안보에 미치는 것에 우려하고 있다.

중앙아시아

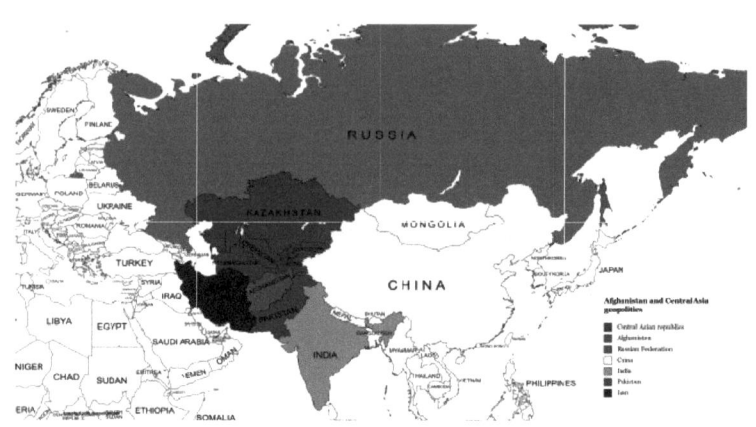

https://www.specialeurasia.com/2022/01/31/china-india-central-asia/ (2025.02.27. 인용)

2014년에 시작한 중국-파키스탄경제회랑(CPEC)은 700억 달러 규모로 BRI 단일 프로젝트로는 최대 규모로 에너지, 도로, 항만, 산업 및 통신 프로젝트를 포함한다. 2020년부터 급속한 산업화 시기로 진입할 것으로 기대되며, 2030년까지 총 3단계에 걸쳐 15년 계획으로 되어 있다. 마지막 단계에서는 양국의 무역 연계를 위하여 직접적이고 원활한 연계를 구축한다는 것이다. 예로써 CPEC는 대륙실크로드와 해상실크로드가 경제 회랑인 동시에 전략적 회랑인 것이다. CPEC의 중국의 발원지인 신장자치구 카스가르에서 이란과의 국경인 파키스탄의 항구 과다르항에 이르는 회랑은 파이프라인, 도로, 광케이블, 그리고 철도가 부설될 예정이며, 중국 정부가 BRI 최초의 성공을 위한 시금석으로 생각하는 프로젝트다.29) 그러나 CPEC가 직면한 문제는 파키스탄 분리주의 반군의 활동이 국내적이거나 국제적으로 큰 걸림돌이 되고 있는 것이다.

파키스탄의 이웃인 아프가니스탄의 상황은 더욱 복잡하다. 중국은 현재까지 아프가니스탄에서는 파키스탄에서보다 안보역할에 있어서는 미미하였다. 그럼에도 불구하고 중국은 1조 달러에 해당하는 미개발 광물 매장량에 집중하면서 아프가니스탄 최대의 투자국이 되었다. 특히 아프가니스탄과 관련하여 파키스탄에는 일부 보조를 맞추며 미국과 인도의 이해관계에서는 대항하면서 더 큰 그림을 구상해왔다. 2021년 8월 31일 바이든 행정부의 아프가니스탄 철수 예정일 전인 8월 15일에, 탈레반은 아프가니스탄의 수도 카불을 함락시켰다. 미국의 예상보다 18개월이나 빨랐으며, NATO군들도 8월 이전에 철수하였다. 중국은 혼란에 빠졌으나 미국에 대하여 전략적 우위에 있음을 직각하였다. 그러나 중국은 미국의 아프가니스탄 철수와 동시에 미국의 대 중국 정책에 대하여 두 가지 사항을 고려할 것이다. 첫째, 미국은 인도태평양에서 일어나는 사태에 대하여 이전보다도 더 민감하게 반응할 것이다. 둘째, 아프가니스탄의 방위를 책임지고 사태를 진정시키던 미국이 철수하면서, 중국이 유일한 인접 강대국으로 군사적 경험 부족과 아프가니스탄을 안정시킬 구체적인 로드맵이 부재하다. 따라서 중국은 탈레반의 장악과는 상관없이 "주권 존중"에 바탕을 두고, 아프가니스탄이 동투르키스탄 이슬람운동(ETLM)과 동투르키스탄 해방기구(ETLO)와 같은 신장 분리주의운동의 본거지가 되지 않기를 바라며, "아프가니스탄과의 협력을 우선시하며 국가의 평화와 재건을 위해 건설적인 역할을 할 것"이라고 밝혔다.30)

중국의 국가안보 전략에는 석유 공급 차단에 대한 취약성을 최소화하려는 노력이 포함되어 있다. 중국은 페르시아만과 오만만 사이의 호르무즈해협 그리고 인도양과 남중국해 사이의 말라카해협이라는 두 전략적 요충지를 통하여 수입 석유의 80%를 들여오고 있으며, 다른 한편으로는 석유와 가스의 육상 파이프라인을 확보하고자 중앙아시아와 러시아, 더 멀리는 이란에까지도 눈을 돌리고 있다. 이는 에너지 공급의 취약성을 줄이고자 하는 열망에서 비롯된 행동이다. 그러나 여전히 해양 수입의 비중이 크고 전 세계 무역의 80%가 인도양을 통과하고 있기에, 중국은 군사력을 증강하여 페르시아만과 중국의 동부 해안을 있는 해상 교통로를 보호하는 것이 매우 중요하다.31)

이를 위하여 중국인민해방군은 중국의 남부부터 동남아, 인도, 페르시아만, 아프리카 동부까지 인도양 전체 주요 무역항 등을 연결해 세력을 확장하는 것으로 항구들을 연결하는 전략을 세우고 있다. 예로써, 중국 남부의 홍콩, 하이난항구, 미얀마의 시트웨 항구, 방글라데시의 치타공항구, 스리랑카의 함반도타항구, 파키스탄의 과다르항구, 케냐의 라무항구 등을 연결하여 세력을 확장하는 것인데, 이 연결은 진주를 꿰어놓은 목걸이(string of pearls) 같아서 "중국의 진주목걸이"라 불린다. 2020년 캄보디아의 코콩과 방글라데시 치타공에서는 대규모 항만공사가 진행 중이었으며, 스리랑카의 함반타 항은 99

년간 중국에 임대하기로 하였다. 코콩, 함반토타, 과다르 및 지부티에서의 장기 임대 계약은 인도양에서 중국 해군이 대규모로 주둔하기 위하여 자국 전용의 재보급, 수리 및 유지 시설을 건설할 가능성이 크다는 것을 말해준다. 상업적 기회만으로는 지금까지 투자된 금액을 정당화할 수 없다. 장기적으로 볼 때, 더 큰 전략적 의미는 향후 중국군이 인접공항(코콩)을 사용하여 중국 공군과 미사일 전력을 지역에 깊이 투사할 수 있는 것이다. 이는 공격에 취약한 항공모함 전단을 인도양에 배치하는 것 보다 더 매력적인 것이다. 중국은 대양해군의 유지를 위한 항만시설과 비행장의 글로벌 네크워크 구축을 위하여 미국이 걸어온 길을 모방하고 있는 것이 아닌가?

다음, BRI와 관련하여 중동을 살펴보자. 지난 10년간 중동에 대한 중국의 개입은 이곳을 지배하던 미국에 비하여 괄목할 만큼 중대하였다. 이 지역에 중국의 세력권을 확장하고, BRI를 통하여 무역, 투자, 인프라, 기술 및 혁신 분야에 입지를 확대하고, 정치와 외교정책에서 중국의 영향력을 확대하고, 군사에서는 무기판매와 배치에 존재감을 보이고, 자국 기업의 보호를 이유로 주둔 병력의 증강을 정당화하였다. 중국은 중동에서 이란, 아랍 국가, 이스라엘과의 관계에서 특정 국가편에 서기보다는 신중하게 균형을 유지하면서 중동의 모든 관련국과 우호 관계를 구축하고 발전시켜 왔다. 다른 한편 이분법적인 외교정책을 선택해야 할 때 발생할 수 있는 불이익을 상쇄하기 위하여 경제적 유인책을 사용할 준비도 해 두었다. 현 단계에서 중국은 미국 대신에 이 지역 안보의 주요 외부 제공자가 되는 데는 전혀 관심이 없다. 지난 30년간 미국의 개입으로 인한 재정적·정치적 비용과 중대한 전략적 실수를 되풀이하고 싶지 않기 때문이다. 따라서 중국은, 중동은 경제적으로는 이익을 위해 발전시키면서 정치적 자본으로 남겨두고, 우선의 전략적 임무는 동아시아와 서태평양이다.

중국이 중동 지역을 중요하게 여기는 이유는 장기적 에너지 안보 문제다. 매년 중국은 석유 수입의 47%와 천연가스의 12% 정도를 중동에서 수입하고 있다. 지난 10년 간 미국은 쉘 석유의 개발로 상대적으로 중동, 특히 사우디아라비아로부터 석유 수입이 현격히 줄어들었다. 이러한 중국과 미국의 중동에 대한 역전 현상은 2020년이 되면, 중국은 사우디 석유 총판매량의 23%, 이란의 28%, 이라크의 22%, 아랍에미레이트의 9.4%, 카타르 LNG 판매의 14%로 예상되었다. 또한 중국이 이 국가들의 가장 큰 수출시장이 된 것도 미국이 상대적으로 수입이 줄었기 때문이다. 중국과 이 지역 간의 총 무역도 2004년 이후 2,450억 달러로 2004년 이후 7배나 증가하였다.[32]

해외의 다른 투자시장이 제한됨에 따라 중동은 중국 FDI의 기회의 장이 되고 있다. 2016년부터 중동은 중국의 FDI 최대 국가로 전체 유입의 1/3이 되었으며, 탐사, 추출, 정제 분야에 대하여 중국 공기업과 페르시아만 국영 석유회사 간 공동투자 등 탄화수소 부문의 업스트림 및 다운스트림 프로젝트에 중점을 두고 있다. 중국은 이스라엘의 하이파항구, 오만의 두쿰항구, 이집트의 신설 수에즈 운하 경제구역을 통하여 지역의 교통, 통신 및 특별 무역지대 인프라 건설에도 투자하고 있다. 화웨이는 걸프협력회의(GCC)의 모든 회원국가의 라이센스를 확보하고, 중동 전역에 새로운 5G 모바일 통신 인프라를 구축하고, 해저 케이블을 소유 및 운영할 수 있는 지역을 늘리며, 베이더우 위성항법시스템(BNSS)의 시장 점유율을 높여가고 있다. 2017년 중국은 이스라엘과 '천국에서 맺어진 결혼'이란 포괄적 혁신 파트너십을 체결하였으며, 2010년대 이스라엘 FDI 투자 총액이 2010년 2,190만 달러에서 2018년 46억 달러로 증가하여, 중국은 이스라엘 FDI의 2번째 국가가 되었다. 또한 중국은 첨단 감시 시스템 등 이스라엘의 첨단기술 부문을 끈질기게 표적으로 삼았고, 이스라엘의 혁신과 군대, 그리고 미국 간의 긴밀한 연결고리를 악용해 여러 민감한 이중용도기술(dual-use technology)에 접근할 수 있는 "뒷문"을 만들었다. 나아가 중국은 중동 지역에 여러 국부 펀드와 공동투자 시설을 하면서 금융계의 큰손으로 부상하였다.33)

중국은 지금까지 이 중동에서 정치, 외교, 안보 정책의 이해관계를 매우 능숙하게 관리해 왔다. 이스라엘, 페르시아만 군주국, 아랍세계 국가들 대부분은 이란과 이들의 테러조직의 지원활동을 좋지 않게 보고 있다. 그러나 중국은 이란과는 1979년 이란혁명이 시작된 후 대 이란 무기수출과 석유수입을 하면서 가장 오랫동안 중요한 관계를 가져왔다. 2021년 3월 중국은 이란에 25년간 에너지 프로젝트, 은행, 통신, 항만, 철도, 의료 및 정보 기술 등 다양한 분야에 4,000억 달러를 투자하는 협정을 체결하였다. 그 댓가로 이란은 대폭 할인된 석유를 공급하며, 양국은 군사정보와 연합훈련 등 긴밀한 군사협력을 약속했다. 이란의 적국인 사우디아라비아뿐만 아니라 페르시아만 국가들과 이집트가 반대하는 시리아의 아사드 정권도 지지하였다. 이스라엘-팔레스타인 분쟁에도 휘말리지 않고 이스라엘과 좋은 관계를 유지하고 있다. 여기에는 경제력이 그 바탕이 되고 있다.

중동에서 군사적인 측면에서도 중국의 존재감이 두드러진다. 중국의 해군은 아덴만에서 10년 이상 해적소탕작전을 해오면서, 중동 전역의 항구를 방문하고 있다. 지부티의 해군시설, 2011년 리비아 교민대피, 2015년 예멘에서 해군 투입과 지역 국가들과의 연합훈련을 해오고 있다. 그리고 이 지역에 무장드론과 정밀타격 미사일 등을 제한없이 판매하면서 중국 무기수출의 2/3가 중동으로 가고 있다. COVID-19 기간에 미국이 자국의 백신수요에 집중하는 동안, 중국은 미국의 오랜 동맹인 사우디아라비아, 아랍에미레이트, 바레인 등에 자국의 백신을 공급하여 미국이 홀린 활동공간을 메워 갔다.34)

그러나 상호 간에 적대시하는 중동지역의 여러 당사국 사이에서 중국이 지금까지 해온 균형정책을 계속 유지할 수 있을까? 2040년대의 10년간에 글로벌 강국으로 부상할 중국이 이 지역에서 이분법적 해결방안이 주된 흐름인 딜레마에서 점점 더 명확한 입장표현을 강요당하게 될 것이다. 지금까지는 누구에게나 친구이며 적이 아니고 전략적으로 능숙하지만 윤리적으로 중립적인 태도를 견지해 왔다. 그러나 특히 정치적 핵심 이익과 경제적 핵심 이익이 충돌할 때 지정학적 현실은 이러한 전략적 모호성을 더 이상 허용하지 않는다.

중국은 일대일로 정책을 재정적으로 지원하기 위하여 아시아 인프라스트럭처은행(AIIB)을 설립하였다. 그러나 정책의 결과는 시작할 때의 목적인 대여-개발-발전의 의도와는 달리 중국으로부터 차관을 받은 제3세계 국가들은 차관(loan), 건설(build), 압류(seize) 의 과정을 밟는 문제가 드러나는 경우가 종종 발생하고 있다. 더구나 2023년 하반기에는 EU공동체 회원국인 이탈리아가 BRI에서 탈퇴하였다.

2021년 9월, BRI의 약탈적 이면이 치밀하게 분석된 연구보고서가 발간되어 중국의 이미지가 저하되고 있다. 미국 윌리엄 앤드 메리 대학(College of William & Mary)의 애이드 데이터(Aid Data) 연구소가 발간한 보고서로, 중국의 고리대금업 실체를 처음으로 수치화한 것이다. 중국이 개발도상국 내 고위험-고수익(high risk-high return)산업을 표적으로 삼아 이를 집중공략해 왔다는 것이다. 한국, 미국, 일본 등 공적개발원조기금(ODA) 공여국들이 투자를 꺼리는 분야를 집중하여 파고드는 것이다. 개발도상국들이 특정사업을 추진하려면 중국이 가장 쉽다는 상황을 이용하여 고금리 융자를 해왔다는 것이다. 중국의 인프라자금 융자 사업의 공통된 특징은 보증금을 중앙은행인 "중국인민은행"에 예치하도록 유도한다는 것이다. 채무자가 된 개발도상국은 기한 내에 자금을 상환하지 못하면, 중국인민은행에 예치된 보증금이 동결된다는 것을 이면에 서명하게 된다. 예로써 2016년 스리랑카는 중국에서 대규모 차관을 도입하여 건설한 함반토라 항구 운영권을 99년간 중국의 국영기업에 넘겨 주었다. 이러한 사실로 인하여, 한국, 미국, 일본 등 저리의 공적개발원조를 제공한 나라들이 돌려받아야 할 부채가 우선순위에서 밀리며, 중국은 고금리 융자로 개도국에 갑질을 할 수 있게 되고, 중국은 이를 지렛대로 개도국의 내정과 외교에 간섭할 빌미를 갖게 된다는 것이다.35)

일대일로가 진행되면서 드러나는 문제로 국내에서의 재정압박 문제와 채 무국의 채무불이행이 문제로 지적되고 있으나, 이로 인하여 BRI의 대규모의 축소는 없을 것이다. 중국의 정치체제에서 현재의 지도자는 절대적으로 옳다는 것이다. BRI의 목표는 유럽 및 중동과 경제교류 강화, 중국에 더 우호적인 전략환경 확보, 이슬람 문화권인 중앙 및 남아시아의 안정화 등이다. 모든 활동은 해상의 동아시아 보다 미국의 전략적 영향력이 비교적 덜한 광활한 대륙 전체에서 이루어진다. 중국은 자신이 꿈꾸는 글로벌 세계질서를 위하여 서쪽 주변을 생각하며, 일대일로는 그 주변을 얻기 위한 수단이다.

중국이 WTO에 가입한 것은 그들이 세계시장으로 진출할 수 있는 엄청난 기회가 되었다. 2014년 시진핑은 중국공산당 중앙외사공작회의에서 다자주의 시대를 선언하였다. 덩샤오핑의 타오광양후이 정책을 버리고 국제정책을 새로운 행동주의 전략으로 대체하였다. "세계질서 속에서 성취를 위하여 고군분투해야 하며, 중국이 무대의 중심으로 나아가 인류에 더 크게 공헌하는 시대가 될 것이다." 시진핑의 다자주의는 두 가지로, 첫째 UN 등 기존의 글로벌 거버넌스 기관에 자금지원을 강화하고, 주요 다자기구의 고위 지도부에 중국인을 임명하여 적극적 외교정책을 편다.

다음으로, 다자간 체제에서 미국 대신에 중국의 영향력을 강화하기 위해서 새로운 제도를 구축할 필요가 있다. 2013년에 시작된 당시 BRI 프로젝트계획의 아이디어를 승인한 국가들은 139개 국으로 이탈리아, 스위스, 동유럽과 대부분의 OECD국가들이었다.36)

2) 중국제조 2025

제조업은 국민경제의 주체로서 국가수립과 국력의 근본이며 국가발전의 기본이다. "중국제조 2025(Made in China 2025)"의 추진 배경은, 2010년대에 들어서면서 중국경제는 뉴노멀 상태에 진입하였다. 중국의 제조업이 노동집약적 산업에서 하이테크 부분으로 전환하고, 발전 가능성이 높은 산업분야와 첨단 산업분야를 육성하며, 정보 네트워크 기술과 제조업의 결합, 새로운 과학기술혁명과 산업변화를 통해 미국을 추월하여 세계적 제조강국으로 2045년까지 3차에 걸쳐 매 10년 단위로 굴기하기 위한 중국의 "제조강국 전략 10년"의 행동강령이다. 이는 21세기 중반까지는 정보기술산업, AI 및 컴퓨터, 항공 및 우주, 해양산업과 고급기술 선박, 교통관련 신기술, 지능자동차 및 전기자동차 전력장비, 농기구 장비, 신소재 분야, 그리고 생물의학과 의료기계 분야 등 10개 중점 분야에서 미국을 앞서는 국가가 된다는 계획이다.37)

2015년 중국이 "Made in China 2025"를 발표함으로써 국내에서 BRI를 실질적으로 지원하는 시스템을 구축하게 된 것이다. 이 계획의 발표는 미국에 심각한 경각심을 불러일으켰다. 미 항공우주국(NASA)에서 인터넷, 미국의 전쟁방식을 특징짓는 첨단 화력에 이르기까지, 기술 우위는 미국의 국가적 정체성과 힘의 현실을 드러내는 가장 핵심적인 요소였다. 미국인들은 여태껏 자신들의 기술적 우위가 결코 심각하게 도전받은 일은 없을 것이라고 여겨왔다. 그런데 중국이 MIC2025를 통하여 미국에 공개적인 도전장을 내밀겠다고 선언한 것이다.38)

2017년 7월 중국 국무원은 다시 MIC2025를 보완하는 "차세대 인공지능 개발계획"을 발표하였다. 이 계획에 따르면, 중국은 세계 경제와 전략적 경쟁의 주요 분야인 인공지능에서 "주요 전략적 기회"를 가지고 있기 때문에 상당한 "선도자 우위(first mover advantage)" 효과를 얻을 수 있다, 중국 지도부는 이로 인한 기술들이 이미 글로벌경쟁력을 뒷받침할 주요 차세대 기술일 뿐만 아니라 훨씬 더 광범위한 4차 산업혁명의 원동력이 될 수 있다고 믿고 있다. 그들은 또한 화석연료, 전기발전, 최근에는 디지털기술이 혁명을 주도했다면 이제는 인공지능, 인간과 기계능력의 융합, 사물 인터넷을 통한 다양한 잠재적 응용을 중심으로 등장한 혁신적 기술이 4차 산업혁명을 주도할 것이며, 4차 산업혁명은 세계 정세의 근본적인 구조를 변화시키고 향후 세계의 경제력 배분을 결정할 것이라 생각하고 있다. 또한 이러한 기술들은 원격으로 제어되는 전투공간에 새로운 형태의 자율 공격 및 방어 무기를 배치할 수 있게 하는 등 현재 진행 중인 전쟁의 "정보화"에도 큰 도움이 될 전망이다. 따라서 중국은 4차 산업혁명을 수용하는 것이 국가의 자립을 추구하는 데 중추적인 역할을 하리라 보고 있다.39)

시진핑 중국공산당 서기는 2020년 7월 31일 인민대회당 단상에 올라 공산당 및 인민해방군 간부들을 상대로 "베이더우3호글로벌항법시스템(北斗三号全球卫星导航系统: Beidou-3 Global Satellite Navigation System)"이 공식적으로 가동하기 시작하였다고 공표하였다. 중국의 양탄일성(两弹一星)을 언급하면서, 베이더우3호 프로젝트는 미국의

GPS와 러시아의 GLONASS에 이은 세계에서 세 번째의 글로벌 위성 항법 시스템이라고 설명하였다. 따라서 베이더우는 MIC2025와 전략적 신흥산업계획(Strategic Emerging Industries Initiative)과 함께 BRI의 핵심 구성요소이며, 항공우주 부문에서 거듭나는 중국몽의 요소로서, 중국이 우주강국으로서 부상을 "중화민족의 위대한 부흥"이라는 최우선 목표와 연계되는 중국의 꿈을 실현하는 핵심 요소라고 강조하였다.

베이더우 위성단 프로젝트 글로벌 3단계는 2017년 11월 5일~2020년 6월 23일 기간, 쓰촨성 시창 위성발사센터에서 발사된 30개의 위성으로 구성된다. 이는 기존의 15개의 위성으로 구성된 베이더우-2호 위성단 프로젝트를 기반으로 한다. 베이더우 위성 발사체는 중국 우주과학기술공사(CASC) 산하 중국 발사체기술연구원(CALVT)의 중국우주기술연구원(CAST)에서 수행되었다. 베이더우 항공우주 위성기술 응용그룹(Beidou Aerospace Satellite Technology Application Group)을 중심으로 연구기관, 기업, 대학 등이 네트워크를 이룬 방대한 에코 시스템이 베이더우의 기술 응용 개발 및 상용화를 뒷받침하고 있다.40)

완전한 자율 위성 항법 시스템의 개발 및 구축은 국가안보와 군현대화의 요건 중의 하나이다. 1991년 걸프전쟁 당시 중국은 미국의 GPS 정밀 무기 사용을 인식하고, 1993년 인도양 국제 공해에서 중국 화물선 은하호(銀河号)가 인도양 지역 GPS서비스의 일시 중지로 인하여 항법기능을 상실하는 경험을 하였다. 이로 말미암아 중국의 다른 매체들도 베이더우 시스템을 "무기강화 및 국가안보 수호를 위한 필수 구명줄"로 묘사하였다. 공격에는 Dongfeng 31-A ICBM이 베이더우에 의하여 유도될 때, 이는 미국의 국방기획자들에게 공격을 위한 도구로 진화하게 인식되는 것이다. 나아가 러시아의 글로나스

(GLONASS)와 협력하여 GPS의 교란과 기만을 약화시키며, 이의 배치는 타이완의 방어 인프라를 무력화시킬 수 있다는 경종을 줄 수 있다. 인접국인 파키스탄으로의 GPS 대신 베이더우 기반 군사기술 및 민간용으로의 확산, 이란과는 이미 2021년에 25년간 이란군에 이의 사용을 하도록 허락함으로써, 이란이 미국 GPS의 헤게모니에서 벗어나게 하였다.41)

중국은 베이더우 우주협력 노력으로 BRI협력국인 아프리카 대륙 국가들에게도 집중해 왔다. 튀니지, 수단, 이집트, 알제리 및 모로코 등에서 베이더우 훈련기간을 집중해 왔으며, 2015년부터 2020년까지 19개 국의 8,162개 마을에 위성 TV를 서비스해 왔다. 중국은 이디오피아 최초의 위성발사를 지원하였고, 모잠비크에 기상 위성 데이터 수선 장비를 제공하였다. 이는 중국이 글로벌 데이터 점유율 전쟁에서 진전을 보여온 것을 의미한다. 베이더우-3호 프로젝트는 군사기술로의 전환뿐만 아니라 중국 북방 산업 공사(China North Industries Group Corporation)와 같은 방위산업체와 온라인 고객 등 민간업체로부터 호환칩 및 기타 제품의 판매 등 2025년까지 베이더우의 전체 가치는 약 1,560억 달러로 예상되며, 2035년까지 4,690억 달러로 "스마트 기기" 산업의 형성을 촉진할 것으로 본다.42)

2024년 11월 5일의 선거에서 다시 미국의 대통령으로 당선된 트럼프 당선자의 국무장관으로 내정된 마르코 루비오(Marco Rubio) 상원의원은, 같은 해 9월 발표한 보고서 "The World China – 'Made in China in 2025' Nine Year Later"에서 중국정부의 "중국제조 2025"에 대하여 평가하였다. 루비오는 "공산주의 중국은 미국이 역사상 마주한 가장 강력한 적수(adversary)로, 중국이 스승이고 미국이 학생인 세상에 살지 않으려면 지금 바로 행동해야 한다"고 주장했다. 21세기에 들어서면서 계획한, 중국이 2006-2020: 과학기술을 위한 국가

중장기계획, 2015-2025: "중국제조 2025", 2025-2035: "신품질 생산력" 중, 루비오는 2019년에 "중국제조 2025"에 대한 1차 보고서를 낸후, 지난 3월 중국정부가 21세기 세 번째 국가전략계획을 발표하였으며, 이번에 "중국제조 2025"에 대한 총평가 보고서를 제출하였다.

중국제조2025는 10년 전 시작할 때 목표했던 강력한 산업국가로 발전하였다고 평가하였다. MIC2025의 10개 산업 중에 세계선도산업: 전기차, 에너지/전력, 조선, 고속철도 등 4개, 약진산업: 우주항공, 생명공학, 신소재, 로봇공학/기계, 반도체 등 5개 취약 산업: 농업기계 등 3분야로 분석하였다. 그의 보고서는 중국의 혁신, 스마트 제조, 기초산업역량, 브랜딩, 지속 가능성, 구조개혁, 제조 서비스, 글로벌 서비스 등의 측면에서 MIC2025에 대한 평가를 하였다. 특히 혁신과 스마트 제조는 중국의 성과를 가장 돋보이게 하였다. 혁신역량에서도 세계지식재산권기구(WIPO)의 혁신지수가 2015년 29위에서 2023년 12위로 올랐고, 과학기술 클러스터의 수에서도 군사응용이 가능한 44개 핵심기술 중 37개 분야에서 세계를 선도한다고 호주전략정책연구소(ASPI)가 평가하였다. 스마트 제조에서도 5G 기지국을 전국에 350만 곳 구축하여 세계 최고의 통신인프라를 구축하였다. 그러나 농업부문에서 식량안보의 실패로 향후 중국의 행보를 제한할 것이다. 다음으로 산업에서 과잉생산으로 인하여 국제적인 반발이 예상된다.[43)]

5. 중국 특색의 사회주의와 천하질서

2022년 10월 16~22일, 제20차 중국공산당 전국대표대회가 수도 베이징의 인민대회당에서 개최되었다. 마지막 날인 10월 22일, 마오쩌둥 사후 시진핑은 기존의 5년 임기의 재선 조항(10년)을 초월하여 제3차 연임이 가능한 중국공산당 총서기에 선출되었다. 제20차 중국공산당대회에서 21세기는 두 개의 목표를 설정하였다. 첫째, 2035년까지 사회주의의 근대화; 둘째, 2049년까지 강력하고 충분히 발전한 사회주의 국가의 건설이다. 시진핑은 이듬해인 2023년 3월 10일, 전국인민대표자대회에서 중화인민공화국 주석 및 인민해방군 중앙군사위원회 총서기로 선임되었다.

5년의 재선 조항은 덩샤오핑 시대에 집단지도체제의 유지를 위하여 제정되어 1993년 장쩌민이 처음으로 공산당총서기와 국가주석과 인민해방군 중앙군사위원회 총서기로 취임한 후, 후진타오시대(2003~2013)를 거치면서 제도화된 것이었다. 이어서, 같은 헌법하에 2012년 제18차 중국공산당대회를 통하여 시진핑이 집권하면서 "신시대의 출발점"으로 하는 "중국특색의 사회주의"란 표현으로 중국을 위한 가장 효과적인 발전모델을 상정하였다.

중국은 중국식 사회주의의 성공으로 서구식 세계화를 자신의 내구성 있는 것으로 대체 가능하다고 본다. 지난 10년, 시진핑 시기 중국인민은 100년 치욕을 인내하고 절대 빈곤에서 승리하였다. 이는 14억 인구가 양적인 면에서뿐만 아니라 질적인 면에서 중등의 생활수준을 달성한 것으로, 사회주의는 비효율적이라는 신화를 파괴하였다는 것이다.

전세계, 특히 발전도상에 있는 국가들에게 있어서 적임의 유능한 리더십 하에서는 경제적 계획과 시장 사이에 모순이 없다는 것이 확신되었다는 것이다. 전략으로서의 계획과 전술로서의 시장이 중국사회주의 시장경제가 갖는 성공의 비밀이다. 이들 두 요소는 정치에도 관련되어 홍콩과 마카오의 일국양제 경험은 타이완과의 통일에도 유용한 경험이 될 것이란다.

시진핑 시대의 또 다른 업적은 부패척결이다. 사회주의에 불가능은 없다. 성장과정에는 모든 문제가 어렵다. 과거 소련과는 달리, 중국은 부패한 중국공산당원 중에 대규모 부패자(老虎)와 소규모 부패자(蒼蠅)에 대하여 중앙기율위원회를 통해 엄중히 척결하고 다스렸다. 성장과정에서 발생하는 이러한 어려움은 대중의 지지와 적임의 지도력에 의하여 해소될 수 있다는 것이다.

세계화와는 달리, 오직 사회주의만이 과학적, 기술적, 그리고 과학기술의 진보를 넓은 대중의 관심과 함께 결합시킬 수 있다는 것이다. 중국은 다른 많은 사회주의 국가들과 함께 이것이 어떻게 행하며, 중국의 경험이 인류를 위하여 중요하다는 것을 명확히 보여주고 있다. 중국의 경험과 성공이 세계화에 대한 지속적인 대안이 되고 있다는 것이다.

미국이 주도하는 세계화와 현재의 상황 간에는 모순이 있다. 시진핑은 지난 한 세기 동안 인류가 보지 못한 국제질서에서 변화의 필요성을 그들에게 주지시켰다고 본다. 이러한 진원의 어떤 변화는 거대한 소란과 세계질서의 기반을 요동시킬 것이다. 그러나 이것은 단지 그 상황의 단면일 뿐이다. 거기에는 또 다른 거대한 위험이 내포되어 있다. 미국이 주도하는 서구 집단은 세계화를 장려하고 보편적인 "통일"을 옹호한다. 비서구 나라들과 인민들은 그들 자신의 정체성과 주권을 유지하기를 원한다. 현재 세계화와 국가주권 사이의 모순은 냉전 시기의 사회주의와 자본주의의 그것처럼 주요하다. 주된 문제는 서구사회가 그들의 세계지배를 단념하고 외부 세계와 정당한 관계를 가지려는 준비가 되어 있지 않다는 것이다. 경쟁을 통한 발전 대신에 미국은 하이브리드 전쟁의 실행을 택하였다. 이는 발전의 금지라는 체인 — 압박과 봉쇄 — 의 끝단인 군사충돌을 의미할 뿐이라는 것이다.44)

중국은 내적 발전을 계기로 세계질서, 새로운 천하를 창조한다. 미국의 트루만 행정부 외교정책의 성격은 세계질서의 성격을 제시해 왔다. 그 성격의 본질은 자유주의적 제국주의 질서로 패권주의와 불평등이었다. 그러나, 그러한 질서는 중 국이 자신의 발전으로 세계를 변화시키면서 세계질서는 변하고 있다. 그럼에도 많은 중국인들은 여전히 서구중심의 세계질서에 대한 구시대적 관점을 갖고 있다. 중국의 세계관은 사실 우주적이다. 중국문화는 유교 불교 도교가 종합되어 있고, 서구에 개방적이다. 문화는 세속적이어서 가장 포용적이다. 중국은 세계화 이전에 동아시아 질서의 건설자였다. 중국은 세계질서에 영향을 미칠 수 있다. 발전은 중국으로 하여금 세계무대의 중심에 서게 할 수 있다고 한다. 따라서 중국인은 미국이 말하거나 해온 것에 대하여 민감하거나 긴장할 필요가 없다. 중국은 공유한 미래공동체의 촉진을 위해 평등한 세계질서를 수립할 것을 제안하였다.45)

미국 해군대학 안보정책분석가 이안 이스톤(Ian Easton)은 2022년 그의 책 *The Final Struggle: Inside China's Global Strategy*에서 미국의 글로벌 리더십을 전복시키는 것이 시진핑 계획의 유일한 국면이라고 강조하였다. 또한 시진핑은 4세기 전 유럽에서 유래한 것으로, 평등한 주권 국가들을 일으켜 세우는 위대한 중국의 민족부흥을 위한 전략을 다음과 같이 설명하였다. "웨스트팔리아 시스템은 세력균형의 관점에 기반하고 있다. 그러나 이것은 안정된 국제질서를 이룰 수 없는 것으로 입증되었다. 모든 인류는 세력균형을 능가하고 대신할 수 있는 새로운 질서를 필요로 한다. 오늘날 몇몇의 강한 서구 국가들만이 함께 세계문제를 결정하는 시대는 이미 가버렸고, 다시 돌아오지 않을 것이다. 지금 웨스트팔리아 시스템을 능가하고 대체하는 새로운 세계질서가 조성되고 있다"고 말했다. 이와 또 다른 책에서 1648년 웨스트팔리아체제를 대체하는 시스템은 중국에서 만들어진 사회주의 모델이어야 한다고 한다. 새로운 이 "인류공동운명체"는 중국인민과 세계인민의 이익을 함께 도모하는 것이라고 한다.46)

제4장 중국굴기(崛起) vs. 미국패권(霸權)

1. 미국과 중국, 승자는 누구인가?

먼저 수퍼파워(Superpower 超级大国)의 개념에 대해 알아보자. 미국과 소련이 수퍼파워로 주도하던 냉전시대의 양극체제가 붕괴된 후, 단극체제 하에서 미국의 국제적 영향력이 오히려 상대적으로 약해져 온 것처럼 보였다. 이 시기에 러시아가 과거 자신의 수퍼파워 그림자로부터 회복하는 데 애를 쓰는 동안, 중국은 국제사회에서 주요 행위자로 부상해 왔다. 그레이트파워(great power 强国)는 스스로 자신을 방어할 수 있고, 타국을 침범할 수 있는 나라를 이른다. 이에 따르면 많은 나라들이 이 범주에 속하며, 중국도 그레이트파워다. 조지 프리드만1)의 정의에 따르면, 국력을 결정하는 데 있어서 공민과 군의 응집력(cohesion)이 사기로 중요한 요인이다. 그러나 응집력의 핵심은 "지리(geography)" — 동원하고 공급하는 능력 — 이며, 동원하고 공급하는 능력은 "커뮤니케이션(communications)"에 의존한다는 것이다. 전쟁의 거대한 엔진으로 그 파워의 뿌리는 본질적인 작전 수준에서 그 자신을 유지하는 힘의 능력이다. 중국의 "지리(geography)"는 그 영토 내부와 국경의 변화에 따라 발생한 전쟁이 오래되고 복잡하고 미묘하였다는 것을 지적한다. 이것이 중국의 역사와 미래다. 중국이 그 미묘함을 어떻게 다룰 수 있는가의 여부가 수퍼파워로 불릴 수 있는 핵심이다.

중국의 미국에 대한 패권도전이 성공할까? 아니면 미국이 계속 세계의 패권을 유지할까? 중국이 미국과 국교를 정상화하고 난 이후, 1989~2000년 사이, 약 10년간 양국 간의 교류 사례를 분석한 것을 바탕으로 David M. Lampton은 2001년에 중국어 표현을 이용하여 *Same Bed, Different Dreams* (동상이몽 同床异梦)이라는 제목의 저서를 출간하였다. 중국과 미국 두 나라 국민들 간의 생활이 밀접하게 연결되어 있음에도, 근본적으로 이들은 서로 소통되지 않는다고 묘사하고 있다. 양국 관계에 문제가 있을 때, 어느 쪽도 상대를 다루는 데 유연하지 못하다고, 학자로서 미중관계위원회 미국대표이며 워싱턴 소재 연구기관의 팀장이었던 그가 지적하였다. 인터내셔널 레짐의 발전과 다국적 기업의 증가와 함께 세계의 글로벌화(global bed 혹은 天下体系)로 인하여 미국과 중국은 가까워졌으나, 동시에 양국은 각자의 국가 기구, 국가 이익, 대중 이념, 국민 특성 등이 계속하여 두 국가로 하여금 다른 꿈(different dreams)을 갖게 한다는 것이다.

트럼프행정부1.0(2017.1.21.~2021.1.22.)의 미국의 중국정책의 매파 설계자로 알려진 마이클 필즈베리(Michael Paul Pillsbury)는 2015년 미국-중국관계에 관한 저서 *The Hundred-Year Marathon: China's Secret Strategy to Replace America as the Global Superpower*를 출간하였다. 미국은 중국의 의도에 대하여, 중국의 경제가 상승하면서 오랜 기간 중국이 더욱 개방되고 협력적으로 발전하리라고 낙관하였다. 그러나 저자는 중국이 서방을 전략적으로 속여왔다고 저서에서 주장한다. 필즈베리는 중국이 2049년까지 미국을 능가하고 세계를 지배하기 위한 100년간의 계획을 암암리에 수행해 왔다는 것이다. 그는 그의 책 도입 부분에서 "5가지 잘못된 가정"을 시작으로 이 저술을 시작한다.

첫째의 잘못된 가정; "미국의 개입정책이 중국과 완전한 협력으로 귀결된다." 미국은 중국이 경제적으로 발전하면 중국이 서구와 같이 정치적으로 민주화되고 경제적으로 자본주의가 되리라고 기대하였다. 둘째; "중국은 민주화 여정에 있다." 그러나, 30년 이상 중국을 연구한 제임스 맨(James Mann)은 중국이 오늘보다 좀더 부유하고 강력해지더라도 여전히 세계의 다른 억압적인 정부를 돕고 미국과 날카롭게 싸우는 독재 공산당에 의해서 통치될 것이라고 예상하였다. 셋째; "중국은 연약한 꽃." 1990년대와 2000년대 중국의 환경문제, 불안전한 소수 민족문제, 정부관료의 부패문제 개혁과 관련하여 중국 경제가 어려움에 처해 있었다. 그러나 실은 IMF, OECD, UN 등의 통계에 따르면 당시 중국학계가 정직해 보였던 평가와는 달리 중국은 GDP에서 이미 확고한 7~8%를 능가하고 있었다. 넷째의 잘못된 가정으로, "중국은 미국처럼 되기를 바란다." 그러나 이는 미국인들의 착각이었다. 미국인이 직접행동을 선호하는 것에 반하여, 한족 중국인은 간접적이고 사기를 선호한다는 것이다. 다섯째; "중국의 매파는 허약하다." 1990년대 말, 클린턴 행정부 말기에 저자는 미국 방위성과 CIA가 주도하는 가상 라인에 대한 데이터와 미국을 속일 수 있는 중국의 능력을 실험하는 연구프로젝트에 참가하게 되었다. 정보자산, 미출판 기록, 중국 불찬성자와 학자들과의 면담자료, 그리고 중국어 필기체 원본에 의존하여, 그는 자신과 같은 사람들로부터 — 명백하게 — 숨겨온 비밀을 보기 시작했다. 중국의 매파들이 그들의 지도자들로 하여금 미국의 정책결정자들로부터 정보와 군사, 기술, 경제 원조를 얻도록 오도하고 조작한 사실을 발견하였다. 이러한 매파들은 마오쩌둥을 시작으로 하여 100년 치욕을 앙갚음하도록 자문해

왔으며, 공산당 창립 100주년이 되는 2049년까지 세계의 경제적·군사적·정치적 리더로서 미국을 대치하기를 열망한다는 사실을 필스베리는 알게 되었다. 이 계획이 "100년 마라톤"으로 알려진 것으로, 미국과 관련된 것이다. 목표는 과거 외국의 모욕을 복수 또는 일소하는 것이다. 그리고 중국은 중국에 정당하고 브레튼우즈 협정과 샌프란시스코 협정 및 미국의 패권이 없는 세계질서를 수립하는 것이다.

중국정부는 오랜 기간 "평화적 굴기"를 위한 필요에서 자신을 후진국가 또는 발전도상의 국가로 표현해 왔다. 다른 표현으로, 중국은 결코 패권국이 되지 않을 것이라고 한다. 그러나 중국은 300년 전의 중국으로 돌아가기를 원한다. 당시 중국은 세계경제의 1/3을 지배하였다. 2049년까지, 중국은 적어도 미국의 두 배만큼 강하기를 바란다고 중국의 매파들은 말한다. 또한 중국의 미래 형태에 대하여 온건노선과 강건노선에 연결된 비둘기파와 매파 사이의 논쟁이 정부의 홀이나 빈번한 회의에서 일어났다. 그러나 점점 민족주의적 세계관이 드러나면서 중국의 새로운 지도자 시진핑이 진영의 중심에 나타났다.[2] 현실주의 정치학의 관점에서 엘리슨(Graham Allison)은 2017년에 그의 저서 *Destined for War: Can China and the U.S. avoid the Thucydides's Trap?*에서 중국과 미국의 세력균형의 갈등관계를 우려하면서, 역사학자 투키디데스가 쓴 고대 그리스의 펠로폰네소스 전쟁을 연구하여 "신흥 발전국 아테네의 부상이 당시 지배국이던 스파르타에 심어준 공포"를 우려하여 미리 일으킨 전쟁으로 연구하였다. 엘리슨은 15세기 후반 굴기하는 포루투갈과 지배국이던 스페인의 관계에서부터 20세기의 제국인 영국과 프랑스, 그리고 신흥국 독일의 관계에 걸쳐 16개의 경우를 연구하였다. 12개의 경우가 전쟁으로 귀결될 가능성이 높았으며, 4개의 경우가 전쟁 발발의 가능성이 불가피하지 않은 것으로 연구되었다. 이는 도전국(rising power)과 패권국 즉 지배국(ruling power) 사이에 전쟁 가능성의 경우를 설명하는 것으로 그 중 12번의 경우가 전쟁으로 귀결하였음을 증명하였는데, 여기에는 패권국가에 대한 신흥국가의 도전(to Thucydides's Trap)이 양국의 전쟁으로 이행을 촉진시킨다는 것이다. 이어서 그는 미국의 지도자들에게 중국의 발전이 전쟁으로 가지 않게 하는 열두 가지 실마리를 제공한다.

중국을 전공한 호주의 정치 외교가로 총리 출신인 케빈 러드(Kevin Rudd)는 2022년에 그의 저서 *The Avoidable War*에서, 먼저 중국과 미국 사이의 불신과 긴장관계를 분석하고, 앞으로 2020년대의 10년의 기간 중국은 시진핑의 관점에서 당과 국가관계, 즉 정권유지, 국가통합, 국내정책과 대외정책에 이르는 중국과 미국의 양국 사이에 일어날 수 있는 "10가지 시나리오"에 대하여 개략적으로 설명하고, 그 결과에 대한 예방과 해결을 위한 대안을 제공함으로써, 관련 정책 입안자들에게 앞으로 닥칠 거센 파도를 어떻게 헤쳐나가는 데 고려할 사항을 제공하고 있다.

한편, 홍콩출신 미국 사회학자 홍호펑(孔誥锋)은 2022년에 그의 저서 *Clash of Empires*에서 미국과 중국 관계를 국제정치학을 대신한 정치사회학의적 관점인 베버주의와 마르크스주의의 통찰력을 빌려와 1990-2010년의 "미중 공생"과 2010년 이후의 "미중 경쟁의 경제적 지정학적 기원"을 밝히려고 하였다. 1990년대 초 이후, 미국의 외교 엘리트들이 중국을 경쟁자로 인식하려고 함에도 불구하고, 미국의 기업들은 무역자유화를 옹호하였으며, 이는 중국이 미국 기업을 동원해 자신의 대리 로비스트를 만들려는 데서 비롯되었다고 한다. 클린턴 민주당정부는 중국과의 자유무역이 중국의 민간기업과 중산층에 힘을 실어주어 중국의 정치적 민주화로 이어진다는 "건설적 관여론"을 폈다. 클린턴 정부는 2000년 중국에 최혜국 대우(MFN) 지위를, 2001년에는 세계무역기구(WTO)에 가입하게 함으로써 세계 최대 소비국 미국과 세계 최대 수출국 중국이 세계 무역체제에 통합되어 1990년대 중반 이후를 성장해 왔다.

이 시기 중국의 저가 수출품들은 미국의 소비붐이 불타오르는 데 연료가 되었고, 중국이 벌어들인 달러로 미국 국채를 다시 구입하여 환류시킴으로써 미국의 늘어나는 재정적자에 자금을 조달했다. 이는 미국의 금리를 낮게 유지하고, 미국 경제의 금융화와 금융주도의 번영을 가져왔다. 이 1993~1994년의 중대한 고비에 추구하고 성공적으로 확보한 이 경제적 공생관계를 Ferguson Niall은 마치 미국과 중국 두 나라가 하나의 경제로 통합된 것처럼 '차이메리카(Chimerica)' 체제라고 규정한다.3) 미중 공생의 차이메리카 체제에서 미국의 저명 기업 ― 애플, 월마트, GM ― 의 CEO들은 미중 양국 간의 특정 지정학적 사건, 예컨대 1996년 타이완 미사일 위기, 1999년 미국의 베오그라드 주재 중국대사관 폭격사건, 2001년 남중국해 상공에서 미국 정찰기와 중국 전투기의 충돌사건 등 위기에 대하여 신속하고 유화적인 외교 역할을 하였다. 강력한 미국 기업인들은 차이메리카 체제의 접착제 및 안정제이자 동력원이었다.4)

그러나 1990년대 초 중국이 미국 시장에 저관세 정책으로 접근할 수 있도록 특별한 노력을 기울인 기업들이 이후 중국 시장에서 모두 행복했던 것은 아닙니다. 예로써, AT&T는 MFN과 인권조건 해제 캠페인의 선두기업으로 중국의 시장 개방을 기대하면서 중국정부와 체결한 MOU에 열광하였다. 중국 정부는 차이나 텔레콤 같은 국내 거대기업의 보호를 확실히 하고, 1998년에는 외국 통신사가 국내의 지역 통신사의 지분을 매입하고자 법의 헛점 이용을 방지하는 규정을 강화하였다. 2000년까지 AT&T는 중국 내 서비스 제공업체로서 겨우 상하이에 국한된 합작법인 지분 25%로만 제한되었다. 위성회사

휴스도 중국 정부와의 사업에서 실패를 경험하였다. 그러나 1900년대와 2000년대에 대부분의 미국기업들은 엄청난 이득을 보았다.5)

중국의 국가주의적 경제정책의 중심 목표는 미국을 희생양으로 중국의 기술 고도화를 달성하는 것이었다. 국내 기술의 자체 혁신시스템의 한계를 감안한다면, 당-국가의 추진력으로 노골적인 경제스파이 행위 및 외국기업의 기술에 대한 불법적 도용이 이루어지고 있었다. 당-국가가 기술 고도화로 가기 위한 편법을 찾으면서, 개인 차원의 경제적 스파이 활동과 정부 차원의 외국 기업에 대한 강압적 수단도 동원되었다고 한다.6) 2001년 중국의 WTO 가입 이후, 미국 경제에 미친 차이나 쇼크는 즉각적이고 거대했다. 1999~2001년 사이 중국으로부터 몰려오는 수입품으로 미국은 200만 개 이상의 제조업 일자리를 잃었다. 이 충격으로 2000년대에는 반중 무역연합이 다시 등장하였다. 중국의 2001년 WTO 가입이 채 5년도 되지 않아 중국을 환율 조작국으로 지정하자는 주장과 중국산 수입품에 대한 관세부과에 대한 의견이 분분하였다. 2010년대에는 지적재산권 및 시장 접근 문제를 놓고 미국 기업들 사이에 의견이 분분하였다. 근본적으로 환율조작 문제와 지적재산권 문제는 서로 연관되어 있으며, 미국 및 외국에 대한 중국의 적대감이 드러난 것이라고 볼 수 있다. 여기서 초기 중국의 이익을 위해 로비를 하던 일부 기업이 중국에 반대하는 입법 활동으로 방향을 전환하였다. 오바마 행정부가 중국을 제외하고 대부분의 아시아 국가들과 자유무역 지대인 환태평양경제동반자협정(TPP)을 추진하려 한 것도 이러한 배경에 근거하고 있는 것이었다.7)

2010년 이후가 되면서, 미국의 군사-정보-외교 기관의 지정학적 매파들의 주장이 정책 결정 과정에 더 큰 영향력을 갖게 되었다. 그로 인한 결과가 2011년에 시작된 오바마 행정부의 "아시아로의 회귀

(Pivot to Asia)"정책이었으며, 이는 중국의 해군력 증강에 대응하여 아시아에 더 많은 해군력을 재배치하는 것을 목표로 하고, 2013년부터 미국 해군은 항행의 자유 작전을 통해 남중국해에 군함을 보냈다. 특히 중국은 전세계 해운에 중요한 이곳을 자신의 해양영토로 주장하여, 미중 양국 해군 간의 교착과 대립이 뉴 노멀이 되었다.8)

국가안보를 우선하는 매파들이 정책 결정을 주도하게 되자, 워싱턴 당국은 특정 미국기업의 피해를 감수하더라도 중국과의 지정학적 경쟁이라는 당위에서 정책 결정을 하게 되었다. 중국의 군사 및 안보 기구와 밀접한 관련이 있다고 여겨지는 중국의 민영 첨단기술 대기업 화웨이(Huawei)에 대한 미국의 정책 변화가 그것이다. 화웨이는 가치 사슬을 타고 올라가 첨단 통신 분야의 글로벌 기업으로 부상하여 미국의 기술 기업들과 호혜적 관계를 구축하였다. 소비자 통신장비 및 통신인프라 시스템 업체로 미국 기업이나 그 동맹인 한국, 대만 등 첨단기술 기업이 제조한 최첨단 컴퓨터 칩과 부품에 의존해 왔다. 미국이 지배하는 첨단기술 공급망에 긴밀하게 통합된 신흥 대기업으로 미국 기업과 경쟁하지 않고, 대신 미국 기술 기업의 주요 고객이었다. 2012년 백악관과 하원이 화웨이의 잠재적 안보 리스크를 검토했고, 2013년 워싱턴은 미국 정부 조달에서 화웨이를 금지시켰다. 화웨이에 대한 공격적 정책은 트럼프행정부가 마련하였고, 의회가 초당적으로 지지하였다. 2019년 미중무역협상 개시에서 중국의 양보를 예상하고 화웨이에 대한 판매금지 조치를 완화하려고 하자 의회의 초당적 반발이 있었다. 이는 이미 미중관계의 구조가 얼마나 변했는가를 보여주는 것이다.9)

한편 중국은 경제적 부상과 냉전 종식으로 아시아 국가들과 함께 근대 이전의 중국 중심의 질서를 닮은 새로운 중국 중심의 질서를 추구할 수 있게 되었다. 아시아 지역 대부분의 국가들은 점점 더 중국 중심의 생산 네트워크로 통합되고 중국의 투자와 대출에 의존하게 되면서, 중국이 경제 관계를 축소하겠다는 위협을 외교 무기로 사용하고 있음을 목도하는 중이다. 동남아시아 국가와 일본과의 영토 분쟁, 그리고 남아시아와 중앙아시아에서도 비슷한 역학 관계를 볼 수 있다. 일대일로 프로젝트를 통하여 참여 국가로의 자본과 물자 수출은 급증하였으나, 2016년부터 감소하기 시작하였는데, 여기에는 미국이 지배하고 있는 세계금융 및 지정학의 질서가 있기 때문이다. 중국이 이 난관을 극복하려면 세계금융 및 지정학적 질서에서 미국의 지배력을 극복해야만 했다.10) 좀 더 정확히 말하면, 달러의 기축통화의 지위, 브레튼우즈 협정으로 만들어진 다자간 경제기구, 미국의 글로벌 군사 우산이 지배적인 상태를 유지하는 한 중국의 지정학적 영향력의 투사는 제한적이다.

자본 수출국으로서 중국이 해외의 경제적 이익을 보호하기 위하여 자국의 주권적 공간을 넘어 정치적 군사적 힘을 투사할 필요성을 발견하기 전에, 이미 경제적 이유로 해외에 진출했던 역사 속의 다른 자본주의 강대국들의 전철을 그대로 밟고 있다. 현재 중국이 하고 있는 것은 역사적으로 많은 선진국이 따랐던 비공식적 제국주의 확장의 길이다. 2004년 이후 중국 공산당은 15세기 이후의 스페인, 네덜란드, 영국, 프랑스, 미국 등 세계적인 제국주의 열강들로부터 세계적인 권력투사 방법을 배우려고 하며, 관방학자는 중국이 영국과 미국의 기술과 업적을 흡수하여 중국인민과 세계를 위한 '세계제국'을 건설할 것을 주장하였다.11)

마르크스주의 관점에서 자본의 경제적 이해관계와 베버주의 관점에서 정의한 국가의 지정학적 관계는 미중관계를 형성하는 데 있어 모두 중요하다. 자본 수출을 열망하는 중국은 일대일로(BRI)의 시작을 강조한다. BRI는 중국상품과 건설업자들에게 새로운 시장을 제공했다. 중국 기업과 미국 기업과의 경쟁은 주로 중국 기업과 미국의 전통 동맹국들이 BRI 참여국으로 확대되었다. 이제 중국은 해외투자의 보호를 위해 지정학의 힘을 투사하게 된다. 여기서 중국은 미국에 맞서 세력권을 구축하면서 기존 지정학적 강대국인 미국과 충돌하게 된다. 이러한 자본 간 경쟁은 중국을 지정학적 상대로 상정하려는 워싱턴 당국의 성향을 촉발시켰으며, '차이메리카' 체제를 와해시키고, 아시아 및 그 외의 지역에서 미중관계를 야기시켰다. 현재 미국과 '위대한 부흥'을 외치는 중국 사이의 갈등은 20세기 초 영국과 '독일의 국가주의'를 주장하던 독일 간의 갈등과 유사하다. 중국의 자본주의적 발전과 미국의 정치경제에 대한 이해 및 역사적 선례와 비교를 토대로 살펴보면 미중경쟁은 앞으로 다년간 더 심화될 것이 확실하다.12)

베이징대학에서 국제정치경제를 강의하는 왕용(王勇) 교수는 미국과 중국의 미래 경제적 경쟁에 대하여 불확실성을 이야기하면서, 양국 관계는 현재의 무역전쟁이 관세전쟁, 테크전쟁, 투자전쟁, 그리고 금융전쟁으로 확대될 가능성이 높으며, 타이완 문제에 관하여 상호 차이점을 관리하고 전쟁을 방지하는 방법에서 나아가 우크라이나 전쟁과 미국-중국-러시아 3국을 포함한 국제정치와 양국의 국내정치의 영향을 받을 것이라고 말했다. 그리고 그는 미중경쟁의 결과에 영향을 미칠 수 있는 요소를 다섯 가지로 분류하였다.13)

첫째, 현재의 중국은 과거의 소비에트연방이 아니라는 것이다. 즉, 미국과 중국 사이의 경쟁과 중국에 대한 신냉전의 목표는 많은 요인에 의하여 제한적이며 성취되기가 어려울 것이다. 중국은 경제규모와 종합경제력에서 세계경제에의 통합수준에서 구 소련을 훨씬 능가하고 있다. 그리고, 중국은 국제거버넌스 메카니즘에도 적극 참여하고 있으며, 제한된 이념 목표를 지향하고 있다고 한다.

둘째, 미국의 체제와 문화에 존재하는 구조적 결함은 미국의 국력과 능력의 기반을 잠식하고 있다. 사회적 지속가능성으로 빈부격차, 줄어드는 중간계층, 인종적 긴장, 인구통계학적 변화와 총기폭력 등이 심각하다. 정치적 지속가능성으로 양극화 현상이 심화되고 개혁 추진이 어렵다. 경제적 지속가능성으로 과도하게 발전된 가상 및 금융경제, 재정적자, 부채규모 및 채무한도 위기, 그리고 세율을 인상하기가 어렵다. 외교정책에서 지속가능성이 어렵다. 군비의 과잉지출과 국제적 재앙을 초래하는 전쟁개입에 대한 전 세계적인 반발이 상존하고 있다는 것이다.

셋째, 중국의 최대 카드는 거대한 중국시장이다. 중국은 거대한 소비시장으로 부상하였다. 2017~2019년 통계에 의하면, 중국의 총 내수판매 규모는 미국을 제치고 최대의 세계시장으로 등극하였다. 이에 미국 기업들은 de-coupling을 반대하고, 중국시장에 진출희망을 강화하며, 그들의 존재가 미중관계의 안전에 기여하기를 기대하고 있다. 따라서 중국의 시장규모는 기술혁신을 주도할 만큼 크다고 하겠다.

넷째, 중국의 경제적 탄력성, 강한 독립성, 그리고 정치체제에 있어서 우위는 "경쟁"과 "위기"를 발전을 위한 "기회"로 바꾸고, 이 나라가 치열한 경쟁에서 주도권을 확보하는 데 도움이 될 것이다. 중국은 여전히 내수기반의 수요주도의 경제다. 중국의 자본계정은 개방되어 있지 않으며, 국내시장과 국제시장 간에는 방화벽(firewall)이 있다. 정부의 경제개입 능력이 강하고 국유경제는 강한 힘을 보유하고 있다. 중국은 1997~1998년 동아시아 금융위기를 성공적으로 대처한 경험이 있으며, 2008년 글로벌 금융위기와 2020~2022년 코비드-19 충격의 경험을 통하여 중국경제의 회복력과 적응력을 보여주고 있다. "쌍순환"의 새로운 개발모드는 중국의 혁신능력을 향상시키고 경제적 자율성을 향상시킬 것이다.

다섯째, 개혁과 개방의 확대, 비즈니스 환경의 개선, 시장주도 개혁의 가속화, 국내 거버넌스 시스템의 개선은 미국과의 경쟁에 대응하는 핵심 열쇠가 될 것이다. 미중 경쟁의 본질은 양국의 시스템, 문화, 비즈니스 환경 간의 경쟁이다. 미국의 중국에 대한 압박에서 일정 부분은 과거 중국이 세계무역기구(WTO)에 가입할 당시 부과되었던 "외생적 압력(external pressure)"과 같은 효과를 줄 것이다. 중국은 외부압력을 통하여 내국의 개혁을 추동한 경험을 보유하고 있다. 경쟁은 중국경제의 자율성과 혁신을 강화하는 데 도움이 될 것이다. 이는 각각의 다른 소유기업들 간의 경쟁을 통해, 균형잡힌 성장에 기여할 것이며, 국가 거버넌스 체계의 개선을 통해 국제경쟁력을 강화할 수 있을 것이다. 다음에는 인구문제를 비롯하여 분야별로 미국과 중국의 국력을 비교해 보자.

2. 인구문제

미국은 제2차 세계대전에 참전한 1,700만 명(당시 미국 남성 인구의 20% 이상)의 미국 남성 가운데 40만 명을 제외한 모두가 살아 돌아왔다. 이들에 대한 정부의 다양한 정책으로 미국은 역사상 최고의 베이비붐을 경험하였다. 전쟁 전에 인구가 1억 3,500만 명에 미치지 못했던 나라에서 종전 이후부터 1965년까지 7천만 명 이상이 새로 태어났다. 이들이 미국의 밀레니얼 세대이다. 1970년대에 성인이 된 그들이 미국문화를 창조하였다. 미국을 복지국가로 만든 것도 그들이고, 차례차례 은퇴하면서 연방정부 예산을 소진한 장본인도 그들이다. 제2차 세계대전 이후 세계의 다른 지역은 초토화된 가운데, 미국에 우후죽순처럼 들어선 제조업 공단의 덕을 보고 자랐고, 미국 주도의 세계질서 하에서 세계가 경제를 재건하면서 덕을 본 것도 그들이며, 덕을 준 바로 그 산업시설이 해외로 이전하는 것을 쓸쓸히 지켜본 이도 바로 오늘의 미국을 만든 그들이었다. 미국의 베이비붐 세대는 각국의 전쟁 전후의 인구 규모와 비교해 볼 때, 규모에 있어서 세계 어느 나라의 베이비붐 세대보다 규모가 크다. 독립한 지 170년이 지나 인구는 30배로 팽창했지만 여전히 땅은 비옥하고 넓다. 여전히 원주민을 퇴치하고 비게 된 공간을 채워가고 있었다. 쓸모있는 넉넉한 땅으로 인하여 베이비 붐 세대는 저비용으로 높은 수익을 올릴 수 있는 많은 기회를 누려왔다.14)

세계는 대체적으로 베이비 붐 세대가 2020년에 접어들면서 인구구조에 위력을 발휘하는 세대로는 수명을 다하고 2022~2023년이 되면서 65세가 되어 은퇴하게 된다. 이 다음 세대로 X세대는 선대가 밟은 시련과 고난을 따르지 않으려 하고, 홑벌이 비율이 높고 돈 못지않게 시간도 소중히 한다. 따라서 노동시장에서 심각한 노동력 부족을 가져오며 노동시장에서 몸값은 높으나 노동시장에는 재앙이다. 가장 어린 세대로 Z세대가 있다. X세대의 자녀 세대로 규모도 작다. 앞으로 20년간 베이비붐 세대, X세대, Z세대까지는 만국이 공통이다.

여기서, 미국의 베이비 붐 세대는 다른 나라들과는 다른 특징이 하나 있다. 존재감이 있다. 즉, 자녀를 아주 많이 두었다. 이들 자녀들은 근대 미국의 역사상 그 어떤 연령층보다도 숙련도가 떨어진다. 그러나 그들의 자녀들이 2040년 중엽에 가면 시작되는 것이다. 이들은 결함이 있음에도 불구하고 존재 자체가 장점이고 훗날을 기약할 희망을 준다. 미국은 밀레니엄 세대의 존재 덕분에 2030년대에 겪게 될 재정적 위기로부터, 아마도 2040년대에 겪게 될 노동력 부족으로부터 적어도 부분적으로나마 회복하게 된다. 그러나 중국을 비롯한 한국과 일본 등의 국가는 2010년대를 마지막으로 상황이 절대로 호전되지 않을 것이다. 인구와 통계 전문가들의 분석에 따르면 인구구조가 양호한 정도에서 허접한 정도에 이르는 나라들 중에서, 미국과 프랑스와 같이 비교적 젊은 인구구조를 가진 국가는 연간 GDP 성장률이 1% 하락, 스페인, 호주 등 인구구조가 양호한 국가의 GDP 성장률은 2% 줄어들고, 독일, 중국, 일본, 한국 등 비관적 인구구조를 가진 국가들의 GDP는 4% 낮아지는 것으로 예상된다. 이러한 효과가 10년 동안 축적되어도 중국과 독일 같은 나라는 세계를 지배하기는 고사하고, 제대로 기능하거나 살아남을 수 있을지조차 가상하기 어렵다.15)

미국은 정착민이 건립한 나라다. 새로운 정착지에 도착한 이들은 수명이 짧았고, 도착하자마자 자녀들을 많이 둘 가능성이 컸으며, 주인 없는 땅으로 널리 퍼져나갔고, 이민자들이 첫발을 딛는 엘리스 아일랜드에 줄지어 입항하는 배들은 젊은 정착민들을 더 많이 쏟아냈다. 그 덕에 젊은 인구가 급속히 늘어났다. 정착민의 나라로서 미국은 다른 나라보다 훨씬 이민에 친화적일 뿐만 아니라 정치적 정체성에 대해 훨씬 더 자긍심을 느끼는 경향이 있다. 미국은 원주민 인구를 제외하고 아메리카 출신인 미국인은 사실상 없다. 미국은 종교개혁과 르네상스를 계승한 자유공화국 실험(A. Hamilton)을 출발하고 되새김질이 가능하며, 세계경영에 바탕을 두고, 개방형(이민자) 제국 즉, 천하다. 이는 대체로 국가 정체성의 속성과도 관련이 있다. 세계의 대부분은 민족국가다. 정부는 특정한 영토(국가)에 거주하는 특정한 민족(국민)의 이익에 봉사하기 위해 존재한다. 중국은 중국인의 이익을 추구한다. 민족국가에서 중앙정부는 정책의 알파이자 오메가다. 누구의 이익에 봉사하기 위해 존재하는지 알기 때문이다. 그런 정부를 전문용어로 중앙집권정부라고 한다. 미국에서는 워싱턴 D.C.에 있는 연방정부는 특정한 인종의 이익에 봉사하지 못하도록 의도적으로 설계되었다는 점이다. 미국의 잇점은 멕시코인의 유입으로 미국인의 평균연령이 낮아지고 반숙련 및 비숙련 기술 노동력 임금 상승률을 억제하여 인구구조의 헛점을 메워준다. 결과적으로 세계의 인구구조가 붕괴하나 미국은 인구구조가 안정적으로 유지되는 가운데 세계 총인구에서 미국이 차지하는 비율은 향후 두어 세대 안에 분명히 증가하게 된다. 그리고 미국은 세계의 대양을 계속 장악하게 될 것이다.16)

이와는 달리 중국은 인구가 고령화되고 위축되고 있다. 중국의 인구는 중국공산당의 마오쩌둥이 장제스의 국민당에게 내전에서 승리하고 신중국을 창건한 1949년에 5억 4천만 명에서, 2021년에 이미 14억 명으로 정점을 이루어, 이듬해인 2022년에는 줄어들기 시작하였다. 중국은 앞으로 올 몇 십 년에 걸쳐 저출산, 급속한 고령화, 그리고 서서히 감소하는 미래의 인구 상태로 동아시아의 여타 국가들을 따라갈 것이다.

21세기 중반이 되면, 중국은 현재의 인구수에서 2억의 인구가 감소할 것이며, 2020년에 중년 나이였던 38세에서 약 50세가 되는 인구는 꾸준히 증가할 것이다. 최상의 경우를 가정해 볼 때, 2070년 중국 인구는 2020년 인구의 절반 이하로 줄어든다. 그리고 중국공산당의 공식 발표와 학자들에 의하면 일관성 없이 낮은 퇴직 연령과 조기퇴직 특혜의 파괴와 인종적 민족주의와 한 자녀 정책으로의 회귀는 전통적인 가임률의 저하를 가져오고, 권위주의적 지도력 하의 정치체제는 이러한 변화에 효율적으로 대처하지 못한다고 한다. 1950년대에 정해진 퇴직연령 ― 여성 55세(블루칼라 50세)와 남성 60세 ― 도

다시 조정되어야 하며, 2020년 기준으로 4억 5천만의 주요 도시 근로자, 퇴직자 및 당원들을 위한 비교적 관대한 연금도 2035년이면 고갈될 것으로 중국 사회과학원은 예측하고 있다. 5억에 이르는 중국 하층민에 속하는 농공인(농업을 떠나 도시에 유랑하는 노동자)과 지방 거주민의 연금은 더욱 비참할 것이다. 그리고 금세기 중반까지 70세 이상의 중국인의 절반이 한 자녀 혹은 한 자녀도 가지지 못하는 상황이 될 것이다. 그리고 노인보호를 위한 수요는 늘어날 것이나, 지방에서는 그 경비 부담이 심각하게 증가할 것이다. 중국의 급속히 증가하는 노인 이주 노동자들은 자식들과 국가로부터 제한된 지원으로 자신을 돌보고, 나아가 시골에 사는 자신의 부모들을 돌보아야 한다. 일반적으로 중국의 억압적인 통치구조를 생각할 때, 중국의 통치자들은 개혁을 밀어붙일 수 있다고 생각할 수 있으나, 체제 안전에 감염된 당지도자들은 집단 저항으로 전이될 수 있는 넓게 공유된 불만 등에 대해서는 주춤하거나 꽁무니를 빼는 경향이 있다. 이러한 예는 2022년 11월 중국 당국이 당시까지 계속 시행해오던 zero-COVID-19 정책을 갑자기 취소하였는데, 이는 코로나 감염자의 집단 감금에 대한 항의시위가 도시에서 도시로 전이되고, 감금정책에 대한 불평이 당간부에 대한 직접적인 공격으로 변하자 그러한 결정을 내리게 된 것이다.[17]

차이팡(蔡昉)과 에레로(Allicia Garcia Herrero)는 중국의 인구감소와 생산가능성 인구(15~64세)의 감소가 중국 경제에 근본적인 변화를 가져온다고 한다. 즉, 농촌인구가 도시로 유입되어 도시화가 되는 시기는 2035년까지가 될 것이다. 이때까지 노동력이 농촌지역에서만 일어나고, 도시 노동력은 계속 증가하나, 인구감소와 고령화가 성장에 크게 영향을 미치지는 않는다는 것이다. 그러나 2035년 도시화가 완료되면 — 농촌지역에서 노동력이 감소하면 — 이때 성장률에 매년 1.36% 감소 효과가 나타난다. 잠재 성장률은 1% 선까지 떨어진다는 것이다. 에레로에 따르면 생산가능성 인구가 2035년 66%에서 2050년에는 58%까지 떨어질 것으로 예상된다. 따라서 지금부터 2035년까지 10년간 성장의 중심을 자본집약적 부분과 로봇 및 AI 등 신기술의 도입과 인적자본의 개선을 하여야 할 것이다.18)

중국은 한국과 일본과는 달리 65세 이상의 인구가 2021년에 이미 14.1%가 되었다. 7%가 넘으면 고령화사회, 14%를 넘으면 고령사회, 21%를 넘으면 초고령사회라고 차이팡은 말한다. 중국 인구의 특징으로 첫째, "부유해지기 전에 늙고 있다.(未富先老)." 2022년 중국의 1인당 GDP는 미화 12,000달러로, 한국과 일본의 절반으로 세계 평균이며 가야 할 길이 멀다. 둘째, 2021년에 인구가 정점을 찍었다. 중국은 대비할 시간이 없었으며, 중국의 인구문제는 심각하나, 신중하고 객관적으로 판단해야 한다. 차이팡은 중국이 노동, 자본, 기술개발, 노사관계, 경영혁신, 교육훈련 및 사회간접자본 등 총요소생산성(total factor productivity)을 높임으로써 여전히 잠재성장률을 높일 수 있다고 본다. 그리고 중국은 거대한 인구, 광대한 시장, 활발한 혁신 및 창업활동을 통하여 인구문제로 인한 충격을 완화할 수 있다고 본다.19)

최근 "소비"가 중국에서 경제성장의 3대 마차(투자, 수출, 소비)의 주요 동력으로 부상한 상황에서 인구 고령화는 장기적인 중국경제 성장의 둔화 요인이다. 인구고령화 현상은 수요 측면에서 저축과 소비 패턴에 영향을 미치고, 이는 다시 산업구조의 변화로 이어진다. 2006년 이후, 제조업이 계속 감소하고 있으며, 제조업 근로자가 계속 서비스업으로 이동하거나 고향으로 돌아가 농업에 종사한다. 이러한 현상은 생산성 증가율을 둔화시킨다. 이의 억제를 위하여, 부를 재분배하여 중산층을 확대하고, 저소득층을 높이고, 소비를 보호하고, 많

은 사람들이 공공서비스를 이용할 수 있는 스웨덴식 복지국가를 건설해야 한다는 것이다.20)

베이징은 중화인민공화국 건국 100주년이 되는 21세기 중엽을 완전한 사회주의 중국을 목표로 하고 있다. 이러한 목표의 추진 과정에 인구문제는 경제, 자원, 환경과 관련하여 발전해야 한다. 총인구와 그 증가 속도를 조절하는 것이 중국 인구정책의 핵심이다. 총인구와 관련된 문제는 식량이며, 그 생산능력이 한 국가 국토자원의 인구 감당 능력을 결정한다. 즉, 식량안보 문제인 것이다. 1인당 농업용지 면적은 매우 적고, 이와 관련된 배후자원 역시 부족해 이후에도 계속 감소할 것이다. 다만 생산력의 발전과 과학기술 수준의 제고에 따라 단위면적당 농업용지 증가 잠재력은 유지되고 있다.21)

3. 미중 무역전쟁

중국과 수교를 이끈 미국의 닉슨 대통령은 1972년 중국을 방문하고, 이 행정부는 중국의 기근을 종식시키기 위해 중국과 과학협력에 집중하였다. 카터 행정부는 1979년 중국과 정식으로 국교를 정상화하였다. 클린턴 행정부는 2001년 중국이 국제무역기구(WTO)에 가입하는 데 결정적인 협력을 하였다.

21세기 초까지 미중관계의 기본 흐름은 상호 전략적 불신 속에 협력을 도모하였다. 현재 미국의 대 중국 정책은 중국의 도전에 대한 의지와 능력을 굴복 혹은 좌절시키는 데 있다. 이 시기에 미국은 중국의 도전의지를 꺾기 위하여 무역과 통상분야에서 관세전쟁을 펼두로 하이테크 기술분야, 환율과 금융분야, 교육 및 연구 분야의 대립으로 확대되었다.22) 이는 미국의 대 중국 개입(engagement)의 끝을 의미한다. 미중관계가 협력에서 경쟁으로, 나아가 전략적 경쟁관계(strategic competition)로 전환되었다는 것이다.

오바마 행정부는 중국을 비적대성 동료국가로 포용하였다. 그러나 2011년에 중국의 부상을 염두에 둔 오바마 행정부의 "아시아 중시정책(pivot to Asia)" 혹은 "재균형정책(rebalancing)"이 시작되고, 트럼프의 "미국 우선주의 정책"이 시진핑의 "중국의 꿈"과 충돌하면서 무역전쟁을 야기시켰다. 미국의 관점에서 볼 때, 현재의 국제질서는 "부상하는 중국"에서 "도전하는 중국"의 시대로 변하였다. 과거 미국의 공화당과 민주당의 대 중국정책은 공화당이 비판적이고 민주당은 관여정책으로 대별되었으나, 트럼프 시대에는 이러한 차별이 희석화되고 대중국 비판의 여론이 증가해 왔다. 트럼프 행정부는 2017년 말 "국가안보전략(NSS)" 보고에서 중국을 경쟁자(competitor), 수정주의자(revisionist), 도전자(challenger) 등으로 지칭하여 대중국 압박을 가하려는 의지를 보여주었다. 2018년 3월, 트럼프 행정부는 제301조에 의거한 조사보고서 발간과 함께 대중국 무역전쟁을 공식 선포하고, 6월에는 중국을 안보와 패권에서 러시아보다 더 큰 위협으로 간주하였다.

바이든 행정부는 첫 국가안보전략 문서에서, 중국이 가장 크고 장기적인 위협으로 국제질서를 재편할 의도로 경제적·외교적·군사적·기술적 힘을 가진 유일한 경쟁자로 정의하였다. 따라서 미국의 대중국 3층 전략은, 첫째, 미국의 힘의 원천인 경쟁력, 혁신, 탄력성, 그리고 민주주의에 투자를 한다; 둘째, 미국의 동맹국과 파트너 국가들과의 연대를 통하여 공동의 목적과 문제에 대응한다; 셋째, 미국의 국익을 보호하고 미래를 위한 비전을 구축하기 위하여 책임성 있게 경쟁할 것이다.23) 나아가, 바이든 행정부는 이전 트럼프 행정부가 중국의 대미 수출 3,700억 달러에 부과한 관세를 포함하여 중국에 대한 관세정책을 계속 유지하며, 미국과 중국 사이 기술무역은 "높은 울타리의 작은 마당(small yard with high fence)"정책에 기반하여 중국으로 하여금 빅데이터, AI, 양자컴퓨터 등 미국의 기술에 접근을 제한하였다. 2023년 6월 현재, 약 2,000여 개의 중국 기업이 미국에 등록되어 있다.

그리고 2022년 7월 이후 3개월에 걸쳐 미국은 첨단 반도체 장비, EDA 도구 및 칩에 대하여 중국에 수출 제한 조치를 했으며, 8월 29일에는 the CHIP Act(The $280 billion Chip and Science Act)에 서명하였다. 이 법은 칩 제조기업의 미국으로의 회귀를 촉진하는 것으로 막대한 산업보조금과 "세이프가드" 조항을 두고 있으며, 향후 10년간 중국의 반도체 산업에 투자를 제한하는 것을 골자로 하고 있었다. 나아가 미국은 반도체 산업에 527억 달러의 금융지원과 미국에서 칩을 개발하고 제조하는 기업들에게 240억 달러의 투자세액의 공제를 계획하고 있었다. 그리고 상당한 기간에 걸쳐 AI 같은 첨단기술지원에 약 2조 달러의 과학연구기금을 지원할 계획이었다.

한편, 바이든 행정부는 중국에 대하여 de-coupling정책에서 de-risking정책으로 갈등 속에서 협력을 모색하고 있었다. 2023년 4월 20일, 미국 재무장관 옐린(Janet Yellen)은 존스 홉킨스대학 SAIS에서의 연설에서 바이든 행정부의 주된 목표와 정책에 대하여 설명하였다. 옐린은 중국과 de-coupling하려는 미국의 어떠한 노력도 파국이 될 것이며, 미중관계는 "건설적이고 공정"해야 한다고 하였다. 소위 미국의 대중국 "국가 안보 정책"도 중국의 경제를 질식시키는 것이 아니라 비교 우위를 확보하는 것이며, 바이든 행정부는 결코 "승자독식" 경쟁을 추구하지 않다고 하였다. 2023년 4월 27일, 백악관 NSC의 설리반(Sullivan) 자문관은 브르킹스 연구소 연설에서 미국과 유럽의 지도자들은 대중국 무역에서 "de-risking"을 추구하고 있다고 했다. 그는 미국은 중국 경제로부터 de-coupling할 의도도 없으며, 중국과 무역을 그만두지도 않을 것이며, 동시에, 미국은 첨단기술 영역에서는 "작은 마당 높은 울타리" 전략을 추구해야 하며, 최첨단 기술의 대 중국 수출은 국가안보 유지 차원에서 "맞춤형(tailor)" 제한을 가하는 것이며, 이는 "중국을 해치는 것이 아니라"고 강조하였다.

중국 정부는 2019년 6월 2일, "미중 무역협상에 관한 중국의 입장" 백서에서 무역전쟁의 원인은 미국에 있으며, 무역 전쟁은 미국을 다시 위대하게 해주지 않을 것이며, 중국 정부는 국가와 인민의 이익을 결연히 수호할 것이라고 밝혔다.24) 중국 또한 다른 국가들과 같이 COVID-19에 의하여 산업 및 공급망 보안에 영향을 받았으며, 국제환경의 변화와 미중 간의 격렬한 경쟁상황과 관련하여 산업역량과 공급망 안전과 보안에 궁극의 중요성을 강조하게 되었다. 2020년 말에 개최된 중앙경제공작회의는 산업망과 공급망의 자율성과 통제가 능한 자율성을 제고할 것을 제안하였다. 최근 국가발전개혁위원회(NDRC)는 4대 영역의 안보분야 — 식량, 에너지/자원, 산업/공급망, 금융 — 의 중요성을 강조하였다.

중국은 새로운 개발전략으로 쌍순환정책(dual circulation)을 추진하는데, 이는 중국경제의 지속적인 성장을 유지하면서 내수시장을 강화하는 데 중점을 두는 것이다. 법규정, 경영과 표준제도의 개방을 강화하고 외국인 투자유치제도에서 네거티브 리스트를 축소하며, 21개 소의 자유무역지대를 설치하고, 하이난 자유무역항을 설치하며, 시장주도와 규칙기반의 특급 비즈니스 환경을 조성한다. 지역 간의 통합을 촉진하고, 다른 지역 간의 고수준의 자유무역 네트워크를 확장하면서, 중국은 아시아, 오세아니아, 라틴아메리카, 그리고 아프리카 등의 자유무역 파트너들과 26개 국가와 경제권으로부터 19개의 자유무역협정을 체결하였다.

중국은 공동협의, 공동건설 및 공유의 원칙에 기반하여 BRI 파트너십과 협력을 확대한다. 중국은 국제적 제재에 대응하기 위한 법과 규정 제도를 구축하고, 상호 의존성에 대한 안보화 경향에 대응하는 법적용과 사이버 보안법을 실행하였다. 2020년 상무부는 신뢰할 수 없는 기업목록을 발표하고, 외국의 부적절한 치외법권 적용법률 및 조치를 방지하기 위한 대책을 발표하였다. 2021년 6월 10일, 제13차 전국인민대표자대회(NPC) 제29차 상임위원회는 중화인민공화국 "반외국제제법"을 투표로 채택하였다. 그 예로, 2023년 5월의 마이크론 제재 사건과 사이버 안보 조사 사건이 있었다.25) 2018년 7월 6일, 트럼프행정부1.0은 중국상품에 대하여 처음으로 25%의 관세를, 이에 대하여 시전펑의 중국도 미국상품에 대하여 25%의 상호 보복성 관세를 부과하였다. 미국과 중국의 무역전쟁의 발단이 된 것이다. 그리고, 2025년 1월 20일 출범한 트럼프행정부2.0에서, 트럼프는 후보 시절부터 중국에 대하여 무역관세를 60~200%까지 부과한다고 위협해 왔다. 이어 캐나다와 멕시코를 필두로 20%의 관세를 부과한 이후, 실제로 2월 5일 중국상품에 대하여 새로이 10%의 관세를 부과하는 행정명령을 발효하였다. 이어서 양국이 합의에 이르지 못할 때, 추가로 인상할 것을 명확히 하였다. 중국도 이에 대응하여 미국으로부터 수입하는 원유, 농업 기계류, 자동차, 희귀광물 텅스텐 등에 대하여 신속히 보복관세를 부과한다고 발표하였다. 2024년도 후반기부터 경기가 회복되는 중국은 나름대로 미국에 대한 인질을 가지고 있다. 테슬러(인질 1), 공급망에서 95%를 차지하는 애플 스마트폰(인질 2), 월마트 상품(인질 3)의 15%가 중국에서 만들어지는 것을 고려할 때, 미국과 중국 양측이 명분과 실리를 위하여 협상할 것으로 예상하는 전문가들이 늘어나고 있었다.

2025년 4월 현재, 미국의 중국상품에 대한 관세는 145%이며, 중국의 미국상품에 대한 관세는 125%이다. 현재의 미중무역전쟁의 치킨게임에서 트럼프 정책에 대응하여 시진핑은 다자주의로 강하게 맞대응하고 있다. 왜 중국이 그러한 자세를 취하는가? 중국은 지속되는 무역전쟁의 비용을 감내할 수 있는 방법이 있는가? 그 이유는 첫째, 현단계에서, 중국은 만족할 만한 결과를 얻지 못할 것으로 판단하고 있다. 납치범의 경우와 같이, 동의를 하면 더 많은 양보를 해야 한다는 것이다. 북아메리카자유무역협정(NAFTA)에 가입한 멕시코와 캐나다가 트럼프행정부1.0과 협상을 한 경우도 그렇고, 중국이 실제로 필요로 하는 첨단 반도체와 기술집약 상품과 여타 지역에서 저렴한 가격으로 수입할 수 있는 식료(콩: 大豆)보다 미국의 콩을 비싸게 수입해야 하기 때문이다. 둘째, 중국문화에서 중시되는 "체면" 때문이다. 중국은 트럼프가 낮은 관세율을 요구하는 외국지도자들을 경시할지도 모른다고 생각한다. 미국 재무장관 베센트 스콧(Bessent Scot)은 다음과 같은 논리로 중국을 설득하려고 한다: "중국은 항복해야 합니다. 중국은 미국보다도 약한 위치에 있기 때문에, 더 많은 관세를 지불해야 합니다." 셋째, 중국인은 미국에 양보함으로써 발생하는 비우호적 확산효과에 대해 우려한다. 왜냐하면 미국의 고율관세는 중국의 생산자들로 하여금 그들의 수출품의 일부를 다른 시장으로 돌리게 할 것이며, 다른 많은 나라들은 이미 중국상품에 대하여 부가적 관세의 부과를 고려하고 있다. 따라서 미국에 대한 강한 반응은 그러한 움직임에 대한 억제의 역할을 하는 것이다. 미국의 공화/민주 양당 모두 대중국 감정이 좋지 않은 상황에서 중국이 택할 정책은, 유럽이 택하고 있는 미국상품에 대한 무관세 정책, 미국으로부터 수출대상국을 다변화하는 것, 그리고 국내소비를 증대시키는 방

안 등이다.26)

미중 무역관계가 왜 그렇게 적대적으로 되었는가? 중국이 그 폭풍을 어떻게 견뎌낼까? 세계의 나머지 국가들이 미국과 중국 사이의 치킨게임의 결과를 어떻게 느낄까? *The New Yorker*에서 좌파적 성향의 MIT 교수 아이삭 초티너(Isaac Chotiner)와 MIT 경제학자 황야성(Yasheng Huang)은 지금의 트럼프 관세전쟁은 시진핑에게 중국의 경제를 개혁하는 기회를 제공했으며, 관세전쟁이 어떻게 전개되고, 실망적인 경제성장 양상이 권력을 잡고 있는 공산당의 장악력을 약화시키지도 않았다고 한다. 중국은 지금까지 "기술(technology)"에 가장 관심을 가져왔다. 무역은 GDP 성장의 관점에서 중요하다. 중국의 장기적 입장에서 기술은 국가안보와 경제성장을 위해 필요한 것이다. 2018년 트럼프1.0 시기의 무역전쟁 이후 중국은 기술자립정책으로 전환하여 상당한 성공을 하였다. 반면에 이는 중국이 무역충격에 노출되고 외부경제 휘발성에 취약하게 되었다. 중국이 가지고 있는 딜레마는 미국에 대한 기술의존은 줄일 수 있으나, 외부에 대한 경제의존은 줄여오지 못했다는 것이다.

여기서 자급자족이란 "기술적 자급자족"을 말한다. 기술은 극도로 비용이 들며, 중요한 것은 선행투자가 요구되며, 결과가 일어난다면 미래에 일어나는 것이다. 지금까지 중국이 그러한 기술투자로 경제적 이득을 보았다는 증거가 없다. 이 선행투자의 경제적 함의의 가장 중요한 점을 직접 측정할 수 있는 것은 생산성은 실제로 천천히 떨어진다는 것이다. 단기간에 있어서, GDP 성장을 이해하고, 고용을 창조할 필요가 있다. 생산력, GDP, 고용 등 중국경제의 양상은 강한 수출주도를 필요로 한다. 왜냐하면, 부동산 분야는 중국경제의 30%로 허우적거리고 있고, 소비성향은 COVID-19 이후 상당히 저조하며, 실업률은 문제가 있다. 그동안 무난하던 수출분야는 지금 무역충격에 직면해 있다.

 전기자동차, 풍력터빈, 다른 에너지전환산업들과 최근 인공지능로봇(AI) 등 만일 그러한 에너지-전환 분야에서 중국이 명확히 리더로 부상하고 있음을 알고 있고, 이미 과잉생산 상태에 있어 공급에 대한 충분한 수요가 미치지 못하여, 공급과 수요 사이의 갭이 이외의 다른 곳에서 해결되어야 한다. 미국은 늘 미국시장으로 쏟아지는 중국상품에 관해 우려해왔다. 심지어 다른 발전도상국가들도 같은 우려를 해왔다. 그래서 본질적으로, 중국이 이룩한 "기술적 성공"은 수요가 아니라 공급을 창조한 것이다. 이는 중국경제가 외부경제에 더욱 의존하게 하는 것일지도 모른다.

 중국 수준에 맞는 경제를 위해 효율성이 가장 중요한 것은 기술의 증가보다 "자본할당" 즉 효과적인 자본의 할당이다. 생산을 위해 기술이 나쁘다는 것이 아니라 자본효율에 상대적이라는 것이며, 기술이 덜 중요하다는 의미다. 그러나 여기에 문제가 있다. 과거 10년에 걸쳐, 직시해 온 것은 국가영역의 역할이 더 크다는 점이다. 이는 사적 분야와 같이 그렇게 효율적이라는 것도 아니다. 문제는 많은 고용을 하지 않으면서 사적분야에 비하여 많은 자본을 쓰고 있다는 점이다. 갭도 여기에 있는 것이다. 거대한 자본할당으로 중국인민을 위해 생산소득, 고용성장과 소득기회를 창출하지 못했다.

 여기서 중국이 다가올 4년간 트럼프의 정책휘발성, 즉 보호주의로부터 보호될 수 있는 것은 국내시장을 확장하고 중국인의 잠재성을 활용하는 것이다. GDP 대비 사적 소비율 39%는 인도(약 60%)에 비해 너무 낮은 것이다. 저축률 또한 매우 높다. 이는 중국인의 가계가 COVID-19와 정부의 불충분한 보장으로 장래의 연금부채, 의료부채, 노령부채에 대한 우려로 소비를 두려워하는 데서 기인한다. 여기에 정부가 테크놀로지, 인프라, 도시빌딩, 도시건설 등에 막대하게 투자하고, 인간과 사회안전과 연금 같은 것에는 상대적으로 적게 투자함으로써 중국인민들은 자신들의 수입 모두를 미래를 위해 대비하게 되는 것이다. 다른 더 큰 이유는 GDP 성장률에 비해 개인소득성장률(personal-income growth rate)이 점점 낮아져 왔다는 것이다. 예로, 일반 미국인은 미국의 높은 GDP보다 높은 연봉을 받으나, 중국의 높은 GDP에도 불구하고 GDP 대비 14억 인구의 한 사람이 받는 평균 연봉은 미국인의 그것에 비해 미미한 것이다.

트럼프행정부2.0의 중국에 대한 우선정책이 어떻게 변하고, 그러한 변화의 필요에 어떻게 속도를 내는가? 이제 생각해 볼 때다. 수출과 국내소비의 관계에서 수출시장, 특히 선진국의 수출시장은 국내소비의 대체이다. 기본적으로 수출시장은 해외소비를 의미하는 것이다. 매우 높은 수준의 소비를 갖고 있지 않으나, 매우 강력한 생산력을 갖고 있다면 해외소비는 구제되는 것이다. 현재 우리는 해외의 소비가 이전과 같은 수준으로 되지 않는다는 것을 알고 있다. 정말 그렇다. 중국이 트럼프행정부와 무역전쟁을 해결하더라도 이전의 낮은 수준의 관세로 돌아갈 수는 없다고 생각한다. 따라서 해외소비의 그러한 조건은 미미하게 되는 것이며, 이로 인하여 지도자들은 경제적인 관점에서 국내시장의 잠재성을 보며, 따라서 희망을 갖고 그들의 관심을 국내시장에 집중시키게 된다. 그러나 여기서 문제는, 국내시장의 실제 잠재성을 끌어올리기 위하여 그들의 힘의 일부를 포기하는 것이 요구된다. 그들 현재의 모델은 정부의 모델과 조화를 이룬다. 산업정책, 도시계획, 인프라 등 모두는 정부권력을 필요로 한다. 그러나 국내 시장소비는 다른 어떤 것을 필요로 한다. 이는 사회적 보호와 사회적 복지다. 이들 또한 그들로 하여금 그들의 권력의 일부를 포기하도록 요구한다. 이것이 그들이 직면한 딜레마다. 트럼프의 무역전쟁은 이전에는 없었던 방법으로 그들을 압박하는 것이다.

중국은 그들의 권력의 일부를 포기하면 좀 더 소비주의적 사회가 창조될까? 중국의 농촌인구는 5억에서 6억 사이다. 이들은 도시생활을 하는 중국인들에 비하여 후커우(户口)라는 사회보호와 사회자격을 갖고 살아가는 저수준의 농노민이다. 국가는 즉각 도시 중국인들과 지방 중국인들에 대한 사회적 보호를 동등하게 하여야 한다. 그러나 이전에는 교육, 건강보호, 여타 경비 등으로 전에는 하지 않았던 방법으로 농촌의 가계에 돈이 흘러드는 것을 의미한다. 이는 그들이 산업정책에 많은 돈을 쓰지 않았음을 의미하는 것이다, 단지 교환하는 것. 그들이 산업능력에 많은 돈을 쓸 수 있었다는 것은 사회적 의무에 많은 돈을 쓸 필요가 없었기 때문이다.

본질적으로 중국공산당은 이러한 오래 기다려온 변화를 만들 기회가 주어졌다. 그러나 이러한 변화를 주도해오지 못한 이유는 어느 정도의 중국공산당의 잠재적 정치적 약화로 인한 것이다. 그러나 지금 그들은 트럼프행정부로부터 그 옵션 혹은 가능한 경제적 고통에 직면해 있다. 이것이 정확한 판단인가? 그렇다. 매우 정확하다. 내기를 해야 한다면, 그들은 계속해서 현존하는 모델을 지속하기를 원하는 것에 우선을 둘 것이다. 그들은 트럼프를 신뢰하지 않는다. 그들은 트럼프의 관세를 신뢰하지 않는다. 초티너도 그들에게 동의한다. 그들은 트럼프가 양보할 것으로 생각하며, 만일 그가 양보한다면, 그때 그들이 현재의 모델에 정착하는 것을 선호한다고 생각한다. 현재 모델은 많은 투자들과 많은 생산품이 있으며, 그리고 나서 수출시장에 의존하는 것이다. 이것이 그들의 선호하는 옵션이라 생각한다.

관세에 대하여, 첫째 중국은 이를 극복할 수 있는 실질적인 방법을 발견할 수 있는가? 혹은 소위 "해방의 날" 트럼프가 고율관세를 발표한 후, 미국의 채권시장에서 일어난 폭락현상은 트럼프도 이것을 끝까지 밀어붙일 정치적 자산이 없음을 보여주는 것을 의미하는가? 마지막으로, 중국공산당이 더 많은 자본을 축적하고, 고통을 오래 느끼며, 트럼프가 양보할 때까지 기다릴 수있을까? 두 번째의 경우가 적실성이 있다. 본질적으로 트럼프에게는 압박점이 있으나, 시진핑에게는 이것이 없다. 이 나라에서 채권시장과 소비심리에 대하여 말하고 있으며, 트럼프와 공화당에 대하여 잠재적으로는 정치적 반발을 이야기하고 있다. 시진핑은 트럼프가 운용하고 있는 압박의 종류가 실제로 무엇을 의미하고, 그의 전술이 얼마나 어리석다는 것을 명확히 알고 있다. "해방의 날" 관세는 미국경제를 물질적으로 약화시켰다. 경기침체 가능성이 높아지고, 경기공포가 발생하였으며, 시장이 기본적으로 무질서상태로 들어갔다. 트럼프는 관세전쟁 자체와 괴리된 결과로서 협상에서 불리한 입장에 서게 되었다.

첫번째 요인에 대하여, 초티너는 트럼프의 이번 관세전략은 그 구성된 방법 때문에 소멸되고 있다고 본다. 2018년 1차 관세전쟁 시, 베트남과 동남아시아 국가들과 같은 나라들이 수출플랫폼으로 대체되었다. 그래서 기본적으로 중국상품이 먼저 베트남 혹은 동남아시아의 다른 곳으로 가서, 그곳에서 다시 미국으로 들어갔다. 아세안(ASEAN)과 중국의 무역균형을 비교해보면, 이들은 2018년 이후 거의 완벽하게 일치한다. 베트남이 얻은 무역잉여는 중국이 얻은 무역잉여와 같다. 이번에 트럼프팀이 이 헛점을 보완할 것으로 본다.

시진핑이 우려하는 중국경제의 수출이 타격을 받고 글로벌 침체가 오며, 중국공산당이 어떤 방법으로든 위협을 느끼는 상황이 올까? 초티너는 붕괴 시나리오와는 멀다고 본다. 2018년 이래 중국경제는 본질적으로 저성장을 하고, COVID-19가 2년간 중국을 유린하고, 2022년 말 거대한 민중항의에도 불구하고 레짐은 이를 극복했다는 것이다. 지금의 무역전쟁은 매우 빠르게 끝날 것으로 예상하였다. 이는 미국을 위해서는 용납할 수 없는 상황이기 때문이다. 한번 해볼 테면 해보라! 중국경제의 둔화와 COVID-19의 강습에도 중국공산당의 지위가 더욱 견고한 이유는 무엇인가? 분열되지 않고 통일된 지도력이 중국정치체제가 믿을 수 없는 경제적 충격을 견딜 수 있는 근본적인 이유다. 다시 말해, 매우 강한 독재를 가진 체제가 안정적이다. 그 독재자가 권력에 오래 있는 한 체제가 안정적이라는 것이다.27)

트럼프행정부2.0가 2005년 4월 2일 대중국 관세를 발표한 소위 "해방의 날" 이후 중국은 1929~1934년 기간 2만여 종 이상의 수입품에 관세를 부과해 대공황의 주요 원인이었던 1930년 스무트홀리법(the Smoot-Hawlet Tariff)을 언급하고, 다시 미국이 보호주의정책을 쓰면서 글로벌 무역을 질식시키고 공급망을 무너뜨리며 종국에는 경제회복과 성장을 방해한다고 비판하였다. 나아가 중국은 미국의 일방주의를 비판하고 다극체제를 옹호하고, 세계의 발전하는 중요한 무역국의 하나로서 글로벌 경제질서를 유지할 책임을 인식하고 있다고 했다. 미국의 극도한 압박전술에 직면하여 어떠한 잠재적 충격에도 저항하며 협상의 문이 활짝 열려 있다고 한다. 이러한 무역고통과 이에 대응해 반격하는 중국의 능력과 확신은 자신의 광대한 시장과 완전한 산업체제, 그리고 발전하는 기술혁신 능력에 기인한다고 한다. 중국은 미국이 원하면 언제든지 대화에 응하며, 그 대화는 상호존중과 평등에 기초해야만 한다고 주장한다. 압박과 위협과 공갈은 중국에 통하지 않는다고 중국 상무부 허용친 대변인이 말했다. 워싱턴이 공급라인을 분열시키려고 하면, 베이징은 협력을 주선하고, 미국이 관세라는 채찍을 휘두르면, 중국은 개방이라는 문을 활짝 더 열겠다고 주장한다. 글로벌 경제가 가장 필요로 하는 것은 개방되고 예측가능한 발전기회이다. 책임있는 주요 강대국으로서 중국은 경제적 글로벌화가 세계의 추세로 막을 수 없는 것으로 인지하고 더욱 개방된 세계경제의 건설을 위해 공헌할 것이라고 한다.28)

미국과 중국은 2025년 5월 10~11일 스위스의 제네바에서 양국간 무역협상에 합의를 보았다. 스캐프 베센트(Scaff Bessent) 미국 재무부장관과 중국 상무부부장을 대표로 양국은 양자간 관세협정에 타결하였다. 미국은 중국에서 수입하는 상품에 기존의 관세를 145%에서 30%로, 중국은 미국에서 수입하는 상품에 기존 125%에서 10%로 낮추어 부과하기로 합의하고, 90일간의 유예기간에 만나 계속 협의하기로 했다. 양국은 서로가 디커플링을 하지 않는다는 것도 확인하면서도, 미국은 전략적으로 이를 사용할 것이라 했다. 공식 발표되지는 않았지만, 후속보도와 트럼프에 따르면 중국은 다음의 사항을 동의한 것처럼 보인다. 첫째, 펜타닐(Fentanyl) 문제에서 중국은 전과는 다르게 책임성있는 행동을 보였으며; 둘째, 지적재산권 보호에 대한 규칙이행; 셋째, 희토류 및 방위산업에 필요한 자원에 대한 수출제한 철폐; 넷째, 미국 농축산물에 대한 수입제한 철폐; 마지막으로, 미국 기업의 중국과 중국 내에서 공정무역을 보장하고 이를 위한 메카니즘을 구성하고, 중국은 수출과 내수시장의 균형을 이루도록 노력한다는 것이다.

중국이 이러한 양보를 취하는 원인은 무엇인가? 힘이 지배하는 국제정치의 현실이 이를 설명한다는 점이다. 우선 미국은 일본에 스텔스폭격기 B2와 항공모함 칼빈슨호를 일본 근해에 배치하고, 요코다 기지에 와 있는 무인기 및 무인정찰기와 미국과 일본의 공중급유기를 동원하여, 필리핀에서 미해병 9,000명과 5,000명의 호주병사를 동원하여 공격작전과 같은 발리카탄훈련(Balikatan Missions)을 하였으며, 영국의 항모전단이 일본을 향해 순항 중이었다. 필요시 해남도 같은 곳을 점령할 수 있다는 것이다. 필리핀에서 미해병대와 75레인 저연대가 지하철에서 공습강화훈련을 하였다. 4월 21일 현재, 한반도 평택의 캠프핸리에 미제3해병원정단이 이렇게 대규모로 전례없이 장기간 주둔한 예가 없었다. 중국대륙과 타이완 사이에 무력충돌이 발생하면, 미국은 우선적으로 HIMARS포대를 타이완 연안에 배치하여 대륙에 위협을 가할 것임을 시위한 것이다. 이는 미국이 필요한 경우에 중국에 대하여 무력을 사용할 수 있다는 의지를 보여준 것이다. 그러나 타결은 끝나지 않았다.

4. 칩(chip) 전쟁

중국과 미국의 패권경쟁과 관련하여 관심의 중심에 있는 또 하나의 내용은 칩(chip), 즉 반도체(Semiconductor)이다. 이는 21세기 제4차 산업혁명시대의 산업의 쌀로서 우리의 매일 생활에 보이지는 않지만 없어서는 안 될 절대 필요한 것이다. 인류가 지난 100여 년 동안 석유를 위해 싸웠다면, 지금부터는 이것이 그 주된 목표가 될 것이다. 이는 비금속 원소인 규소(Si)의 섬세한 입자들로 이루어진 것으로 모든 전자 제품에 필요로 하며, 현재 연간 5,000억 달러의 시장이며, 2030년이면 그것이 두 배로 늘어난다고 보고 있다. 이러한 칩을 만드는 회사와 국가들 사이에 얽힌 관계, 즉 그 공급망을 지배하는 나라가 도전자를 불허하는 헤게모니를 잡게 되는 것이다.『칩전쟁』을 쓴 밀러(Chris Miller) 교수는 칩의 발달로 군사분야에서 양(量)의 발달뿐만 아니라, AI알고리즘과 같은 질(质)의 분야에서 엄청난 변화를 가져온다고 한다. 반도체는 냉전기 미국에서 발명되어 구소련의 영향을 덜 받고 정부의 지원을 받는 동아시아에서 생산되어 왔다. 예로써, 아이폰은 이에 필요한 칩을 미국에서 디자인하고, 타이완(TSMC), 일본, 한국(Samsung Electronics, SK Hynix)에서 이를 생산해 왔으며, 그 칩을 생산하는 기계는 네덜란드(ASLM)에서만 생산해 오고 있으며, 중국에서 완성품으로 조립하여 왔다.

경쟁은 최고의 효과적인 칩을 가장 작게 만드는 것이다. 관건은 얼마나 작은 비트를 실리콘 회로판에 박을 수 있느냐는 것이다. 이에 따라 우리의 진화는 더 빨라질 수 있고, 디지털 포토의 비축량도 높아지고, 가정용 전자용품은 더 다양한 기능을 가질 수 있으며, 소셜 미디어도 다양화하게 된다. 칩은 사람의 머리카락보다도 더 가는데, 사람의 머리카락은 그 굵기 즉 지름이 50~100,000nm(나노미터)이다. 더 가늘수록 강력한 기능을 가지며 수퍼컴퓨터와 AI 등 고급기기에 활용된다.29)

바이든 행정부는 중국이 칩기술에 접근하는 것을 억제하기 위하여 노력하고 있다. 2022년 10월, 워싱턴은 칩, 칩제조 장비, 그리고 미국 기술을 포함하는 소프트웨어를 판매하는 세계의 어디에 있는 회사든 중국에 대하여 이들의 판매를 통제하는 조치를 취하였다. 이는 중국에 충격을 주었다. 중국은 하드웨어와 그의 초기에 있는 칩제조 산업의 인재를 수입하고 있기 때문이다. 이로 인하여 최첨단 칩을 만드는 ASML기계를 생산하는 네덜란드 회사도 수입이 25%나 떨어졌다. 그리고, 이 분야에 종사하는 많은 전문가들이 미국에서 훈련 받고 영주권을 가지고 있다. 그래서 이것이 중국에 대해 큰 문제가 되는 것이다. 중국은 미국의 글로벌 메모리칩 회사 Micron이 생산한 제품의 50% 이상을 구입하고 있으며, 향후 20년간 1,000억 달러까지 쓸 것을 발표하였다.30) 미국의 바이든 행정부는 2022년 2,800억 달러 "칩 및 과학법(The CHIPS and Science Act)"을 통하여 미국의 기술을 발전시키고 발전된 서구의 칩기술을 중국회사에 판매하는 것을 광범위하게 제한할 수 있었다. 미국의 정책은 효과적이었다. 중국의 대표적 스마트폰 화웨이(Huawei)는 해외에서는 사업을 접고 국내 시장으로 방향을 전환하였고, 과학기술 연구에 집중하기로 하였다. 칩 시장에서 미국, 중국, 타이완, 네덜란드, 그리고 한국 등 이들 국가들 사이에 많은 우여곡절이 있을 것이다. 그러나 가장 중요한 것은 메모리 칩에 있어서 "첨단"에 있다. 그리고 미국에 의하여 중국을 배제한 "연합연대"와 중국에 의한 미국으로부터 "자유로운 공급망의 구축"과의 대립이 앞으로 전개될 전망인 것이다.31)

중국은 iPhones이 2007년 처음으로 중국 선전에 있는 Faxconn 공장에서 부품조립으로 시작한 후, 현재 중국회사들에 의하여 생산된 부품이 이 스마트폰에 25% 이상을 차지하고 있다. 중국은 새로운 파워장비를 소유하면서, AI와 양자컴퓨터와 같은 부상하는 첨단기술 분야의 선두에 있다. 이러한 성공은 과학적 지도력이 산업 지도력으로 전환된다는 관념에 도전하는 것이다. 중국의 발전은 서구회사로부터 단순히 복사나 절도가 아니라 과학적인 혁신을 넘어서 심각하게는 중국 자신의 산업능력에서 개선으로 귀결한다는 것이다. 아이폰에서 보듯이 중국은 많은 다른 기술분야에서도 급속한 발전을 하고 있으며, 일본·한국·타이완 등 전자제품 공급라인에 있는 국가들과도 경쟁관계에 있다. 중국에서 기술개혁(tech innovations)은 공장에서 이루어졌다. 예로써, 중국정부는 참가자들에게 보조금을 지급하면서 많은 회사들을 태양열 분야에 참가하게 하여 치열한 경쟁을 통하여 가장 강한 회사가 살아남게 하였다. 결과적으로 이러한 회사들이 오늘날 글로벌 전략산업을 지배하게 되는 것이다. 이러한 생산집적 접근법은 실제적인 경험과 과정에 대한 지식이 더 중요하게 된다. 생산과정에 대한 지식을 측정하는 것이 쉽지 않음에도 그것은 노동력자의 일반적인 경험의 수준과 다양한 산업활동 집단의 창조성에 의해서 측정될 수 있다. 이 두 가지 점에서 중국은 주목할 만한 강점이 있다. 지난 20년간 중국의 가장 주요한 기술업적은 광대하고 고도로 기술경험이 축적된 노동인력이라는 것이다. 이는 가장 기술집약적인 산업이 필요로 하는 것이다. 애플은 여전히 간단한 표현에 고도로 훈련된 수십 만 명의 노동자를 모집할 수 있는 나라는 오직 중국뿐이라고 주장하고 있다. 이들 노동자들은 복잡한 네트워크에 접근하여 수백 만 개의 아이폰(iPhones)을 생산하는 과정에 발생하는 문제를 해결할 수 있기 때문이다.32)

이러한 점에서 볼 때, 테크놀로지는 늘 지(地)전략적 변화에 핵심 변수가 되어왔다. 혁신은 그들 각자의 시대를 혁명화했으며, 그들 국가의 운을 변화시켰다. 새롭게 부상하는 글로벌 질서의 윤곽을 다시 모양짓는 테크놀로지 회사들이 흐름을 주도하는 세 가지 추세가 있다. 첫째, "글로벌 이익과 영향력"이다. 2023년 글로벌 테크놀로지 사용 비용이 4조 6천 억 달러로 예상되며, 이는 2022년보다 5% 증가한 것이다. 다른 정보에 따르면 디지털로 변형된 산업은 세계 GDP의 50% 이상이 될 것이라고 한다. 둘째, "디지털과 소셜미디어의 역할 확장"이 되고 있다. 현대의 커뮤니케이션 테크놀로지와 소셜미디어 플랫폼이 결합함으로써 정당한 정치적인 토론과 행동을 위한 전례 없는 생산을 결합하고 있다. 전세계 정부들은 도전에 대하여 그들의 집단적 협력을 얻을 노력으로 테크놀로지 회사들에게 요청하거나, 구걸하거나, 심지어 협박을 하기도 한다. 셋째, "핵심적인 국가안보 능력과 방법론의 발전"이다. 미국인과 그들의 이익에 핵심적인 테크놀로지 ― AI, 양자컴퓨터, 로봇 ― 는 압도적으로 사적 부분에서 발전되고 있다. 이는 미국의 토탈 R&D에 드는 비용의 75%에 해당된다. 2022년 미국의 알파벳(Alphabet), 아마존(Amazon), 애플(Apple),

페이스북(Facebook), 인텔(Intel) 과 마이크로 소프트(Microsoft) 등이 총 R&D에 2,150억 달러를 사용하였으며, 펜타곤 자체는 같은 해 R&D 예산으로 1,120억 달러를 책정하였다.33)

미국의 과학과 테크놀로지 기업은 여전히 강력하며 개척적이고 혁신적이며 세계 선망의 대상이다. 그러나 다가올 사적 분야의 능력을 제고하기 위하여 예상되는 3가지 도전을 고려해 보자. 첫째, 중국의 기술절도와 침범이다. 중국도 미국과 같이 AI, 로봇, 양자역학 등의 테크놀로지가 미래의 사회 경제를 결정적으로 변화시키며, 이러한 변화가 사적분야에서 압도적으로 발전하리라는 것을 알고 있다. 그러나 중국은 글로벌 혁신이 자유와 정당한 경쟁에 기초한다는 미국의 생각과 달리 기술을 전통적이고 경제적인 간첩행위를 위한 국가의 확장으로 생각하고 있다. 중국은 TikTok과 같은 소셜미디어와 DJI 같은 드론회사 등을 통하여 미국 경쟁회사의 데이터를 폭식함으로써 미국회사의 경제적인 경쟁력과, 민간인과 국가의 사이버 안보를 약화시켜 궁극에는 미국에 대한 중국의 기술우위를 초래한다.

둘째, "먼저 규정하고 나중에 질문을 하라"는 전략은 우리 모두를 해치며 — 도움이 되지 않으며 — 중국에 유리하다는 것을 동맹국으로 하여금 이해하도록 도와야 한다. 특히 EU의 특별한 국가들은 의도적으로 미국의 국내 우수 혁신 기업들로 하여금 일련의 소규모 망으로 갈라지도록 유도하는 법을 입법한다. 더구나 그러한 분열에서 유래하는 경제적 결핍은 이들 국가들로 하여금 중국에서 오는 값싼 서비스와 여타 불리한 제공에 쉽게 노출되게 한다. 이들 중국의 서비스와 제공은 해당국의 데이터와 부의 절도를 목적으로 공산당에 의하여 지원을 받는다. 이러한 것이 현실화되면, 미국의 많은 우방은 이를 유지하는 데 있어서 주권과 안보를 상실할 것이다.

셋째, 테크놀로지와 혁신에 관한 국내 토론은 사실과 지정학적 현실에 의하여 논의되어야 한다. 모든 연구단체와 산업은 미국의 법에 따라야 하며, 국가안보 사항은 무책임하게 신성 영역으로 취급되어서는 안된다. 그러나 인지되었으나 근거 없는 정치적인 불만이 의도와는 반대되는, 심지어 비헌법적인 행동으로 정당화 되어서는 안된다. 이 행동은 개인과 국가 번영의 핵심에 있는 과학과 테크놀로지에 반하는 것이다.34)

결국 미국의 국가안보는 지금까지보다도 더 사적분야, 즉 민간분야에 의존적이게 되었으며, 똑같이 중국도 기술적일 뿐만 아니라 경제적·군사적으로 경쟁자로 부상하였다. 서방의 테크회사와 미국은 양자 사이에 국가안보 협력체계를 통하여 장기간의 이익을 애국심과 경제적 이익으로부터 도모해야 한다. 왜냐하면 이러한 파트너십이 참된 자유경제시장과 세계의 인류번영을 확실히 할 것이기 때문이다.35)

5. 달러화 위기

미국 달러화 인식의 중요성이 썰물처럼 빠지고 있다. 특히 페트로 달러는 사우디 아라비아가 미국 채권을 사기 위하여 미국에 석유를 판매한 이득을 미국달러 이득으로 사용할 것을 결정한 것이다. 미국은 월남에서 지속되는 전쟁 중에, 달러에 대한 하향압을 넣고 금의 보유를 가속화시키면서, 높은 물가상승과 경상수지 적자에 포위되어 있었다. 1971년, 닉슨행정부는 고정환율 제도인 브레튼우즈 국제금융제도의 핵심이었던 달러화의 금으로의 전환을 정지시켰다. 1973

년, 주요 화폐들이 상호 각자 부상하기 시작하였다. 그리고 그해 가을 오일쇼크가 일어났다. 석유수출국기구(OPEC)가 욤카프르전쟁 기간에 미국에 대하여 석유생산을 중단시켰다.

당시 워터게이트 청문회가 막바지에 이르자, 닉슨 행정부는 글로벌 에너지 무역을 공고히 할 사우디 아라비아와 외교적 미션을 시작하였다. 리야드(Riyadh)가 사우디 오일을 세일할 때, 교환의 매개물로 달러를 사용하도록 하기 위해, 미국은 사우디 아라비아에 군사장비를 공급하며, 미국이 사우디의 국가안보를 책임질 것을 보장했다. 그 협정은 달러의 안정화 요구에 더하여, 미국의 재정을 위해 수요의 안전한 공급을 강조하면서, 석유의 사용과 상품의 무역을 촉진시켰다. 이것이 달러의 지위를 세계의 핵심 저장수단, 금융, 그리고 사업의 현금으로서의 위치를 강화하게 하였다.

50년 전에서 볼 때, 미국이 즐겼던 글로벌 지위는 이제 비교적 약화되었다. 미국이 1960년에 세계 GDP의 60%의 점유에서 현재 25%로 떨어졌다. 중국경제는 구매력 기준에서 미국을 초월하였다. 재정과 외교정책 등에서 워싱턴으로부터 좀 더 독립적이기를 원하는 유럽과 그 외 지역 동맹들의 압력에 직면한 미국은, 점점 더 적극적으로 나서는 배이징과 영향력을 놓고 경쟁해야 했다. 특히 많은 나라들이 미국의 증가하는 경제적·금융적 제재에 대해 그들의 취약성을 감소시키기 위하여 무역에서 자금결제의 환경 변화발전에 노력하고 있다.

쉘 혁명의 덕으로, 미국은 사우디 석유에 덜 의존적이며, 세계에서 가장 거대한 석유를 수출하는 일짜 수출국이 되었다. 이와 반대로, 중국은 사우디 왕가 총 석유수출의 20%를 상회하는 가장 큰 석유 수입국이 되었다. 배이징은 중동을 통해 사우디와 무역주도의 밀접한 관계를 형성하였으며, 여기서 미국의 영향력이 감소되어 왔다.

　사우디 아라비아가 석유를 판매하는 데 사용하는 화폐를 다양화하려는 의도는 이 나라가 미국과 유럽을 넘어 자신의 국제관계를 증가시키려는 거대 전략과 맞물리고 있다. 부상하는 국가들의 브릭스 클럽(BRICS Club), 중국과의 파트너, 그리고 국가간 무역지불을 위하여 중앙 디지털 은행 국가(CBDCs)에 가입하려는 것은 놀라운 것이 아니다.

　또한, 사우디가 화폐의 다양화에 관심을 갖는 이유는 작으나 탈-달러화의 상징적인 작은 일보이다. 점점 나라들이 무역과 투자사업에 자신의 화폐를 사용하고 있다. 그렇게 할 필요가 있는 것은 어떤 주요 국가의 완전한 영향력 밖에서 존재해야 한다. 이들은 참가하고 있는 중앙은행과 국가결제 및 정산시스템 사이의 협의된 통화 스왑 라인을 포함한다. 지역화폐가 유동성이 작은 외화에 의존하듯이, 해외결재를 위해 지역화폐를 사용하는 것은 현재로서는 효율성 비용이 수반된다. 위에서 언급한 많은 국가들이 달러에 대한 그들의 의존을 감소시키는 데 드는 비용이 들었다는 것으로 나타났다. 토큰화와 같이, 디지털 페이의 기술 진보는 그러한 비용을 크게 줄일 것이다.

　지난 몇 년 동안, 디지털 페이 환경시스템은 중앙은행 디지털 화폐(CBDS), 금이나 달러 같은 고정된 디지털통화인 스테이블 코인(stable coins), 그리고 암호화폐(cryptocurrency) 등의 교환단위를 이용하여 "토큰화"로 진보한 것이다. 이같이 토큰화한 은행은 상업은행들과 같은 중재자의 통로를 거치지 않고 순간적이고 바로 교환될 수 있다. 토큰화한 화폐가 넓게 적용되기에는 아직 갈 길이 멀다. 그러나 그러한 에코시스템은 국제금융에서 달러의 지배적인 지위를 지탱하는 주요한 축으로서 깊고 유동성 있는 미국국채(미국 재무부채권)의 안전 마켓의 역할을 약화시키면서, 참가회원들로 하여금 적정한 유동성을 확보하기 위한 예비금을 보유할 필요를 중요하게 감소시켰다. 사실, 미국 달러가 세계 외화 예비 자금 중 차지하는 비율은 1999년의 71%에서 현재 58.4%인 몇몇의 2등급 화폐들에게 호의적으로 떨어졌다.

예견되는 미래에 달러의 지배는 감소될 것이다. 그러나 글로벌 재정풍경의 점진적 민주화는 아마도 더 많은 지역 화폐가 국제 거래에 사용되는 세계를 허용하면서, 진행 중일지도 모른다. 그러한 세계에서, 달러는 그들 경제의 국제적 발자국과 괘를 함께하는 중국의 유안화, 유로화, 일본의 엔화와는 달리 큰 영향력 없이 지배적으로 남아 있을 것이다. 이러한 맥락에서, 현재 사우디는 페트로 달러의 창안이 50년 전에 있었던 것처럼, 앞으로 올 재정적 미래의 주요한 조짐에 대하여 사우디는 어떻게 대처해야 하는가를 고심하고 있다.36)

그리고 글로벌 재정시스템에서도 달러의 지배력이 바로 사라지지는 않을 것이다. 그러나 만일 그러한 상황이 일어난다면, 글로벌 마켓에서 기존화폐의 상실이 미국문제의 최소화될 것이다. 우리는 미국 자신의 재정 및 경제문제를 다루는 데 무기력하기 때문에 달러화의 국제적 역할이 저평가되리라는 불길한 시나리오에 관심을 가져야 한다.

달러의 붕괴에 대하여 말할 때, 글로벌 예비는 60% 이상이 되며, 유로화가 약 20%, 유안화가 3% 미만이다. 달러의 국제대여와 무역 인보이스에서 가장 앞서며, 외환업무에서도 달러화가 가장 중심화폐다. 그 이유는 미국경제가 상대국의 대상보다 거대하고 혁신적이며 더 빨리 성장하기 때문이다. 미국의 재정시장은 세계에서 가장 유동적이고 개방적이다. 법의 지배가 강하며, 투자자에 대한 보호도 내국인과 외국인이 같으며, 미국의 재정안정도 세계에서 가장 우수한 것으로 평가된다.

유로화는 허약한 경제로 불구자가 되었으며, 여전히 파편화된 재정체제의 자본시장이다. 중국은 달러화에서 자유로운 국제지불 인프라를 구축하고 있으나, 이 나라 무역의1/4 이상은 유안화로 고정되어 있어서, 지불의 수단으로서 달러의 역할의 한 조각 만을 취할 수 있으나, 가치축적으로서 그 역할은 제한되어 있다. 인민폐는 전환할 수 없으며, 자본이 통제하며, 중국의 규제환경은 투명성과 예측력이 떨어진다. 다른 표현으로, 이질의 통화는 달러화를 내처하기에는 너무 믿기가 어렵다.

어떤 이는 미국이 재정적 제재(무기화)를 한다는 것이 달러화의 가치를 떨어뜨릴 것이라고 주장한다. 만일, 미국이 모든 국면에 일방적으로 제재를 전개한다면, 달러의 붕괴를 가져올 것이다. 그러나 미국이 그의 동맹국들과 함께 복합적으로 재정적 제재를 강제한다면 — 예로, 러시아 중앙은행과 과두정의 재산 — 어떤 부수적 산물은 적어야만 할 것이다. 미국의 안전재산의 대략 3/4을 소유하고 있는 외국정부 지분은 미국과 어느 형태의 군사적 유대로 묶여 있다. 그리고 러시아 카잔에서 개최된 브릭스그룹(BRICS Group)은 현재의 달러체제에 대한 대안인 새로운 브릭스안을 내놓았으나, 각국의 이해가 엇갈려 실행이 미지수다. 이런 점에서 달러를 대체할 실질적인 경쟁자가 현재는 없다.

달러가 오랜 기간 미국에 소위 터무니 없는 특권을 주었다고 했음에도 불구하고, 그 특권은 실은 과장된 것이다. 화폐 주조세 이익 — 화폐를 발행하는 재무부에 의해 얻어지는 이익 — 을 예로 보자. 해외에서 10조 달러의 미국 국채를 4% 이율로 대체하는 비용이 GDP

의 0.2% 미만이다. 미국 국채는 안정성과 유동성의 관점에서, 미국은 낮은 이자율을 지불하는지도 모른다. 그러나 미국의 실질 고체 수익률은 지난 몇 십 년 동안 독일 혹은 일본의 것들과 동일하거나 더 높다.

따라서 미국이 달러지배에서 얻는 이익은 결코 엄청나지 않다. 주요한 문제는 달러의 글로벌 역할이 쇠퇴하느냐의 문제가 아니라 "왜"의 문제인 것이다. 사람들은 미국이 건전한 재정, 무역, 거시경제정책을 시행하는 곳에 온화한 시나리오를 상상할 수가 있다. 그러나 세계의 여타 지역에서 강력한 성장이 위험을 감소하고, 더 많은 재정혁신이 지불과 지불준비금을 위한 달러로부터 다각화되기 때문에, 달러의 역할이 쇠퇴하는 것이다.

그러나 우리는 유해한 시나리오에 관심을 갖고 있다. 세계는 보호주의가 증가하는 상황에서 진영으로 파편화하고 있다. 미국은 재정적인 제재의 사용을 점차적으로 증가시키며, 점점 더 믿을 수 없는 파트너로 해외에서 활동한다. 미국은 점점 더 지속가능할 수 없는 재정루트와 맞서 싸우는 데 실패한다. 정치인들은 연방의 독립과 정책을 타협한다. 인플레이션은 통제불능이다. 채권 수익률이 급등하며 글로벌시장이 혼란상태로 빠진다. 이러한 발전은 첫째로 달러가 왜 지배적이어야만 하는가를 훼손하는 것이며, 달러의 국제적인 역할이 침식하는 것이다.

이 시나리오에서 미국과 세계는 통화시장에서 어떤 기술적인 변화보다 훨씬 더 고려해야 할 것이 있다. 그 말의 모든 의미에서, 국가는 자신의 집을 정리하는 것이 중요하다.37) 그러나 아직 세계는 달러를 대체할 실질적인 경쟁자가 없다.

6. 중진국 함정

　피크 차이나38)에 대한 논의 외에도, 루비니(Roubini)는 2024년 봄 중국에 대하여 중국은 사적 분야의 확신을 제고하고 지속 가능한 경제성장 모델을 재생하면서, 중국의 지도자들이 현재 그들이 직면하고 있는 도전을 정확히 파악하고 있지 못하고 있다고 한다. 지난 10년간, 국가자본주의로의 회귀는 시진핑의 발전목표와는 상치된다는 것이다.

　2024년의 중국발전포럼 — 이것은 중국의 시니어 정책결정자, 최고 CEO, 전현직 최고 정책결정자들 및 학계 — 에서 토론의 주제는 분명히 중국이 지긋지긋한 "중진국 트랩"이라는 주제에 빠져드는 위험에 초점이 맞추어져 있었다. 결국 고소득 반열에 성공적으로 진입하는 국가는 많지 않다는 것이다.

　중국은 이러한 패턴에서 예외가 될 것인가? 중국은 지난 30년 이상 매년 10%에 가까운 성장을 기록해 온 후, 최근 10년간 경제가 가파르게 둔화되고 있다. "제로-코로나"로부터 강한 회복력을 동반한 2023년 말조차 공식 성장률은 단지 5.2%였다. IMF는 2028년까지 중국의 성장률은 연 3.4%로 떨어질 것이라 예상하였다. 그리고 현재의 정책에서 볼 때, 중국의 잠재적 성장률은 2040년대 말까지 단지 3%에 그칠 것이다. 만일 그러한 상황이 일어난다면, 중국은 사실 자신이 중진국 함정에 빠져 있다는 사실을 발견하게 될 것이다.

　더구나 중국이 직면하고 있는 문제는 구조적인 것이다. 다른 요인들 중에서 발전이 지체되는 것은 급격한 노령화, 파산한 부동산 버블, GDP의 300%에 달하는 과도한 사적 및 공적 대출, 그리고 시장 지향적 개혁에서 국가자본주의로의 회귀 등에 기인한다. 국유은행이 국유기업과 지방정부에 대출을 하면서 신용투자가 과도하게 팽창하였다. 동시에 정부가 사업확신과 사적투자를 잠식시키면서 기술분야와 다른 민간기업을 홀대해 왔다.

이러한 새로운 탈세계화와 보호주의 시기에, 중국은 수출주도 성장에 제한을 해온 것처럼 보인다. 서방의 지정학적 동기의 기술제재는 하이테크 분야의 성장을 제한하고 해외직접투자(FDI) 의 흐름을 감소시키면서, 더구나 높은 국내 가계저축률과 낮은 소비율의 결합은 허약한 사회보험과 낮은 가계소득 배분 때문에 성장을 더욱 방해한다.

중국의 구식 성장모델은 파괴되었다. 처음으로 중국의 저임금(그리고 따라서 국제적으로 경쟁적인)은 인프라스트럭처와 부동산에 대량으로 투자를 하기 전에, 소규모 제조업과 수출에 의지할 수 있었다는 것을 의미한다. 지금 중국 당국은 기술적으로 발달한 제조업과 수출 ─ 전기 자동차, 태양열 판, 기타 녹색/하이테크 상품 ─ 에 기반을 둔 고품질 성장을 옹호하고 있다. 이러한 수출품은 이미 재정적으로 특혜를 받은 국유기업에 의하여 생산된다. 그러나 국내 수요에 상응하는 증가가 없다면 ─ 특히 민간 부문에 있어서 ─ 이러한 분야에서 과다한 투자는 글로벌 마켓에서 과대 기능(over-capacity)과 덤핑으로 귀결될 것이다.

중국의 과대한 공급(국내 수요에 상대적으로)은 세속적인 스태그네이션의 위험을 고조시키면서, 이미 디플레이션의 압박을 만들고 있는 것이다. 중국이 더 작고, 더 가난하였을 때, 수출이 가파르게 증가하면, 글로벌 마켓에서는 관리가 가능하였다.

그러나 현재 중국은 세계 제2의 경제대국이다. 그 잠재력에 의하여 과대한 생산은 더 높은 관세를 초래하며, 중국상품을 목적으로 하는 보호주의를 초래할 것이다.

따라서 중국은 국내 서비스 — 상품 보다도 — 와 개인소비에 기반을 둔 새로운 성장모델을 필요로 한다. GDP 분배로서 서비스는 글로벌 기준에서는 너무 낮다. 중국의 정책 결정자들이 국내 수요의 확대를 계속 언급함에도 불구하고, 그들은 예산상의 그리고 민간 소비를 확대하고 가계저축을 감소하게 하는 정책을 채택하려는 의지가 없는 것 같다. 이러한 상황은 더 큰 연금과 건강보험요금, 실업보험, 시골출신 도시 노동자들을 위한 실질임금을 필요로 한다.

중국은 사적 분야의 확신을 제고하고 더욱 지속가능한 경제모델을 재생할 필요가 명백히 있음에도, 중국의 지도자들은 그들이 직면하고 있는 도전을 충분히 이해하지 못하는 것 같다. 시진핑 주석이 지난 10년에 걸쳐 국가자본주의로 회귀하였을 때, 시장 지향적 개혁가로 알려진 리창 총리는 나란히 옆에 있었다. 리 총리는 최근 있은 인민대표자대회 후의 공식 기자회견도 없었고, 최근의 중국발전포럼의 외국대표와의 만남도 없었다. 대신, 시진핑이 소수의 외국 비즈니스 대표를 만났을 뿐이다.

이러한 상황을 가장 긍정적으로 표현하면, 시진핑은 지금 그들의 확신을 회복하고, FDI 사적 분야 주도의 성장과 사적 소비를 장려하기 위하여 사적 분야와 다국적 기업을 연결시킬 필요성을 느끼고 있다. 리 총리는 여전히 주위에 있으면서 시진핑에게 차이점을 보이기 위하여 고개를 낮추고, 아마도 조용히 "개혁과 개방"을 추진하고 있을 것이다.

그러나 많은 관찰자들은 좀 더 비관적인 관점을 가지고 있다. 리와 같은 시장 지향적인 테크노크라트들을 차치하고, 전 총리 리커창, 전 인민은행장 이 강, 리우 허와 왕치산 같은 고문과 다양한 재정규제자들을 배제한 후에, 정부체제를 대신하는 경제와 재정 문제에 관한 새로운 당위원회를 설립했다. 그는 경제에 대하여 그를 보좌하기 위해 허리펑을 부총리로, 국가개혁발전위원회의 새로운 대표로 철저한 국가자본주의자 정산제를 임명하였다. 개혁에 관한 숭고한 선언 및 주문과 매력적인 해외투자는 아무 의미가 없다. 중요한 것은 중국이 다음 해에 추구해야 할 실질적인 정책이며, 그것이 중진국 함정을 회피할 수 있느냐이며, 좀더 확고한 성장의 길로 갈 수 있는가라는 것이다.39)

7. 글로벌 민주화

고대 이래로 강대국 사이의 투쟁은 이념의 경쟁을 포함하였다. 펠로폰네소스 전쟁은 당시 군림하던 스파르타와 성장하던 아테네의 전쟁이었다. 신흥국가인 아테네는 자신이 자유주의적이고 해양 지향성이며 친민주적이라 여겨 이 전쟁을 군사화된 노예국가인 스파르타와의 싸움으로 생각하였다. 혁명적인 프랑스가 유럽질서에 가한 이념적인 공격도 군사력만큼이나 심각하였다. 제2차대전 전 단계에서는 파시스트와 민주주의가 대치하였으며, 냉전 기간에는 강대국들이 이념 노선에 따라 세계의 많은 부분을 갈라놓았다.

2022년 10월 제20차 중국공산당대회에서 시진핑은 — 그의 세번째 연임을 확정 — 중앙당위원회가 모든 상황을 통제하는 지도력의 핵심에 있으며, 중국공산당은 중국 특색의 사회주의를 발전시키는 유일한 책임을 진다고 하였다. 1990년대 중국의 한 군사기록에 따르면, 중국과 미국은 오랜 기간 그들의 상이한 이데올로기, 사회적 제도, 그리고 외교정책 등에 대하여 장기간의 갈등을 겪어 왔다는 것이다. 중국의 관료들에 따르면 워싱턴은 중국공산당을 약화시켜 전복시키기 위해 치밀하게 조직된 "연기없는 제3차 세계대전" — 덩샤오핑의 표현 — 을 준비해 왔다는 것이다. 1998년 덩의 후계자 장쩌민은 "미국이 중국에 대하여 봉쇄정책을 취하든 관여정책을 취하든 그들의 실제 목표는 중국을 분열시키기 위하여 정치음모를 조장하고, 중국의 사회주의 제도를 변화시키는 것이 목적"이라고 하였다. 장쩌민 후의 후진타오는 2003년 외교부에 대하여 서구의 적들은 여전히 중국에 대하여 서구화와 분리주의적 정치계획을 획책하고 있다고 훈시하였다.

중국의 이념적인 위협은 세 가지 면에서 특히 충격적이다. 첫째, 중국은 세계화 과정에 있어서 과거 어느 비자유 국가들보다도 확산적이다. 중국은 해외의 자유언론을 잠재우기 위하여 당근과 채찍인 거대한 경제와 14억 소비인구를 강력한 무기로 사용한다. 최근 호주, 캐나다, 일본, 노르웨이, 필리핀, 한국, 미국이 중국의 경제적 분노에 대한 댓가를 톡톡히 경험하였다. 둘째, 중국의 비자유적 선전이 세계화 과정을 왜곡한다. 2006년 이후, 권위주의는 중국의 위계질서와 조화사회에 대한 비전을 강화하고, 서양의 무질서와 퇴폐에 대한 비판을 촉진시키는 이념적 기회의 창을 제공하였다. 셋째, 중국의 열정을 가속화시키는 요인은 지속적인 디지털 혁명이다. 중국공산당은 애플, 아마존, 페이스북, 구글, 트위터 등 미국의 라이벌회사에 대한 데이터와 메시지 수집기능을 가지고 있다. 중국은 AI와 빅데이터를 사이버, 생명 측정학, 그리고 언어 및 안면 인식기능으로 연합시켜, 독

재자들로 하여금 그들 백성에 관한 모든 것을 알도록 한다.40)

따라서 중국의 이념적 공격은 세계질서를 변화시키려는 노력의 핵심이다. 자유민주세계의 핵심 부분은 권위주의의 공격에 대항하는 민주적 제도를 공고히하는 것이어야만 한다. 민주적 방어에 있어서, 미국은 먼저 적에게 싸움에 대비하고 중국의 정치적 전쟁 선점을 저지시키기 위한 임시변통의 동맹 그룹을 동원해야 한다. 그러기 위한 첫 단계는 디지털 권위주의체제를 해킹하는 것이다. 다음이 억압가능(repression-enabling) 기술의 확산을 지체시키는 것이다. 자신의 폐쇄된 권위주의 인터넷의 확산을 기도하는 중국의 의도를 좌절시키는 것이 세 번째 단계이다. 네 번째 단계는 민주주의 국가들 사이의 적극적인 협력은 다수 중의 하나를 징계함으로써 나머지 전부를 침묵하게 하는 중국의 기능을 약화시키는 것이다. 이 전략의 다섯 번째는 중국이 현재 지배하고 있는 주요한 자원 — 희토류 물질과 비상의료 공급물 — 을 위한 자유세계의 생산네트워크를 급히 발전시키는 일이다. 전진 방어의 여섯 번째 단계는 정보전쟁에서는 더욱 적극적으로 임하는 것이다. 일곱 번째, 미국과 동맹국들은 제도영역에 있어서는 더욱 세련되게 다루어야 한다. 거기에서 국제기구를 관리하는 자들은 국제규범을 만드는 사람들이기 때문이다. 마지막으로, 미국은 권위주의적 침략국들과 국경을 접하고 있는 민주국가들을 보호할 필요가 있다. 취약한 국가들을 보호하는 것이 특별히 중요하다. 왜냐하면 한 곳에서 성공한 권위주의적 강제는 다른 곳에서 위험한 행위를 격려할 수 있기 때문이다.41)

중국과 러시아가 세계질서를 재편하려고 시도하는 상황에, 트럼프 행정부는 해외의 독재자들을 포용하고, 국내적으로는 민주규범을 떨어뜨리며, 글로벌 민주국가들 사이에 불신의 씨를 심어왔다. 이와는 대조적으로, 바이든 대통령은 민주주의 국가들의 글로벌 정상회담을 제시하며, 그의 외교정책 선언의 핵심에 더욱 단결된 민주주의의 협력에 초점을 두었다. 따라서, 민주진영에서는 민주적 단결을 위한 거대한 전략을 제시한다.

 민주적 단결의 전략적 핵심, 다시 말해서 거대 전략은 이미 옛 이론인 "민주적 평화 이론(democratic peace theory)"의 새로운 이름이다. 최근 전략적 전망이 극적으로 변해왔으며, 이에 민주적 단결에 뿌리를 둔 거대 전략이 다음과 같은 이유로 필요하다. 첫째, 노력없는 민주적 지배의 시대는 끝났다. 권위주의적 러시아가 과거 자신의 소련 영역을 넘어 영향력을 펼치며, 새로운 전체주의 중국이 아시아에 지역지배와 세계지배에 관여하고 있다. 다음으로, 지정학적 갈등이 이념적 노선에 따라 점점 더 노정되고 있다. 중국-러시아는 미국 주도의 자유 세계질서에 만족하지 않고, 비자유 세계질서가 더 좋다고 한다. 셋째, 민주적 가치에 대한 강조는 강대국 패권갈등에서 국내동원을 위해 중요하다. 트루만 대통령은 경제적인 관심과 지정학적인 이익뿐만 아니라 국민의 이념적인 열정에 호소하는 데 익숙하였다. 네 번째, 후기 트럼프 시대에는 민주적 단결이 전략적 재보장 수단이 되었다. 민주국가들과 협력에 기초한 대전략은 자유세계질서의 관점에서 미국이 계속하여 지도력을 보여줌으로써 피해를 완화시킨다. 다섯 번째, 민주국가들은 자신들 내부로 부터 악화되고 있는 위협에 직면해 있다. 비자유적 행동가들이 통합되었으리라 믿은 베네주엘라, 터키, 헝가리 같은 나라들을 공허화하였다. 마지막으로, 미국은 민주적 단결에 관하여 광범위하게 생각해 보아야 한다. 왜냐하면, 오늘날의 도전에 대처하기 위하여 그의 현존의 동맹과 제도가 자신의 타당한 위치에 있지 않기 때문이다.42)

 민주적 공고화의 성공은 어떤 하나의 포럼을 개최하는 것이 아니라 민주적 협력을 확대하는 데 있다. 여기에는 다양한 국가들이 다양한 도전에 대응하여 행동하는 것을 선택하는 것이다. 일반적인 원리로서, 민주적 단합의 거대 전략은 핵심문제에 대하여 우선적으로 긴밀하고 상호 교차되는 협력의 조직망을 만드는 데 있다. 따라서, 민주국가들이 찾아야 하는 중요한 것은 "집합적 힘"이다. 브랜즈와 에델은 이 집합적 힘이 회원국들로 하여금 개별행동과 관련된 비용, 위험, 그리고 불확실성을 줄이게 한다. 민주적 단결의 거대 전략의 첫째 기둥은 권위주의적 정치전쟁과 경제적 위압에 대하여 민주주의 국가들이 집단적으로 반사 대응하는 것(countering coercion)이다. 따라서 오직 집단행동만이 개별 저항의 고통을 줄일 수 있다.

두번째는 권위주의의 기술적 도전에 대응하는 것을 고려하라, 즉 기술적 협력을 증가시키는 것이다. 만일 중국이 화웨이 같은 중국기업을 제3세계에서 5G 같은 텔리컴 네트워크를 사용하게 한다면, 막대한 경제적 이익과 그들과 우호적인 독재자들로 하여금 디지털 실크로드에 확고한 기반을 다지게 할 것이다. 중국이 AI, 양자컴퓨터, 합성 바이올러지 같은 중요한 영역에 선점을 한다면, 이는 민주진영을 지정학적 불이익에 처하게 하며, 중심화된 독재체제가 미래의 추세가 될 것이다. 중국은 미국의 R&I를 거의 따라 왔다. 지배적인 민주국가들 — 프랑스, 독일, 인디아, 일본, 한국, 그리고 미국 — 은 중국의 기술적 공격을 무디게 하기 위해 함께 노력하여야 한다. 세째 기둥은 지적재산권과 인터넷 규정 등 글로벌 규정과 표준을 정하는 국제기구에서 권위주의적 체제의 간섭과 왜곡을 방지하는 것이다. 미국은 유엔인권위원회와 WHO 등 국제기구 등에서 필요하다면 민주국가들과 개혁을 위하여 함께 일해야 한다. 네 번째 기둥은 강력한 반부패 문제이다. 부패는 발전도상의 국가들에게 정통성을 약화시키고, 주권을 침해하며, 도덕적 통치자들과 독재자들 사이에 파트너십을 조장한다. 성숙한 민주국가에서 부패는 정치과정을 곡해하고, 정책과정을 왜곡한다. 부패와의 싸움은 민주국가들에게도 전략 영역이다. 투명성 수준, 사법독립, 법의 지배에 대한 존중 등 권위주의 체제에 대하여 민주제도가 중요하다. 다섯 번째, 민주국가들의 단결을 위하여 다양한 형태의 지원이 필요하다. 타이완 위기시에 유럽의 NATO 민주국가들이 할 수 있는 역할과 한반도 위기시에 인도 태평양 국가들이 할 수 있는 역할이 다르다. 여섯 번째, 내부로부터 위협에 직면해 있는 민주국가에 대하여 다방면으로 지원할 필요가 있다. 1980년대와 1990년대의 민주혁명은 외부로부터 지원을 받아 부분적으로 성공을 하였다. 민주활동에 의한 해외원조정책의 협력은 정치체제가 아직 공고하지 못한 나라들의 정치 리더들에게는 강한 버팀이 된다. 일곱 번째, 민주적 단결은 우선은 방어적이지만, 또한 약점을 억제하고, 남용을 벌하며, 권위주의 정부에 대하여 비용을 과하는 공격적인 조처도 취한다. 민주단결의 공격적인 행위는 지속적인 경쟁에서 어떤 견제의 수단이거나 심지어 억제를 확립하는 방법이 될 수 있다. 마지막 기둥은 권위주의 정부와의 협상은 한 목적을 위하여 둘 이상의 파트너들과 협상하여야 한다. 민주 국가들은 중요한 문제에 대하여 권위주의 국가들과 일을 할 때 양자 간이 아니라 다자 간에 행하여야 한다.

8. 리더십과 리더의 인식

시진핑을 이해하는 하나의 핵심은 그의 역사해석 방법이다.

2012년 12월, 그가 처음으로 중국공산당 총서기가 된 후, 광동지역의 당원들을 대상으로 한 내부 강연을 하였다. 이의 초록은 2013년 초에 알려진 후, 중국 언론에 공개되었다. 이는 경계하는 이야기로 엮여 있었으며 그의 세계관에 대한 초기 인식을 보여준다. "왜 소비에트는 해체되었는가? 왜 소비에트 공산당은 와해되었는가? 중요한 이유는 그들의 이상과 신념이 흔들렸기 때문이다. 이것이 우리를 위한 심오한 교훈이다! 소비에트와 소비에트 공산당의 역사를 해산하고 레닌과 스탈린을 해고하고 그 외에 모든 것을 해체하기 위해서는 역사적 허무주의 즉, 폭력혁명주의로 개입하는 것이다. 그리고, 그것이 우리의 사고를 혼란시키고, 당의 조직을 모든 수준에서 손상시키는 것이다." 시진핑이 역사적 니힐리즘을 언급한 것은 소비에트 지도자 흐루시초프를 명백히 비판한 것인데, 흐루시초프는 그의 전임자들을 비판한 인물이다. 그러나 시진핑의 연설에서 명확한 원흉은 미하일 고르바초프를 의미한다. 소비에트 지도자로서 그의 페레스트로이카(재건)와 글라스노스(개방)는 소비에트 해체를 위한 단계였다. 그는 몇몇이 소비에트를 구하기 위해 고르바초프를 구속했으나 그들은 절대권력을 위한 도구를 가지지 못하였다고 생각한다.43)

중국인민대표자대회 양회(兩会) 기간인 2023년 3월 9일, 시진핑 중국공산당 서기는 중화인민공화국의 가장 명예로운 "주석"으로 5년간 두 번 연임 규칙을 깨고 세 번째로 취임하였다. 이로써 덩샤오핑 이후 중국정치에서 제도화되어온 집단지도체제의 전통이 중지되었다. 그가 그의 고향 산시성의 지방장관으로 일할 때, 함께 하던 이들이 국내외 고위 업무의 직위에 임명되었다. 시진핑은 안보가 발전의 기초이며, 사회안전은 국력과 번영을 위한 전제라고 하였다. 리창(李强) 총리는 지금까지 중국을 부유하게 해온 친시장정책에 반하여 시진핑이 주장한 안정에 대한 통제와 강조에 대하여 집약적으로 표현하였다. 임명된 후 오래지 않아 실각한 주미대사 출신 친강(秦剛) 외교부장은 특히 대미정책에 대하여 "전랑외교(战狼外交 wolf warrior diplomacy)"를 강조하였다.44) 따라서, 시진핑을 개혁적인 면에서는 개혁가로 볼 수 있으나, 이미 그의 정치 초기단계에서 부터 정치적인 면에서는 보수적으로 기운다는 것을 알 수 있다.

시진핑은, 2012년 11월 29일, 제 18차 중국공산당대회에서 당서기로 선출되었다. 그는 왜 "중국의 꿈(中国梦)"을 장려하는가? 시진핑도 중화인민공화국의 여느 지도자같이 자신의 흔적을 남기고 싶어할 것이다. 그러나, 이전의 지도자들과 비교할 때, 그가 왜 그의 비전을 이러한 때에 이러한 방법으로 시작하였는가를 알 수가 있다. 1976년 9월 9일, 마오쩌둥이 사망하자, 화궈펑(華國鋒)이 한달 안에 최고 지위에 오르게 되었으며, 그가 "양시론(兩是论)"을 말하였을 때, 1977년 2월 7일, 이는 중국의 주요신문의 논설로 나왔으며, 그의 취약성의 강박감을 노정한 것이다. 화궈펑은 1980년에 덩샤오핑에 의해 권좌에서 밀려났다. 이때인 1975년에서 1982년까지의 덩이 쓴 글들을 모아, 1993년 7월 1일 이론서로 출판되었으며, 그의 사후에 당장(党章)에 "마르크스주의, 레닌이즘, 마오쩌둥 사상"에 이어 중국인민공화국헌법에 "덩샤오핑이론"으로 기입되었다. 장쩌민은 당서기가 된 후, 만 3년 만인 2002년 2월 광동에서 한 연설의 "3개 대표자"가 당헌에 올라가게 되었다. 후진타오는 2002년 12월에 중국공산당서기가 되었다. 그의 "과학발전관"은 2007년에 당헌에, 그리고 2008년에 중국인민공화국헌법에 명시되었다. 그가 당서기가 된 후에 군통수권을 잡는 데는 2년이 더 필요하였다. 시진핑은 당서기가 될 때, 동시에 인민해방군 중앙군사위원회 위원장이 되었다.

시진핑은 이론적인 영향력을 미치는 데 있어서 공산당 지도자들의 기준에서 볼 때, 이례적으로 빠르다. 시진핑의 "중국의 꿈" 배후에는 언론 책략가 왕후닝이 있었다. 그는 정치학 교수로서 중국공산당의 지도자가 되었다. "3개대표자"와 "과학발전관"의 배후에도 그가 있다는 소문이다. 그러나, 그러한 것을 쓴 저널리스트로서, 그의 성공은 지도자들의 시야를 조망하기보다는 지도자들의 마음을 읽는 그의 능력에 있다는 것이다. 시진핑에게 자문을 해주는 어느 누구라도 시진핑은 분명히 그가 집권 초기에 그의 표적을 남기는 것을 바꾸지 말기를 바란다. 시진핑이 중국공산당을 지배하는 데 확신을 할 때조차, 냉혹한 부패와 다른 부정에 대한 공공의 분노에 대하여 취약함을 느끼게 될지도 모른다. 사회안전을 유지하려는 모든 노력에도 불구하고, 전국에 걸쳐 항의 시위는 일어나고 있다. 시진핑은 "부패척결"이라는 그의 캠페인을 밀어붙이면서, 민중들로 하여금 그들이 직면하고 있는 현실적인 도전을 초월하도록 유도하기 위하여, "중국의 꿈"을 이용하고 있는 것이다. 이는 지역 리더로서 중국의 부흥을 상징으로 대중의 판단을 왜곡하는 것이다.45)

2023년 5월 하순, 미국의 영화배우 John Cena가 그의 최근 필름의 판촉을 위해서 한 인터뷰에서 타이완을 "국가 country"로 언급한 후, 이에 대하여 중국에 비굴한 공개 사과를 하였다. 이와 관련하여 Delong은 현재 중국의 지도자 시진핑이 권력을 매우 집중화하기를 바란다고 논평했다. 정확히는 중국공산당에서 출세주의와 부정부패를 우려하면서, 시진핑은 문화대혁명이 아니라 지도력 전반에 인류평등주의와 유토피안 열망을 모색하는 것 같다. 상황을 읽는 자신의 능력을 극도로 확신하고, 옳은 지시를 내리면서, 그의 주된 관심은 그의 지시가 타당하게 집행되지 않을 것이라는 점이다. 이러한 문제에 대한 해결책으로 더 큰 권력의 집중을 하는 것을 결론으로 내린 것처럼 보인다.46)

시진핑의 입장에서, 타이완 통일을 위해서는 강제는 되나 평화적인 통일이 우선적인 선택일 것이다. 왜냐하면 그는 전쟁이 가져올 수 있는 것이 현재적인 위험이라는 사실을 알기 때문이다. 폭력적인 정복은 처참한 재앙을 가져온다는 사실을 우크라이나에서 벌인 블라드미르 푸틴의 전쟁이 이를 증명하고 있기 때문이다. 이와 대조적으로, 중국은 남중국해에서 인공섬을 조성하는 등 강제적이나 비폭력적인 전술에 의하여 우위를 증대시켜 왔다. 시진핑은 확실히 지금까지 타이완해협에서 "싸우지 않고 이기는 것"을 우선해 왔다. 문제는 이제는 이 전략이 통하지 않는다는 것이다. 타이완 정치에서 이 전략의 효과가 잘못되어 왔다는 것이다. 즉, 지난 10년에 걸쳐 중국의 압력은 친중국인 국민당(KMT)을 손상시키고, 가장 매파적인 독립성향의 민주진보당(DPP)을 강화해 왔다. … 민진당의 라이칭더가 2024년 대선에서 승리하였다. 그리고 당을 3차 연임으로 이끌었다. 시진핑은 전쟁없는 강제가 실패해온 것인지의 여부를 물어야 할 것이다. 설사, 국민당 혹은 다른 당 후보가 당선되었다고 하더라도, 타이완 정치에 있어서 중력의 중심이 변화한다는, 즉 평화적 통일이 가장 바람직하지 못한 방향으로 변한다는 사실을 발견하게 될지도 모른다. 조만간, 그는 타이완에서 좀 멀리 떨어진 섬들 중의 하나를 점령하는 좀더 긴장을 고조시키는 방법을 택해야 될지도 모른다.[47)]

제5장 소용돌이치는 천하질서

1. 우크라이나 전쟁과 중국

1) 블라디미르 푸틴과 시진핑

 2019년 9월 3일, 시진핑 총서기는 중국공산당 중앙당교를 방문하여, 역사와 관련된 "투쟁"이란 제목의 연설에서, 마오의 지도 아래 중국인민은 일어섰고, 덩샤오핑에 의하여 중국인은 부유해졌으며, 시진핑 하에서는 강해질 것이라고 말했다. 그러나, 이전인 2011년, 러시아 대통령 블라디미르 푸틴은 "주된 투쟁은 세계를 지배하는 것이며, 여기서 중국과 다투지 않는 것이다"라고 했다. 그리고, 2023년 모스크바를 방문한 후, 시진핑은 모스크바에서 있었던 작별 인사에서 "우리들이 현재 지난 100년 동안, 보아오지 못한 변화들이 있으며, 우리는 이러한 변화를 주도하고 있다"는 서방의 피할 수 없는 쇠퇴에 대하여 동감을 확인하는 내용의 말을 피력하였다.1)

 2023년 2월, 시진핑은 모스크바를 방문하고, 러시아 대통령 푸틴과 "중국-러시아 공동선언"을 발표하였다. 이는 전략적 파트너십(strategic partnership), 동맹(alliance) 또는 통일전선(united front)의 인상을 주면서, 규범에 기초한 미국 주도의 세계질서와 민주가치에 대신하여 다극체제의 세계질서를 수립하는 것을 목표로 하고 있다. 푸틴은 러시아가 세계의 두 초강대국 중의 하나와 관계를 깊이하고, 비즈니스 관계를 강화하며, 거친 서방세계의 제재에 직면하여 탄력있게 대처할 수 있다는 자신감을 피력한 것이다.2)

시진핑은 그의 3차 연임 임기를 확정지은 후, 첫 외교방문에서 러시아와 푸틴에게 미국의 경제적 외교적 압박에 대하여 중국의 국가이익을 위한 그의 결의를 보여주었다. 아울러, 글로벌 리더십에 대한 미국의 주장을 거부하며 중국의 파트너로서 러시아를 버리지 않을 것이라고 말했다. 그는 세계 무역에 있어서 미국의 달러화를 약화시키기 위해 글로벌 사우스와의 무역에서는 러시아의 루불화가 아니라 중국의 위안화(元)를 결제수단으로 할 것을 푸틴에게 제안하여 성사시켰다. 그는 중국이 러시아를 필요로 하는 것보다 러시아가 중국을 더 필요로 한다는 인상을 남겼다. 여기에서, 베이징은 그들의 주요한 자연 자원인 석유와 가스를 헐값으로 얻기 위하여 모스크바의 국제적 궁지를 이용하는 것이다. 1949년 중국공산당이 중국을 통일한 후 매우 짧은 기간을 재외하고는 중국과 러시아는 경쟁관계에 있었다. 1991년 후, 중국은 경제에서 급격한 변화를 하여 중국경제는 러시아의 10배가 되었으며, 기술의 진보와 재래식 무기에 있어서는 러시아를 추월하고, 핵무기에 있어서는 미국과 러시아에 필적하고 있다.3)

핵무기에 있어서 러시아가 중국보다 앞서 있음에도 불구하고, 우크라이나에 대한 서방의 지원과 관련하여 푸틴이 러시아의 주권과 독립이 훼손되면 핵을 사용하겠다는 핵 공갈을 하자, "핵 선제 불사용 원칙"을 주장하는 시진핑의 중국 외교부 발언으로 푸틴은 그 발언에 꼬리를 내려 부인함으로써 중국의 러시아에 대한 영향력이 매우 강함을 알 수 있다. 우크라이나 사태의 위기로 2022년 1월 미국, 러시아, 중국, 영국, 프랑스 5개 국이 핵전쟁 및 군비경쟁 방지를 위한 공동성명(5개 국 공동성명)을 발표하였다. 푸틴의 핵발언이 나온 직후, 중국은 강대국들이 공동으로 긴장을 완화해야 한다며 외교부 왕원빈 대변인은 러시아 지도자(푸틴)가 그 공동성명을 천명했음을 강조했다. 또한 시진핑 국가 주석은 2023년 초 러시아를 방문했을 때, 푸틴에게 직접 면전에서 핵전쟁에 대한 반대를 강력히 강조하였다.4)

시진핑과 푸틴은 오랜 역사의 중국과 러시아 사이에 적대관계를 제쳐두고, 양국이 협력하여 현재 "나란히" 자유질서에 공동으로 대항한다는 것이다. 나아가, 중국은 러시아가 북대서양조약기구(NATO)에 갖는 불평에 대하여 강한 외교적 수사로만 도움을 주고 있었다. 또한, 베이징은 우크라이나 전쟁의 군사적 대치상황에서 이익을 보고 있다. 러시아의 아프가니스탄 침공은 인도-태평양 지역으로부터 미국의 관심과 자원을 분산시키고 있는 반면, 서방의 제재는 러시아로 하여금 생명선으로서 중국으로 기울게 하고 있다. 이로써, 푸틴은 러시아의 극동지역을 실제로 방위하지 않고 우크라이나에서 전투를 계속할 수 있으며, 시진핑은 미국과의 분쟁에서 러시아와의 안전한 국경을 유지할 수 있기 때문이다. 베이징과 모스크바가 각자 서태평양과 동유럽의 균형을 혼란시킬수록, 워싱턴은 이들 각각의 지역에서 결정적으로 대응하기가 훨씬 어려울 것이다. 여기서, 중국과 러시아의 접근에 의한 수렴의 현실성이 말보다도 더 중요하다.

양 지도자가 직면한 주목할 만한 동일한 문제는 군사화된 애국주의이다. 2012-2018년 3차 임기를 시작한 대통령 푸틴과 2012~2017년 기간의 첫 임기의 중국공산당 당서기 시진핑은 그들의 경제성장률에서 가파른 감소 추세에 직면하였다. 1998년과 2008년 사이, 러시아는 GDP 성장률 연평균 8%를 유지하였으나, 2012년과 2013년에는 각각 1%와 1.8%만을 달성하였다. 중국 또한, 1978년 7.7%에서 2012년까지 평균 10%에 가까운 성장률을 달성하였다. 러시아와 중국경제의 완만한 쇠퇴는 일시적이 아니라 구조적으로 야기된 것처럼 보인다. 러시아에서는 구조적인 개혁이 없으면, 경제적 후퇴가 1.5% 내외 발전을 유지할 것으로 예상되었다. 중국 또한 이 시기의 경제의 건강성 정도가 음울한 것 ― 급증하는 부채, 급감하는 회수, 감소하는 인구학과 환경위기 ― 이 계속되는 저속성장 즉 "뉴노멀"이었다. 이에 대하여 2013년 10월의 전 러시아의 재정부장 쿠드린(Alexei Kudrin)의 경고, 그리고 중국의 성장모델을 자유화하라는 세계은행의 제안에도 불구하고, 푸틴과 시진핑은 구조개혁을 거부하고, 대신 경제발전과 소득 증대에 집중하였으며, 미국 주도의 서방으로 부터의 가정의 지속적이고 점증적인 위협으로부터 그들 나라를 보호하는 데 기반한 군국주의적 애국주의를 강화하였다.5)

나아가 2024년 말의 미국의 대통령선거를 앞두고 논쟁이 국내정치보다도 세계에 있어서 미국의 지위와 우크라이나의 방어에 대한 관심이 희석되는 것에 대한 비판이 있었다.6) 미국이 우크라이나를 러시아에 포기한 것은 2021년 아프가니스탄에서 철수한 것보다 더 큰 재앙이 될것으로 예상되었다. 아프칸에서의 철수는 미국의 신용에 큰 상처를 남겼다. 만일 우크라이나에서 실패한다면, 미국은 대서양동맹과 북대서양동맹의 기초를 흔들며, 중국의 타이완 침공에 대한 청신호를 보내게 되는 것이었다. 아프가니스탄에서의 부적절한 정책은 바이든 행정부의 지지율을 저수준에 머물게 하는 것이었다. 한 번의 임기 동안에 두 번의 전쟁을 잃는다는 것은 재선의 전망이 밝지 않다고 예상되었다. 당분간, 탈레반은 아프칸인과 파키스탄인에게 그들의 해악한 행동을 절제하는 것처럼 보이고 있었다. 블라드미르 푸틴의 야망은 그의 중국 파트너와 마찬가지로 "글로벌화"에 있다.

2) 전쟁과 협상

중국은 푸틴이 우크라이나에서 무능한 침략에 놀라지 않으나, 그가 패배하도록 놓아두지는 않을 것이며, 러시아군에 대하여 포탄이나 다른 주요한 군사적 원조를 할 것이다. 이 댓가로 중국 또한 러시아로부터 잠수함의 민감한 저소음 기술, 진보한 항공방어 기술, 또는 타이완에 대하여 미국과 충돌로 갈 경우 향후 러시아로부터 지원약속 등이다. 그러나 시진핑은 서구와의 충돌 의지에 있어서 푸틴만큼 진전되지는 않았다. 모든 동맹에서 보듯이, 약탈자 사이에 마찰은 피할 수 없는 것이다. 우크라이나 전쟁으로 러시아는 중국에 더 의존하게 되었으며, 푸틴은 이를 관용할 수 있으나 다른 러시아 민족주의자들은 그러하지 않을지도 모른다. 이러한 동맹이 성공할수록, 이상하게도 그것을 유지하는 것이 더 어려울지도 모른다. 미국의 힘이 약화되어온 유라시아 변방에서 중국과 러시아 사이 — 권력과 야망에서 불균형, 문명의 충돌, 인종편견, 영토불만, 지정학적 경쟁 — 에 긴장이 감돌고 있으며, 미국은 이러한 동맹의 도전에 직면해 있는 것이다.7)

2022년 11월, 우크라이나가 격렬한 도시전투 없이 케르슨(Kherson)을 해방시켰다. 이는 2014년 러시아가 우크라이나를 침략한 후, 그 침략전쟁에 대한 반전 중에서 가장 큰 업적이었다. 그러나 그 승리는 바이든 행정부로부터 "우크라인들은 러시아와 평화협상을 시작해야 할지도"라는 민감한 주제에 봉착하였다. 연합군참모장 마크 밀레(Mark Milley) 장군은 키이프(Kyiv) 정부가 분쟁이 제1차 세계대전에서와 같이 교착상태가 되기 전에 해결을 모색해야 한다고 주장했다. 다른 미국 관료들은 워싱턴은 젤렌스키(Voldymyr Zelenskiy) 우크라이나 대통령에게 협상을 하거나 양보하게 해서는 안된다고 했다. 바이든 대통령은 "우크라이나 없이 우크라이나에 관한 것은 아무것도 없다"고 단언하였다. 여기서 우크라이나 전쟁의 장기화로 인한 네 가지 주요한 문제가 제기되었다.8)

러시아군은 4개월 동안 케르손(Kherson) 지역에 노출되어 있었는데, 당시 2만 명의 병력이 흑해로 흘러가는 디니프로강(Dnipro River) 우측안의 취약한 비치의 머리 지역을 점령하고 있었다. 우크라이나는 미국이 지원한 고속기동포병로켓시스템(HIMARS: High Mobility Artillery Rocket System)과 다른 무기를 사용하여 이들에 뛰어들어 조직적인 공격으로 짓눌렀다. 11월 초에, 러시아군은 그들의 위치를 유지하지 못하고 고립되고 빈약한 보급을 받는 군이 포위되어 해산되기보다는 철수하도록 하였다. 이는, 9월 초 이후 동북지역의 카르키프(Kharkiv) 주변의 상당한 지역의 해방과 러시아로부터 크리미아를 연결하는 카르크 다리(Karch Bridge)의 파괴를 포함하여, 우크라이나가 이룬 일련의 승리들 중의 하나였다. 그러나 만일 바이든 정부가 갑자기 전쟁의 코스에 관하여 갈등이 생기는 것처럼 보였다면, 이는 아마도 몇 가지 주요한 문제가 있기 때문일 것이었다.9)

첫째 문제로, 우크라이나는 더 많은 것을 얻기 원했던가 아니면 지루한 교착상태를 원했던가? 케르손 지역의 해방으로 인하여 크리미아로 들어오는 러시아의 공급선은 HIMAPS의 사정권 안에 있게 되었으며, 이러한 승리로 자유로워진 우크라이나 군대가 여타 지역에서 새로운 공격을 준비할 수 있게 되었다. 다른 한편으로는, 우크라이나의 상처입은 군은 휴식이 필요할지도 몰랐다, 이는 러시아군이 징집에 따른 군인 수의 증가, 공급선의 단축, 참호와 다른 층의 방어물의 증가, 앞으로 올 한파에 대비한 참호의 건설 등이 강화되면서 우크라이나는 또한 강한 저항에 직면하고 있었는지도 모른다. 정당하게 말하면, 우크라이나인들은 이전에 회의론자들을 깜짝 놀라게 해왔다. 그러나, 그들이 지금은 러시아를 가장 취약한 위치에서 압박해오고 있다는 것을 전제로 할 때, 다음 단계에서는 더욱 강할 것이다.10)

둘째, 핵무기 사용의 긴장은 어떻게 될까? 푸틴은 2014년 이후 그가 불법으로 점령해온 다섯 개 지역을 유지하기 위하여 핵무기도 사용할 수 있다고 위협해 왔다. 우크라이나는 동우크라이와 케르손에 있는 그러한 레드라인들을 이미 넘어왔다. 그러나 크리미아반도는 러시아의 재기를 위한 푸틴의 화두에서 가장 중심이 된다. 이의 상실은 그의 어느 반전보다도 그의 정치적 자부심을 손상시키는 것이다. 최근 불완전한 평화도 약간의 재앙보다는 바람직하다고 말하는 미국정부 안의 관료들을 완전히 제재하지 않는 일이 빈번한 데서 보듯이 협상론이 있다.11)

셋째, 친우크라이나 동맹이 지속될 것인가? 유럽의 동맹들은 모두 확고하다. 우크라이나의 승리가 다가오는 겨울 동안에도 국제적 지원이 확실할 것이었다. 미국 국무장관 안토니 블린컨(Antony Blinken) 을 포함하여 솔직한 관찰자들은 푸틴도 협상에는 관심이 없다는 것을 인정하고 있었다. 그러나 바이든 백악관 팀에서는 러시아의 에너지 공급을 박탈당한 유럽이 어려운 경제적 겨울을 겪는 것처럼 우크라이나가 외교를 차단하는 것처럼 보이는 상황을 피하기를 바라고 있었다. 백악관은 또한 공화당이 지배하는 하원의 다음 해 우크라이나 지원에 대한 태도에도 관심이 있었다. 이는 젤렌스키가 우크라이나는 오직 러시아의 다음 지도자와만 협상을 할 것 ─ 모스크바에서 명확한 레짐 체인지: 서구의 전쟁 목적 — 이라고 한 발언을 취소하도록 한 것에서도 알 수 있었다. 만일 우크라이나가 전쟁에 이기는 데 필요한 지원을 원하면, 이를 위하여 협상을 하는 데 열려 있다는 것을 보여 주어야 했다.12)

마지막으로, 질질 끌어온 갈등이 미국에 도움을 줄까 해를 끼칠까? 만일 이 전쟁이 우크라이나에 압도적인 비용을 부과한다면, 미국에게는 전략적 행운이 될 것이다. 러시아의 군대는 깨진 기와장이 되고 말 것이다. NATO는 그의 방위가 확장되고 강화될 것이다. 일본, 타이완, 그리고 호주가 그들의 군비를 재촉하면서, 중국은 서태평양에서 더 큰 저항에 직면하게 된다. 지금 한 압제적인 독재체제에 의존한 아랫면을 보고 있는 유럽의 국가들은 또 다른 국가 중국과의 유대를 다시 고려하고 있다. 우크라이나에서 푸틴의 일련의 투쟁 중에서, 단언적인 권위주의도 이제는 더 이상 미래의 물결같이 보이지 않는다.13)

그러나 주요 관료들은 미국이 우크라이나 전쟁이 제공해야 하는 모든 이익을 이미 수확하였는지에 관심을 갖고 있다. 시간이 지나면서, 전쟁비용은 높아졌을 것이다 — 다른 지역으로부터 산만하고, 소비에 부족한 탄약, 여타 지역에서 발생할 위기에 취약함 등으로. 이에 필적하는 고려를 해보자. 장기간의 전쟁은 미국의 방위산업 기지가 매우 부적합하였음을 의미하며, 국가로 하여금 재무장에 관하여 진지하게 고려하게 할 수 있었다. 계속, 타이완해협에 있어서 상황이 미국의 관료들이 말하는 것처럼 그렇게 빨리 악화된다면, 우크라이나의 갈등을 종식시키는 데 드는 프리미엄 즉 할증금이 더 높아질 것이다. 평화협상에 관한 최근 회담의 뒤에 잠복하고 있는 모든 토론과 문제 중에서, 아마도 가장 압박을 주는 것은 워싱턴이 단지 세계에서 늘 갖고 있지 않는 것 두려움이다.14)

우크라이나/러시아전쟁 I
우크라이나에서의 군사 통제(영역)변화

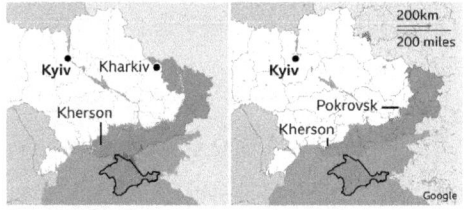

https://www.bbc.com/news/articles/c010k4389g2o
(2025.07.12. 인용)

2023년 12월 2일, 우크라이나 전쟁은 러시아군과 우크라이나군 사이에 소강상태가 지속되고 있어서, 전쟁은 지속적일 것처럼 보였다. 어느 쪽도 상대를 제압하거나 평화회담으로 몰아가지 못하고 있었다. 러시아는 벨라루스와 인도 및 그들이 만나는 누구에게나 이야기하지만, 어느 누구도 전쟁터에서나 탄약공장에서 만족한 도움을 주지 못하고 있었다. 우크라이나 또한 미국과 NATO 회원국 그리고 다른 국가들로부터 어느 정도의 새로운 무기를 지원받지만, 아직 러시아를 격파하지 못하고 자신 정부의 붕괴를 신경써야 하는 상황이었다. 전쟁터에서 지휘자가 인정하지 않는다면, 언제 전쟁이 멈추게 되는가? 이 질문에 대하여 역사적인 예를 보자.15)

첫째, 전쟁은 한 쪽 편이 이를 수행할 물자가 부족할 때, 끝나게 된다. 제2차 세계대전에서 독일은 연합군에 저항하는 데 필요한 무기를 생산하고 배치할 수가 없게 되자 군사행동의 종지부를 찍게 되었다. 둘째, 전쟁은 한 쪽의 사기가 고갈되었을 때 끝난다. 즉, 승리가 가능한데도 불구하고 군인과 국민들이 단순히 전쟁을 부담할 의지가 없을 때다. 이는 베트남 전쟁에서 미국의 경우가 좋은 예이다. 셋째, 전쟁은 군사력에서 급속한 성장의 희망이 없거나 외부로부터 개입의 가능성이 없을 때 멈추게 된다. 제2차 세계대전에서 영국은 독일에 이길 수 없었으나, 미국이 개입할 것을 알고 인내하고 버텨 승리하였다. 넷째, 실패의 결과가 국민들에게 용인될 수 있을 것 같을 때 끝난다. 제1차 세계대전에서 이탈리아 시민은 연합국의 점령을 선호하였다. 연합국은 관대하였다. 반면에 동맹국들은 패배의 비용이 대재앙일지라도 싸울 것이라고 했다.

어떤 환경에서 한 국가는 희망을 넘어 지속적으로 저항을 하는 데 반해, 다른 국가는 전쟁을 인내하는 대신 항복하려는 국가가 있다. 전쟁을 판단하는 데 있어 핵심 사항인 저항은 군의 태도보다도 시민의 태도가 더 중요하다. 전투는 군이 하지만, 시민은 전쟁물자를 생산할 뿐만 아니라 전쟁에 이기지 못한 상실과 고통도 함께 지고 있기 때문이다. 우크라이나전쟁을 종식시키기 위해 전쟁을 수행하려는 양국 국민의 의지에 대해 알아보자. 러시아와 우크라이나 양국의 국민들은 분명히 전쟁에 피로감을 느끼고 있다. 러시아는 침략의 관계로 많은 징집을 하고, 러시아 국민은 종전을 바라는 가족들의 반대로 오히려 더 많은 아들들이 징집되고 있다. 이에 반해, 우크라이나는 그 시민들과 사회인프라가 지속적으로 러시아의 공격을 받고 있으며, 국민들은 러시아의 테러통치를 받을지도 모른다는 공포에 있다. 이러한 경우, 전쟁을 가장 피곤하게 느끼는 국민은 패배의 결과가 가장 비참한 것이다.

전쟁 시, 무기를 포함한 물자 부족은 한쪽이나 양방에 모두 적어도 해결책을 찾아보도록 한다. 양측은 현재 어느 정도 수준의 무기로 싸우고 있다. 러시아는 그들 자신의 산업단지를 갖고 있으며, 이란과 같은 지역에서 무기를 수입하고 있다. 따라서, 러시아는 우크라이나에 대하여 해상으로의 선적을 방해하면서, 자신의 산업단지와 해외 관계를 지속적으로 연결시켜 나갈 것이다. 반면, 우크라이나는 서구, 특히 미국으로부터 대량의 무기를 지원받고 있다. 이는 안전하나 끝없는 전쟁을 만들어 왔다. 이것이 계속된다면, 시민들의 사기가 떨어질 가능성의 위험이 있다. 따라서, 우크라이나는 해외에서 러시아로 흘러들어가는 무기를 감소시키는 노력을 하는 동시에, 미국으로부터 우크라이나 무기공급을 확보해야 할 것이다.

러시아와 우크라이나 양국은 시민들의 사기문제에 대하여 민감하기 때문에 조건부 항복은 실제로 현실성이 없다. 현실적으로 가능한 해결책은 양국의 국내 불안에 의한 평화회담일 것이다. 이러한 기미는 사그라졌지만 이미 러시아 내부에서 보이고 있다. 평화회담 또한 양측에 불균형 상태가 올 때까지는 불가능할 것이다. 관건은 외세의 개입 없이 국제시민단체의 강한 압박, 내국인의 방어 의지, 그리고 새로운 실질적인 무기의 도입이 필요하다. 시간이 지나면서 승리의 불가능을 자각할 때, 즉 현실이 그것을 강요할 때, 평화회담이 가능할 것이다,

여기에서는 조지 프리드만(George Friedman) 의 전쟁의 최후단계(endgame)에 대한 생각을 소개하고자 한다.16) 전쟁의 군사적인 양상의 일반적 내용은 내면에 잠재해 있으며, 갈등을 품고 있는 것이다. 우크라이나 전쟁은 러시아가 침략한 것이다. 미국과 우크라이나가 러시아를 위협하는 것을 방지하기 위하여 러시아는 완충지를 만들어 우크라이나를 통제하기를 기도하였다. 미국은 NATO 동맹국과 서유럽 국가들에게 위협을 줄 수 있는 러시아의 진출을 봉쇄하기 위하여 우크라이나에게 무기를 공급하면서 전쟁에 개입하였다. 우크라

이나는 그들 본토의 어떤 영토도 회복하면서 러시아를 봉쇄하기를 원하였다. 러시아의 진격은 우크라이나와 미국을 패퇴시키는 데 실패했으며, 이들 양국의 방어능력은 러시아의 전진을 무디게 하였다. 우크라이나도 러시아를 이길 수 없을 것 같다. 왜냐하면, 미국은 이 전쟁을 지속할 의지를 갖고있지 않기 때문이다. 이것이 모든 당사자들로 하여금 전쟁의 최후 단계로 강제하는 것처럼 보인다. 그러나 문제는 더 복잡하다.

한쪽의 일방적인 패퇴에서 나오지 않는 해결책은 전쟁의 근원을 해결하지 못하게 한다. 러시아가 두려워하는 것은 미래의 공격에 대한 두려움인 것이다. 러시아는 군사적 성공의 불가능성을 인식하고, 우크라이나의 주요한 부분을 점령함으로써 자신의 취약성에 대한 어느 정도의 회복을 통하여 협상을 하도록 유도될 것이다. 그러나 모든 것은 그와는 다르다. 우크라이나가 봉착하고 있는 문제는 그러한 해결책이 단순히 러시아가 힘을 회복하고 공격을 할 때까지의 막간의 극으로서 작용할 뿐이라는 것이다. 우크라이나는 결국 미국의 지원을 확신할 수 없게 되며, 결국 어려운 군사적 상황에 직면할 것이다.

한쪽의 완전한 실패로 끝나지 않은 전쟁에서는, 두려움은 어떠한 종전도 단지 새로워진 갈등의 전주곡이며 그 길을 망친다는 점이다. 러시아의 관점은 영토의 어떠한 할양도 충분하지 않다는 것이다. 우크라이나가 두려워하는 것은 그러한 영토할양은 러시아로 하여금 훨씬 위험하게 하며, 그리고 미국이 국내적 저항을 끊임없이 야기시키고, 다른 위협에 대해 취약해져서 전쟁의 재발을 두려워하게 되는 것이다.

희망 없는 상황이 나타나는 것을 시험하는 데 있어서, 러시아의 비군사적 수요를 고려할 필요가 있다. 소련은 가난해졌고, 소련의 군사적 지위는 많은 사람들이 생각했던 것처럼 그렇게 강력하지 못하였다. 소련의 붕괴는 러시아를 유사한 위치에 놓았다. 급격한 해결책은 없었다. 러시아는 그 자신의 군사적 약점이 명확할 때 이 상황을 수정할 필요가 있다. 러시아를 위해서, 경제적으로 일류가 되는 국가로 전환시키는 것이 근본적이다. 이 목적을 달성하기 위하여 군사력을 사용하는 것은 소용이 없다.

미국도 전쟁을 계속해야 하는지 혹은 러시아에 효과적으로 조건부 항복을 해야 하는지의 기로에 있다. 있을지도 모를 공격에 대한 러시아의 두려움은 미국이 경제적으로 러시아를 불구로 만들 것을 의도하는 현실과 일치하고 있다.

우크라이나를 지원하는 데 있어서, 워싱턴의 의도는 명확하지만, 그러나 전쟁 이전에, 미국의 접근법은 훨씬 더 달랐다. 제2차 세계대전 이후, 미국은 자신의 이전의 적들에 대해 경제적 코스를 가했다. 미국은 일본과 독일을 파괴하기보다 아주 합리적인 것, 이 두 국가가 세계를 이끄는 경제 강국으로 부상하도록 하였다.

미국은 제1차 세계대전 이후 패전국 독일을 처리한 후, 한 국가를 파괴하려고 노력하는 것은 미국과 세계에 엄청난 비용을 지불하게 한다는 사실을 이해하였다. 그에 반하여 패전한 나라를 재건하게 하는 것이 세계경제 체제를 확대하고 나아가 복수의 전쟁을 방지할 수 있다는 것이다. 그것은 또한 군사적 정치적 동맹에 문호를 개방하는 것이다. 서독은 북대서양조약기구에 가입하고, 일본은 장기간 미국의 동맹이 되었다.

전쟁은 아무도 그들의 목적을 달성할 수 없는 상태에서 끝나며, 평화적 해결은 그 자체가 극도로 어렵다는 의미에서 설명을 하려고 했다. 만일 미국이 항복을 요구하는 것이 아니라 2차대전의 모델을 따라, 이는 러시아에 대하여는 가능하지 않지만, 러시아를 파괴하는 대신 건설하는 데 초점을 둔 관계에 맞추는 것이다. 이는 끝나지 않은 전쟁에서 철수하는 것이며, 반면에 러시아인들은 그들의 경제적 이익 – 러시아를 국가들의 최고의 경제로 발전시킬 수 있을 것이다.

러시아는 유용한 자연자원이 풍부하며, 교육을 필요로하는 노동력과 재건을 필요로 하는 산업플랜트가 산재해 있다. 이는 어떤 격려를 위한 정부 프로젝트를 넘어 투자의 기회가 된다. 미국정부가 도요타 자동차와 벤츠 자동차를 창조한 것이 아니라, 전략이 잔인한 적을 인간화한 것이다.

조지 프리드만은 자신이 결코 평화주의자가 아니며, 가슴이 따뜻한 공상가도 아니다. 그가 하고 있는 것은 미국이 모든 면에서 합리적으로 볼 때, 상식에 속하지 않는 전쟁에 미국이 개입되어 있다는 사실이다. 그리고, 그는 2차 세계대전의 교훈으로 돌아가서, 어떻게 미국이 그의 패한 적들을 다루었는지를 보고 있다는 것이다. 러시아는 패전국이 아니며, 승리하지는 못하여도 전쟁을 지속할 힘을 가지고 있다. 이는 미국의 이익에 있지 않으나, 러시아를 불안전한 적으로부터 투자기회로 전환시키는 것이다. 그리고, 미국의 군대는 필요하다면 현재 유럽에 존재하면 되는 것이다.

여기에 이상주의적인 것은 없다. 미국이 전쟁을 끝내는 단순한 방법이다. 따라서, 이는 국가이익에서 한 해결책으로 의도된 것이다. 이것이 누구에 의해 따르거나 어느 누가 동의하느냐는 불확실하다. 그러나 문제는 어떤 전쟁이 얼마나 많은 해가 정체된 상태에 있어야 하는가?

3) 현상, 북한군 참전, 그리고 트럼프 재당선

우크라이나전쟁은 세 가지 점에서 큰 변화의 상황에 직면하였다. 첫째는, 그 전쟁의 성격에서의 변화다. 2년 반 이상이나 진행하여 온 이 전쟁은, 이제 우크라이나와 러시아군의 충돌과 초기의 정적인 전쟁상황에서 각자 적의 측면과 방위의 한계점까지 공격하는 상황이 되었다. 우크라이나전쟁은 크게는 비교적 현재까지 러시아의 공격형태와 우크라이나의 방위전 개념 사이에 제한되어 왔다. 그러나, 전쟁이 지속되면서 민간건물 등의 측면 공격이 증가하고, 전쟁 수요의 공급을 증대시키면서 대규모 공격이 빈번해졌다. 제한된 개입으로 시작한 것이 규모와 그 정의에 있어서 증대하고 있다. 전쟁은 그 나름의 논리가 있다. 동원이 증대되면서, 공급선이 길어지고, 취약점이 노출되며, 충돌의 장소가 지리적 확장에 따라 다시 발생하는 것이다.17)

두 번째 현상은, 후기 냉전시대 글로벌투쟁의 윤곽이 좀더 명확하다는 것이다. 이는 2024년 10월 하순, 한국의 국가정보원이 수천 명의 북한 특수군이 우크라이나와 싸우고 있는 러시아군에게 파견되고 있다고 발표하였으며, 일주일 후, 미국 국방장관 오스틴(Lloyd Austin)도 이를 확인하였다. "세계의 섬(World-Island)" 개념은 지리전략가 해롤드 매킨더(Harold Mackinder)가 1904년 그의 논문 "역사의 지리적 중심축(The Geographical Pivot of History)" 개념을 발전시킨 유명한 저서 *Democratic Ideals and Reality*(1919)를 출판하였는데, 그의 논문에서 "동유럽을 다스리는 자는 하트랜드를 지배할 것이며; 하트랜드를 다스리는 자는 세계의 섬을 지배하고; 세계의 섬을 다스리는 자는 세계를 지배할 것이다.(Who rules East Europe commands the Heartland; Who rules the Heartland commands the World-Island; Who rules the World-Island commands the World.)"라고 예측하였다. 우크라이나 지역이 당시 중심축(pivot)이 되고 핵심 장소(ground zero)가 되는 하트랜드(heartland) 지역이다.

1990년대 중반 이후, 최대의 경제적 고난과 새로운 장마당 세대(북한식 MZ세대)의 등장으로 체제위기에 몰린 김정은을, 우크라이나전쟁이 교착상태에 빠진 크레믈린의 푸틴이 2024년 6월 평양을 방문하여 동맹조약을 체결하였다. 여전히 우크라이나전쟁은 지속되고 있으며, 북한이 수천 마일이나 떨어져 있는 서구 민주주의에 대한 공격을 지원한다는 사실은 미국인들에게 후기 냉전의 새로운 권력정치를 인식시키는 것이다. 이 유라시아 지역에 침략적인 네 국가 — 러시아, 중국, 이란, 북한 — 들은 상호 협력적이며, 세 국가는 핵을 소유하고 있으며, 이란은 핵클럽에 가입하기 위하여 노력하고 있다. 이들은 그들의 목표와 우선에 있어서 일치하지는 않다. 그러나 이들은 북대서양조약기구처럼 협력적이지는 않지만 제2차 세계대전의 추축국보다도 경제적이나 군사적으로 더 통합이 되어 있다. 지금 중동에서 유라시아로, 모든 길이 극동에 이르는 현존하는 미국에 의한 안보질서에 대항하여 대등한 도전을 하고있다. 미국기업연구원(AEI)의 니콜라스 에버스타드는 우리는 새롭고 좀더 세밀한 렌즈를 가지고 하트랜드의 독재자들로부터 우리가 직면한 위협을 보아야 한다. 우리는 모든 관심과 목적을 다해서, 이란을 대신하여 이스라엘에 대항해 가자와 레바논에서의 전쟁은 우크라이나에 대하여 러시아가 도발한 전쟁과 같은 것으로, 이는 중국이 타이완에 대하여 도발할 수 있는 사태와 같다는 것을 이해하여야 한다. 하나의 전장에서의 후퇴는 다른 전장에서의 더 많은 후퇴를 씨뿌리는 것이다. 만일, 우리들이 하트랜드 독재자들의 논리와 의도를 인지하지 못한다면, 앞으로 다가올 여러 해는 암울할 것이라고 했다.[18]

세번째 현상은, 2024년 11월 5일 대통령선거에서, 게임의 체인저가 될 수도 있는 미국의 공화당 대통령 후보 도널드 트럼프(Donald Trump)가 제47대 대통령으로 당선된 것이다. 트럼프의 취임인 2025년 1월 20일까지 짧지 않은 시간에 NATO 회원국들은 우크라이나가 그냥 러시아의 영향 아래로 들어가는 것을 허용하지는 않았다. 영국과 프랑스가 구체적인 군사행동을 시작하였다.

제2차 트럼프행정부는 기존의 국가안보와 사회안전에 대한 관리체제에 대하여 광범위한 도전적 변화 — 특히 인적쇄신 — 를 가져올 것으로 예상되었다. 트럼프팀은 1기에 능력을 우선한 것에 비하여, 2기 트럼프행정부 구성원의 조건은 충성도(Loyalty)에 방점을 찍을것으로 예상했다. 이를 구별하는 리트무스지는 "2020년 선거가 도둑맞았다"와 "1월 6일 미의회 점령이 폭동법 위반인가?"이다. 부통령 당선자 반스(J.D. Vance)는 이를 간단히 설명하여 "트럼프가 수용하는 것은 단 하나" 즉 "충성"이라고 말했다. 영관급 출신의 폭스뉴스 프리젠터인 44세의 국방장관 내정자 헤그세쓰(Pete Hegseth)는 "차기 미국 대통령은 우리들로 하여금 국가를 방위하고 적을 격파하도록 펜타곤의 고위지도자들을 철저히 조사할 필요가 있다"고 그의 메모지에 기록하였다. 제2차 트럼프 행정부의 미국은 국제사회에서 바이든 행정부와는 달리 잠재적으로 완전한 탈퇴를 시도할 것이다. 예로써, 관세정책에 있어서 모든 외국 수입품에 대하여 20%의 관세를 부과하고, 중국 수입품에 대해서는 분명히 공격적으로 60-200% 관세를 부과하는 위협을 할 것이다. 자국의 세계적인 최대 시장에 대한 접근을 제한함으로 제로 탄소경제로 변화하려는 글로벌 노력을 방해하려고 할 것이다. 그는 환경변화에 대한 파리협정에서 퇴출함으로 미국의 쉘석유와 가스를 무제한으로 채굴하도록 규제를 풀 예정이다.

　북대서양조약기구(NATO)에서도 트럼프는 회원국 자국의 방위비 부담에 걸맞는 군비를 인상할 것을 요구해 왔다. 우크라이나전쟁 중인, 2024년 9월 하순 우크라이나 대통령 젤렌스키(Volodymr Zelensky)가 선거유세 중 펜실베니아를 방문하여 트럼프를 만났을 때, 트럼프는 젤렌스키에게 우크라이나에 대한 명확한 목적을 가진 군사적 지원 대신에 러시아가 우크라이나에서 전쟁을 빠른 협상으로 종결하도록 주문하였다. 중동문제에 대하여, 1기 트럼프정부에서는 그의 사위 쿠시너(Jared Kushner)가 중동정책에 깊이 관여하여 바레인과 아랍에미레이트 사이 "아브라함협정(Abraham Accords)"을 체결하는 데 중요한 역할을 하였다. 우크라이나를 포함, 트럼프 당선자는 이스라엘 총리 네타냐후(Netanyhu)와 2025년 1월 대통령 취임 전에 우크라이나와 중동전쟁을 끝내겠다고 했다. 미국의 최대 국제 문제인 중국의 도전에서, 중국의 시진핑 주석과 한정 부주석은 트럼프 당선자와 반스(J. D. Vance) 부통령 당선자에게 각각 축하 메세지를 보냈다. "타이완 문제를 포함하여 중미 무역전쟁에는 어느 누구도 이익을 얻지 못한다. 중국과 미국은 협력에서 이익을 얻고 충돌에서 손실을 본다"는 역사의 교훈을 배울필요가 있다고 글로벌타임이 보도하였다.

　제2기 트럼프행정부 국무장관으로 임명 예정이 된 루비오(Marco Rubio)는 오바마 행정부와 민주당이 하원을 지배하고 있던 시절에 당시 재앙적인 국내 예산낭비, 과도한 세금, 건강보호 정책으로 국가 경제를 망친다고 비판하며 그의 캠패인을 시작했던 인물로, 그는 2010년 국내적으로 확대된 "티파티(tea party)" 물결을 타게 되면서, 상원 정보선별위원회 부의장과 외교관계위원회 위원으로, 현재 53세의 쿠바이민 2세 마이에미 출신이며, 미국이 중국으로부터 군사 및 경제적 위협에 관해 종종 토론을 해왔는데, 특히 중국, 이란, 북한, 러시아가 미국에 대하여 점점 더 적대적인 그룹으로 다가온다는 인식을 가지고 있다.[19]

4) 트럼프의 중재

2025년 1월 20일, 그의 제2기 대통령 임기를 시작한 트럼프는 우크라이나-러시아전쟁의 종식을 위해, 많은 시간과 노력을 통해 미국의 이익을 증진시키고 평화주의자(peacemaker)로서 그의 평판을 높이기 위해 노력해 왔다. 트럼프는 러시아의 푸틴이 우크라이나의 젤렌스키 보다 목적 달성에 열성과 확실성이 더 높기 때문에, 트럼프 대통령은 젤렌스키 대통령을 설득하기가 쉽다고 생각한다. 그러기 위해서, 트럼프는 푸틴이 협상 테이블에 오기 전에 젤렌스키에게 네 가지 행동을 요구해야 한다고 생각한다.[20]

첫째, 유럽과 우크라이나가 공유하고 있는 성공비전의 연계

둘째, 우크라이나 전쟁노력과 유로 및 대서양 공통체와 통합 위한 노력의 계속 지원

셋째. 전재된 제재, 공격적 무기생산, 파트너 국가에 대한 압박을 포함한 전쟁노력

넷째, 더 많은 외교관계를 포함하여, 러시아에 대한 인센티브 제시

2022년 러시아의 우크라이나 침공 후 3년 (2025년 2월 현재)

source: Institute for the Study of War and American Enterprise Institute.

크레믈린은 우크라이나전쟁을 유럽이란 넓은 범위의 갈등의 한 부분으로 보기 때문에, 그 해결은 유럽안보 토론에서 이루어져야 하며, 따라서 주된 대화는 워싱턴과 모스크바 사이에 이루어져야 한다는 것이다. 내재된 문제의 복잡성 때문에, 해결은 하나의 협정 형태로 나올 것 같으나, 확장된 기간부터 다양한 단계에서 협상하고, 분리된 주제에 따라 일련의 협정으로 합의가 가능하다. 그 합의가 가능한 요소들은 첫째, 현재 접촉하고 있는 국경선에 따른 휴전; 둘째, 우크라이나를 위한 서구와 안보협력이 보장된 포괄적 지위; 셋째, 러시아가 지금까지 점령하고 있는 우크라이나 영토에 대한 러시아의 사실상 지배 인정; 마지막으로, 제한적인 제재 완화 등이 포함된다.

트럼프 대통령의 개입은 종전 성공에 매우 중요하나, 미국과 러시아 양국 대통령의 특사들 사이의 협상과정은 더욱 힘들 것이다. 그 과정은, 먼저 트럼프-푸틴의 전화에서 시작하여, 내구성 있는 해결은 결국 미국과 그 동맹국들 그리고 우크라이나와의 긴밀한 자문에 의해 이루어지며, 지속적 안정을 위한 정전과 로드맵은 이 조건에 동의를 목표로 하는 미국과 러시아 특사들 간의 대화에 달려있다. 다음 단계로, 트럼프와 젤렌스키 정상회담에서 양자는 그 정전과 로드맵에 서명을 하고, 다음 단계에서 푸틴은 트럼프와의 정상회담에서 그가 동의의 서명을 하는 것이다.[21]

2025년 2월 12일, 벨기에(Belgium)의 수도 부르셀(Brussels)에 모인 북대서양조약기구(NATO) 국방장관회의에서 트럼프2기 국방장관 헤그세쓰(Pete Hegseth)는 가까운 시일에 사우디아라비아에서 루비오(Marco Rubio) 국무장관, 라테리페(John Rateliffe) CIA국장, 월츠(Michael Waltz) 국가안보 자문관 등 미국 대표와 러시아 대표가 러시아-우크라이나 평화회담에 관한 협상을 할 것을 발표하였다.

이어 헤그세쓰, 우크라이나 대통령 젤렌스키가 러시아군을 크리미아와 우크라이나의 동에서 축출하는 기회를 가지기 못하였으며 우크라이나를 이전 2014년 국경선으로 돌아가는 데도 성공하지 못하였다고 하고, "이 환상적인 목표를 분석할 때, 이 전쟁을 단순히 연장시키는 것은 더 많은 고통을 야기시킬 것"라고 말했다. 그는 2차 대전 후, 미국이 발휘해 온 역사적 역할을 포기하면서, 유럽안보에 대한 미국의 결의를 철회할 것임을 경고하였다. 그리고, 우크라이나와 같이 유럽의 정부들이 자신의 방어를 위해 뚜렷한 비전을 가져야 한다고 말했다. 이어, 트럼프는 냉혹한 새로운 현실이 피할 수 있다는 어떠한 희망도 지워버렸다. 트럼프는 소셜미디어 X개시판에 "내가 방금 러시아의 푸틴과 길고 고도로 생산적인 전화 통화를 했다.

우리는 바로 협상을 하기로 동의했으며, 우크라이나의 젤렌스키에게 전화로 이 대화를 알릴 것이며, 전쟁에서 수 백만이 죽었고, 내가 대통령이었다면 그러한 일이 일어나지 않았을 것이다. 더 이상의 생명을 잃어서는 안된다."고 말했다. 젤렌스키는 트럼프와 "의미있는" 대화였다고 말한 X에서의 내용을 요약하면서, 그 상황에 용감하게 대응하였다. 그는 "트럼프 대통령이 푸틴과 상세한 대화를 했다." 젤랜스키는 "우크라이나인 보다 평화를 더 원하는 이는 없다. 미국과 함께, 러시아의 침략을 막고, 지속적으로 믿을 수 있는 평화를 확보하기 위해 우리의 다음 단계를 준비하고 있다. 트럼프 대통령이 말했듯이 이것을 빨리 끝내자"고 했다.

우크라이나와 나토 가맹국 그리고 북유럽 국가들을 패싱하는 헤그세쓰 트럼프의 발표에 대하여 NATO 회원국과 유럽국가들이 반발하고 있다. 유럽위원회(European Commission) 대통령 레이엔(Ursula von der Leyen)은 이에 언급이 없으며, 이 블럭의 수석 외교관 칼라스(Kaja Kallas)는 X에 "어떤 협상에서도 유럽은 중심 역할이 있으며… 우크라이나의 독립과 영토보전은 무조건이다. 우리의 우선은 우크라이나를 강화시키고 우크라이나의 리더가 결과로서 개입하게 하는 것이다"라는 글을 올렸다. 우크라이나 동맹국들은 "우크라이나 없는 우크라이나에 대한 결정은 무효"라고 말하며, 독일 외교부장 바에르보크(Annalena Baerbock)는 "평화는 오직 함께 이루어지며, 이는 '우크라이나인들과 함께' 그리고 '유럽인들과 함께'를 의미한다"고 말했다. 폴란드의 경우, 외무부장 시코르스키(Radoslaw Sikorski)는 우크라이나가 러시아와 회담 전에 군사력을 강화해야 한다고 주장했으며, 프랑스는 우크라이나가 나토에 가입하기를 주장하면서, 미국과의 관계에 묘한 기류가 흐르고 있다.

우크라이나의회 외교위원회 위원장 메르즈코(Oleksandr Merezhko)

는 헤그세쓰 발표가 비논리적이라고 하면서, "새 국방장관은 우크라이나에 와서, 단순히 우크라이나의 무장군인들과 친해지는 것"으로 일을 시작한다고 말했다. 그는 우크라이나는 그의 영토 모두를 돌려줄 수 있으며; 이것이 절대적으로 사실이다. 그러나, 이것이 일어나기 위해서는 미국으로부터 더 많은 군사적 원조가, 그리고 더 강한 제재, 특히, 러시아에 대한 미국의 재정적인 제재가 필요하다. 영국의 관료들은 그들이 더 많은 것을 해야 한다는 것에 동의를 한다. 영국의 방위상 힐리(John Healey)는 헤그세쓰 발표에 대한 대답에서, "우크라이나의 향상을 위해서, 우리가 하며 또 할 것이고, 유럽의 안보를 위하여 우리가 하고 있으며 할 것이다"라고 대답했다.22)

이어 러시아의 우크라나 침략 3년 후인 2월 18일, 미국무장관 루비오, 국가안보 자문관 월츠, 중동특사 위츠코프(Steve Witkoff)는 러시아 외무장관 세르게이 라브로프(Sergei Lavrov)와 푸틴의 외교정책 자문관 유리 우샤코프(Yuri Ushakov) 등 양국 대표는 사우디아라비아의 리야드(Riyadh)에서 미국-러시아 고위회담을 가졌다. 트럼프는 "우크라이나는 3년 전에 끝냈어야 했다. 젤렌스키는 협상을 시작했어야 했다."고 플로리다주 그의 주거지에서 기자들에게 말했다. 이러한 트럼프의 코멘트와 워싱턴이 모스크바와 유대를 갖는 것은 미국-유럽의 대서양동맹에 대한 비용과 워싱턴-우크라이나 관계에 손상을 미치는 것은 마치 나토 안보관련 국가들에 대하여 미국 리더십에 영향을 미치는 것과 같다. 바이든 행정부가 유럽과 함께 러시아를 고립시키고 전후 세계질서를 유지시켜 온 것에 반하여, 이번의 루비오-라브노프 대표는 양국의 수도 워싱턴과 모스크바에 상호 대표부를 설치할 것을 합의하였다. 이를 통하여 우크라이나 평화협상을 지원하고, 경제 및 글로벌 협력을 재개하는 방법을 모색하기 위하여, 먼저 2022년 푸틴의 우크라이나 침략 후, 냉전 후 양국관계를 회복한

다는 것이었다.23)

2018년, 영국에 망명한 러시아 스파이와 그의 딸에 의한 독가스 사건 후, 양국과 유럽의 많은 영사관들의 폐쇄를 상기하면서, AP통신 기자의 질문에 루비오 국무장관은 대답을 회피했으나, 외교적 개입 없이는 우크라이나 평화협정을 가져오는 것은 불가능하다고 하였다. "나는 그 역학에 있어서 존재하거나 존재해 온 방해요인의 모든 것을 토의하거나 말하지는 않을 것이다. 우리들이 적어도 모스크바와 워싱턴 사이에 작동하는 외교관계를 갖고있지 않다면, 갈등의 종말은 끝나지 않을 것이다."라고 루비오는 말했다. 우크라이나의 잠정적 정전 상태를 감시하는 평화유지군 문제에 관하여 러시아 외무장 라브로프는 어떠한 NATO 동맹국이나 서양 동맹국의 참여도 반대한다고 했다. 이번 리야드 회담에는 우크라이나와 유럽의 어느 대표도 초청되지 않았다. 미국은 앞으로 있을 평화회담에서 이들을 배제할 생각이 없다고 했다. 결국, 이들의 참여는 러시아의 결정에 달려있다. "전체 협상은 처음부터 러시아에 우호적으로 기울어져 있었으며, 이것을 협상이라고 말해야 하는지의 문제 혹은 일련의 미국의 조건부 항복"이라고 전 벨라루스 주재 영국대사로 현 IISS의 시니어 팰로우인 골드 데이비스(Nigel Gould-Davies)가 주장하였다. 라브로프를 미국의 제재목록에서 제외하였는가에 대한 기자의 질문에, "우리는 그 단계의 대화는 아니다"라고 루비오는 답하였다. 이번 리야드 회담에 러시아 대표로 참가한 디미트리프(Kirill Dimitriev) 러시아 직접투자펀드 대표는 러시아와 미국은 북극과 다른 지역에서 공동 에너지 비전을 발전시켜야 한다고 했다. "우크라이나 분쟁을 종식시키는데 성공을 하려면, 세계를 위한 희망적인 목표를 갖고, 종국에는 우리들의 관계가 개선되는 과정에, 러시아인들과 함께하는 파트너에게 "믿을 수 없을 정도의 기회"를 줄 수 있는 것"이라고 루비오는 말

했다. 그러나, 그는 그러한 것이 가져올 후과를 이야기하지는 않았다.24)

 2022년 2월, 러시아의 대 우크라이나 전면전 후, 3년이 경과한 2025년 2월 27일 현재, 수십만 명의 러/우군의 생명을 잃게하고 수십만 달러의 비용을 들인 전쟁을 종식시키고, "매우 큰 협약"이라며 우크라이나 광물자원 딜에 관한 서명을 위해, 트럼프는 젤랜스키 대통령을 백악관에 초청하였다. 트럼프는 우크라이나와 유럽 동맹국들은 미국 선조들의 축의를 착취하고, 미국을 경솔한 선택적 전쟁으로 몰아가는 무임승차라고 생각된다. 유럽은 그들의 방위에 더 많은 경비를 써야하며, 우크라이나는 그들이 받은 외국원조를 되갚아야 한다고 생각한다. 2월 18일, 그는 우크라이나는 "전쟁을 시작하지 말았어야 했다." 그리고 "협상을 했어야 했다"고 말하면서, 러시아의 25년 독재자 푸틴에게도 사용하지 않던 "독재자"란 말로 젤랜스키를 묘사하였다. 젤랜스키와 푸틴에 대해 불평등하게 대우하는 그의 행동은 현실정치 바로 그 자체다. 러시아와 우크라이나에 대한 미국의 협상 위치는 압도적으로, 미국은 이를 협상에서 이용할 것이다. 따라서, 트럼프에게 있어서 전쟁의 신속한 종결이 평화의 기간보다도 더 중요한 것이다. 그러한 정신은 우크라이나를 위해서는 좋은 징조가 아니다. 적대감을 넘어, 미국은 우크라이나에서 미국의 투자효과를 빼내어 가기를 바란다. 트럼프는 젤랜스키가 이길 수 없는 전쟁을 하여 미국이 $3,500만 달러를 쓰게 했다는 것이다. 한 분석에 따르면, 우크라이나는 약 $115조 달러로 추산되는 광물자원을 가지고 있는데, 최근 이의 반을 요구하는 미국의 제안은 바이든 행정부에 의해 상환을 지원받기로 약속 받았다. 트럼프는 그의 모든 거래에 지랫대를 모색한다. 이는 여기에도 예외가 아니다. 트럼프는 우크라이나인들로 하여금 푸틴의 말에 어느 정도 동의하도록 압력할 것이며, 러시아인으로부터는 어느 정도의 동의를 필요로 한다. 이는 모스크바의 전쟁 확대주의자들의 목적을 수용한다는 것은 약삭빠른 정치인으로 그의 이미지에 일격을 가하는 것이기 때문이다. 노벨평화상은 조건부 항복자에게는 수여되지 않기 때문이다.25)

묵종하는 것은 트럼프가 유럽에 주둔하고 있는 미군을 감소하려는 그의 전략과 상반되는 것이다. 과감한 푸틴은 나토의 동쪽 지역을 따라 문제를 일으키고, 트럼프가 유럽북부의 미군을 철수하게 함으로서 미국우선(America First) 외교정책을 더 어렵게 하는 것이다. 트럼프는 의미있는 양보를 얻어내기 위해서, 푸틴에게 시간은 그의 편이 아니라는 사실을 인식시키고, 한편에서는 러시아에 대하여 정상화된 미/러관계의 전망을 제시하면서, 러시아에 대한 제재는 더욱 강화하면서, 장래의 주권국 우크라이나를 위한 장기적인 약속을 하는 것이다. 그러나, 지금까지 트럼프 사람들은 미러관계의 잠재적인 좋은 점에만 중점을 두어 왔다. 이러한 접근법은 동의를 얻어내는 데 충분하지 않다. 힘을 통한 평화를 보장하기 위해서는 재정적 경제적 생존의 짐을 질 미국의 유럽 파트너 국가들과 한줄로 서서 나아가야 한다. 정전협정 협상으로 대서양동맹이 훼손되는 것은 바람직한 현상이 아니다. 정전협정 그 자체로 말한다면, 러시아로 하여금 점령한 우크라이나 영토를 사실상 러시아 영토로 인정을 하는 것이 예상되는 딜의 핵심 결과다. 즉, 더 크고 해결이 안된 것은 일단 전쟁이 끝났을 때, 우크라이나가 수용할 수 있는 "어떠한 최후의 안전보장"이다. 우크라이나가 NATO의 일원이 될 수 있는가? 현재로서는 가능성이 없다. 트럼프가 우크라이나 전쟁의 종결을 위하여 노력하는 것은 좋다. 그러나, 동맹과 파트너를 희생하면서 서둔 협상은 큰 실수를 초래할 수 있다. 이는 서방의 적을 더 대담하게 할 수 있다. 이는 대서양 동맹의 분열을 가져오고, 아시아 중심(Pivot to Asia) 외교정책을 더 어렵게 하며, 최후의 평화주의자로서 보여지기 바라는 그의 꿈을 깨트리는 것이다. 만일 당신이 아프가니스탄의 탈리반이 미군의 험비장갑차(HMMWV)를 타고 시가행진하는 사진을 본다고 생각하면, 가까운 장래에 러시아군이 미국의 아브람스(Abrams) 탱크를 몰고 카르키프(Kharkiv)를 시가행진을 할 것을 상상해 보라!26)

2025년 3월 24일, 월요일 아침, 사우디아라비아의 리야드에서 미국 대표와 러시아 대표가 2022년 러시아 침공으로 발발한 러우전쟁의 제한된 부분적 정전협상(ceasefire)을 위해 만났다. 이외에 흑해에서 상업선박에 대한 공격에 대해 안전항행을 보장하는 문제와 2022년 전쟁 초기 러시아 통제에 있던 자포리즈지아 핵발전소(Zaporizhzhia Nuclear Power Plant) ― 6개 경수로를 가진 세계적 거대 핵발전소 중의 하나 ― 에 대한 미국의 통제 등에 대하여 논의하였다. 러시아 상원 외교위원장이며 이날 협상 참석자인 카라신(Grigory Karasin)은 "협상은 창조적인 방향으로 가고 있으며, 미국과 러시아 대표들이 상대의 관점을 이해한다"고 말했다.27)

이번의 러우전쟁협상 이전에 미국과 러시아 사이 여러 차례의 접촉이 있었다. 2000년 푸틴이 러시아 대통령으로 취임한 후, 네 명의 미국 대통령들이 푸틴의 친구가 되려고 하였으나, 모두 허사로 끝났다. 2001년 여름, 조지 W. 부시는 푸틴과 슬로베니아에서 만난 후, 1972 Anti Missile Treaty에서 탈퇴계획을 전송하였다. 푸틴은 만족해 보였으며, 부시는 푸틴의 "정신"을 "느낄 수 있다"고 말했다. 이후, 양국은 반테러리즘에 기초하여 유대를 강화하고 정보를 공유하였다. 그러나, 러시아가 사담 후세인(Saddam Hussein)에 대한 전쟁에 가담하는 독일과 프랑스 측에 서면서 미-러관계는 악화되었다. 미국은 조지아(2003), 우크라이나(2004), 키르기즈스탄(2005)에서 러시아가 지원하는 도둑정치(kleptocrats)를 전복하는 "컬러혁명"을 지원하였다. 발틱국가들은

NATO에 가입하였다. 석유가격은 폭등하고, 푸틴 레짐은 부유해졌다. 2007년, 푸틴은 뮌헨안보회의에 참여하여 미국이 리드하는 세계질서에 도전할 것을 선언하고, 이듬해 조지아를 침범하였다.

둘째, 2009년 버락 오바마(Barack Obama)가 임기를 시작했을 때, 디미트리 메드베데프(Dmitry Medvedev)가 러시아의 대통령이 되었으나, 푸틴이 총리로서 실질적인 파워맨이었다. 오바마는 부시의 유산을 전환시키기위해, 이라크에서 철수하고, 방위비를 줄이며 동유럽과 중유럽에서 미사일 방어계획을 취소하였다. 국무장관 힐러리 클린턴은 러시아 외교장관에게 미국의 새로운 외교정신을 상징하는 핵 "리셋" 버튼을 보여 주었다. 따라서 미국과 러시아는 핵무기 스톡파일을 감소하는 New START조약에 동의하였다. 2012년 봄, 오바마가 재임을 위한 캠패인 때, 메드베데프를 한국에서 만났다. "이번이 나의 마지막 선거입니다. 내가 당선된 후, 좀 더 유연해질 것입니다." 메드베데프는 "네, 알겠습니다. 이 말씀을 블라디미르에게 전달하겠습니다."라고 정중하게 대답하였다. 메세지는 전달되었고, 다음 해, 오바마는 연임하였다. 푸틴은 한번 더 당선되었고, 크리미아(Crimea)를 병합하고, 동우크라이나에 게릴라전쟁을 감행하였으며, 시리아의 내전에 개입하였다. 오바마는 토라져 아무것도 할 수 없었다.

셋째, 2016년 대통령선거 후보자로서, 도널드 트럼프는 다른 대통령들이 푸틴과 사귀는 데 실패한 데 반하여, 자기는 이길 수 있다고 말했다. 그러나, 트럼프 대통령의 노력은 러시아가 공모(collusion)한 거짓 스켄들로 판단되었다. 이로 인하여 그는 대통령직 수행에서 같은 해 11월 선거 때부터 2019년 봄 뮬러보고서(Mueller report) 발표 때까지 괴로웠다. 트럼프에게 있어서 푸틴은 정치적으로 매우 독소적이고, 2018년의 트럼프-푸틴 사이의 미-러헬싱키 정상회담이 가장 해악한 것이었다. 이때, 트럼프는 미국의 정보기관을 초월하여 푸틴의 편에 섰다. 2020년, 코로나-19는 미국 연안에 상륙하였으며, 기회의 창은 트럼프 스타일의 리셋에 문을 닫은 것이다. 그리고, 오직 강건 노선 — 능률주의 — 정책만이 남아 있었다.

넷째, 조 바이든(Joe Biden)이 우선적으로 생각한 외교정책은 러시아를 미국과 "안정적이며 예측가능한 관계"로 묶어놓을 것을 원했다. 미국은 러시아를 그렇게 측면에 두고 중국에 더 관심을 가질 수 있었다. 따라서, 바이든 행정부는 러시아에서 발트해를 거쳐 독일에 이르는 1,220km 해저가스관 프로젝트 제제를 해제하고, 전제조건 없이 5년간 New START의 개정을 재안하고, 방위비를 삭감하였다. 그리고 제네바에서 푸틴을 만났다. 그러나, 두 달이 지난 후, 미국은 아프가니스탄에서 서둘러 퇴각을 했으며, 물가상승이 미국경제에 몰아치고, 2022년 2월 24일, 푸틴은 키이우(Kyiv)에 직접침략을 하였다.28)

한편, 러우전쟁에서 트럼프행정부2.0의 대러시아 접근을 유화정책(appeasement)으로 우려하는 시각도 있다. 백악관이 크래믈린과 한 협상은 유화정도이나, 지나친 유화정책은 유럽인이 분노의 폭발에 이르게 된다는 관점이다. 첫째, 지금까지 트럼프와 그의 최고 안보공직자들이 모스크바의 주요 조건을 지속적으로 사전 승인해 왔다. 우크라이나는 NATO가입이 불가능하고, 2014년 이후 러시아에 의해 점령된 우크라이나의 영토반환은 불가능하며, 분쟁지역에 평화유지군의 존재도 불가능하다는 점이다. 나아가, 젤렌스키 대통령은 선거를 치르지 않은 독재자로 전쟁시기에 미국원조에서 "벼락부자"가 되었으며, 워싱턴의 백악관 오벌 오피스(Oval Office)에서 미국의 명예를 실추시켰다고 비판을 받았다.

다음으로, 푸틴은 리야드의 미국-러시아 회담에서 그의 협상메뉴를 확대하려는 것이 확실하다. 러시아는 루한스크(Luhansk), 도네츠크(Donetsk), 키르손(Kheerson), 자포리즈지아(Zaporizhzhia)에 대한 병합을 미국이 인정하기를 주장하고 있다. 특히, 뒤의 세 곳은 러시아가 군사적으로 완전히 통제하지 못하고 있다. 이미 떠도는 소문은 "평화합의(peace deal)"를 위하여 "2022년 이스탄불 대화(Istanbul Talks)"를 틀로 하는 모스크바의 주장에 미국이 따르는 것처럼 보인다. 러시아 침공초기 우크라이나에 의해 거부되었던 평화합의안은 우크라이나가 러시아의 효과적인 무방위 보호국이 되어, 외교 및 안보 정책실행에서 러시아 거부권으로 거의 무장이 해제되며, 서구로부터 군과 무기를 지원받는 것이 금지되는 것이었다. 이것이 푸틴이 2025년 3월 협상에서 정전협정을 위한 전제조건으로 제시한 것으로 트럼프 고위협상단 스티브 위트코프(Steve Witkoff)가 언급하였다.

셋째, 푸틴은 NATO가 동유럽과 중유럽의 회원국들에서 군대와 무기를 철수해야 한다는 2021년 요구를 다시 요구할 것이다. 트럼프는 다른 동맹국회원들에게 강요하지는 못할 것이지만, 그의 경우를 볼 때, 동맹에 대한 미국의 안전보장을 일방적으로 회수하면서 푸틴의 기대에 부응할 것이다. 푸틴은 여기에 만족할까? 가장 취약한 목표는 오직 가볍게 방위되고 있는 에스토니아(Estonia)와 라트비아(Latvia)는 리투아니아(Lithuania)와 함께 러시아 국경에 있는 유일한 NATO 회원국들이다. 러시아의 대중여론에서 이들은 여전히 "비우호적 국가들"로 "변절자"이며 적보다도 더 나쁘며 "타도되어야 한다"는 것으로 푸틴은 생각한다.

물론, 푸틴은 NATO와 승산이 없는 지연된 재래전쟁을 원하지 않을 것이다. 만일 동맹이 굴복하지 않는다면, 나아가 미국이 유럽에서 손을 떼지 않는다면, 푸틴은 에스토니아, 라트비아, 리투아니아에 대하여 "영구중립"을 말하고, NATO를 굴복한 종이호랑이로 만들기 위해 "전면전(all-out war)" 혹은 "전반적 평화정착(overall peace settlement)"이라는 핵약탈에 의존하면서, "진정을 위한 확전 닥트린(escalate to de-escalate doctrine)"을 따르는 핵위협을 할 것이다.

트럼프는 여전히 우크라이나에게 긴장된 러시아가 실질적이며 정당하고 지속적인 휴전협상을 하는 우선권을 갖고있다고 인식시키고 있다. 그러나, 만일 트럼프가 우크라이나의 항복을 "평화"로 지속적으로 가장한다면, 미국은 영국의 챔벌린(Chamberlain)의 1938년 히틀러와의 뮌헨딜에 대하여 처칠이 한 예언을 다시 볼지도 모른다: "당신에게는 양자 사이에 선택이 있다. 귀하가 불명예를 취하면, 전쟁이 일어날 것이다."29)

트럼프행정부2.0는 2025년 4월 22일 크리미아를 러시아의 부분으로, 그리고 2022년 이후 러시아에 의해 점령된 우크라이나의 거의 모든 지역에 대한 러시아의 통치를 비공식적으로 미국이 인정하는 평화안에 대한 우크라이나의 회신을 기대하고 있었다. 일주일 전에 파리에서 미국이 우크라이나 관료들에게 전한 한쪽 분량의 서류는 트럼프 대통령의 "최후제안"으로 알려졌다. 만일 러시아와 우크라이나 양쪽이 바로 협상에 임하지 않으면 미국은 떠날 것(walk away)이라고 주장했다. 그 주요한 내용은:

- 러시아의 크리미아와 동우크라이나 4 지역에 대한 러시아 통치에 대해, 트럼프는 젤렌스키가 수용하는 것
- 푸틴이 협상에 이르기 위해 현재의 전선을 동결시키는 반면, 미국안의 다른 요인, 예로 평화유지군 등을 우크라이나 영토에 배치를 금지하는 것
- 우크라이나 정부의 소식통에 따르면, 최후 제안은 러시아에 고도로 기운 편향된 것으로, 러시아는 실질적으로 얻고, 우크라이나는 오직 허왕되게 얻는다는 것.

트럼프 제안에서 러시아가 얻을 수 있는 것은:

- 러시아의 크리미아 통치에 미국으로부터 "법적" 인정을 받는 것
- 러시아가 점령한 루한스크 오블라스트의 거의 모든 지역과 도네츠크, 케르손, 자포리즈지아 지역에 대한 미국의 사실상의 인정
- 우크라이나의 NATO 비회원국의 약속과 European Union가입이 가능
- 2014년 이후 러시아에 시행되어온 제재의 철회
- 미국과 경제협력 강화, 특히 에너지와 산업분야

트럼프제안에서 우크라이나가 얻을 수 있는 것은:

- 유럽의 특별한 그룹의 나라들과 잠재적으로 같은 마음을 가진 비유럽 국가들을 포함한 강력한 안전보장. 이 문건이 어떻게 평화유지활동이 기능하느냐에 대한 미국의 참여가 표기되지 않아 공허함
- 러시아가 점령해 온 카르키프 오블라스트 지역의 작은 부분의 환원
- 남우크라이나의 앞을 흐르는 드니에퍼강(Dnieper River)의 자유통과 재건축의 보상과 원조기금이 어떻게 조성되는지의 기록이 없지만

제안의 다른 요소는:

- 우크라이나에 있는 자포리즈지아 핵발전소는 유럽에서 규모가 가장 큰 것으로 미국이 운전하고 전력을 우크라이나와 러시아에 공급
- 미국-우크라이나 미네랄협상은 별도의 기록을 참고, 트럼프는

목요일 서명을 한다고 말해 옴

이 안은 트럼프의 사람 위트코프(Steve Witkoff)가 4월 셋째주 푸틴을 만나 네 시간 이상의 시간을 들여 만들었다. 그리고, 백악관이 4월 22일 화요일 발표했다. 위트코프와 루비오 국무장관이 런던에서 유럽국가의 정상들을 만나는 대신, 우크라이나와 러시아 특사 켈로그(Keith Kellogg)가 미국대표단을 맞아 이를 의제에 넣었다. 이 회의에 참가한 미국인은 위트코프와 루비오는 전쟁을 끝내는 틀을 만드는 데 노력했다고 한다. 그러나, 그는 트럼프 평화안제안보다 우크라이나인들은 수요일 런던회의에서 역제안인 "30일 휴전 회의안"에 관하여 논의하기를 바랐다고 한다.30)

푸틴은 30일간 휴전을 요구하는 우크라이나와 미국의 요구를 반복하여 피하면서, 터키의 이스탐블에서 우크라이나 대표팀과 러시아 대표팀 사이 트럼프의 안으로 직접평화대화를 제안하였다. 젤렌스키는 푸틴이 변명을 하지못할 것을 예상하면서, 목요일인 5월 15일 이스탐블에서 대표단이 만나는 결단을 했다. 이들은 2022년 2월 러시아의 대공습 이후 처음으로 직접 대면하는 것이었다. 그러나, 실제회담에서 무기로 만든 코트를 입은 두개의 머리를 가진 러시아가, 역사적으로 비잔틴제국에 연결되고 광활한 동과 서의 영토의 영향력을 인정하면서 다양한 의미로 나타났다. 러시아 대표단은 영구전쟁을 말하면서 무례한 요구목록을 제시하였다. 푸틴에게 있어서, 어떤 평화협정도 허약함을 의미한다. "수퍼파워는 협상하지 않는다. ― 강국은 복종시킨다."31)

이에, 트럼프는 2025년 5월 18일 일요일 EU정상들과의 전화통화에서, 러시아의 푸틴은 그가 이긴다고 믿는 것 처럼 우크라이나에서 전쟁을 종식시킬 준비가 되어 있지 않다고 인정하였다. 이어서, 푸틴이 정전을 거부하면 제재를 가해야 할지도 모른다고 말했다. 그러나, 그 후 트럼프의 그러한 행동은 없었다. 그는 푸틴과 대화 후, "이것은 나의 전쟁이 아니다. 우리가 개입되지 말아야 하는 일에 얽혔다"고 언론에 말했다. 트럼프의 러시아 제재 반대에 대한 배경은, 첫째 워싱턴과 모스크바와의 경제적 협력에 의도를 두고있다. 둘째, 국무장관 루비오가 미하원외교위원회청문회에서 푸틴을 전범으로 처리하는 것을 기각시켰으며, 셋째, 트럼프는 우크라이나 정부에 대한 지속적 지원약속과 우크라이나에 대한 러시아 침공의 불법성에 대해 반대를 해왔고, 마지막으로 독일 총리 메르츠(Friedrich Merz)는 러시아의 우크라이나 침공전쟁이 빠른 시일 내에 종전의 기미는 없다고 말한 것이다.32)

트럼프의 정책과 미국과 서구를 위한 함의에 있어서, 러우전쟁은 한쪽이나 다른 한쪽이 패할 때까지는 협상에 의한 종전은 없을 것이다. 만일 푸틴이 "협상에 진지하지" 않다면, 트럼프는 우크라이나 문제에서 "걸어 나올 것"이라고 부통령 밴스(J.D. Vance)가 말했다. 타임지는 위의 제안을 푸틴과의 대화에서 걸어나오는 것은 하나의 일이라고 평하였다. 그러나, 만일 밴스가 "전쟁으로부터 걸어 나오는 것"을 의미한다면, 이는 아주 다른 문제가 되는 것이다.33)

2022년 3월 이후, 2025년 6월 2일 제2차 이스탄불 (Istanbul) 평화회담에서, 러시아가 이미 획득한 새로운 영토를 우크라이나가 포기하고, 우크라이나 육군의 규모를 축소할 때, 러시아는 전쟁의 종결에 동의한다는 것을 각서에 천명하였다. 그 내용은, 우크라이나에서 대학살을 종식시키려는 트럼프의 요구에도 불구하고, 지속하려는 전쟁목적에 타협을 거부하는 모스크바의 의도가 다분하다. 우크라이나는 이것을 항복과 동등한 조건으로 인식하고 반복하여 이에 거부하였다. 에르도안 (Tayyip Erdogan) 터키 대통령은 이번 회담이 푸틴, 젤랜스키, 트럼프 사이에 위대한 만남으로 획기적인 일이 일어날 것으로 기대하였다. 이 회담의 우크라이나 대표단장인 국방장관 우메로프(Rustem Umerov)는 6월말 이전에 더 많은 대화를 바라며, 젤렌스키와 푸틴 간의 회의에서만 많은 내용이 결정될 수 있다고 말했다. 러시아언론 Interfax에 따르면, 러시아 각서는

- 전쟁종결을 위해, 2014년 크리미아반도 병합과 러시아가 자신의 영토로 주장하는 우크라이나의 다른 4곳에 대한 국제적 인정과 이상의 모두에서 우크라이나군의 철수
- 우크라이나는 NATO 회원국이 될 수 없으며 중립국이어야 한다. 러시아어를 말하는 사람의 권리보장과 러시아어의 공식언어화 및 나치즘 찬양의 법적금지
- 평화협정으로 가는 휴전협정을 위한 첫째 조건, 루한스크, 도네츠크, 케르손, 자포리즈지아 지역에서 우크라이나군의 전면 철수와 러시아의 전면 통치
- 둘째 조건, 군대의 재배치와 외국의 군사원조 위성통신 정보에 관한 외부의 공급중단과. 우크라이나의 군법 폐지 및 100일 내 대통령제와 의원내각제 선거 실시

특히, 첫째 항에서 우크라이나는 동의할 수 없었고, 양국의 갈등은 고조되었다. 일요일 "Spider of Web"이란 작전명으로 우크라이나는 시베리아와 러시아 북쪽의 항공지역에 있는 러시아 핵능력 장거리 폭격기를 공격하기 위하여 117개의 드론을 발사하였다. 미국과 영국의 정부관료도 인지하지 못하였다고 한다. 한 우크라이나 관료는 "우리는 복종하지 않으며, 어떤 위협에도 굴하지 않을 것이다. 우리는 싸우기를 원치 않으며, 우리의 힘을 보이기를 바라지도 않는다. 적이 멈추기를 원하지 않기 때문에, 우리가 행하는 것이다"고 말했다.34)

5) 러시아의 중국에 대한 의심

2025년 5월 8일, 푸틴은 시진핑이 참가한 러시아전승기념일에 "러시아와 중국의 밀접해지는 우정은 단단한 기반을 갖고 전략적이고 경제적인 황금시대로 접어들고 있다"고 선언했다. 그러나, KGB의 비밀정보기관 FSB는 한 문건에서 중국인을 "적"으로 인정하고, "중국이 러시아 안보에 심각한 위협이 된다고 했다. 베이징은 점점 더 러시아인 스파이를 포섭하여, 민감한 군사기술을 입수하며, 불만에 찬 러시아 과학자들을 유인한다"고 경고하였다. 이곳 정보종사자들은 중국이 서방의 무기와 전쟁을 배우기 위해 우크라이나전쟁에서 러시아의 군사작전에 관하여 스파이활동을 하고 있다고 한다. 중국 정보기관은 북극에서 표면상 채광회사와 대학의 연구기관을 이용하여 간첩행위를 자행하고 있다.

한편, 중국은 러시아 원유의 최대 소비국이며, 러시아에 대한 컴퓨터칩, 소프트웨어, 군수물자의 공급국이다. 서구가 러시아를 빠져나가면 중국 브랜드가 바로 러시아의 그곳을 메울 것이다. 두 나라는 영화를 만들고 달에 기지를 건설하는 등 많은 영역에서 협력을 원한다고 한다. 푸틴과 시진핑은 두 나라 사이 파트너십에 제한이 없다고 말하지만, FSB의 극비 메모에 따르면 양국관계는 한계가 있다는 것이다. 중국은 무제한적인 파트너십과 그들이 아무리 유용해도 결국에는 잠재적인 위협이라는 것이다.

중국은 러시아의 전쟁비밀과 과학자들이 목표다. 러시아가 국경을 통과해 우크라이나를 침략하고 얼마 지나지 않아, 중국의 방위회사 및 연구소 관리들이 러시아로 몰려들었다. 이들의 목적은 전쟁연구였다. 중국은 월드클래스 과학자들을 보유하고 있으나, 1979년 베트남과의 1개월 전쟁 후, 중국 군대는 전쟁에 싸워보지 못했다. 따라서 타이완해협과 남중국해 갈등에 어떻게 대응해야 하는가에 고민이 있다. 그래서 중국의 정보요인들은 러시아가 서구의 지원을 받는 우크라이나 육군에 어떻게 대응하는가를 이해하려고 한다. 특히 베이징은 드론을 사용한 전투방식, 이들 소프트웨어의 발전, 신형의 서방무기에 대한 정보에 관심이 깊다.

모스크바는 중국과 맞대고 있는 2,615마일 국경선에 걸쳐 베이징에 의한 러시아 영토 잠식과 침략을 우려한다. 블라디보스톡을 포함하여 영토의 상당 부분을 러시아가 할양한 것에 대하여 중국의 민족주의자들이 여러 문제를 제기해 왔다. 이는 현재 핵심사항으로, 전쟁과 약화된 경제제재에서 러시아가 중국에 거부하기가 쉽지 않다. 그리고 중국은 러시아 극동에 "고대 중국인" 유적을 조사하고 있다. 2023년, 러시아영토 내에 장소와 지역에 역사적 중국지명을 가진 공식지도를 발행하였다. "해당 활동에 연루된 러시아 주민들에게 존경심을 갖고 예방사업을 수행하라"고 FSB메모는 말한다. "영향력의 척도로 외국인의 입국을 제한하라."

중국은 중앙아시아와 북극해에서 러시아를 불안하게 하고 있다. 중국은 현재 중앙아시아의 우즈베크스탄이 러시아의 영향에서 벗어나 중국의 소프트파워를 발전시키기를 원한다. 중국은 북극의 러시아 광대한 영토와 러시아 북극 연안의 북극해 루트에서 중국의 이익을 강조하고 나섰다. 이 루트가 개발되면 중국의 상품을 더 쉽게 판매할 수 있다. 러시아가스 거대기업 노바텍(Novatek)은 북극의 액화가스 프로젝트를 구조하기 위해 이미 중국에 의존했다. 북극에서, 중국은 고등교육기관과 채광회사를 통해 러시아의 발전에 관한 정보를 수집하고 있다.35) 한편 중국은 러시아가 극동지역을 발전시키는 데 중국과 협력하기를 주저하는 이유는, 모스크바에서는 정치적으로 극동에서는 경제적으로 기우는 정치조직의 출물을 우려한다는 것이다. 중국은 러시아가 서구와 대립에서 살아나고 제2차 붕괴를 피하기 위해서는, 극동지역의 산업과 농업을 위해 중국으로 하여금 천연자원에 대하여 싸고 정상적이며 안정된 접근을 허용하여 공동으로 러시아와 중국이 발전시키기 위해 개방해야 한다고 한다. 이같은 중국의 대러시아 전략적 파트너십은 중국을 위해서 중요하다. 왜냐하면 이곳은 유럽시장에 대한 선택적 무역루트와 글로벌 핵심인 자연자원과 식량공급의 근원을 공급하기 때문이다.36)

2. 이스라엘-팔레스타인 분쟁과 중국

국제정치는 지금 전쟁에 있는 세계에 의해서 정의된다. 그리고, 중국은 이 세계전쟁의 새 시대에서 유리한 점을 챙기려고 할 것이다. 미국은 러시아의 침략에 대한 우크라이나 저항의 교착상태에서 중동에서는 새로운 전환점을 모색하고, 이스라엘은 테러 집단인 하마스(Mamas) 와 그 동료그룹을 소멸시키기는 장기간의 전쟁이 될 상황에 직면해 있다. 이란은 그 대리를 통해 미국과 유대국가 이스라엘에 대해 공격함으로 갈등이 증폭될 것이다.37)

1) 하마스 공격

2023년 10월 7일, 하마스가 이스라엘을 기습공격하면서, 이스라엘-하마스 전쟁이 가자 지구(Gaza Strip)를 넘어 중동 전역으로 확전의 우려가 예상되어 왔다. 하마스의 공격이 있기 이전인 같은 해 3월 사우디아라비아와 이란은 중국의 중재에 의해 관계를 정상화하였고, 이어서 6월에는 아랍 에미레이트와 튀르키에 정상회담이 성사되었다. 기존의 미국의 탈 중동정책의 흐름에 따라, 미국에 안보를 의존해 온 중동의 전통적 미국 동맹국들이 이제는 안보를 미국에 전적으로 의존해서는 않되고 중국과의 협력을 모색하여야 한다는 인식이 강화되었다. 2023년 3월 사우디아라비아는 상하이협력기구(SCO) 대회의 파트너로 참가하였고, 2024년 1월에 사우디아라비아, 아랍 에미레이트, 그리고 이집트가 브릭스(BRICS)에 가입하였다. 이는 중국이 글로벌 사우스(Global South)를 흡수하기 시작하고, 중동에서 영향력을 확대하는 것으로 보여졌다.38)

이를 계기로, 중국은 미국을 호전자로 가정하면서 자신을 중동과 유럽에서 정당하고 정의로운 잠재적인 평화의 중재자로서 묘사하는 한편, 타이완, 일본, 필리핀에게는 자국의 군사적 정치적인 압박을 실질적으로 강화하며, 유럽과 중동에서 침략자들을 후원하고 있었다. 가까운 장래에, 미국이 전 지구적 갈등의 새로운 시대를 대비하지 않는다면, 중국이 훨씬 더 모험적인 군사적 도발을 시도할지도 모른다. 중국은 몇 가지 점에서 국제적 갈등으로부터 이득을 얻는다. 바이든 행정부가 베이징 정부와의 회의에서 얻는 것은, 양자의 정상회담을 통하여 시진핑의 국제적 이미지를 돕는 것뿐이었다.39)

한편, 이란은 미국과 그의 이스라엘 동맹을 목표로 한 "저항축(Axis of Resistance)"과 테헤란 자신의 원정작전을 강화하면서 더 공격적인 전략으로 움직여 왔다. 이를 위해 이란은 중국의 협조로 기금을 마련할 수 있었다. 지난 2년간, 이란이 중국에 선적한 석유의 양은 제재 이전 수준에 도달하였다. 그리고 이란으로부터 중국의 원유

이스라엘, 국민일보 2017. 12. 02.
www.kmib.cakr (2025.05.25. 인용)

수입은 2022년 말에 새로운 기록을 수립하였고, 중국은 이란 최고의 무역파트너가 되었다. 동시에 중국은 이 이슬람 국가에 외교적 군사적 지원을 하고 있었다. 베이징의 지원과 함께, 이란은 중국과 러시아에 의한 안보그룹인 샹하이협력기구(SCO)에 정식으로 가입하였다. 동시에 이슬람 국가들과 중국의 군사적 유대가 증가하였다. 2022년 4월, 이란 대통령 라이지(Ebrahim Raisi)는 중국의 국방부장 웨이펑허(魏凤和 : Wei Fenghe)를 초대하고 양국 간의 군사전략에 관하여 협력을 약속하였다. 이란, 중국 그리고 러시아는 같은 해 초에 오만 만에서 5일 간의 해군 연습작전을 하였다. 2023년 11월 21일, 이란 대통령이 중국을 방문하였으며, 양국은 수십억 달러에 해당하는 20 여개 항에 조인하였다. 이란은 지금 세계 최고의 테러지원국임에도 군사적 외교적 고립을 회피하면서, 경제적 안전벨브인 중국에 의존할 수 있게 되었다.40)

이란과 그의 동맹인 또 다른 예에서 볼 수 있듯이, 2023년 10월 7일 하마스의 이스라엘에 대한 야만적인 공격 후에, 중국은 하마스를 비난하기를 거부하고, 대신 미국을 유대국가의 지원자로 비판하는 한편, 이스라엘을 그 갈등의 침략자로 묘사하였다. 중국은 미국정책에 있어서 유태인의 영향을 함의하며 미국의 주요 동맹에 대해 자신의 명백한 적의를 함의하면서도, 자국의 인터넷에서 반유대적 친화력이 상승하는 것에 호응해 왔다. 이러한 중국식 전략은 비동맹세계의 많은 곳에서는 잘 활용되며, 미국과 이스라엘의 관계에서도 유사하다.41)

그러나, 하마스의 10월 7일 이스라엘에 대한 야만적인 공격은 국제정치에서 드물게 명확한 순간을 제공한 것이다. 이는 미국으로 하여금 급진적 이슬람에 대하여 이스라엘이 일격을 가하는 것을 도우게 할 뿐만 아니라, 또한 워싱턴의 다른 적들과 경쟁자들을 좌절하게 한 것이었다. 하마스의 공격은 이란과 러시아에 직접적으로 이익을 주었으며, 간접적으로는 중국의 기를 높여 주었다. 테러리스트 실체를 위한 테헤란의 다차원적인 지원은 유대국가 이스라엘에게는 감당할 수 없는 비용을 지불하도록 의도되었다. 이 지역에서 이의 주된 목적은 이스라엘에 대한 집단 학살적 파괴이다. 그러나, 이란을 위한 단기간의 성취목표는 미국의 이익에 도움이 되는 협력이 이루어지는 것을 방해하면서 이스라엘과 걸프국가들 사이에 어떤 더 이상의 화해를 방해하는 것이다.42)

이란이 바라는 것은 그 잔학행위에 대한 이스라엘의 반응태도가 페르시안 걸프 국가들이 — 혹은 사우디아라비아의 경우에 — 이스라엘에 대한 그들의 새로운 성실함에 문제를 야기시키는 것이다. 이란의 이러한 목적은 러시아와 중국과 함께 미국의 글로벌 리더십을 무너뜨리려고 하는 노력의 일환이다. 미국은 이스라엘이 하마스를 파괴하고 이란의 다른 대리자(국)를 파괴하려는 노력에 성공할 수 있도록 도와야 한다. 이것 또한 이란의 지역 영향력을 줄이기 위하여 이스라엘과 함께하여야 한다. 그렇게 하는 것이 이란의 중국과 러시아 동맹에 대하여 일격을 가하는 것이 된다.

그리고 2023년 10월 7일 사건 후, 러시아 침략에 대하여 우크라이나 지원을 위한 협력이 구성되었던 것처럼, 이스라엘을 위한 협력이 구성되었으며, 이번에는 인디아가 참가한 것이다.43)

이란을 차치하고 하마스 악행의 최고 수혜자는 러시아다. 러시아는 이란의 대리자가 우크라이나에서 러시아의 침략으로부터 미국을 끌어내 주기를 바란다. 이란은 테러조직을 미국의 글로벌 리더십에 대한 장기적 도전을 위하여 또 다른 전선을 사용하였다.44) 중국 또한 하마스의 행동에 대하여 얼마의 수확을 거두었는지 함구하지만 이익을 보았다. 중국은 늘 어디에서나 미국의 리더십에 도전을 하면서 러시아의 우크라이나 침공에 극적으로 지원하였다. 중국의 냉소적인 평가는, 러시아의 전쟁은 유럽방위에 초점을 두는 미국에 있다. 미국이 자신의 글로벌 군사력을 어떻게 절재하는가를 전제로 할 때, 유럽의 방위는 아시아를 방위하는 비용에서 온다는 것을 중국은 알고 있다. 현재 중국은 두 척의 미국 항공모함대가 중국으로부터 먼 동지중해에 머물고 있다는 사실을 즐기고 있다.45)

하마스를 지원하는 러시아와 이란 두 동맹을 가진 중국이 이스라엘-팔레스타인 갈등에 대한 해결책으로 "2국해결"책을 요구하는 것은 놀라운 일이 아니다. 중국은 그의 도덕적 이중성이 국내에 정치적 이익에 더 가깝다고 평가하는 것 같다. 미국과 중국으로부터 환심을 받는 인도네시아와 말레이지아는 미국보다도 중국의 지위에 대해 훨씬 동정적이다. 이스라엘이 여전히 어린이들의 살해자와 여성들을 성폭행한 범인들을 찾고 있는데도, 인도네시아 대통령 위도도(Joko Widodo)는 하마스의 비행에 대한 이스라엘의 점령을 비난하였다. 자카르타와 쿠알라룸프르는 이스라엘에 외골수적으로 적대적이다. 그러한 자세는 중국의 문화적이고 종교적인 위구르 무슬림의 집단학살에 대하여 양국이 침묵하고 있는 것을 볼 때, 무슬림의 동정심으로는 설명될 수가 없다. 미국은 이스라엘이 그의 전쟁을 수행하는 한, 이러한 자비로부터의 비판을 무시해야 할 것이다. 중국이 패권을 계산하는 데에 자신의 이익을 따르는 이러한 나라들을 주시해야 할 것이다.46)

여기서 급진주의에 대응하는 협력의 필요성이 대두한다. 러시아 침략에 대한 대응으로 명확한 대조는 아시아의 민주주의 국가들과 다른 친미우호 국가들이 이스라엘 측에 서는 데 미국과 유럽이 함께 하고 있다. 이번에는 인디아, 일본, 한국, 오스트레일리아, 뉴질랜드, 타이완, 그리고 싱가폴 등 모두가 유대 국가 이스라엘을 돕겠다고 선언했다. 이들 나라들의 많은 지도자들이 도덕적 전략적 계산에 공감하였다. 그들은 이스라엘 유대인에 대한 하마스의 악의에 넌더리가 난 문명화된 세계의 일부분이다. 이스라엘과 미국이 이슬람이스트들에 대하여 주요한 반격 폭격을 한 것에 동의를 할 것이다. 특히, 인도와 싱가폴, 오스트리아는 여전히 이슬람 급진주의자들로부터 위협에 직면해 있다.47)

인도의 경우를 제외하고, 지금까지 이스라엘과 확고한 유대를 가져온 글로벌 협력처럼, 러시아의 잔인한 침략에 대한 우크라이나를 지원해 온 협력과 같은 것이다. 우크라이나에서와 같이 이스라엘이 그의 전략목표를 성취하는 데 있어서 협력의 지원이 필요할 것이다. 이는 하마스의 완전한 파괴와 이란의 급진적 촉수를 제거하는 것을 포함하고 있다. 이러한 목표를 달성하는 데는 시간이 걸린다. 이스라엘의 장기적 전략은 미국이 알카에다(al Qaeda)와 ISIS에 실행하였던 것 같이 10년 이상의 시간이 필요한 것이다. 이스라엘은 가자 지역에 있는 하마스를 처리해야 할 뿐만 아니라, 또한 그들이 어디에 있는지를 막론하고 누가 그 공격 계획을 도우고 재정지원을 하는지를 찾아내야 하는 것이다. 미국과 동맹의 원조는 이러한 노력의 핵심이 될 것이며, 이는 확실히 테헤란으로 귀착할 것이다. 동맹의 인내는 이스라엘의 전쟁이 시민의 재앙을 야기시킨 것처럼 시험을 당할 것이다. 그러나 중요한 것은 베이징과 모스크바가 이를 함께 볼 것이다.48)

미국과 그의 동맹들을 위해, 하마스에 대한 이스라엘의 파괴와 이란에 대한 응보는 치명적인 전략목표가 되어야 할 것이다. 이란으로 하여금 테러에 대한 지원을 보상하게 하는 데 목적을 둔 이스라엘의 군사정보 외교적 전략은 미국의 반 테러이익과 일치하며, 아울러 이란의 발전을 목표로 하던 중국과 러시아에게 동시에 실패를 맛보게 하는 것이다. 미국은 러시아의 침략에 대항해 협력을 조직하는 데 열심이었다. 가장 직접적인 다음 단계는 이러한 협력을 급진적 이슬람과 싸우는 것으로 확산하는 것이다. 장기간에 걸쳐, 목표는 미국의 자유세계질서의 리더십을 붕괴시키기를 의도하는 중국의 의도를 근본적으로 제거하는 것이다.49)

2) 가자 효과

역설적이게도, 한편에서는 중동의 국가들이 이 지역을 묶을 가장 강력한 힘 중의 하나가 가자(Gaza)의 고난과 팔레스타인 문제 (Palestinian Issue), 즉 세계에 관심을 끌어온 전쟁이다. 압도적인 대중들의 분노, 장기적인 급진화의 경향, 그리고 급진그룹으로 전이에 직면한 중동의 지도자들은 이 전쟁에 대비하여 크게 그들의 정책대응을 수립하였다. 2023년 10월 7일 이전, 중동의 일부 정부들은 직접적인 휴전을 요구하고, 가자지역에서 팔레스타인들의 어떠한 전환도 반대하며, 가자지역에 대한 인적 접근과 위급한 원조를 요구하며, 이스라엘인질 석방협상을 위한 전쟁의 중단을 요구할 수 있게 조정하였다. 지금 문제는 이러한 협조가 정당한 평화 프로세스를 구축하는 데로 방향을 잡을 수 있느냐는 것이 문제다.50)

많은 지역의 아랍과 무슬림 국가들에게 있어, 가장 우선적인 것은 가자지역에 대한 명확한 계획과, 결국에는 팔레스타인에 대해 국가지위를 부여하는 것이다. 이스라엘 지도자들은 지금까지의 제안에서 사우디아라비아 및 아랍에미레이트(UAE)와 같이 실질적인 자원을 가진 걸프국가들이 가자를 재건하는 비용을 공동부담할 것을 제안해 왔다. 그러나, 현 이스라엘의 네타냐후(Beniiamin Netanyahu) 정부는 어떤 팔레스타인 국가도 반대하며 전쟁을 계속한다고 해왔으며, 어떤 아랍정부도 그러한 결단을 하거나 이스라엘의 전쟁 노력을 승인하지 않을 것이다. 그 대신, 그들은 그들 자신의 국민들이 전후 평화를 위한 그들 자신의 평화안을 제시해 왔다.51)

2023년 10월, 이집트와 카타르는 조정된 포로 석방과 범죄인 교환을 조건으로 하는 휴전을 시행하는 계획안을 제출하였다. 전환기간의 경과 후, 이론상 이러한 신뢰 구축 단계는 팔레스타인 통일정부의 탄생을 가져왔으며, 이는 두 개의 파타(Fatah) - "국민당"(PA를 지배해온) 과 "하마스(Hamas)" - 로 구성된 정부로 웨스트뱅크(West Bank) 와 가자지역(Gaza)을 공동으로 지배하며, 냉정한 지역 수요의 관점에서 볼 때, 상이한 팔레스타인 영토는 더 이상 정치적으로 분리되지 않는다. 마지막 국면은 팔레스타인들에 의한 투표와 팔레스타인 국가의 창설이다. 이스라엘이 계획 자체를 부정함에도 불구하고, 하마스의 수용과 국가지위 문제에 대하여 이는 더 많은 토론을 위한 출발점을 제공하는 것이다.52)

차례로, 터키는 팔레스타인의 안보와 정부를 보호 및 지탱하는 지역 국가들과, 이스라엘의 안전을 보장하는 미국 및 유럽국가들과 함께 다국 보장 체제의 개념으로 떠올랐다. 국제연합은 웨스트 뱅크와 가자지역에서 과도기 권한을 행사하며, 팔레스타인 정부의 전체 조직을 점검하기 위한 시간을 할당하고, 마지막으로 팔레스타인들의 선거를 위한 기초작업을 실행하였다. 이란은 팔레스타인 자신들에 의하여 지원된 어떠한 결과도 재집행 되도록 할것을 반복해서 말했다. 아울러 이란은 어떤 협상을 지원하고 일상적인 피해를 사전에 예방할 것을 약속하였다.53)

그 사이, 사우디아라비아는 여타의 아랍 국가들과 팔레스타인 국가 성립을 위한 결정적 창조에 관하여 이스라엘과 정상화를 조건으로 하는 평화계획을 발전시켜 왔다. 리야드(Riyadh) 의 접근법은 동예루살렘, 가자, 그리고 웨스트 뱅크에서 팔레스타인 국가의 창설을 위한 교환에서 이스라엘에 대한 아랍의 승인을 가져온 2002년 아랍평화 조치에 의하여 토대가 마련되었던 것이다. 현재 사우디의 계획은 이스라엘-사우디 정상화를 위한 미국안과 동일 선상에 있다. 그러나, 특히 이스라엘의 강력한 저항이 예견될 때, 그것은 사우디 안이 미국안에서 무엇이 팔레스타인 국가를 향한 믿을 수 있고 취소할 수 없는 단계인가에 대하여 그들의 파트너와 일치하는가 하는 것이다.54)

네타냐후의 이스라엘 정부는 이러한 제의를 모두 거부해 왔다. 그러나 지난 2024년 1월 하순, 이스라엘은 하마스를 전멸시키려는 전쟁 목적을 확립한 것과는 다른 자세를 취하고 있다. 그리고 남아 있는 100명 이상의 포로를 석방하기로 결정하였다. 전시 내각과 미래 군사작전 과정에 대한 이스라엘 대중의 양쪽에서 긴장이 고조되고 있다. 더구나, 이스라엘은 전쟁이 끝날 때까지 미래의 안보에 대한 어떤 진지한 대중적이거나 정치적인 토론이 없었다. 그러한 것이 발생하였을 때, 이스라엘은 미국으로부터 절차를 통해 안전을 보장하는 개입을 하듯이, 아랍국가들로부터 공개적인 외교 채널이나 기금을 마련할 필요가 있다.((Kaye, Dalia Dassa and Vakil, Sanam. 2024)

그러한 심각한 전쟁 후에, 진지한 평화 프로세스를 위한 필요한 정치적 조건을 확립하는 데는 여러 해가 걸릴지도 모른다. 그럼에도 불구하고, 갈등과 이의 지역적 확산은 이스라엘-팔레스타인 갈등이 유일한 원인이 아님에도 불구하고, 지역 안정이 계속되는 한 그것은 끊임없는 위기에 있을 것이다. 그리고 지역 정부들은 그들이 자신들을 위한 실행가능한 평화 프로세스를 공급할 때 만이 미국에 의존하지 않을 수 있다고 점점더 깨닫게 된다.55)

팔레스타인 문제 못지않게 가자전쟁은 중동지역의 새롭고 중요한 정치적 역학을 기록하고 있다. 표면적으로는 미국의 영향력이 약화되는 것 같다. 그리고, 10월 7일 전에는 지역국가들 — 이집트, 요르단, 사우디아라비아, 터키, 그리고 아랍에미레이트 — 이 팔레스타인 문제에 그렇게 협력적이지 않았다. 그러나 이들이 공유한 결의를 지속적인 집단 지도력의 근원으로 전환시키기 위해서는, 이 국가들이 좀 더 영구적이고 지역적인 기구와 조직을 포용해야 한다. 즉, 중동에 일시적으로 존재하는 동지중해가스포럼(East Mediterranean Gas Forum) 등이 있으나, 유럽과 아시아의 유럽안보협력기구(Organization for Security and Cooperation in Europe)와 아세안(ASEAN) 같은 지역 안보를 위한 항구적 포럼이 없다. 이들 포럼은 양자 및 지역 안보동맹의 발전, 적성국 사이의 대화증진, 심지어 갈등방지를 위하여 발전해 왔다. 중동지역의 지도자들은 비교적 전지역을 포괄하는 포럼에 대하여 회의적이었으나, 새로운 협력적 안보 매카니즘이 창설될 수 있다는 방안이 있다. 이스라엘-팔레스타인 갈등을 처리하기 위하여 1990년대 초반에 전문가들 사이 대화를 위하여 마드리드 평화 프로세스가 시작되었다. 이러한 포럼은 전지역의 회원이 참가해야 하나, 처음은 작은 수의 핵심국가들이 공식 과정을 시작할 수 있다. 예로써 터키와 몇몇의 아랍 국가들이 이란과 이스라엘 두 국가들과 관계를 시도할 수 있을 것이다. 역사적으로 볼 때, 어떤 중동 안보포럼의 설립은 강한 지역의 챔피언과 최고 수준의 정치적 의지가 필요하다. 이의 착수에는 중국, 러시아, 그리고 미국이 이 포럼이 강대국 경쟁을 위한 또 다른 장소로 변하는 것을 방지하기 위하여 제한된 역할만 가지게 된다. 그럼에도 불구하고, 워싱턴과 베이징은 이 포럼이 이 지역에서 그들 자신의 외교에 위협이기 보다는 유용한 보충이 된다는 것을 확신하게 한다.56) 중동의 제 국가들이 협력을 할때, 이곳에서 미국과 중국의 패권다툼도 약화될 것이다.

3) 요르단

한편, 중동지역에서 가자지구 만이 실질적인 위기일 뿐만 아니라 또한 요르단이 관건이다. 2국가 해법(2-state-solution)을 선호하는 전 바이든 대통령의 이스라엘 국가에 대한 호의에도 불구하고 국무부장 블린컨(Antony Blinken)과 국가안보 보좌관 슐리반(Jake Sullivan) 등 고위 참모들의 상이한 이데올로기로 인하여 정책이 제대로 반영되지 못하고 있었다. 국무부와 중앙정보국(CIA)의 편견이 바이든의 전략가들을 혼란하게 하고 있었다. 또한, 이스라엘에 대한 백악관과 의회의 강박관념과 바이든 대통령의 이스라엘 총리 네타냐후에 대한 비호감 등이 미국이 가자지역보다 훨씬 더 해를 가져오는 위기 —요르단의 붕괴 — 를 어렴풋이 보이지 않게 하고 있었다. 지난 수십년 동안, 미국은 정보와 외교적 파트너 그리고 그 지역의 안전을 위한 힘으로 요르단에 의지해 왔다. 미국은 이 지역에서 백년 역사의 군주국의 안전에 대해 생각해 보지도 않았다.57)

요르단 왕 압둘라 2세(Abdullah II)는 소련의 고르바쵸프가 국내에서보다 서방세계에서 더 유명하였던 것처럼, 그도 국내에서보다도 해외에서 더 인기가 높다. 그의 Star Trek에의 몰입, 2023년 왕자 후세인(Hussein)과 왕자비 라즈와(Rajwa)의 화려한 결혼식은 접근을 유지하기 위해 비판을 삼가해온 언론인, 연구원, 그리고 전직 공직자들의 자존심에 자부심을 불어넣어 주었다. 요르단인들은 국왕 압둘라 2세의 부패에 반감을 갖고 있다. 그의 여왕 라아(Rania)는 이론적으로 팔레스타인의 뿌리를 두고 있어서 요르단동계곡(Jordan East Bank Bedouin)과 요르단에 유입한 팔레스타인들을 합병할 수 있었였다. 그녀의 두드러진 소비와 낭비벽은 가난한 요르단인을 분노하게 하고 있다. 이같은 부패가 무슬림 형제들과 요르단의 이슬람주의자들을 위한 소재가 되고 있다.58)

한편, 이란의 최고지도자 아야톨라 알리 하메네이(Ayatollah Ali Khamenei)는 완벽한 습격을 완성하려고 한다. 하마스(Hamas)나 헤즈볼라(Hezbollah)는 유대국가의 존재를 위협하기는 충분하지 않다. 이스라엘과 서반구(West Bank)와 면해 있는 300마일의 요르단 국경은 다르다. 하메네이는 요르단과 이스라엘을 멸망시키기 위해 그의 목표를 완수하기 위한 도미노 카드로 생각한다. 만일, 이란이 요르단을 통하여 서반구로 들어가는 육지다리를 확보할 수 있다면, 이스라엘에서 작전 환경은 주요하게 변하게 되는 것이다. 이 육지 다리는 현재 가능하다. 시리아에 소생한 아사드(Assad)와 이란의 지도를 받고 있는 고삐풀린 이라크 민병대(militias) 둘 모두는 수니파(Sunnis) 들로 왕정에 반대하고 현금과 무기를 가진 하마스에 동정적이다. 팔레스타인들이 그들의 88세 지도자 마무드 압바스(Mahmoud Abbas) 의 죽

음을 준비할 때, 이란은 이 변화를 강탈의 기회로 모색할 것이다.[59]

왕 압둘라 2세는 그의 통치의 허약함을 인지하고 있다. 이스라엘이 압둘라 2세를 오랜 기간 도왔으며, 그의 아버지 후세인(Hussein)이 왕조에 대한 위협을 중화하고 있을 때, 하마스의 10월 7일 기습에 대하여 이를 빈말로 포용한 것은 요르단 거리에서 시위그룹에 대한 그의 두려움의 표현인 것이다. 최근, 여왕 라니아가 미국의회에서 있은 대화에서 하마스를 옹호한 것은 친구들을 놀라게 했다.[60]

바이든 팀이 이스라엘총리 네타냐후에 강박관념적으로 집착하는 비극은, 대규모 문명화된 전투에서 이스라엘이 전진기지가 된다는 사실을 인지하지 못하고 있다는 것이었다. 하마스를 위해, 가자(Gaza)는 제1차 전투장, 서반구(West Bank) 는 하마스의 다음 야심의 대상으로서 나타날 것이다. 그러나, 요르단(Jordan)은 무슬림 형제들과 다른 극단주의자들을 위한 거대한 상으로 남을 것이다. 지금까지 이보다 더 큰 상은 없었다.[61]

4) 이스라엘의 보복과 헤즈볼라

이스라엘 공군은 2024년 7월에 연이어 2주에 걸쳐 저명한 헤즈볼라 군사참모 슈크(Fuad Shukr), 하마스 정치부 대표 하니엘(Ismail Haniyeh), 그리고 가자지역에 있는 그 군사 그룹 사령관 데이프(Mohammad Deif)를 체계적으로 제거하여 국경으로 몰아냈다. 9월 24일, 다시 베이루트의 본부 벙커 깊숙한 곳에 은거하고 있던 헤즈볼라(Hezbollah) 지도자 하산 나스랄라(Hassan Nasrallah)를 사살하였다. 이는 1967년 6일전쟁 이후의 최대위업으로 인식되었다.

이는 중동의 전략 전망에 전환을 의미하는 것이다. 첫째, 심리적 균형에 역전이 왔다는 것이다. 2023년 10월 7일 하마스의 이스라엘에 대한 공격으로 인해 이스라엘이 허약하고 불쌍하며 국민도 지키지 못하는 무력한 군대의 이미지를 탈퇴한 것이다. 이스라엘이 하마스 공격을 받은 후, 소위 이란 주도의 저항 축(Iranian-led Axis of Resistance) ―가자의 하마스, 레바논의 헤즈볼라, 예멘의 후디스(Houthis), 이라크와 시리아의 시테(Shiite) 용병 ― 이 다방면에서 이스라엘을 공격하였다. 둘째, 이란과 그의 저항축 세력이 지역 질서를 긴장화시키는 점에 주의해야 한다. 헤즈볼라는 미사일과 전투기, 후티스는 홍해에서 항해의 자유를 빙자, 이란은 잠재적 핵보유 등 문제를 가지고 있다. 셋째, 이스라엘은 현재 진행되고 있는 이란의 핵위기 환경을 변화시킨다. 이란은 오랜 기간 헤즈볼라를 전략 보험으로 취급해 왔다. 즉, 이스라엘이 이란 핵시설을 공격하면, 헤즈볼라로 하여금 이스라엘에 미사일을 퍼붓게 한다는 것이었다. 그러나, 이스라엘은 이란과 헤즈볼라가 그러한 행동을 하지 못하도록 조치를 취하였다. 마지막으로, 가자전쟁으로 인해 사우디와 국교정상화가 이루어지지 못하고 있는데, 걸프 국가들에게 다시 상기시키는 것은 사우디 왕세자 모하메드 빈살만(Mohammad bin Salman)이 아브라함협정으로 알려진 "시온프로젝트"를 통하여 이스라엘과 국교정상화를 하고, 이 지역 국가인 이스라엘이 사우디를 도와 중동의 평화를 가져오는 데 있는 것이다. 그러나, 헤즈볼라와 이란이 사라진 것이 아니라 수그러진 것이다. 이스라엘의 북쪽 레바논에 여전히 수만명이 시테(Shi'ite)파 디아스포라로 있다.62)

2024년 4월 14일 새벽, 이란은 결국 이스라엘에 보복공습을 하였다. 이전, 중동에서는 다마스커스의 이란대사관 옆 건물의 이란의 이슬람혁명수비대(IRGC) 지도자 자헤디(Mohammad Reza Zahedi)와 6

명의 장군들이 있는 건물을 이스라엘 방위군(IDF)이 드론과 미사일로 공습함으로 사망하였다.63) 이란의 보복 대상은 이스라엘과 심지어 미국이 될 수도 있다. 그리고, 4월 10일 하마스의 지도자 이스마일 하니야(62)가 그의 세 아들과 네명의 손자들과 함께 이스라엘의 중부 가자지구 공습 과정에 사망하였다. 하나야는 이스라엘과 팔레스타인 사이의 휴전에 유화적인 인물이었다. 이는 휴전 협상에 적신호를 보내는 것이다. 베냐민 네탸냐후 이스라엘 정부는 비상 경계태세를 발표하였으며, 조 바이든 미국 대통령은 이스라엘을 철통같이 보호하고, 이란의 공격에 대한 미사일 격추 등의 준비가 완료되었다고 했다.

2024년 10월26일 전날 밤, 이스라엘은 100여명의 조종사가 탄 전투기와 무인 전투기로 이란의 요지 20여 곳을 수 차례 야간 기습폭격을 하였다. 이스라엘이 공격 목표로 하였던 곳은 보안시설이 있었던 테헤란과 핵과 관련된 파친군사단지(Parchin military complex)와 미사일과 관련된 코지군사단지(Khojir military complex)와 같은 곳으로, 고도로 민감한 항공방위자산과 이란의 드론 및 미사일 프로그램 관련 시설이었다. 그리고, 다음 달 이스라엘 방위군이 국제연합레바논임시군(UNIFIL)의 경비하에 레바논 내의 헤즈볼라 인프라를 근절하고, 배치된 미사일과 터널 등을 제거함으로서 헤즈볼라 비무장화를 레바논과 "UN 안보결의1701"에 따라 협상하는 조처를 취하였다. 이로써, 헤즈볼라 문제는 반이 해결되고 나머지 반은 여전히 존재한다.64)

레바논의 싯테공동채는 생계가 농업으로 정치적 권력이나 발전을 위한 희망이 없었다. 미국 작가 마크 트웬은 그의 책 *The Innocents Abroad*에서 그가 1867년 레바논을 거쳐 팔레스타인을 여행할 때, 많은 싯테인들이 상층으로 올라가려는 의지가 없이, 중동, 아프리카, 남미 등에 이주하여 장사에 종사한다는 것을 관찰하였다. 오늘날, 브라질과 아르젠티나의 레바논 디아스포라가 레바논의 인구와 같다. 20세기 중엽이 되면서, 국내의 불황이 싯테사회에 맑시즘과 민족주의의 유입을 가져왔다. 역사가 아자미(Fauad Ajami)가 *The Vanished Imam*에서 이라크의 파달라(Ayatollah Mohammad Hussein Fadlallah: 1935-2010)는 싯테(Shi'ite)주의를 연결하고 시주의(Shiism)와는 다르다고 본다고 설명하였다. 그리고 그는 헤즈볼라의 정신적 지주가 되었으며, 그의 영향은 레바논을 넘어 해외 싯테사회에 까지 미쳤다. 워싱턴연구소의 아이잰스타드(Michael Eisenstadt)와 비앤치(Kendall Bianchi)의 경우와 같이 국내에서 성공하고, 해외에서도 발전하고 있다. 1980년대와 1990년대를 통하여, 헤즈볼라의 촉수들이 성장함에 따라, 레바논 디아스포라도 헤즈볼라의 넓은 네트워크의 주요한 구성원이 되어가고 있다.65)

5) 이스라엘-하마스 정전

2025년 1월 19일, 이스라엘과 하마스는 양자 간 정전협정의 첫 단계로, 하마스는 3명의 이스라엘인을 석방하고, 이스라엘은 90명의 팔레스타인 죄수 및 억류인을 6주 내에 석방하며, 인도적 원조와 가자지역에서 이스라엘군의 철수와 가자지역과 이스라엘 사이 0.5마일의 중립지대를 설치하기로 하였다.

CSIS의 중동문제 전문가 앨터만(Jon B. Alterman)은 이에 대하여 분석하였다. 이 휴전 협상이 오래 걸린 이유는 하마스를 변호할 사람이 없고, 반면에 이스라엘 측이 하마스지도자를 더많이 죽였다. 또한, 가자에 있는 하마스와 카타르에 있는 하마스 리더들 사이에 분열이 있으며, 2023년 10월 7일, 하마스의 이스라엘 침략 시 이스라

포로의 수가 불명확하다. 이스라엘 총리 측 연합에 분열로 이타마 베르 그버르(Itamar Berr Gvir) 안보장관이 포로협상에서 사임하고, 여러 정치인들이 우려를 표시하였다. 이는 하마스가 가자를 통치하는 것처럼 인식시켰다. 네타냐후(Beniiamin Netanyahu)는 우익의 입장을 고수하면서, 상황이 원하는 대로 되지 않는다면, 다른 정치적 스펙트럼을 고려해 왔다. 그는 래피드(Yair Lapid) 야당 당수로부터 포로석방을 받아낼 것을 약속받았다. 이 모든 것들은 이스라엘과 팔레스타인 주민들이 정전협정의 방향에 관한 관점에 견해가 일치하지 않는다. 이에 대하여 하마스는 이스라엘이 더 도전적으로 결정할 것으로 생각하며, 가자에 있는 팔레스타인 여론도 갈등을 가져온다고 생각하고 있으며, 이는 또 다른 단계로의 움직임의 단서가 된다.

다음의 안으로 영구정전과 인도주의에 관한 문제다. 양측은 갈등을 해소하기보다는 싸우려는 제도를 강화하고, 새로운 정치적인 결정이 없이는 인도주의적 원조와 재건설이 불가능할 것이다. 정전협정이 어려운 것은 포로 석방에도 문제가 있다. 예로써, 포로가 건강하면 괜찮으나, 부상이 심하거나 사망한 경우에는 문제가 많기 때문이다. 그리고 전쟁이 어떻게 끝나는 가에도 문제가 있다. 이스라엘과 팔레스타인들은 깊이 트라우마된 사회에 살고 있다. 가자는 새로 건립되는 데 수십 년이 필요하다. 양측이 겪은 고통과 시련이 전쟁을 절대로 쉽게 끝내지 않게 할 것이다. 어느 쪽도 변하지 않은 것이 더 많을 것이다. 팔레스타인 측에서, 하마스는 시각적으로 우세가 없다. 이스라엘 측에서, 네타냐후는 여전히 불굴의 의지인 것 같고, 하마스가 이스라엘의 존재를 인정하지 않으면, 이 갈등은 끝나지 않는다. 그 갈등이 얼마나 오래 가는가? 마지막으로, 제1기 트럼프 행정부의 중동협상가 스티브 위트코프(Steve Witkoff)는 그의 협상팀이 처음에 실패하였다. 그러나, 양측에 압박을 주고, 이집트와 하마스를 뒤에서

체널로해서 계속 밀고 나가기를 앨터만(Jon B. Alterman)은 주장한다.66)

6) 이란과 미국, 트럼프외 외교혁명과 결단

지금 85세의 최고지도자 아야톨라 알리 하메네이(Ayatollah Ali Khamenei)의 이란(the Islam Republic)은 1979년 당시 미국대사관이 점령당하던 때의 이란의 아야톨라 코메이니(Ayatolla Khomeini)의 말년과 유사하다. 이란은 다시 지속적인 정통성 위기에 직면해 있는 것이다. 1999년 이후 증가하는 항의시위와, 2022~2023년 "Woman Life Freedom" 운동 중에는 종종 신권정치를 반대하였다. 하메네이는 직접적인 군사도발을 하면서, 이스라엘과는 핵협상을 배제하고, 밥 알 만압 만(the Bab el-Madeb strait)과 홍해(the Red Sea)에서 항해의 자유와 국제선박에 대한 후티의 테러활동을 지원하면서, 감히 미국이 이란을 직접 공격하기를 바라고 있다.

미국은 전통적으로 수천 명의 미국인이 테러리스트에 의해 죽임을 당해도 직접적인 이란인의 공모 때문에 이란에 대하여 직접 타격은 꺼려 왔다. 그 다섯 가지 이유로; 첫째, 펜타곤은 이곳 지역군사시설, 예로 바레인에 있는 미제5함대본부와 카타르의Al-Udeid 공군기지 등에 대하여 이란혁명수비대(Iranian Revolutionary Guard Corps)의 공격을 두려워한다; 둘째, 미국은 이란인들이 민족주의적이며 서구지향적인 것으로 인식하며; 셋째, 미군 장교들은 전쟁으로 말려드는 미끄러운 경사로를 두려워하며; 넷째, 많은 분석가들은 군사적 타격이 그 목적달성을 할 수 있는지 혹은 그들이 단순히 그 타격을 연기하는가를 묻는다; 마지막으로, 친이슬람공화국 로비는 국무부와 의회에 "불량국가"라는 거짓말로 접근하여 의미있는 외교의 평화를 유혹하는 이란외교관들에 의해 효과를 보아왔다.

하메네이는 자신이 원-원전략을 추구하고 있다고 생각하는 것 같다. 그는 미국에 대한 그의 도전에 대해 자신의 지지자들에게 스스로를 부풀리고 있다. 그리고, 일어나지 않은 상황에서도, 미국이 이란을 직접적으로 타격하면서 대응할 때, 그는 이란인들을 국기 주위로 모이게 하며, 그의 민족주의 자격증명을 빛낸다. 하메네이는 현실과 괴리되어 있다. 그의 도박은 실패한다. 바로, 이스라엘은 이스파한에 있는 S-300 미사일 시스템을 제거하면서, 정확하게 이란을 타격할 수가 있다. 도널드 트럼프 대통령은 2025년 3월 25일 자신이 후티 지도자들이 자고 있는 곳을 폭격할 의도를 피력하였다.

하메네이 자신의 고립은 트럼프에게 있어서 유산이다. 그가 숨쉬는 매 순간의 호흡은 지금이 그의 마지막 호흡이 되는 것이며, 그의 신체 주위의 폭발범위에 있는 이슬람혁명수비대(IRGC) 엘리뜨들에게도 같다. 원로 쿠드스군(Qods Force) 장군들의 운명도 다름이 없을 것이다. 만일, 대상이 하메네이 자신이 아니라면 국기주위로 많은 군중이 운집할 지는 확실하지가 않다. 이란인들은 민족주의적이지만, 하메네이가 이란민족주의를 대표하지 않는다는 것을 알고 있다. 왜 이란의 공공분야만이 특별한 기치 아래 시위를 하는가? "팔레스타인에 대하여 잊어라. 그리고 우리를 위해 생각하라"?

미국을 위해 중요한 것은 미묘한 뉘앙스이며, 보통의 이란인이 겪는 갑작스런 사고를 최소화하는 것이다. 역사를 돌아보자: 이란의 총리 모하마드 모사데그(Mohammad Mosaddegh)가 일으킨 쿠데타에 맞서 미국이 1953년 반쿠데타를 한 것에 대하여 많은 이란의 민족주의자들이 미국에 화를 냈으나, 바로 8년 전 미국이 이 나라를 점령한 것에 대하여 거의 언급이 없다는 것이다. 만일 하메네이가 미국이 이란을 폭격하도록 원한다면, 그는 그것이 그의 마지막 잘못된 판단이라는 것을 깨닫게 될 것이다.67)

트럼프는 2024년 경제, 국경, 그리고 좌익 진보세력의 문화적 급진주의 문제에 대하여 선거 캠패인을 시작했음에도, 그의 첫 기의 성공적 외교정책을 다시 실행할 것을 약속하였다. 그러나, 그 외교정책은 다른 논리를 따랐다. 그의 제2기 외교정책의 구조는 선거운동일 후에 나타났다.

트럼프는 2024년, 선거유세 기간에 외교원칙에 대하여 다음과 같이 언급하였다. "자유패권(Liberal Hegemony)은 이제는 더 이상 미국의 목적이 아니다. 아메리카는 자신의 영토를 확장시킬 것이다. 세계는 미국 시장에 접근하기 위해서 지불해야 할 것이다. 아메리카의 모든 동맹들은 그들의 방위를 위하여 현재보다 더 많이 지불해야 할 것이다. 미국은 적국들과도 딜을 할 것이며, 마지막 수단으로 무력을 사용할 것이다. 현상 억제자들은 우크라이나에서 정전을 강제하기 위하여 노력할 것이다."68)

트럼프 대통령은 제2기 출범 후, 2025년 5월 13~16일, 중동의 사우디 아라비아, 카타르, 그리고 아랍에미레이트를 공식 방문하였다. 이 여행으로 트럼프행정부2.0 외교혁명의 골격이 명확해졌다. 첫째, 기존의 동맹과 개입을 넘어 "현실주의로의 회귀"이다. 그는 리야드에서 개최된 경제정상회의 연설에서 과거 이라크 및 아프가니스탄을 침공한 미국의 신보수주의와 결별하고, 걸프국가들의 경제발전은 서구의 민족주의국가와 씽크탱크 및 NGO의 도움이 아니라, 그 지역의 리더십과 내부 혁신에 의해 주어진 것이라 찬양하였다. 특히, 그는 자신의 공화당 매파를 강하게 비판하고, "건국의 아버지들"은 그들이 만들고자 노력했던 것을 이해하지 못했다고 하였다. 그의 "America First" 이념은 국내재생과 거래외교에 기반을 둔다는 것이다. 동맹관계에도 국가이익이 우선이다. 이번 방문에 동맹국 이스라엘 총리 네타냐후를 배제하였다. 트럼프행정부1.0시의 목표였던 사우디/이슬람 정상화가 이루어지지 않았으나, 지금은 이스라엘 중심을 벗어나 더 다양하고 광범위한 관계를 갖게 되었다고 했다. 가자지역과 팔레스타인 관계에서도 기근, 원조중단, 인종학살 같은 UN전문가들의 보고가 있지만, 그는 다른 아이디어를 제안했다. "나에게 좋은 생각이 있다. 가자를 미국이 평화지역으로 만들자!"고 하여 법률학자들의 비판이 있기도 했다.

둘째, 시리아를 제재에서 풀어 "글로벌 경제공동체"에 포용했다. 리야드에서 사우디 왕자 빈 살만(Mohammed bin Salman)과 터키 대통령 에르도안(Recep Tayyip Erdogan)의 소개로 시리아의 임시 리더이며 전 알카에다 소속이었던 아메드 알 샤라(Ahmed al-Sharaa)를 만나, 젊고 매력적인 친구라며 시리아가 "거대한 기회"를 받을 만하다고 밀어붙였다. 처음 알 아사드(al-Assad)정권 하에서 취해진 제재를 트럼프가 해지함으로, 이제 시리아 경제는 무역과 투자에서 문을 열어제치고 새롭게 활성할 것이다. 이스라엘과의 정상화, 즉, 에이브라함협정의 확대와 팔레스타인 테러리스트의 추방, 혹은 "시리아의 국제시장으로의 회귀" 또는 "고립에서 글로벌경제로의 통합"이 되는 것이다. 이란 또한 트럼프의 걸프해 여행의 중심에 있었다. "올리브 가지"라 부르는 토론모임에 이란을 가입시켜 이를 확대할 것이다. "우리는 이란이 번성하기를 바란다. 그러나 영원히 지속하지 않을 것이다." 이전의 군사적 경고보다 경제적 경고가 있을 뿐이다. 이란이 여기서 걸어 나간다면 경제적 제재를 직면하게 될 것이라고 경고한다. 이란은 그 자신을 위해 핵무기를 추구하지 않으며, 엄중한 감시에 직면하게 될 것이며, 트럼프 정부도 이란에 대한 종말게임(endgame)을 갖고 있지 않다고 강조했다. 트럼프 여행의 핵심은 비즈니스 외교의 모범적 보폭에 있다. 역사적으로 기념할 주(historic week)로 표현하는 것처럼 과거의 연료 및 소비형 무역에서 교역형 무역으로 전환하여 30조 달러의 무기 구입, 인프라 구축, 미국산업에 자본투자협정 등의 계약을 세 나라와 맺었다. "트럼프는 바이든이 4년에 이룩한 것보다 3일간에 더 많이 하였다."고 백악관이 발표하였다. 이는 그의 외교정책이 일반 미국인들에게 효과적이고 실질적인 이익이 되어야 한다는 것을 알려주는 것이다.

셋째, 이스라엘을 방문하지 않고, 아랍의 파워하우스를 방문하여 유대를 강화함으로, 중동에서 그의 "동맹을 다변화하는 전략적 재교정"의 의지를 보여주었다. 미국의 다변화 급변정책은 이념적 방법에서 실용적 파트너십으로의 전환을 의미하며, 이는 미국이 이제 군사적 패권으로가 아니라, 그들이 선호하는 비즈니스와 안보 파트너로 변모한 것이다. 직접 개입(전쟁) 없는 억제가 트럼프의 새로운 현상이다. 시리아의 경우와 같이 이란과 간접적인 접촉을 하는 것은 이전의 적들과 관여정책을 시도하는 것이다. 이것이 지속되면, 오랜 기간 누적되어온 갈등이 누그러질 것이다. 외교적으로, 미국은 이스라엘을 소외시키고, 시리아는 제재를 완화하고, 이란에게는 화해로의 힌트를 주면서 걸프국가들을 지역단위로 묶을 선언을 준비하고 있다. 따라서, 트럼프의 2025년 5월의 "business first" 중동외교는 그의 "사상의 공표"로서 경제적 야심을 실용외교에 접맥한 것이다. 트럼프행정부2.0의 워싱턴의 중동외교정책열차는 이미 출발하였다.69)

2025년 6월 21일, 도널드 트럼프 대통령은 이스라엘-이란분쟁에 개입하여 이슬람 이란공화국의 세 곳의 핵시설을 폭파할 것을 명하였다. 같은 날 심야, "작전심야해머(Opperation Midnight Hammer)"

란 명칭으로 7명의 B-2 Spirit 스텔스폭격기 그룹이 이란을 향해 미국 미주리주의 화이트맨공군기지를 이륙하였다. 또 다른 그룹의 B-2 스텔스폭격기 그룹은 태평양을 횡단하여 괌의 미군기지에 도착하였다. 18시간에 걸쳐, 대서양과 지중해 상공을 날아 이란의 핵시설이 있는 세 곳의 포격지점(Fordo, Natanz, Isfanhan) 중 포르도 핵시설의 상공에 도착한 B-2 Spirit팀은, 오전 6시 40분 포르도에 "벙커 버스터" 2발을 투하하고, 이어서 25분 간 포르도와 나탄즈에 14발의 같은 종류의 포탄을 투하했다. 국방장관 헤그세스는 "믿을 수 없는 압도적인 성공"이었다고 말했다. 목적은 이란의 핵프로그램이며 이란의 군대와 민간인이 아니라고 하였다. 이어, 그는 "미국이 말하면 세계는 경청해야 한다. 우리의 B-2는 세계가 알지 못한 채 돌아왔다"고 했다. 국방장관 헤그세스, 국무장관 루비오, 부통령 밴스가 배석한 백악관 설명회에서 트럼프는 이번의 작전을 "극적인 군사 성공"으로 묘사하고, 이란이 평화를 조성하지 않으면 더 큰 공격을 받을 것이라 경고하였다.70)

이에 앞서, 6월 17일, 시작한 이스라엘과 이란의 분쟁에 개입한 트럼프 대통령은 이란 최고지도자 아야톨라 알리 하메네이(Ayatollah Ali Khamenei)에 대하여, 미국은 그가 은거하고 있는 곳을 알고 있으며, "현재로서는" 그를 제거할 필요를 느끼지 않는다고 말하면서 이란의 "조건 없는 항복"을 요구하였다.71). 그러나 토요일인 6월 21일 미군의 이란 핵시설에 대한 이러한 폭격이 있은 후, 월요일 이에 대한 보복으로 이란은 카타르에 있는 미군기지에 한정된 수의 미사일을 발사하였다. 같은 날, 트럼프는 이스라엘과 이란이 "완전하고 전면적인 휴전"에 동의했다고 발표하였다. 이스라엘은 동의는 하지 않았으나, 포격을 멈춘 것으로 나타났다. 트럼프는 이번의 분쟁을 "12일의 전쟁"으로 명명하였다. 밴스, 루비오, 위트코프 모두 직간접적인 채널을 통해 이란과 교신하였으며, 백악관은 이스라엘이 휴전을 하도록 도왔으며, 카타르 정부도 이스라엘이 휴전에 동의하는데 부로커 역할을 했다고 하였다. 한 익명의 이스라엘 공직자의 표현을 빌면, 이스라엘은 이란의 새로운 위협 기미가 있을 때, 즉 확대된 저밀도 전쟁 가능성이 있을 경우, 바로 타격할 수 없는 상호 비난없는 "저밀도 대립" 혹은 "소모전" 경우를 선호한다고 했다.72)

7) 하마스의 트럼프 최종가자정전협정안 수용

2025년 7월 2일 수요일, 하마스는 트럼프대통령의 가자지구(Gaza)를 위한 "최종" 60일 정전협정제안을 연구하고 있다고 했으나, 7월 1일 이스라엘은 하마스가 그 영토에서 철수해야한다고 했으며, 이스라엘 네타냐후 총리는 하마스가 소멸될 것이라 했다. 팔레스타인군부는 전쟁의 종식과 가자지구에서 이스라엘의 철수를 원했다. 트럼프의 발표 후, 네타냐후의 공식반응은 하마스의 제거를 요구했다. "하마스는 없다. 한 명의 하마스인도 없을 것이다. 우리는 트럼프안을 따르지 않는다. 이제 끝났다."

가자시에 거주하는 한 주민은 2개월의 정전이라도 수천명의 무고한 목숨을 구할 수 있다고 찬성한다. 강경노선의 우익통치집단인 네타냐후에 반대하는 대중여론의 압박이 증가하고 있는데, 이는 거의 2년이 되는 전쟁을 종식시키고 영구적인 정전에 이르게 하기 위해서다. 여기에, 지난 달 미국과 이스라엘이 이란의 핵시설기지를 폭격한 "12일 이스라엘-이란 항공전쟁"도 영향을 주었다. 이란의 약화로 인하여, 이지역의 다른 나라들이 이스라엘과 관계를 갖는 기회를 가지게 되었다.

이스라엘 외무장관 싸르()는 포로협상과 정전을 위한 "우리의 의지는 진지하다. "긍정적인 점"이 있다고 했다. 우리의 목표는 가능한 빨리 제3자를 통한 '중재대화'(proximity ttalks)를 시작하는 것이다." 하마스가 억류하고 있는 50명의 포로 중 20명은 생존해있는 것으로 믿어진다. 이스라엘 야당지도자 래피드(Yair Lapid)는 만일 어느 의원들이 정부를 붕괴시킬 수 있는 불신임안을 사실상 막지않겠다고 약속하면서, 어느 각료가 어떤 안전네트를 공급할 수 있다는 사실을 공개하고 있었다. 트럼프의 사절 위트코프(Steve Witkoff)는 이를 받아들일 수 없다고 했다. 이 초안은 60일간의 휴전을 포함해, 하마스에 구금된 포로의 반의 석방을 팔레스타인 및 죄수들과 교환한다, 하마스는 나머지 포로는 전쟁종식을 보장하는 협상의 부분으로 남겨둔다.

7월 1일, 트럼프는 "이스라엘은 60일간 정전을 끝내기 위한 필요한 조건에 동의했다, 그간 우리는 전쟁을 종식시키기 위해 모든 당사자들과 협력할 것" 이라며 조건을 제시하지 않고 공포하였다. 한 하마스 측근에 따르면, 그의 지도자들은 공식적인 발표전에 중재자로부터 제안을 토론하고 명확함을 확인하려한다고 했다. 가자 보건당국은 이스라엘의 총격과 군사충돌로 지난 24시간 내에 북부와 남부 지역에서 적어도 139명의 팔레스타인인이 죽었다고 했으며, 같은 날 화요일 늦게, 이스라엘군은 더 강한 소개작전을 감행하였다. 사망자 중, 북가자지역의 인도네시아병원 알 술탄(Marwar Al-Sultan)과장도 있다. 2023년 10월 23일, 하마스가 이스라엘을 공격한 후, 1,200명의 민간인을 살해하였으며, 251명을 가자지역에 포로로 하였고, 이에 이스라엘은 57,000명 이상의 팔레스타인을 사살하고, 2.3백만 명이 이주를 하는 등 인도적 위기를 야기시켰다.[73]

3. 타이완 해협

1) 일국양제와 하나의 중국

중국의 환구시보(环球时报)의 영문판 *The Global Times*는 그 사설 "오늘날 미국이 가장 결핍하고 있는 것은 키신저의 합리주의와 실용성"이란 제목하에 *The Economist*가 헨리 키신저 100세 생일축하 8시간 인터뷰에서 타이완 문제에 대한 그의 관점을 인용하였다. "인류의 운명은 미국과 중국이 함께 갈 수 있느냐 혹은 그렇지 않느냐에 달려 있다"고 하였다. 그리고 "워싱턴에 있는 성미 급한 정치인들을 위해, 키신저의 현실주의는 기간이 지난 것이 아니다. 오히려 그들의 필요를 위해 준비된 것이다"라고 첨언하였다.

헨리 키신저 미국무장관이 1971년 중국을 방문하여 중국의 저우언라이(周恩来) 총리 겸 외교부장을 만났을 때, "한국전쟁이 일어나지 않았더라면, 아마도 타이완은 오늘날 중국의 일부분이 되었을지도 모른다"고 말했다. 이것은 사실일 수도 있다. 그러나 현재에는 비실체적인 것이다. 왜냐하면, 타이완과 중국 대륙의 역사는 키신저가 연구한 중국외교사 부분 이전에 이미 다양하게 분화되었을 것이기 때문이다.74)

덩샤오핑이 권좌에 있을 때 일국양제(一国两制, One State and Two Systems)의 원칙하에 영국과 반환에 합의를 본 홍콩이 1997년 7월1일 중국에 반환되었다. 이어 1999년 12월에는 마카오가 포르투갈로부터 중국에 돌아왔다. 당시 국가주석 장쩌민은 "다음 차례는 타이완"이라고 말했다. 1972년 미국의 닉슨 대통령이 처음으로 중국을 방문할 때, 닉슨행정부와 중국이 발표한 "상하이 커뮤니케"는 하나의 중국 원칙과 중국대륙과 타이완 사이의 평화통일을 명시하였다. 이어 미국 의회는 1979년 타이완 관계법(The Taiwan Relations Acts)을 통과시켰다. 여기에는 중국이 타이완 통일을 위해 무력을 사용하면, 미국이 군사적 개입을 하는 조건이 명시되어 있다.

복잡한 타이완의 역사를 차치하고, 중국이 주장하는 "하나의 중국(One China)"원칙을 최근의 타이완 관련 역사를 추적해 보자. 장제스(蔣介石)는 중화민국(the Republic of China)을 1928년부터 그가 죽은 1975년까지 통치하였다. 그는 미국의 동맹이었을지도 모른다. 그러나 당시 미국의 관료들은 그를 중화민국 총통으로서의 적임성과 신뢰에 의문을 가지고 있었다. 그 이유는 프랭클린 루즈벨트 행정부가 동맹국들의 지도자들과 함께 아시아의 미래를 계획하는 얄타와 포츠담 선언을 위한 모임에 그의 참여를 부정하였기 때문이다. 그러나 1943년 카이로 회담에서 장제스는 그가 원하던 것을 할 수 있었다. 카이로 회담은 "일본이 중국으로부터 착취해 온 모든 영토 — 예로써 만주, 포모사, 그리고 펑후열도 — 는 중화민국으로 반환된다" 고 선언할 것을 결론지었다. 여기에서 중화인민공화국(PRC)은 국제연합(UN)이 중국의 "하나의 중국" 원칙을 받아들였다고 주장할 수 없다. 여기에서, 중국은 국제연합이 하나의 중국 해석을 수용하였다고 주장할 수 없다. 유엔사무총장 코피 아난은 국제연합의 전문으로부터 "하나의 중국" 정책을 창안하였다고 할 수 있으나, 유엔헌장은 사무총장에게 그러한 권한을 부여하고 있지 않다. 또한, 베이징 당국은 타이완의 주권과 자신의 정부의 정통성에 대하여 주장할 지도 모른다. 그러나 두 가지 사실이 있다. 첫째, 중국 본토로부터 뚜렷이 독립하여 타이완 자체의 통치 기간이 국민당과 공산당이 통치한 시간보

다 더 길다. 둘째, 중국공산당의 중화인민공화국은 타이완을 실제로 지배한 적이 없다는 것이다.75)

최근 중국은 타이완 통일을 위한 평화적 방법을 배제하고, 무력통일을 고려하는 듯한 태도를 보이고 있다. 시진핑 주석은 타이완 문제의 해결에 대한 의지를 확고히 하고 주권문제에 대하여 적극적인 태도를 보였다. 그는 또한 민족주의를 강조하고, 공산당 내에 타이완에 대하여 무력쟁취를 위한 토론을 장려하였다. 그는 완전한 민족통일은 중화민족의 위대한 부흥을 위하여 필요하다고 하였다. 통일은 소위 중국의 꿈을 실현하는 전제라고 하였다. 2019년 1월의 한 주요한 연설에서, 시진핑은 양안관계의 불안의 핵심 원인이 현재의 정치상황이며, 이는 대대로 전해져서는 안된다고 하였다.76)

실은 시진핑을 포함하여 중국의 지도자들은 타이완과의 통합과 협력에 대하여 칭찬한다. 그러나 평화통일에 관한 전망은 여러 해 동안 점점 희박해지고 있다. 타이완인들은 자신이 중국인이라고 말하는 이가 점점 더 줄어들고 있다. 2020년 1월 타이완 대통령선거에서 민진당의 차이잉웬 후보가 다시 대통령으로 당선되었으며, 그녀는 대륙과의 좀 더 신중한 관계를 추구하는데, 이는 타이완 주민들이 모국인 대륙으로 돌아오지 않을 것이라는 중국의 우려를 가중시키는 것이었다. 2020년 6월, 평화통일에 찬물을 끼얹는 사태가 홍콩에서 발생하였다. "일국양제"제도는 체제가 상이한 정치체가 평화적 통일을 하는 데 이상적인 것으로 받아들여져 왔다. 그러나 중국은 신 국가안보법으로 홍콩의 새로운 자유의 싹을 잘라버렸다. 중국의 이러한 행동은 타이완인들로 하여금 그들이 홍콩의 전철을 밟지 않게 하는 역효과를 가져온 것이다.77)

2019년 당시, 코츠(Dan Coats) 미국 국가정보 과장은 시진핑의 군사개혁은 중국의 사이버전과 전자전 능력을 군사뿐만 아니라 민간 부문을 목표로 하여 개선하였다고 증언했다. 중국은 미국에 대하여 공격적인 사이버 공습을 할 수 있는데, 이는 주요한 인프라스트럭처에 지역적으로 일시적인 파괴효과를 가할 수 있다는 것이다. 탄도와 크루즈 미사일을 포함하여 중국의 공격적 무기체제는 서태평양에 있는 미군기지들을 몇 일 간의 기간에 파괴할 수 있다. 이러한 증가된 능력에 비추어 볼 때, 미국의 전문가들은 중국은 미국이 대응할 기회를 가질 수 있기 전에 먼저 타이완을 통제할 수 있다는 것을 우려하고 있다. 최근 펜타곤과 랜드연구소가 공동으로 실시한 타이완에 관한 미국과 중국 사이의 모의 전쟁실험에서 단지 몇 일 혹은 몇 주 내에, 중국에 의한 전면적 공습에 의하면 미국이 패전할 것 같은 결과가 나왔다. 결국은 중국이 무력을 사용하느냐의 여부는 중국 지도자의 승리의 기회에 대한 그들의 인식(perceptions)에 달려 있다. 중국의 분석가나 관료들이 타이완에 관하여 미국과의 군사적 충돌에 대한 준비에 대하여 점점 자신감을 표현해 왔다. 중국의 전략가들은 미국 군사력의 일반적 우위를 인정함에도 불구하고, 중국은 타이완과 지리적으로 가까워 관리가 용이하므로 중국에 유리하다고 판단하고 있다.[78]

시진핑이나 다른 중국의 고위지도자들에게 있어서 중요한 것은 미국의 개입이 있을 때조차 인민해방군이 우세를 점할 수 있느냐는 것이다. 그러한 이유로, 성공적인 억제가 되려면 미국은 타이완에서 중국이 그들의 군사적 목적을 달성하는 것을 제어할 수 있다고 인지시키는 것이다. 이는 중국 자신의 군비감축과 잠재적인 위험으로 인식되기 때문에 받아들이기가 어렵다. 따라서, 중국 지도자들로 하여금 타이완 공격을 억제하는 가장 효과적인 방법 ― 군사적 통일은 중국에서 민족중흥이 사라짐을 의미한다 ― 또한 가장 어렵다. 그리고,

미국은 이것을 자신 혼자서 할 수 없다. 미국은 대규모의 동맹국 협력으로 중국의 어떠한 침략에 대해서도 경제적, 정치적, 그리고 군사적 대응조치를 할 필요가 있다. 그리고 불행히도 그것은 후일의 가능성으로 남아 있다. 왜냐하면 많은 나라들은 자신의 조그만한 경제적 이익을 잃는 것을 원하지 않는데, 어찌 대의를 위한 희생을 하겠는가? 따라서, 최후로 타이완 해협에 고조하는 긴장을 제어하는 쉽고 빠른 방법은 없다. 타이완 안보에 미국이 확신을 줄 수 있는 것은 중국을 위해서는 타이완 침공이 불가능하거나 중국이 무력을 사용하면 국제적인 추방자가 될 것이라는 사실을 인식시키는 것뿐이다.79)

중국대륙이 타이완과의 평화적 통일이 어렵다는 것을 인식하고 군사적 수단을 사용해 통일을 모색하려는 경우가 빈번하다. 미국의 공군 기동군 사령관 마이크 미니한(Mike Minihan) 대장은 11만 병사의 지휘관들에게 보내는 2023년 2월 1일의 서신에서 시진핑의 목표와 앞으로 2년간 워싱턴과 타이완이 다른 국내문제에 빠져있을 때를 인용하면서, 임박한 갈등에 대하여 준비를 강화할 것을 주문하였다. "나는 내가 틀렸기를 바란다." "내 직감으로 우리는 2025년에 싸울 것이다. 시진핑은 그의 3번째 연임을 확고히 하고, 2022년 10월에는 전쟁위원회를 조직하였다. 타이완 대통령선거는 2024년 1월에 있을 예정이며, 이는 시진핑에게 빌미를 줄 것이다. 미국 대통령선거 또한 2024년 말에 있고, 시진핑에게는 산란한 미국을 제공할 것이다. 시진핑의 팀과 판단 그리고 기회가 2025년을 향하여 일렬로 대기하고 있다." 2022년 10월, 미해군제독은 군은 2024년 이전 타이완에 대한 중국의 침략 가능성에 대하여 대비를 해야 한다고 말했다. 미국무장관 안토니 블링컨(Antony Blinken)은 베이징은 타이완의 현상유지가 "더 이상 받아들여질 수 없을 때" "훨씬 더 빠른 "시간표에 따라" 통일을 "추구하기로 결정하였다"고 말했다.80)

타이완해협 위기와 관련하여 최근 중국, 타이완, 북한의 3자관계의 지정학에 대한 관심이 대두하고 있다. 즉, 타이완 해협의 분쟁이 한반도에 전쟁을 야기시킬 수 있다는 것이다. 만일 미국이 중국에 의하여 침략된 타이완을 보호하기 위하여 개입할 때, 거리상 우선 1,500Km 떨어져 있는 주한 미군이 우선적으로 출동을 하게되면, 중국의 사주를 받은 북한이 한국에 무력 도발을 할 수 있다는 것이다. 타이완해협의 전쟁은 한국을 포함하여 이 지역에 대재앙이 될 것이다. 경제적인 효과만에서도 심각할 것이며, 군사작전이 벌어지고 있는 동지나해에 있는 한국의 경우는 무역에서 동맹국 미국과 주된 무역파트너인 중국 사이에서 정치적으로 고래 싸움에 세우가 되는 것이다. 북한이 한국의 대도시 혹은 군주둔지에 대한 대규모 공격은 심각할 것이다. 그것이 타이완해협 전쟁 중에 일어나느냐 또는 다른 때에 일어나느냐를 막론하고, 그러한 공격은 주요한 한국의 보복공격을 촉발시킬 것이며, 전면전으로 확대되고, 결과적으로 김정은 레짐의 종말로 이어질 것이다. 이러한 이유로, 평양은 이 옵션을 택할 가능성이 희박하다.81)

2) 2024년 대만총통 선거

2024년 1월 13일, 타이완 대통령 및 입법위원 선거에서 현 차이잉원(蔡英文) 대통령을 이은 같은 집권당인 민주진보당 후보 라이칭더(William Lai 賴淸德·65) 가 타이완의 제16대 대통령으로 당선되자, 현 정부는 타이완 주민의 중국대륙 여행을 자제할 것을 발표하였다. 대통령선거에서 집권당인 민진당은 라이칭더 후보가 40%의 득표로 당선됨으로, 4년 임기를 현 차이잉원 대통령이 2016년에 이어 2020

년 연임 당선 후에 3연속으로 당선되었다. 라이칭더 대통령 당선자는 2024년 5월에 취임했다. 입법위원선거에서는 총113명 의석 중, 야당인 국민당이 52석, 집권 민진당이 51석, 그리고 제3당인 민중당이 8석으로 확정되었다. 그러나, 집권당인 민진당이 대통령선거와 입법위원선거에서 승리를 했으나 과반수를 넘지 못하였다.

선거 캠페인 기간에 민진당과 국민당의 후보들이 대륙의 강한 압박에 직면하여 어떻게 현상유지(status quo)를 하였는가? 국민당의 허우여우이(侯友宜 Hou Yu-ih) 후보는 "중국대륙의 공산당과의 대화"를 "강력한 방위노력과 밀접한 경제이익을 위하여 미국과 그 동맹국들과의 협력"을 동일선상에 놓았다. 분리주의자로서 민진당의 라이칭더 후보는 당시 현 대통령 차이잉원의 확고한 현상유지 정책을 밀접히 추구하면서도 타이완 독립을 주장하던 과거 자신의 발언을 약화시키면서 공통점을 찾도록 하였다. 여기에 대한 베이징의 반응은 지난 5월 대통령의 취임 전까지와 그 후의 행동에서 나타나기 시작하였다.

중국이 타이완을 공격할 수 있는 몇 가지 이유가 있다. 첫째, 중국이 타이완에 대하여 막대한 군사력을 투사할 능력; 둘째, 시진핑이 필요하다면 통일을 위해 무력을 사용하여 통일하려는 그의 강화된 결의; 셋째, 타이완이 독립을 지향하고 중국으로부터 독립하려는 정체성; 넷째, 바이든 행정부와 미국 의회의 중국에 대하여 타이완을 지원하려는 수많은 노력 등이 있다. 이들 항목이 표제로 하는 것은 선거결과에 관계없이 중국과 타이완 정책에 대한 미국정책의 일관성에 기인하는 것이다. 미국은 자신을 방어하는 데 있어 중국에서 오는 세 가지 도전, 즉 군사적·경제적 그리고 거버넌스에 기인한다. 각각의 경우에, 미국은 이들을 대처하는 데 중국에 의한 위기감 혹은 중국에 의한 어떤 세계질서에 직면하는 느낌이 있다는 것이다.

그럼에도 중국이 타이완을 공격하지 못한 이유는, 먼저 중국 인민해방군의 무장능력 즉, 군 내부의 부정과 부패, 이에 발묶인 시진핑의 지도력, 그리고 바이든 행정부의 타이완에 대한 예외적인 지지 등이었다. 특히, 미국이 동중국해에서 일본과 한국, 그리고 남중국해에서 필리핀과의 해상훈련과 강한 경제력과 높은 기술력을 갖춘 그 동맹국들, 일본, 한국, 호주, 필리핀 나아가 NATO동맹국 등의 협력과 영향이었다. 그리고, 중국이 타이완을 공격하지 않을 것 같다는 이유는 타이완이 독립 방향으로 간다는 것이 과장이었다는 것이다. 따라서 양안 간에 대화의 채널을 모색하고 전쟁을 방지하는 가드 레일을 설치하면서, 중국은 통일을 위해 시간을 벌 수 있고, 바이든 행정부도 이번 선거에서 민진당과 국민당의 후보자들과 같이 "하나의 중국(One China Policy 一个中国)" 정책을 유지할 수있게 되었다.[82]

2024년 1월 13일 타이완 선거는 관련 당사자들의 지혜와 절제와 인내로 평화롭게 마무리되었다. 타이완 문제는 결론적으로, 첫째, 2,350만 타이완 인구 중에 100만 명 이상이 대륙과 기업활동에 관여하고 있으며, 그들 중 상당한 수가 11만 대륙 여성과 결혼관계에 있고, 양안관계가 일방적이 아닌 융합발전 관계로 가고 있다. 둘째, 대륙이 말하는 일국양제는 타이완이 수용하지 못할 것이다. 따라서 독립과 통일이 아닌 그 중간 형인 "92년 컨센서스"나 일국양제의 개정 모델이 접근 방안이 될 것이다. 셋째, 타이완 문제와 양안관계는 중국과 타이완이 결정하는 것이 아니라 중국과 미국이 결정하는 것일지도 모른다. 넷째, 타이완 문제에 일본 요인이 앞으로 확장될 것이다. 일본은 타이완에 대하여 향수를 가지고 있기 때문에 자신들의 외교와 안보 역할을 확대하는 데 타이완을 활용하려 할 것이다. 다섯째, 중국이 미국으로 인하여 타이완문제에 불만을 가지면, 중국의 대북정책은 변화하여 한미일을 피로하게 하는 경향이 있다. 마지막으로, 미중관계가 악화된다고 한중관계를 무시하고 타이완과의 관계만을 개선하려는 우를 범하지 말아야 한다.83)

3) 중국은 어떻게 타이완을 통일하는가

신해혁명을 계기로 1911년 10월 10일 탄생한 중화민국(Republic of China) 건국을 기념하는 2024년 10월 10일 "쌍십절" 기념행사 연설에서, 타이완 총통인 민주진보당(DPP)의 라이칭 더는 "4가지 불변원칙"을 말했으나, 중국의 언론은 그 원칙은 "타이완 독립"으로, 그 성격은 과거에는 서서히 끓는 물과 같았으나, 지금은 타오르는 불길과 같다고 하였다. 중국의 환구시보 영문판 '글로벌 타임'은 그 사설에서 라이칭더의 주장에 대하여 비판을 하였다. 첫째, "국가 주권을 방위하려는 우리의 결의는 결코 변하지 않았다." 그의 발언은 심히 주제넘은 도전이다. 타이완은 지금까지 국가도 아니었고, 앞으로도 국가로 불리지도 않을 것이며, 소위 주권을 가지고 있지 않다. 둘째, "'타이완 양안'의 평화와 안정의 현상유지를 하려는 우리의 노력은 결코 변하지 않았다." 그러나, 양안 사이에 타이완 독립군과 국제적 간섭이 증가되어 왔다. 셋째, "양안 사이의 균형과 존엄 그리고 건강하고 질서 있는 대화와 교류를 바라는 우리들의 결의"는 라이칭 더의 단순히 공허한 말이다. 타이완은 중국영토와 분리할 수 없는 부분이며, 중화인민공화국만이 전 중국의 유일 합법정부이다. 넷째, 라이칭더는 "대대에 걸쳐 우리의 자유롭고 민주적인 생활방식을 보호하기 위한 우리의 결의는 불변하다"는 "타이완 독립"이라는 목표를 발전시키기 위하여 "민주주의"의 가식을 사용한다는 것이다. 이를 중국의 통일을 민주주의에 대한 위협으로, "일국양제"를 "일국일체제"로 왜곡한다는 것이다. 역사를 아는 이는 제2차 세계대전 후, 미국의 가장 큰 두 개의 실패는 한국전쟁과 월남전쟁의 경우다. 그 실패의 첫째 원인이 중국이었다. 그러나 당시 중국은 핵무기도 미사일도 없었다. 오늘날 타이완 독립군의 환상은 자기 환상에 지나지 않는다고 한다.[84]

라이칭더는 그의 연설에서 "중국은 타이완을 대표할 권리가 없으며, 중국과 타이완은 상호 각자에 종속되지 않는다"고 주장하였다. 대륙과 대만섬에 있는 사람들로부터 논쟁과 비판이 존재해 왔다. 특히, 쌍십절 연설에서 드러난 두 가지 특징으로, 첫째, 도발적인 용어의 사용이 감소되었고, 과거 타이완을 거부하던 분위기에서 이제는 이를 수용하고 이용하는 방향으로 변화하고 있다는 것이다. "타아완 토착 원주민"들이 특히 타이완, 펑후, 킨먼, 그리고 마쭈 지역 등에 뿌리를 내려왔다. 이번 쌍십절 연설에서 양안관계에서 타이완의 변하지 않는 6가지 내용은 다음과 같다. 첫째, "타이완 독립"을 촉진시키는 본질; 둘째, 대륙에 대한 분쟁적 성격; 셋째, "민주주의와 자유" 카드의 사용; 넷째, 외부세력과 결탁하는 방법; 다섯째, 양안 관계의 악화에 대한 대륙원인; 마지막으로, "중국위협론"이 모두 변하지 않고 존재하고 있다며 중국 인민대학 양안관계연구센터 왕인진 소장이 세미나에서 발표하였다.[85]

미국의 CIA국장 윌리암 번(William Burns)의 보고에 따르면, 시진핑은 중국인민해방군에게 2027년까지 행동을 위한 준비를 완료할 것을 명령하였다고 한다. 만일, 시진핑이 "배신자 지역" 타이완의 통일을 강제하기를 원한다면 어떤 형태의 행동을 취할까? 미국기업연구원의 홀 브랜드(Hal Brands)는 타이완을 압박하고 복종시키기 위해 타이완에 대하여 이미 오늘날 일어나고 있는 체계적이고 준 전쟁인 압류행위, 일부지역의 봉쇄, 점령, 침범 행위를 감행할 것이며, 그에 대한 타이완의 대응과 미국의 대비를 분석하였다. 여기서 그의 분석

을 소개한다.86)

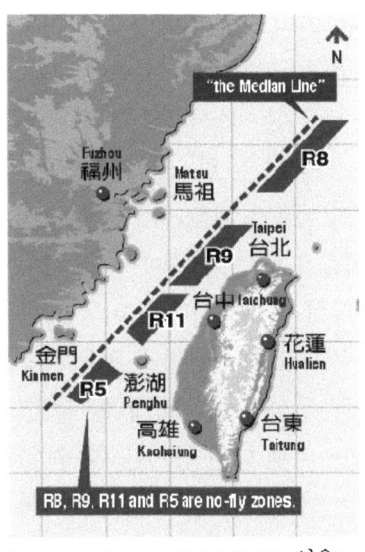

타이완 해협

Taiwan today.tw. (2025.02.27. 인용)

첫째, "전쟁발발 전의 강제행위": 시진핑은 그가 지금 추구하고 있는 것에 우선한다. 인민공화국 공군의 타이완 항공방공식별구역(ADIZ)의 침범, 타이완섬과 대륙 간 중간선의 침범, 타이완 군대가 물리적 영역을 감소시키고 타이완이 자신을 스스로 지탱하지 못하게 하는 전략을 사용한다. 거짓정보, 사이버 공격, 타이완을 고립시키려는 노력이 외교적으로 확대된다. 이러한 의미에서 타이완을 위한 싸움은 매일 일어나고, 그러한 노력은 의미가 없어지고, 압박은 강화되며, 생각은 많아지고, 마침내 타이완인들은 본토와의 통일이 어쩔 수 없다고 생각하게 된다.

둘째, "싸우지 않고 이기기": 시진핑도 타이완 해협에 있어서 이 전략을 확실히 좋아할 것이다. 문제는 이 전략이 타이완 정치에서는 작동하지 않는다는 것이다. 지난 10여 년 간, 중국공산당의 타이완에 대한 압박은 친베이징의 국민당(KMT)을 약화시키고, 매파 독립당인 민진당만 강화시켜온 셈이다. 2019년, 홍콩에서의 무자비한 진압 이후, 타이완 주민들 사이에 통일에 관한 의지는 줄어들고 그들의 정체성이 더욱 강화되었다. 그리고, 미국의 타이완에 대한 무기수출이 증가하고, 양측 고위층의 교류만 증대되었다. 이제 민진당 라이칭더 후

보는 대통령에 당선되었고, 타이완 정치의 중력이 변하여 평화적 통일이 가장 부적합할 것으로 시진핑은 생각할지도 모른다. 타이완은 하나가 아닌 군집섬이다. 1950년대에 마오쩌둥이 심지어 대륙에서 수영으로 상륙할 수 있는 거리에 있는 킨먼과 마쮸에 포화를 퍼부으며 미국과 갈등을 일으켰다. 만일 인민해방군이 14만 주민이 사는 이들 섬을 속임수를 써서 공격한다면 그 방위는 확신하지 못한다. 처음 보면, 이 전략은 아주 명확해 보인다. 타이완은, 한 조각의 영토가 중국에 의해 먹히는 것을 보면서, 연안의 섬들을 보호하기 위하여 많은 군사력을 사용하느냐 혹은 아마도 이들을 잃는 것 중에 어느 하나를 선택해야 할지도 모른다. 이러한 지정학적 미세침략은 미국을 불의에 일격을 가할지도 모른다. 그러나, 정말로 베이징어 무력을 사용하도록 하는 전략이 치명적인 경계점을 무사히 통과하게 할 것인가? 결국, 연안섬의 점령으로 베이징은 타이완에 대한 통치를 할 수 없을 것이다. 그러한 노골적인 영토침략은 타이완인의 느린 방위개혁을 촉진시키고, 그 지역에서 가시적인 반중동맹의 강화를 초래할 것이며, 미국이 타이완에 남아 있는 여타 섬들에 대한 방어에 더욱 명확한 결의를 다지게 할 것이다. 이는 워싱턴이 주섬 포모사에 미군의 주둔을 결정하는 동기를 주는 것으로 장래에 중국의 침략을 더욱 복잡하게 하는 것이다. 한 섬의 점령은 타이완에 모욕을 주지만, 타이완을 패배시킬 수는 없다. 그것은 일을 더욱 어렵게 만드는 모든 단계의 시작일 뿐이다.

셋째, "봉쇄": 이 시나리오에서 시진핑은 타이완을 외부세계와 차단하기 위하여 어떤 구실을 달 것이다. 폐쇄는 군함과 군사 항공기에 의한 최대의 물리적인 것으로 부터 타이완에 접근하려는 선박에 대한 공격적인 세관검사까지를 포함한다. 아울러 타이완 외부의 항구들에 질서를 가져오게 하면서 해상 교통난을 척결하는 미사일발사체제를 갖추고 있다. 이는 재정기관들과 다른 경제인프라 등에 대한 사이버 공격에 수반하여 일어난다. 봉쇄는 긴장되거나 의도적으로 느슨할 수 있다; 만일 유쾌하지 못한 것의 도래를 경고할 의도라면, 만일 타이완의 경제를 파괴하고, 그 인구가 굶게 하고, 항복을 하게 하려면 봉쇄는 장기간이 되어야 한다. 봉쇄 시나리오는 미국의 안보 분야에 관심을 끄는 좋은 이유이다. 어떤 한 섬의 점유와는 달리, 봉쇄의 접근법은 이론상 중국이 먼저 발사해야 할 필요는 없다. 그러나 중국은 타이완인들에게 생활이 매우 불안하게 할 수 있다. 왜냐하면 타이완은 식량, 석유 그리고 다른 필수품을 수입에 의존하고 있기 때문이다. 민주국가들이 중국에 대한 거친 제재와 함께 호의적으로 지원할 것이다. 그러나 타이페이는 베이징보다 먼저 무너질지도 모른다. 봉쇄를 통하여 타이완의 근본적인 지리적 취약성 - 고립 - 과 이로 인해 타이완인들이 생존 댓가로 통일을 받아들이도록 강제하는 것이다.

그러나 봉쇄는 어떤 마력을 지닌 무기가 아니다. 경제적 박탈이 타이완을 항복하게 보장하지는 않을 것이다. 역사적으로, 봉쇄정책은 다른 혹독한 압박과 연관이 되지 않다면, 상대로 하여금 항복하게 한 경우가 매우 드물다. 최선의 경우에서조차 봉쇄는 작동하는 데 시간이 걸리며, 이는 워싱턴과 그 동맹국들이 대응하는 시간을 주는 것이 된다. 미국은 아마도 서태평양을 공격잠수함으로 덮을 것이며, 그렇지 않으면 만일 전쟁이 발발하면 그의 군이 배치되기를 바라던 위치에 정확히 주둔시킬 것이다. 미군은 서태평양의 광활한 거리를 해양과 공중을 통한 공급을 타이완에 공급함으로써 봉쇄를 파괴하도록 노력할 수 있었다. 다른 말로 하면, 봉쇄를 강제하는 것은 중국이 첫 발을 먼저 쏘라고 하는 것이며, 그리고 그로 인하여 그의 적들이 싸우려고 준비해 온 전쟁을 하게 하는 것이다.

넷째, "폭격": 봉쇄가 여의치 않으면, 중국은 이 방법을 사용할지도 모른다. 폭탄과 탄도미사일로 타이완을 폭격하는 것은 타이완에서 가장 주요한 도시로 접근할 수 있는 주요 항구들을 연결하는 도로망을 파괴함으로써 봉쇄의 효과를 강화하는 것을 돕는다.

이는 타이완의 해군과 공군을 파괴시킬 수 있는 것이다. 그 자신의 가장 야심적인 것, 인민의 의지를 꺾음으로써 통일을 강제하려 했던 포격작전 — 제2차 세계대전의 독일 대공습의 현대판. 타이완의 근본적인 약점이 싸울 의지가 결여되었다고 생각이 된다면, 폭격은 명분이 있다. 명령적인 군복무가 부담이 되고 방위비가 증가되나 적절하지 못하면, 국민은 위로부터의 공포를 인내하기보다는 굴복하게 되는 것이다.

여전히 불확실성이 남아 있다. 설사 포격작전이 많은 목표를 파괴하였어도, 군사적인 징벌이 시진핑이 의도한 정치적인 목적 — 타이완 당국과 주민에게 베이징에 항복 — 에 이르렀느냐이다. 이전의 몇 차례의 포격이 침략자에 대한 저항의지만 강화시켰다: 그것은 독일군(Luftwaffe)이 영국을 포격한 후 최후에 일어난 것과 같은 것이다.

만일 포격 작전이 신속히 성공하지 못한다면, 그 위험성은 극적으로 증가한다. 중국이 타이완을 파괴하고 주민을 학살할수록 국제적인 분노는 증가하고, 미국과 여타 국가의 개입 가능성이 높아질 것이다. 만일 중국이 진실로 결정적인 결과를 모색한다면, 좀 더 결정적이고 광범위한 강습을 고려해야 할지도 모른다.

다섯째, "전면 침략": 이는 마지막 상황으로 공포상태다. 이는 타이완 무장군과 주요 인프라에 대한 대규모 공습이 노동자들의 공장파괴와 함께 그 지도자들의 암살 등을 동반하여 시작될 것이다. 그리고 인민해방군은 해안, 항구, 공항 등을 탈취하고 그들을 실어 그 섬을 정복하는 데 필요한 병력과 보급품을 공급하려고 노력할 것이다. 계속하여, 중국은 서태평양의 항공모함들과 괌과 일본에 주둔하고 있는 미군에 대하여 기습 미사일 공격을 할 것이다. 혹은 아마도 중국은 미국의 점증하는 개입을 저지하기 위하여 핵확산의 위협을 사용할지도 모른다.

이러한 접근법의 매력은 그 자체로 명확하다. 타이완 경제에서 서서히 생활을 압착하는 봉쇄정책을 기대할 수는 없다. 중국은 다른 누가 개입하기 전에 타이완문제를 해결하기 위한 속도, 잔인함, 근접성을 준비해 놓았을 것이다. 이는 미국과 세계와 직면하는 상황이 될 것이며, 이를 역전시키기 위해서는 참혹한 상황이 기정사실인 것이다.

시진핑이 그러한 충격적인 방법을 결코 시도하지 않을 것으로 생각하는 것은 잘못이다. 이는 이미 미군이 1950년 한국전쟁에서 발견하고 1979년 월남전쟁에서 배웠다. 중국의 군사주의는 기습과 압도적인 습격에 우선을 두고 있다. 그리고, 만일 중국이 타이완에 대하여 강제력을 사용하는 것에 충분히 동기가 부여된다면, 가능하면 결정적으로 충분히 힘을 사용하도록 동기가 부여되었을지도 모른다. 그러나, 여전히 위험 요소가 막대하다. 타이완은 방어에 유리한 많은 산, 정글, 도시, 다른 지대가 늘비하다. 타이완은 100마일 이상의 항해에 거친 바다에 의해 보호되고 있다.

침략작전은 역사의 어느 장면같이 인상적인 것으로, 타이완에 대한 항공과 해상을 통제하는 한편, 적대 영토 안으로 10만 이상의 항공과 해상부유를 필요로 한다. 이는 미국, 일본, 그리고 다른 나라들에 의한 개입을 촉발할지도 모른다; 설사 그 작전이 성공할지라도, 그것은 중국이 지배하려고 모색해온 바로 그 영토를 유린한 것이다.

그리고 이러한 접근법은 어떠한 힘의 사용과 같이 놀라운 딜레마를 가진 중국과 직면하게 될 것이다.

중국은 어떤 침범을 시도 — 그 해당 지역에서 미군을 공격해야 하느냐 마느냐에 대한 여부에 대하여 — 할 때 획기적인 선택을 해야 할지도 모른다. 만일 중국이 그렇게 한다면, 중국의 군함과 군인들은 미공군과 해군을 위한 알을 품고 있는 오리에 지나지 않는다. 그리고 만일 중국이 수십만 명의 미군을 죽이면서 미군을 공격한다면, 그것은 복수심 강한 수퍼파워와 일전을 의미하는 것이다. 그 일전은 시진핑이 창조하고자 하는 강력하고 굴기하는 중국을 파괴하는 모험을 하려는 것이다.

분명하게는, 시진핑이 타이완과의 갈등에 대처하는 능력을 분명히 원한다고 했음에도 불구하고 이를 상승시키기로 결정하였다는 어떠한 증거는 없다. 만일 베이징 당국이 2024년에 혹은 그 후에 타이완을 더욱 압박한다면, 군사훈련, 경제적 군비와 다른 수단 등에 있어서 중국의 전시 수요의 결핍은 배가할 것이다.

더구나 실제에 있어서, 시진핑은 이 다섯 가지 옵션을 함께 사용할 것이다. 침략의 경우는 폭격과 봉쇄가 함께 이루어지는 것이다. 이와 같이, 타이완 근처에서 평시 군사활동을 강화하는 유리한 점은 워싱턴과 타이페이가 언제 중국이 실제로 전쟁을 준비하고 있는가를 판단하기 어렵게 한다. 그럼에도 불구하고, 다양한 옵션을 주는 것이 어려운 때에 중국이 타이완의 많은 문제에 대한 해결에 도움이 된다.

중국의 옵션 중에서 이상적인 것은 없거나, 이상에 가까운 것도 없다. 전쟁은 강제력이 결여되면 작동하지 않는다. 한 섬에 대한 점거나 봉쇄와 같은 옵션은 중국식 침략단계에서 전략성공에 대한 성공을 보장할 수 없다. 타이완 점령을 시도하려면 군사력의 패배에서 3차 세계대전까지를 예상하고 해야 할 것이다.

만일 타이완과 미국과 그 우방국들이, 한편으로는 행동은 바로 타이완 독립으로 귀결된다는 사실을 중국 당국에 확신시키면서 — 이것은 물론 중국이 수용하지 않겠지만 — 침략의 댓가가 높다는 것을 유지할 수 있다면, 아마도 시진핑은 섣부른 현상유지가 이것을 변화시키는 것처럼 비용이 들지 않는다는 것을 알 것이다.

혹은 아마도 아니겠지만, 시진핑은 정상의 아시아와 세계에 위치 지우기를 비정의적이고 모욕적으로 주장하는 현상유지정책과는 막연히 살아갈 수 없을지도 모른다.

시진핑은 자신의 행동이 타이완 정치에서 드러나는 반중 정서를 촉진시키고 베이징 당국이 두려워하는 미국 주도의 동맹을 얼마나 강화하는지를 모르는 것처럼 보인다.

시진핑의 중국은 타이완 문제를 무력으로 해결할 수 있을 만큼의 군사력을 급속히 발전시키고 있다. "중국의 실제적인 의도가 무엇이건 나는 말할 수 없지만, 중국은 전쟁을 준비하고 있으며, 특히 미국과의 전쟁을 준비하고 있다"고 프랭크 캔달(Frank Kendall) 미공군 참모총장이 최근 언급하였다. 만약 시진핑이 이 주제를 강제한다면, 봉쇄 혹은 섬을 점령하는 것과 같은 허약한 행동은 그로 하여금, 적어도 이론상으로는, 그를 한층 더 살벌하고 격렬한 방법으로 몰아갈 것이다. 그러한 결정은 중국과 세계에 대해 재앙적인 결과를 초래할 수가 있다. 그러나 역사는 그들 선동가들에 의하여 후회하는 전쟁으로 흐트러져 왔다. 미국과 그 우방국들은 시진핑이 추구할지도 모르는, 특히 그 효과가 가장 재앙적인 모든 과정에 대한 준비가 필요하다.

또한 우크라이나와 타이완 사이 수많은 차이점과 관련하여, 푸틴의 우크라이나와 시진핑의 타이완에 대한 위협은 본질적으로 그 성격이 같다. 우크라이나와 타이완은 각각 인종적으로 러시아와 중국에 유사하고, 일치하며, 이들에 대하여 막대한 권위주의 국가들이다. 우크라이나와 타이완은 주요하게 민주적이며 그리고 친서방적이다. 전체적으로 볼 때, 우크라이나와 타이완은 러시아와 중국이 서방과 대치하면서 민족의 재생을 정당화하는 것, 시민과 정치적 자유의 부재, 경제의 국가통제와 소유, 제국주의의 확산, 그리고 호전성을 반대한다.87)

푸틴은 우크라이나에서의 위험을 1941년 나치의 소련에 대한 침략으로 비교하였다. 시진핑에게 있어, 독립된 타이완은 그 자신이 스스로에게 부과한 "민족중흥"의 핵심에 대한 "거대하고 잠재하는 위협"인 것이다. 2014~2022년, 푸틴의 우크라이나 침공 이전의 경제적・정치적 상황이 오늘날 시진핑 자신이 직면한 상황과 매우 유사하다. 푸틴의 크리미아 점령과 2014년 돈바스(Donbas)에서 모스크바가 책동한 무장 행위는 2011~2012년 겨울 동안에 전국적인 항의 시위를 초래했다. 2013년, 러시아 경제는 단지 1.8% 증가하였거나 지난해 비율의 반에 그쳤다. 푸틴에 대한 신뢰도 수직으로 떨어졌으며, 그해 연말까지 그의 지지도는 정통성은 있으나, 2000년 그가 대통령이 된 후 최저치로 떨어졌다. 2022년 우크라이나에 대한 러시아의 공습은 2009~2019년 러시아의 현대역사에 있어 연평균 1%의 경제성장률로 가장 장기간의 경기침체 후에 일어났으며, 러시아는 COVID-19 희생자 수가 가장 많은 국가들 중의 하나임을 알 수 있다.

시진핑의 인기도와 지지율에 대한 여론조사는 없다. 그러나 오늘날 중국의 경제적・사회적 동력은 푸틴의 우크라이나 침공을 결행한 사람들과 같이 그렇게 위험하다. 중국의 경제성장은 지난 10년에 걸쳐 지속하여 하락해 왔으며, 경제적 돌파구가 보이지 않는다. 이는 시진핑이 중국을 "적당하게 번영하는 사회(중진국)"로부터 "모든 면에서 최고의 현대 사회주의 국가"로 변형시키기로 공포한 약속을 위험하게 하는 것이다. 부동산 버블과 함께 지방정부의 막대한 체무는 국내적인 재정위기를 악화시킬 수 있다. 시진핑 정부의 엄중한 제로-코로나 정책에 대한 전례없는 친서민정책은 그들을 정부로부터 소원함을 가져왔다. 20% 이상의 청년 실업률은 더 많은 사회적 · 정치적 긴장을 예견하고 있다. 인구통계학자 에버스타트(Nicholas Eberstadt)는 중국에서의 급속한 인구 노령화, 노동력 감소, 출산 감소를 경고하였으며, 중국의 젊은이 중에 만혼과 드문 혼인의 아노미 현상 증후가 나타난다고 하였다. 에버스타트는 워싱턴포스터에 "국민을 위한 황량한 미래에 대해 정부에 불만"과 시진핑 통치에 불신임 투표를 제안하였다. 잡지 뉴요커(the New Yorker)에서 오스노스(Evan Osnos)는 "시진핑 첫 10년 임기 말에, 중국에서 시간을 쓰는 것은 한 국가가 움직임에서 정체하는 현상을 보는 것이다. 그리고, 처음으로 한 세대에 하나의 공산국가가 구 소련을 운명지운 모순을 벗어날 수 있는지 묻고 있다"고 표현한다.

우리는 정치는 다른 수단에 의한 정치의 연속이라고 들어 왔다. 푸틴의 러시아가 이 격언을 완전히 입증한다. 푸틴이 한 단계 한 단계 권력을 유지하고, 정통성을 그러쥐고, 대중의 지원을 확보한 레짐은 크레믈린을 전쟁으로 내몰았다. 물론 일치하는 것은 아니다. 그러나 만일 이들이 주요한 시간에 관하여 일치한다면, 유사한 결과의 가능성도 있다. "우연의 일치는 남아 있는 익명의 신의 방법"이라고 아인슈타인이 말했다. 푸틴의 우크라이나로의 길은 전시단합과 군사화된 애국주의에 의하여 수행되고 있다. 레짐 유지의 절박함과 유사한 레짐건설전략에 의해 흐트러진 정치역학의 궤도를 세울수 있을까. 그리고 시진핑이 타이완에 대하여? 여기서 요약된 증거는 "아마도"이다.[88]

4) 예측불가의 예측가능

트럼프행정부1.0에서는 타이완을 도운 미국의 고위직자들이 많았다. 국무장관 마이크 폼페오(Mike Pompeo), 국가안보 어드바이저 마이크 윌츠(Mike Waltz), 로버트 오브라이언(Robert O'Brien), 매트 포팅거(Matt Pottinger), 국방차관 랜디 세크리버(Randy Schriver) 등은 트럼프의 1급참모들로 그를 에워싸고 타아완을 우선하는 정책에 치중하였다. 그러나 트럼프는 그의 제2기 대통령 취임 후, "타이완이 우리의 모든 칩 비즈니스를 가져가고 있다"고 좌절과 회의를 표현하였다. 그의 이러한 표현은 그가 아마도 중국과 관련이 있는 외부 사업가 일론 머스크(Elon Musk) 등 새로운 참모들에 의한 영향인지도 모른다.

사실 타이완의 라이칭더 신정부도 트럼프행정부2.0과 무역 및 방위비 문제에 대하여 트럼프의 기대치와 타이완의 국내정치 환경을 고려하는 데 어려움이 있다. 라이칭더 정부는 대륙으로부터 막강한 인민해방군의 도전에 직면해 있어서 2기 트럼프행정부 초에 미국산 무기구입을 필요로 하며, 트럼프의 호의를 받는 미국의 방위산업체도 무기구매를 요구하고 있다. 문제는 트럼프가 만족하는가 여부이다. 최근 트럼프는 타이완이 GDP의 10%를 방위비로 사용해야 한다고 언급했다고 했다. 이는 타이완 방위비를 현재의 네 배로 늘리는 것을 의미한다. 그러나 이는 국내 문제를 이유로 하는 야당의 반대에 봉착하여 있다. 심지어 엘브릿지 콜비(Ellbridge Collby) 방위부장 정책비서는 만일 타이완이 분담금을 내지 않으면 타이완을 그만둘 것이라고 협박하였다. 미국 이익을 위해 닉슨시대와 같이 에측불허정책을 이론적(madman theory/alliance dillema)으로 사용하는 것이 이득이 될지도 모른다. 그러나 타이완에 데해서는 예측가능정책이 자유민주진영을 위해서는 유리할지도 모른다.[89]

4. 한반도와 중국과 미국

1) 북한핵의 기원과 중국

한국전쟁 후, 한반도에 불안정한 평화가 드리워졌을 때 김일성은 궁극의 무기 없이는 다시는 강대국에 덤벼들지 않겠다고 단언하였다. 그가 다시 미국과 전쟁에 돌입하게 되면, 러시아인들이 다시 북한을 돕기 위하여 돌아올 수 있다고 생각할 수 없었다. 그래서 북한은 핵폭탄을 최후의 보험정책으로 보았다. 그 궁극의 무기가 무엇인가? 이러한 점에서 김일성은 그의 시대를 앞서갔다. 이스라엘과 인도와 파키스탄보다도. 그리고 이라크의 잔인한 사담 후세인보다도 앞섰으며, 이란보다도 수십 년이나 앞섰다. 그의 이러한 생존 통찰력은 핵무기보다도 당시 외국 영화에 몰입하고 있던 아들 김정일에게 전수되었다.[90]

한국전쟁이 종전된 후 3년에 걸쳐 김일성은 핵물리학 훈련을 위하여 과학자들을 소련에 보내고 있었다. 1960년대 초에 이르러, 영변은 형태를 갖추기 시작하였으며, 60년대 중반에는 소련이 연구용 원자로를 전달하였고, 이때 미국은 남쪽의 베트남에 몰입하고 있었다. 1970년대 중반에 이르러, 김일성은 훨씬 더 큰 원자로를 건설하기로 마음먹었다. 그것이 십 수년 이후에 시리아의 모델이 된 것이다.

Calder Hall이란 이름으로 영국에서 디자인한 것으로 천연 우라늄으로 작동되며, 이 우라늄은 북한에서 채광한 것이다. 원자로가 재가동될 때마다 북한의 과학자들은 사용한 연료를 받아내는데, 이는 2~3개의 강력한 핵탄두를 만들수 있는 양이다.91)

1994년 봄과 여름에 걸쳐, 북한과 미국은 한국전쟁 이후 그 어느 때보다도 일촉즉발 전쟁의 위협 상태에 있었다. 1993년 후반에, 북한은 영변에 있는 그들의 큰 원자로에서 최초 사용한 연료를 받아내기로 하였다. 이 사용한 연료는 8~12개의 핵탄두를 만들기에 충분한 플루토늄을 추출할 수 있었다. 미국은 북한의 당사자들로 하여금 조사관들이 그 과정을 확인하고 그 연료를 "봉인"하여 무기로 전환되지 않게 하도록 압력을 가하였다. 이는 1999년에 김일성이 마지못해 서명한 NPT조약을 따르느냐 아니면 거부하느냐의 시험대가 되었다. 김일성은 거부하였고, 클린턴(Bill Clinton) 행정부는 김일성이 플루토늄을 무기로 전환시키는 것을 허락하지 않기로 결정하였다. 국방장관 페리(William Perry)는 북한의 공격을 좌절시키는 작전계획 OPLAN5027의 경계태세를 높이고, 영변의 원자로를 폭파하기 위한 비상계획을 강화하였다. 페리의 좁은 사무실에서 계획된 이 작전은 성공 가능성에도 불구하고, 아무도 김일성의 반응을 예상할 수 없었으며, 북한의 한국에 대한 공격으로 이어질 가능성을 배제할 수 없었다. 미국은 서울이 휴전선(DMZ) 북쪽의 굉도에서 날아오는 북한의 수천 발의 로켓으로부터 보호될 수 없다는 것을 알고 있었다. 클린턴 정부의 유엔을 통한 대북 경제조치가 발표되자, 북한은 군사적 대응으로 "서울을 불바다"로 만들겠다고 협박하였다.92)

1994년 6월, 카터(Jimmy Carter) 전 미국 대통령은 당시 클린턴 행정부가 북한과의 충돌 코스에 있다고 확신하고, 그 자신이 평양으로 향하였다. 카터는 김일성과 함께 대동강에서 요트를 타면서 평양에서 이틀의 일정을 보냈다. 두 사람은 배에서 내렸을 때, 국제 감시단원들이 사찰을 위해 영변의 핵발전소에 머무는 것에 동의하는 것 외에 원자로 재가동에 대한 어떠한 협의도 도출하지 못하고, 북한과 미국은 충돌의 고비에서 잠시 머물렀다. 그리고 3개월이 지나지 못하고 "위대한 수령"은 사망하였다. 그러나 김일성이 사망하기 전에 베테랑 외교관 갈루치(Robert Gallucci)는 북한으로 하여금 영변의 원자로 동결을 요구하는 "Agreed Framework"에 창안하였다. IAEA의 감시관들이 발전소에 살면서 그 활동을 유지하고, 폐기된 연료봉이 냉각수에 있는지를 확실하게 하는 것이었다. 이는 그 연료가 무기제조를 위해 사용되지 않는다는 보험정책과 같은 것이었다. 미국은 그 대신 자신과 일본 그리고 한국이 김일성의 아들 김정일 정권에 원유를 공급하고, 쉽게 무기로 전환할 수 없는 2기의 경수로를 천천히 지어주기로 하였다. 여기에 하나의 단서가 있었다. 북한은 영변 핵발전소의 주요한 요소를 제거하기 전에, 모든 사용한 핵연료를 해외로 선적하여야 한다는 것이다.[93]

2002년 여름, 북한이 우라늄 농축을 위한 비밀 프로그램을 위하여 이에 관련된 백여 종의 장비를 칸(A. Q. Khan)이 주선한 카고 비행기로 해외로부터 도입하였다는 소문이 돌았다. 이는 북한이 칸의 상품목록에서 구입한 것이 확실하였다. 그가 파키스탄 수사관들에 의하여 CIA와 IAEA의 입장에서 받은 질문을 받았을 때, 자신이 그의 회계목록의 일부를 가지고 묘사하였다. 2008년 7월, 그는 공개적으로 처음으로 북한에 원심분리기를 보냈다고 공개하였다. 그것은 북한의 계획이었으며, 이와 장비에 대하여 파키스탄 육군이 완전히 알고 있다고 AP통신에 말하였다. 부시는 북한이 1994년합의를 속인 것을 알았지만 이를 파기하는 것 외에 다른 전략이 없었다.

2003년 가을, 이전에 잡힌 여행 일정으로 부시 대통령은 중국의 장쩌민 주석을 크로포드에 있는 농장에 초대하였다. 이는 부시가 장쩌민과는 밀접한 관계는 없었으나, 곧 퇴임할 그를 위한 송별 파티였다. 이들 둘의 만남은 중국으로 하여금 수년 동안 지원해온 국가로부터 중국을 떼어내려는 외교적 대화부터 시작했다. "장쩌민은 기본적으로 '예, 그 북한의 핵프로그램, 그것은 정말로 당신의 문제입니다.'라고 말했다. 부시 대통령은 '아니오, 저는 중무장된 미국에 앉아 있습니다 … 이것은 우리의 문제가 아니라, 귀하의 국가를 위한 문제입니다. 왜냐하면 북한의 핵무기가 반응하기 위해 가는 곳은 귀하의 지역입니다.'" 이는 일본이 다음으로 핵무장으로 가게 됨을 의미하나 아주 명확하게 밝히지 않으면서 표현한 것이라고 라이스(Condoleezza Rice)가 회고하였다. "이는 장쩌민의 관심을 끌었다"고 라이스가 덧붙였다.94)

바이든 행정부는 출범 직후인 2012년 4월 30일, 지난 4개 행정부가 "한반도의 완전한 비핵화 노력"을 달성하지 못했다고 하면서, 북핵문제에 대하여 일괄적 타결(grand bargain)도 전략적 인내(strategic patience)에도 의존하지 않을 것이라고 말했다. 이 때문에 바이든 행정부는 북핵문제에서 당장의 결과물을 만들기 위해 절대 서두르지는 않을 것이라고 말했다. 따라서 워싱턴D.C.에 있어서 북한 핵문제는 중국과 러시아는 차치하고 이란의 핵문제에게 우선 순위에 밀려, 이제는 핵을 가진 북한과 어떻게 실질적으로 대처할지 초점을 맞추어야 할 것이다. 이에 억제력 측면에서, 2023년 4월 한국의 윤석열 대통령과 미국의 조 바이든 대통령은 워싱턴 선언을 발표하고 핵협의그룹(Nuclear Consultative Group: NCG)을 신설하기로 합의하였다. 그리고 미국의 전략 핵잠수함 등 핵무기를 발사할 수 있는 전략자산을 한반도에 더 자주 전개하기로 하였다. 이는 북한이 핵을 쏘지 못하게 하는 억제의 측면에서는 바이든 행정부의 긍정적인 역할이었다. 그러나 이는 동맹 한국의 윤석열 정부의 강력한 요구에 의한 '안심시키기(reassurance)'에 상응하는 것이다. 이는 오히려 북핵협박을 억제하는 것과 핵개발을 단념시키는 데 실패했다는 시각도 있다. 북핵보유전망에 대하여, 2021년 랜드연구소는 보고서에서, 북한은 2020년에 플루토늄과 우라늄을 통하여 이미 67~117개의 핵탄두를 보유하고 있다고 추정하였다.

이는 미국과학자연맹(FAS)이 2023년 추정한 40개를 훨씬 웃도는 것이다. 따라서 매년 12~18개씩 늘려 2027년에는 151~242개에 이를 것으로 추정된다. 이는 북한으로 하여금 제한적·전면적 핵무기 사용전략을 동시에 구사할 가능성을 주게 된다. 이로 말미암아 북의 2차 공격능력은 주한미군의 철수, 미 본토 위협에 따른 미국의 확장억제력(핵우산) 공약의 저해, 핵확산을 통한 외화보유 증진 등의 상황을 초래할 수 있다.[95]

a. 한국과 핵무기

한국의 핵무장은 가능한가? 가장 큰 걸림돌은 북핵에 대한 한미 두 나라의 위협인식에 대한 차이다. 40개 이상의 핵탄두를 보유한 것으로 평가되는 북한이 설사 2차, 3차 공격능력을 갖추게 되더라도 억제가 가능하다는 것이 펜타곤의 시각이다. 북한이 미국 본토를 위협할 수 있게 되면, 자국민의 희생을 두려워하는 미국 대통령이 동맹보호 의무를 방기하지 않을까? 이는 프랑스의 핵무장을 정당화시킨 오랜 의심이다. 2023년 5월 16일, 한국국방연구원(KIDA)이 주최한 행사에서 폴 라캐머라 주한 미군사령관은 "미국이 로스앤젤레스, 워싱턴D.C.를 지키려고 서울을 포기할 것인가와 같은 주장은 대꾸할 가치도 없다"고 강조했다. 라캐머라 사령관은 "한국에 사는 미국인 수, 한국을 지키기 위해 목숨을 바친 군인 수, 한국에서 근무하는 군인의 수, 가족이나 지인과 함께 한국에 온 사람의 수를 보라"며, "미국이 한국을 버리는 일은 있을 수 없다"고 밝혔다. 그러나 미국이 이보다 더 자신을 갖는 실질적인 이유는 핵탄두의 압도적인 숫적 차이다. 펜타곤은 중국과 러시아를 거의 대등한 수준의 경쟁자로 분류하며, 2030년 경 중국이 네 자릿수 핵보유국으로 올라서는 데 대하여 긴장하고 있다. 미국의 관점에서 이들 두 나라와의 핵전쟁이야말로 국가존립의 위기사태를 의미하는 것이다. 반면에, 현재 북한의 핵 역량으로는 미국 전체를 재앙에 휩싸이게 할 수 없다. 2001년 9월 11일, 미국 본토를 겨냥한 알카에다의 테러공격이나, 1941년 12월 7일 일본제국의 진주만 공습을 떠올려 보라. 미국에 대한 제한적인 핵 공격은 오히려 미국의 보복 심리를 자극한다. 두 사건 모두 아프가니스탄과 이라크 침공, 그리고 2차 세계대전의 참전 계기가 되었다. 미국은 확장억제력 공약이 빈말이 아니라는 점을 강조하기 위하여 "북한이 핵을 사용하면 정권 종말"이라는 말을 사용해 왔다. 펜타곤은 2022년 바이든 정부의 <핵 태세 검토(Nuclear Posture Review)> 보고서에서 "미국과의 동맹 및 우방에 대한 북한의 핵 공격은 용인할 수 없고 정권의 종말로 직결하게 될 것"이라고 경고하였다. 진실로 한국이 핵무장의 길을 고려한다면, 미국이 가장 염려하고 있는 '위험'인 중국도 시야에 넣어야 설득의 명분이 선다. 이러한 경우에 한국은 사드 문제에서 경험했듯이 중국으로부터 전방위적 보복도 감수해야 하는 것은 물론이다.96)

어떻게 미국을 설득하는가? 설득에도 논리의 정교성이 요구된다. 2023년 기준, 미국과학자연맹이 발표한 전 세계 핵탄두 보유량은 러시아, 미국, 중국, 그리고 북한이 각각 5889개, 5,244개, 410개, 그리고 40개 이상으로 추정된다. 중국이 펜타곤의 추정처럼 1,500개까지 늘리고, 북한이 랜드연구소의 분석처럼 242개로 늘린다고 하여도, 미국에 비할 바 못되어 명목상으로는 미국의 확장 억제력 역량이 확고해 보인다.97)

과거 주한 미군에 배치되어 있던 전술핵이 1991년 철수된 것은 북한 때문이 아니라 미국의 전 세계적인 핵무기 전략 차원에서 비롯하였다. 1991년 8월 소련 공산주의 강경파 세력이 쿠데타를 일으켜 실패한 후, 소련 연방은 급속히 붕괴되기 시작했다. 미국은 소련이 무너질 경우 각지에 산재해 있는 핵무기들을 안전하게 처리하는 것이 급선무였다. 당시 조지 H. W. 부시 대통령은 1991년 9월 27일, 전 세계에 배치돼 있던 미군의 지상 및 해상 발사 전술 핵무기를 모두 철수하겠다고 발표했고, 이때 한국에 배치되어 있던 핵무기도 그 대상이었다. 같은 해 10월 5일, 고르바초프 소련 대통령도 모든 단거리 전술 핵탄두를 폐기하겠다고 화답함으로써, 미국은 원하는 목적을 달성하게 되었다. 이어서 11월 8일 노태우 대통령의 한반도 비핵화 선언이 발표되었다. 그리고 12월 18일 노 대통령은 "이 시각 우리나라의 어디에도 단 하나의 핵무기도 존재하지 않는다"며 한국 내 핵무기 부재를 공식 선언했으며, 12월 31일 남북한 간에 "한반도 비핵화 공동선언문"이 채택되었다. 그리고 1994년 미국과 북한은 "미북 제네바 핵합의"까지 도출하였다. 북학은 1990년대 후반에 들어오면서 고농축 우라늄(highly Enriched Uranium: HEU)방식 핵무기 제조기술 확보를 시도하였다. 2005년 북한은 6자회담에서 핵무기 프로그램 폐기를 약속하는 9.19공동성명을 발표하였다. 2018년 4월 27일 판문점 선언 이후 6월 싱가포르 미북정상회담에서 완전한 한반도 비핵화(complete denuclearization of the Korean Peninsula)가 약속되었다. 그리고 2019년 하노이에서 트럼프 미국 대통령과 김정은 간의 정상회담은 No Deal로 끝났다.

그러나 김정은은 2021년 8차노동당대회에서 ① 극초음속 미사일 개발, ② 초대형 핵탄두, ③ 고체연료 사용 대륙간 탄도미사일, ④ 핵잠수함과 수중 핵전략무기, ⑤ 15,000km 사정권 내의 타격명중률 제고 등 "국방분야 전략무기 5대 과업"을 제시하고 지난 3년간 여러 분야를 시도하였다. 예로, 2021년 이후 핵탑재가 가능한 KN-23(북한판 이스칸데르), KN-24(북한판 ATACMS), KN-25(초대형 방사포)를 시위하였고, 2023년 4월에는 단거리 미사일에 탑재가능한 핵탄두 "화산-31"을 개발했다. 이러한 핵도발을 통하여 북한은 한국에 대해 핵협박을 일상화하고, 미국에 대해서는 도발을 자제하는 듯한 자세를 취해 한미동맹을 이간시키는 것으로 판단된다. 2022년 10월 북한 최고인민회의는 <핵무력정책법>을 제정하고, 대남 선제공격과 핵무기의 대량 사용의지 및 군사 목적 외에 정치와 심리적으로도 이용하여 한국을 협박하여 남북관계에서 주도권을 확보하고자 했다. 또한 "전술핵무기"와 "전략핵무기"를 의도적으로 구분하여 미국을 겨냥한 전략핵무기 능력을 제한하는 핵군축협상을 주진하고, 한국을 겨냥한 전술핵무기는 계속 보유하겠다는 의도로 평가할 수 있다.[98]

한국에 '전술핵 재배치'를 해야 한다는 주장은 '핵'에는 '핵'으로 대응할 수밖에 없다는 엄연한 안보 문제에서 기인한 것이다. 핵무기의 가공할 파괴력을 고려해 볼 때 재래식 무기로는 대처불가능하며, 핵 vs. 핵의 '공포의 균형(balance of terror)'은 상대를 공격하기 위함이 아니라, 억지하기 위한 불가피한 방법이다. 지금까지 북한의 핵 개발에 대해 한국은 미국의 "확장억지(extended deterrence)"로 대응해 왔다. 남한의 재래식 무기로는 북한의 핵무기에 대처할 수 없지만, 대신 미국 핵무기의 보호를 받아 '한미 vs. 북한'의 구도로 '핵 vs. 핵'의 공포의 균형을 이룬 것이다. 최근 북핵 능력이 미국 본토를 공격할 수 있는 수준까지 발전하면서, 미국의 확장억지에 대한 불안감이 조성되기 시작했다. 북한이 핵으로 남한을 공격한 뒤, '미국이 개입하면, 미국 본토로 핵무기를 날리겠다'고 위협할 경우, 미국이 본토 피습의 위험을 무릅쓰고 남한을 도와줄 것인가?' 즉, '미국이 서울을 지키기 위해, 워싱턴이나 샌프란시스코의 희생을 감수할 것인가' 하는 의문이 제기된다. 여기서 남한 내 전술핵 재배치를 주장하는 논리가 대두한다. 전술핵 재배치로 남북 간 '핵 대 핵'의 균형을 맞춰야 한다. 또, 한미 간 전술핵 재배치 협의와 함께 북한에 핵군축 협상을 제의해, 북한이 비핵화를 하면 전술핵 배치를 중단하기로 함으로써 전술핵을 북한 비핵화의 협상 자산으로 활용해야 한다. 이밖에도 전술핵 재배치는 미국의 핵우산 공약을 강력하게 뒷받침하는 '핵 인계 철선'의 역할을 수행하게 될 것이다. 북한이 핵무기로 주한 미군의 전술핵 부대를 공격하면 미국은 핵 보복에 나설 수밖에 없기 때문에, 서울을 지키기 위해 워싱턴을 희생할 것인가 하는 의문이 제기될 여지가 없어지기 때문이다.99)

2023년 4월 26일 워싱턴에서 윤석열 대통령과 바이든 대통령이 한미정상회담과 "워싱턴선언"을 발표하고 강화된 핵확장 억제공약에 합의하였다. 그러나 이는 공약의 상징적 강화에는 어느 정도 기여했지만 구체화에는 한계를 지니고 있었으며, 미국 행정부의 교체에 따라 안보공약이 변화한 사례가 있었으며, 북한의 핵개발로 인하여 한반도의 상황과 유럽의 상황이 유사함에도 불구하고, 유럽에는 전술핵무기를 배치하고 한반도에는 이를 배치하지 않는다는 것은 미국식 이중 잣대라는 문제도 제기된다. 북한의 핵공격 능력을 고려할 때, 핵보복은 실시간대로 이루어져야 그 기능을 발휘할 수 있다. 북한이 우리 한국을 공격하는 데 보통 10분 내외가 소요될 것이다. 이를 고려할 때, 1시간 내에 보복이 가능한 태세가 되어야 한다. 한국 자체가 핵을 보유하는 것이 가장 강력한 대안으로 보이지만, 북한은 압도적인 미국의 보복을 더 두려워할 것이다. 핵보복을 위해 미국의 전략핵잠수함(SSBN)을 사용하려면, 최소 사거리 2,000km를 맞추기 위하여 위치를 태평양 방향으로 조정해 나가며, 필요시 미국 대통령의 사용명령 여부도 불명확하다. 핵위협에 대응하기 위한 좋은 방법은 B-61형 항공폭탄이다. 미국은 이를 NATO에 100개, 나머지 100개는 본토에 배치하고 있는데, 이 중 일부를 인도-태평양지역에 배치하더라도 한반도에서 1,270km~1,400km 떨어져 있어 보복에 1시간 이상이 걸린다. 따라서 한반도에 전술핵무기를 재배치한다면 대북보복이 실시간대에 가능하고, 이를 통하여 확장억제가 가능할 것이며, 북한의 핵협박을 예방하거나 효과적 대응을 할 수 있다. 그리고 미국이 B-61의 한국 배치에 동의하면, 현재 개발하여 배치중인 '저위력 핵무기 계열의' 항공기 발사 순항 미사일(Aircraft Launch Cruise Missile)도 병행하여 활용가능할 것이다.[100]

트럼프 미국 대통령은 2025년 1월 20일, 그의 제2기 대통령 취임식에서 북한을 핵 보유국으로 인정하는 듯한 발언을 했다고 하는데, 이는 영어 표현의 오해에 기인한 것이며, 미국의 외교 우선이 중국에 있기 때문에, 현재로서는 북한핵의 완전하고 검증이 가능하며 불가역적인 폐기(CVID) 원칙이 유효한 상황이다. 2019년 2월 27일, 제2차 트럼프-김정은 하노이정상회담 이후 트럼프는 2025년 3월 하순 백악관에서 김정은과의 개인적인 인간관계를 이야기하면서 그와 대화 재개를 강조하였다. 여기서, 북한비핵화에 대한 트럼프의 수사적 제안과 미행정부와 북한비핵화의 공식 목표에 대한 괴리가 커지고 있다. 이러한 불협화음은 워싱턴과 평양 사이 실낱 같은 잠재적 가능성을 제공하나, 한국을 소외시키고 미국의 확장억제를 침식할 수 있다. 그러나 북한의 최근 외교와 방위정책은 북한비핵화협상을 추구하는 데 관심이 멀어져 있음을 알 수 있다.

북한은 넓은 의미에서 미국에 대한 대응전략의 부분으로 핵물질을 생산하는 것은 자기의 핵발전계획에 필요한 것이라고 주장하였다. 김정은은 정치적 필요와 주권수호를 위해 국가의 핵억제능력의 필요성을 강조하였다. 먼저 해상핵능력태세의 발전이다. 김정은은 핵추진전략탄도미사일잠수함(SSBN) 건설현장을 방문하고, 2025년 3월 20일 "한미자유방패훈련"시에 남포의 군함건설현장을 방문하여 필요한 약속을 하였다. 둘째. 북한은 '항공 및 대공(aerial and anti-craft)' 능력을 강화시키고 있다. 무인항공기술팀과 전자전연구팀 및 감시자산의 통합발전, 레이다와 AI가 적용된 전자전기술에 관심을 집중하고 있다. 셋째, 북한은 특수작전부대를 증가시키고 있다. 2016년 2월 북한이 광명성위성을 발사하면서 핵미사일능력을 강화하자, 한국군 당국은 위기시에 적의 지도자, 핵시설, 미사일 기지, WMD 관련시설에 헌신할 특수단의 창설을 발표하였다. 이에 2016년 11월 4일, 김정은은 특수작전부대를 점검했다. 2017년 12월 1일, 한국의 현존하는 제13항공특수군여단이 "제13특수임무여단"으로 공식 제편될 때까지, 김은 특수작전부대를 네 번이나 방문하였고, 2024년 우크라이나 전쟁에 참가하면서 그 방문을 그만둘 만큼 특수부대의 중요성에 관심을 가졌다.101)

한국과 트럼프행정부2.0의 제1차 자유방패훈련 이후, 북한은 이에 대한 군사적 대응보다 러시아와의 광범위한 외교에 우선을 두고 있다. 2025년 3월 14일, 러시아 외무상 안드레이 루덴코(Andrew Rudenko)가 평양을 방문하여, 외무상 최선희를 만나 양국협력과 지역 및 국제문제에 관하여 광범위한 협의를 하고, 3월 17일에는 윤정호 북한 대외경제상이 이끄는 대표단이 북러 무역경제과학기술협력공동위원회 공동대표회의에 참가하기 위해 평양을 출발했다. 3월 21일, 러시아 자연자원부는 북러가 무역, 경제, 과학과 기술의 상호협력에 노력한다는 성명을 발표했다. 같은 날 김정은은 러시아 안보위원회 비서 세르게이 쇼이구(Sergei Shoigu)로부터 우크라이나 정전에 대한 푸틴의 친서를 받았다. 한반도 안보를 고려할 때, 2025년 미국에 대한 북한의 전략은 두가지 점에서 고려해야 할 것이다. 첫째, 미국은 중국을 제어하기 위하여 우크라이나전쟁에서 러시아에 대해 관용태도를 견지하며, 북한은 러시아와 협력을 통하여 항공 및 해군력의 취약성을 회복하며 핵억지력을 강화할 것이다. 둘째, 미북정상회담과 북한비핵화회담은 아직은 일러 보인다. 북핵문제와 현재의 북러관계를 볼 때, 평양은 북핵회담에 참가할 매력을 느끼지 못한다. 현재 김정은은 미국으로부터 오는 이익이나 위험이 러시아로부터 오는 것들보다 크지 않다고 생각하고 있을 것이다. 따라서 한국의 전략대응은 북한의 대러시아관계에서 오는 전략적 불이익을 제한하는 데 역점을 두어야 한다. 여기에는 북한의 진보된 핵기술에 대비하여, 한미가 방어체제를 확대하고, 한미일 안보협력체제를 심화하며, 평양에 대한 전략적 가치를 증대시키는 모스크바의 잇점을 감소시키는 워싱턴과 밀접한 관계를 가져야 하며,102) 트럼프의 우크라이나 전쟁처리과정을 주의깊게 관찰해야 할 것이다.

b. 나노혁명과 우주선

21세기는 유전자(genetic), 나노(nano), 로봇(robotic)의 세 분야(GNR)에서 혁명이 중첩되어 발전해 왔다. 현재 Genetic혁명은 초기 단계로 생명이 지닌 정보처리과정을 익혀 인체의 생물학 과정을 재현하고, 이로부터 질병을 치료하고, 인간 잠재력을 넓히며, 수명을 늘린다. 생물학의 한계를 넘게 해주는 것은 Nano혁명이다. 이는 우리의 몸과 뇌 세상을 분자수준으로 정교하게 재설계하고 재조립하게 해줄 것이다. 다음의 혁명은 Robotic혁명이다. 인간의 지능을 본받았지만, 그보다 더 강하게 설계된 인간수준의 로봇이 등장하고 있다. 이는 의미있는 혁명으로, 지능이란 우주에서 가장 강력한 힘이기 때문이다.

3대 혁명 중에서 가장 앞선 것이 나노(Nano)혁명이다. 반도체 분야에서 나노세대가 실현되어 AI시대를 재촉하고 있다. 미국국립과학재단이 발간한 나노기술보고(Nano Tech Report)에 따르면, "나노기술은 인간기술을 향상시킬 다양한 잠재력을 지니고 있다. 물질, 물, 에너지와 식품 등의 지속적인 발전을 이루고 미지의 박테리아와 바이러스로부터 우리를 지키고, 심지어 전 지구적 풍요를 가져옴으로써 평화를 깨트릴 이유 자체를 없에 줄 수 있는 것"이라고 한다. 우리는 나노의학에만 몰입할 것이 아니라, 노벨상(Quantuam Hole) 수상자 호스트 스토머(Horst Stormer)는 다음과 같이 말했다. "나노기술은 자연이 우리에게 궁극의 장난감인 원자와 분자를 가지고 놀 수 있는 도구를 주었다. 새로운 것을 창조해낼 수 있는 가능성은 무한하게 열려 있다." 우리는 컴플리멘터리(CFEP) 공정을 거치는 1나노(nm) 시대 — 1nm = 10억 분의 1m, 또는 머리카락 굵기의 1/50,000 — 를 맞이하고 있다.103) 드렉슬러가 말하듯이 나노시대가 되면 불가능한 것(impossible)이 가능해(possible)지며, 나노시대를 초월하면(beyond nano) 인류를 상상하기 어렵다.

나노기술이 응용되는 예로, 2010년대 미국의 차세대 전투체계(FCS)는 더 작고, 더 가볍고, 더 빠르고, 더 치명적이고, 더 세련되어야 했다104)고 파멘토라(John. A. Parmentora)박사가 말했다. 유명한 애브람스 탱크(Abrams tank)는 무게가 70톤이 되어 외부 조직을 카블라(Cabla) 섬유를 활용하는 나노기술을 적용하여 가볍고 외부 압박을 받으면 강철의 50배로 단단해져 적의 포탄이 뚫지 못하고, 또 미사일 공격방어체제 개선에도 사용되었다. 2020년대에는, 병력의 대부분이 로봇, 자율성을 가진 전투원(TAC), 나노봇(nano-bot), 초소형 로봇, 드론 등이다. 기술개발이 주로 10년을 주기로 이루어지는데, 그 기간이 단축될 것이다. 이에 따라 무기 개발 시간도 단축될 것이다. 군사적 추세는 전장배치 인력을 줄이고, 무기를 원격조종하며, 무인기를 사용하여 사상자를 줄이고, 상급자는 먼곳에서 지휘를 하게 된다. 감시 시스템으로 곤충인 벌보다 작은 "스마트 먼지"는 나노 연료 전지로 충당되며, 바람, 열, 기름을 에너지로 생성하여 사용하며, 적의 위치, 숨겨진 무기, 스파이의 위협을 확인하기 위해 나노 무기를 가지고 활동한다. 현재 미군은 나노기술의 사용을 확대해 가고 있다. 이제 덩치가 큰 무기는 용도가 폐기되고 있다. 나노 무기 같은 분산형 무기를 물리칠 수 있는 방법은 나노기술을 활용하는 방법을 확대하는 것밖에 없다. 나아가 나노기기에 자기 복제력을 주면 무서운 위력을 발휘할 것이다. 이는 1초에 83배 속도로 증가한다. 2030년이 되면, 버전 3.0 인체가 우리에게 다가올 것이고, 비생물학적 기능이 우위를 점령하고, 전쟁의 핵심은 나노전쟁이 될 것이다.105) 현재 우리는 핵 문제에 매몰되어 있는 것 같다. 핵의 등장도 곧 한 세기에 이르게 된다. 급속도로 진보하고 있는 나노기술을 볼 때, 이제는 이를 안보에 실질적으로 활용하는 방안을 고려해야 할 때다.

    AI가 생활에 활용되는 시대에, 과소 평가되기 쉬운 또 따른 기술의 업적이 있다. 그것은 우주선(Starship)이다. 만일 당신이 달이 아닌 화성(Mars)에 인류가 발을 디디는 것을 상상하고, 결국 그 화성(the Red Planet)에 인간이 자신들의 영원한 전진기지를 건설한다는 것을 상상해 보라. 물리학자이며 엔지니어인 케세이 핸드머(Casey Handmer)는 잡지 팔라디움(*Palladium*)에: 인류는 머나먼 해안, 특이한 경치, 끝없는 은하계 확장선 너머를 꿈꾸어왔다. 현재 화성은 우리의 팔뼈침 안에 있다. 화성은 지구에서 1억 마일, 즉 1.6억km 거리에 있어, 가려면 수천 개의 로켓이 필요하다. SpaceX 우주선은 우리의 우수한 후예를 위한 천지를 열기 위해, 이를 우주를 통하여 확대시키면서, 활활 타오르는 불기둥을 타고, 이러한 목표와 희망과 꿈을 위하여 건설되었다.

우주선(Starship)이 어떻게 우주 경제학을 근본적으로 구성해 왔는가? 현존하는 로켓에 수천 배를 증대시키는 혁명적인 벤처능력을 미래성이 있는 지위로 미리 전환시키는 것이다. 소형 우주선들을 위한 집합적 우주정거장보다, 국제우주정거장으로서 우주선은 완전하고 사전에 공급된 시설을 제공한다. 이 우주선의 발전 능력은 구름에 가리거나 빛에 관계없이 작동하는 진보된 이미지 기술을 통해 지구 관찰을 혁명화할 것이다. 그 사이 광범위한 군집위성으로 이루어진 시스템은 매일의 단위에서 일주일 단위로 일기예보를 확대하면서, 환경조건에 맞는 3D지도를 만들 수 있을 것이다.

거대우주선의 재사용은 컨테이너 선박에 비해 우주선의 반복된 "회수와 회복(recovered & reflows)"이란 두 가지 점에서 경제적 변화가 왔다. 발사 능력에서 증가를 가져왔으며 동시에 비용을 절감하였다. 우주선의 성공적인 발전이 계속된다면, 100톤의 무게를 1억 달러 이하 즉 1kg당 1,000달러로 배달할 수 있다는 것이다. 이러한 비용혁명은 반복적 발사의 수를 늘리고 지속적인 개선의 여지를 확대해 왔다. 이 혁신모델은 프리미엄 서비스에서 소비재화로 전환하는 방법이 우주에 접근하는 비즈니스의 핵심이다. 우주선은 다른 세계를 연결하는 가교이다. 우리 생애에, 수천 개의 우주선이 수백만 톤의 하물과 수백만 명을 신세계로 이송할 것이다. 귀하는 화성에서 무엇을 할 예정인가?[106]

지구는 오래 갈 수 없다. 지구의 온도가 점진적으로 팽창하여 인류가 오래 이곳에 살 수 없다. 우리가 살고 있는 지구는 현재 연평균 15℃이다. 인간이 지구에서 생존할 수 있는 온도는 35℃라고 한다. 50℃ 이상이 되면 지구는 인간이 생존할 수 없는 곳이라는 것이다. 따라서 인류는 다른 지구로 가야 한다. 우리는 어떻게 해야 하는가? 지금 이에 대비하는 준비가 필요하다.

2) 중국 vs. 미국

"신 중국과 옛 중국"은 무엇인가? 2008년 8월 8일, 베이징 올림픽 개막식을 위한 성화 봉송과 성화 점화와 관련하여 중국과 미국의 관계를 관찰해 보자. 개막식 성화 점화는 올드 차이나(Old China)에 대한 뉴 차이나(New China)의 승리를 상징한다. 새로운 비즈니스의 성공모델을 이룬 35세의 중국인 Yao Ying Jia는 베이징 올림픽의 대표적인 미국계 후원회사 Lenovo의 대표이다. Lenovo의 모든 구성원들이 IBM의 퍼스널 컴퓨터 부서를 매입한 것은 중국정부의 정책결정자들이 아니라 이 회사의 아이디어라고 한다. 새롭고, 글로벌하며, 개혁적인 중국의 이미지가 Lenovo의 그것과 맞다는 것이다. Lenovo의 경험 — 중국과 미국에 뿌리를 둔 글로벌 기업을 창조하는 것 — 은 정확하게 미국이 격려하고 있는 것이어야 한다. 글로벌 사고를 가진 중국기업이 증가함에 따라, 더욱 더 글로벌화하는 중국의 행동은 글로벌화가 될 것이다. Lenovo는 뉴차이나의 전형으로 올드차이나가 본받아야 할 것이다. Lenovo의 이사진과 임원단을 보면 다양한 국적의 패스포트로 이루어져 있다.[107]

이해 6월에 중국정부는 라사(Lhasa) 거리에서 올림픽 성화봉송 릴

레이를 감행하였다. 이 거리는 3개월 전에 폭력이 발생하였다. 행사는 파탈라 궁전(Patala Palace)에서 거행되었으며, 이곳은 망명 중인 달라이 라마(Dalai Lama)가 머물던 역사적으로 유명한 곳으로, 군인들로 철저하게 질서가 유지되도록 하였다. 티벳의 공산당서기 장칭리(张庆黎 Zhang Qingli)가 책임지고 있었다. "티벳의 하늘은 결코 변하지 않을 것이며, 오성홍기는 그 위로 영원히 휘날릴 것이다"라고 하면서, "우리들은 달라이 라마 도당과 같은 분리주의자들의 음모를 모두 분쇄할 것이다"라고 덧붙였다. 그러나 그때까지 서양의 정치지도자들은 그들의 불만을 표시하기 위하여 올림픽 개막식에 참가 여부를 논의하고 있었다. 그러나 5월에 쓰촨지역에서 대지진이 발생한 후 서구사회에서 중국 국민에 대한 동정심이 쏟아지는 것은 이해할 수 있는 것이었다. 그리고 올림픽 개막식 보이콧에 관하여 아무도 더 이상 논의하지 않았다.108)

여기서, 우리는 뉴차이나를 보상하고 올드차이나를 징계하는 수단을 갖고 있지 않다는 것이다. 이들은 분리될 수 없으며, 공생하는 것이다. "이 둘이 모두 중국인 것이다." 아시아 전문가로 클린턴 시절에 경제전략가이자 예일대 경영대학원 원장이었던 가튼(Jeffrey Garten) 교수가 다음과 같이 말하였다. "미국인은 이것에 적응하여야 한다. 미국인은 세계를 좋은 사람과 나쁜 사람의 이중 잣대로 보는 법을 지양해야 한다. 어떤 나라도 모두 같다. 우리 미국은 한편에서는 중국을 경제적 동반자로, 다른 한편에서는 정치와 군사에서는 문제로 본다. 그리고 만일 우리가 상대에게 저당잡힌 것 이상을 다루지 않는다면, 하나의 극단에서 또 다른 극단으로 방향이 바뀔 것이며, 결국 우리의 목표 어느 것도 이루지 못할 것이다. 앞으로 올 신세계에서 국가는 미국이 리더십을 발휘하며, 미국이 그러한 도전을 하기 바란다"고 덧붙였다.109)

a. 남중국해 9단선

　미국과 중국의 충돌 지점 중의 하나로 우려되는 남중국해는 중동으로부터 석유수송과 아시아와 유럽을 연결하는 무역을 위한 경제적인 요인뿐만 아니라 전략적인 요소로도 중요하다. 이곳은 중국, 일본, 러시아, 미국 등 세계 강대국 누구도 무관심하게 있을 수 없는 몇 안 되는 폐쇄해 지역 중의 하나로 등장하였다. 남중국해는 남서쪽으로 말레카-싱가폴 해협을 통해 인도양과 통하고, 북동쪽으로는 동중국해와 연결되고, 대한해협을 통해 일본과 통하고 있다. 이로 인해 서사군도와 남사군도 사이의 해로는 러시아와 미국의 해군에게는 주요한 교통로가 되고 있는데, 특히 블라디보스톡에 있는 기지로 왕래하는 러시아 해군에게는 더욱더 그러하다. 해상수송에 의존하고 있는 경제대국 일본에게 있어, 남중국해는 유조선과 상선을 위한 주요 경로이다. 말레카-싱가폴 해협의 좁은 지역을 통과하기가 어려운 일부 초대형 유조선은 유류를 적재한 경우에는 남중국해 통로로 우회하지만, 이것으로 이 항로의 중요성이 감소되지는 않는다. 이러한 분석으로 볼 때, 서사군도와 남사군도를 통제하거나 소유하는 것이 중요하다는 것은 분명한데, 자국의 연안해역인 두 개의 중국해가 외국 선박의 통행으로 교통량이 증가하고 있음을 알고 있는 중국의 입장에서는 특히 그러하다.110)

　중국이 말하는 9단선(9段线, nine-dash-line)은 남중국해의 종주권을 주장하는 대표적인 지도이다. 장제스 전 중국 국민당 정부 주석은 당시 집무실에 지도를 하나 걸어두고 있었는데, 중국 전성기 시절의 영토 경계를 표시한 지도다. 그 지도에는 타이완은 물론 한반도와 인도차이나반도, 중앙아시아까지 과거 중국에 조공을 바쳤던 나라를 모두 중국 영토로 표시해 놓고 있었다. 장 주석이 이 지도를 걸어둔 것은 아편전쟁 이후 상처 난 자존심을 반드시 회복하겠다는 의지를 다지기 위해서다. 그래서 지도 이름도 '중화국치지도(中華國恥地圖)'다. 1947년 국민당 정부가 공식 지도를 만들면서 남중국해에 'U'자 형태의 가상 경계선인 "11단선"을 그어 그 안을 자신들의 영해라고 일방적으로 주장한 것도 이 국치지도에 바탕을 두고 있다.

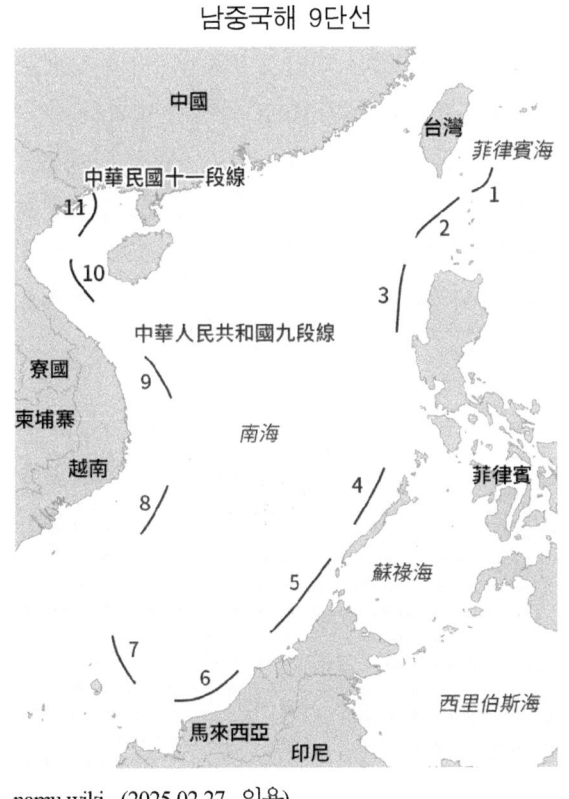

namu.wiki, (2025.02.27. 인용)

중국공산당 정권 때 이 11단선이 9단선으로 바뀐 것이다. 1953년 공산당 정부는 베트남이 프랑스와 해방전쟁을 벌이면서 양국 간의 관계가 개선되자 베트남 일대에 그어진 2개 선을 빼고 9단선을 그려 넣어 지도를 다시 만들었다. 9단선을 적용하면 최근 필리핀 등 동남아시아 국가들과 영토분쟁을 겪는 서사군도와 남사군도를 포함해 남중국해의 90%가 중국 영해에 속한다. 중국은 고대 한나라 때 해상무역로 개척과 명나라의 정화(鄭和) 원정 등을 영유권 주장의 근거로 내세운다. 이밖에 청나라, 민국시대에 중국 어민들이 남중국해 각 해역에서 생활해온 문헌 기록 등을 토대로 주권을 주장하고 있다. 최근 중국과 사이가 좋지 않은 대만도 9단선은 전폭적으로 지지한다. 이는 영해인지 배타적 경제수역(EEZ)인지도 명확하지가 않다. 2009년에는 유엔에도 9단선을 제출했다. 다만 9단선 안에는 스프래틀리제도(중국명 난샤군도, 베트남명 쯔엉사군도), 파라셀 제도(중국명 시샤군도, 베트남명 호앙사군도), 스카보러섬(중국명 황옌다오) 등이 대부분 포함돼 있어 베트남, 필리핀 등 동남아 국가들과 마찰을 빚어왔다.

문제는 국제사회에서 이것을 아무도 인정하지 않는 데 있다. 주변국들은 물론이고 국제기구조차 중국의 영해 주장을 일축하고 있다. 필리핀은 2013년 1월 자국의 배타적 경제수역 내 개발권을 명확히 해달라는 취지로 네덜란드 헤이그의 국제상설중재재판소(PCA)에 제소했다. PCA는 2016년 7월 12일, "중국의 9단선 주장은 아무런 법적 근거가 없다"고 판결했다. 그러나 중국은 이를 무시하고 난사군도 암초에 비행장 등 군사기지를 건설하는 등 힘으로 밀어붙이고 있다. 즉, 암초가 아닌 섬으로 기정사실화 하고 있는 것이다.

중국이 개혁개방을 하기 전에는 남중국해에 크게 어필하지 않았다. 최근 들어 남중국해 9단선을 둘러싸고 또다시 논란이 일고 있다.

인도네시아가 자국의 배타적 경제수역 안에 있는 나투나 제도에 군사기지를 건설하자, 이 중 일부가 9단선 내에 위치하고 있다며 중국이 반발하고 있는 것이다. 중국은 이전에도 나투나 해역의 조업권을 둘러싸고 인도네시아와 격돌한 바 있다. 앞으로 중국의 힘이 지금보다 더 세지면 남중국해를 장악하고자 하는 욕구도 더 커질 것이다. 이럴 경우 자칫 우리나라의 해상 운송에도 문제가 예견되는 것이다.

그간 베트남은 9단선에 민감하게 반응하면서 9단선 주장을 담은 영상물을 엄격하게 금지했다. 베트남 당국은 2017년 할리우드 영화 '바비'에 대해서도 영화 속 장면에 구단선이 그려진 지도가 나온다는 이유로 상영 금지 처분을 내린 바 있다. 지난해 3월 톰 홀랜드 주연 영화 '언차티드'도 같은 이유로 상영이 금지됐고, 이에 앞서 2019년에는 영화 '어바머너블'이 9단선 주장으로 벌금을 부과받기도 했다. 베트남에 이어 필리핀도 '바비' 개봉 금지를 논의했다. 필리핀은 같은 이유로 '언차티드'의 개봉을 금지한 바 있다.111) 중국은 남중국해의 여러 암초를 섬(항구)이나 활주로로 만드는 것은 섬으로 인정되지 않는다는 유엔해양법을 아직 비준하지 않고 있다. 무해통항권을 인정하는 유엔해양법(UNCLOC)은 1982년 제3차 유엔해양법회의에서 채택되고, 1994년 11월 16일에 전세계에 발효되었으며, 한국은 1996년 1월 29일 비준하였다.

b. 초한전(超限战)

여기서 말하는 "초한전(Going Beyond Limits Warfare)"은 중국의 고대 역사의 초한전쟁(楚漢戰爭) — 중국을 최초로 통일한 진나라(秦)는 기원전 206년 멸망 후 유방의 한(漢)과 항우의 서초(西楚)가 대립한 끝에 기원전 202년 12월, 초의 항우의 패배와 죽음, 그리고 한나라의 승리와 통일로 끝난다 — 과는 달리, 1992년 2월 두 명의 중국인민해방군 공군 대령 챠오량(喬良) 과 왕샹수이(王湘穗)가 공동 집필하고 중국에서 출판된 책으로 "제한없는 전쟁에 관한 군사전략서"이다. 이것이 유명하게 된 이유는 이 저서가 미국의 육군사관학교와 해군사관학교의 필독서로 지정되었으며, 21세기 중국이 채택하고 있는 영역 간의 경계를 허무는 "제한 없는 전쟁(unrestricted warfare)"을 수행하는 내용이 있기 때문이다.

초한전(중국판)

zh.m.wikipedia.org (2025.07.12. 인용)

1991년부터 중국은 점진적인 군사 현대화를 시작하였다. 인민해방군의 각종 현대화 진전 외에도, 중국의 전략 사상가들은 중국의 군사상 약점에 주목하기 시작하여, 얻은 결론은 중국은 그들이 가능성 있는 상대 또는 적의 "아킬레스건"을 찾아야 한다는 것이다. 구 소련의 붕괴 이후, 미국은 중국이 직면한 유일한 적이 되었고, 미국이 자신의 경제적 능력을 이용하여 군사조직을 구축하였다는 것이다. 중국은 줄곧 아시아 태평양 지역에 있는 미국의 세력과 미국이 국제적 분야에서 주도세력이 되어 도처에 개입하는 경향을 경계해 왔다. 이런 상황에서 미국의 군사적 역량이란 현실에 어떻게 대응할 것인가? 이산 아리(Ehsan Ahari)는 그 답은 미국 전쟁기구의 약점과 전쟁방식을 연구하여 미국의 전쟁사고를 장악하는 것이라고 하였다.112)

두 저자는 초한전을 실행하기 위한 24가지 전법을 제시하고 있다. 종래의 군사 전법으로 핵전쟁, 재래전, 생화학전, 우주전, 유격전, 테러전, 생태전을 열거하였다. 군사 영역을 초월한 초군사 분야의 전쟁 수행 방식으로는 외교전, 인터넷전, 정보전, 심리전, 기술전, 밀수전, 마약전, 사이버(위협)전을 들 수가 있다. 마지막으로, 비군사 영역의 전쟁수행 방법으로는 금융전, 무역전, 자원전, 경제원조전, 법규전, 제재전, 언론전, 의식형태전 즉 이념전 등이 있다. 예로써, 두 저자는 1997~1998년 아시아 금융위기를 "금융 9.11사건"으로 규정하고, 소로스를 테러분자 빈라덴과 비교하여, 아시아 위기가 다음과 같은 전환점이 되었다고 하였다.

비국가조직이 비군사수단을 이용하여 주권 국가와 교전한다. 이 때문에 금융전은 비군사전쟁 방식이다. 그것의 파괴력은 유혈전쟁만큼 큰데, 단지 피를 흘리는 희생이 나타나지 않았을 뿐이다. 금융전은 현재 정식으로 전쟁의 한 종류가 되었다. 핵무기의 억지력이 날로 쇠퇴함에 따라, 금융전은 이미 전세계의 관심을 끄는 전략적 수단으로 변하였다.

군사	초군사	비군사
핵전쟁	외교전	금융전
재래전	인터넷전	무역전
생화학전	정보전	자원전
생태전	심리전	경제원조전
우주전	기술전	법규전
전자전	밀수전	제재전
유격전	마약전	언론전
테러전	사이버전(위협)	의식형태전(이념전)

예로써, 1997~1998년 아시아 금융위기에서 홍콩정부가 금융투기꾼들을 대응하는 수단은 "금융전+법규전+심리전+언론전"이었다는 것을 알고 있다. 이 수단들은 비록 댓가가 크더라도 전쟁의 결과가 좋았다. 이밖에 타이완에서와 같이 대량으로 런민비를 위조하는 방법도 매우 쉽게 "금융전+밀수전"이란 수단이 될 수 있다.

이러한 사례에서 덧셈법 즉, 전법에서 조합이라는 기묘한 역할을 알 수 있다. 만일 과거의 전쟁은 기술수단과 조건의 제한 때문에 전쟁을 수행하는 사람들이 승전의 모든 요소를 자기 뜻대로 조합할 수 없었다면, 현재 정보기술이 선도하는 기술의 발전은 이미 우리들에게 이러한 가능성을 제공하고 있는 것이다. 그러나 누구나 모두 미래의 전쟁에서 승리자가 되지는 않을 것이다. 수많은 전쟁법도 그 목표가 사라지면 전법도 가치를 잃었다. 하지만 진정 생명력을 가진 전법은 "빈 바구니"여야 한다. 빈 바구니는 단지 생각과 원리에 따라 불변으로 모든 변화에 대응하게 한다.113)

초한전은 마오쩌둥 사상, 중국공산당의 배경, 중국 고유의 군사문화, 변화된 변증법이 수십 년 동안의 전쟁 속에 섞여서 초한전 사상이란 온상을 만들었다. 거슬러올라가 그 뿌리는 마오쩌둥 사상의 계보로 경사(经史), 자집(子集), 제자(諸子), 시문집(诗文集)의 영역으로 확대되며, 사실 초한전에서 이들의 유전 인자의 존재를 부정할 수가 없다. 초한전은 중국특색의 군사전략서이며 중국특색의 대외전략서인 것이다.114)

c. 반접근/지역거부(Anti-Access/Area Denial) 전략

시진핑은 2012년 중화인민공화국 부주석으로 미국을 방문하여 처음으로 미국과 중국 사이에 신형 대국관계를 제시하였다. 2014년, 시진핑 주석은 처음 미국에 대하여 서태평양을 중국과 미국이 공동으로 평화적으로 이용할 것을 미국에 제안하는 대국외교의 이니셔티브를 보였다. 초한전이 인민해방군의 창이라면, 반접근/지역거부(2A/AD)는 인민해방군의 방패이다.115)

반접근/지역거부 (Anti-Access/Area Denial) 전략 (동시작용)

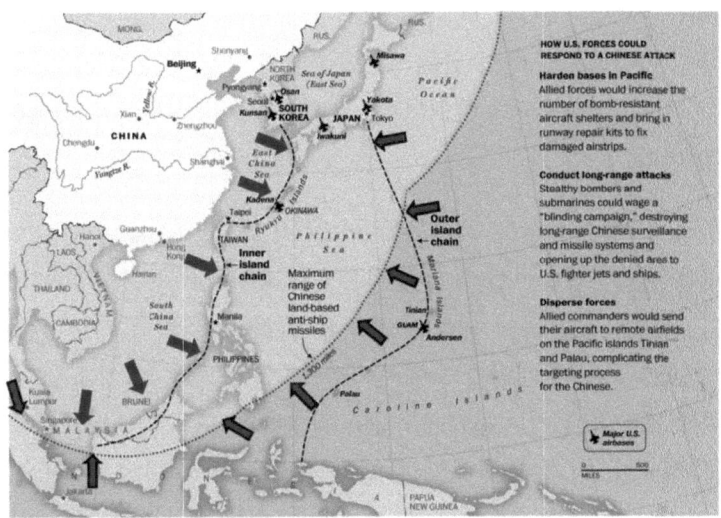

출처=globalita.com via CIMSEC
http://globalbalita.com/wp-content/uploads/2012/10/Air-Sea-Battle-map.jpg
http://cimsec.org/strategic-architectures
(2025.06.25. 인용)

A2/AD전략이란 2000년 경부터 중국의 서태평양 영역의 지배 전략을 이르는 말이며, 열세한 세력이 강한 세력과의 해전을 기피하는 개념이다. 미래의 타이완 해협에서 중국은 미국과 충돌이 있을 경우, 미국의 동맹국들이 이 전장에 개입하는 상황에 직면할 가능성이

높다. 따라서, 이 전략의 목적은 '비대칭작전'을 이용하여 중요한 가상적인 미국을 위협하여 지연시키고, 나아가 저지/파괴하여 서태평양 지역에 배치된 미군전력의 개입을 견제하고, 미국이 개입할 경우에 미군의 작전 수행에 영향을 주는 데 목적이 있다. 중국인민해방군의 관점에서 볼 때, 미군은 두 가지 군사적 약점, 즉 지리적/정치적 여건이 그 하나이고, 두 번째는 미군은 고도의 복잡성과 하이테크 시스템에 의존하여 군사행동을 해야 한다는 점이다. 따라서 중국은 미군전력을 적시에 배치하지 못하게 방해하는 데 초점을 두고 있다는 것이다.116) 다시 말해, 내 앞마당에 못들어 오게 하고, 어떻게 운이 좋아 들어온다 하더라도 제대로 활동하지 못하게 방해한다는 의미다.

중국은 이를 실현하기 위하여 "도련선(岛连线 Island Chain)"이란 개념을 도입하였다. '섬과 섬을 사슬처럼 잇는 선'이라는 뜻이다. 미군의 접근을 차단하기 위하여 중국은 류화칭(刘华清) 해군 제독은 그의 1982~1988년 재임 기간에 중국은 21세기 내에 3단계에 걸쳐 전 지구에 도달할 수 있는(global reach) 현대화된 능력을 보유한 인민해방군 해군을 가져야 한다고 주장하였다. 이를 위하여, 먼저 2000년~2010년에는 제1도련선 내에서 작전이 가능한 해군을 건설하고, 2010~2020계획 기간을 통하여 제2도련선까지 힘을 투사할 수 있는 해군을 보유하며, 마지막 3단계로 2040년까지 중국 해군은 항공모함을 갖추어 대양으로 뻗어날 수 있는 태평양에 총 3개의 도련선을 설정하였다.

제1도련선: 쿠릴열도 - 일본 - 타이완 - 필리핀 - 말라카해협: 중국 본토 근해 방위선

제2도련선: 오가사와라제도 - 괌 - 사이판 - 파부아뉴기니아: 아우르는 방위선
제3도련선: 알류산열도 - 하와이 - 뉴질랜드를 잇는 방위선

한국은 제1도련선의 가장 안쪽에 위치해 있다. 중국의 방위전략은 미군이 제2도련선과 제1도련선 안으로 들어오지 못하게 하는 데 목적이 있다. 이를 위하여, 중국이 운용할 수 있는 무기체계를 보면, 첫째, 중국의 로켓군이 보유한 "동평(东风)21D 미사일"(사거리 1,800Km)은 제1도련선 도달, "동평-36미사일(사거리 4,000㎞)"은 제2도련선을 사정거리 내에 두고 있으며, "동평17 초음속 미사일"은 미국이 보유하고 있는 미사일 방어시스템을 극복할 수 있는 것으로 알려져 있다. 둘째, A2/AD전략 수행에 동원될 수 있는 해군의 무기와 장비는 랴오닝(遼寧) +(다목적전투기 젠-15 24대), 산둥(山東), 푸젠(福建) 등 3척의 항공모함과 미국 이지스 구축함에 버금가는 055형(仁海級) 대형 순양함 4척, 중화 이지스함으로 불리는 구축함052D형(旅洋I型)은 미래 중국 원양전략의 핵심 중의 하나다. 중국해군은 095핵추진 잠수함을 보유하고 있으며, 현재 개발중인 096형핵추진 잠수함은 사정거리 10,000㎞의 쥐랑(巨浪JL)-3 SLBM과 항모킬러 동평-21D 대함탄도미사일을 장착하여 미군에 상당한 위협을 줄 것으로 본다. 중국공군은 현대화 전력을 갖춘 전략군종으로 실전화 합동훈련을 통해 방공임무 국경 및 타격과 호위임무 수행능력을 갖추었고, 해군과의 합동 장거리 원양훈련을 통해 서태평양 지역에서의 작전효율능력을 갖추어서 미군의 전장개입저지의 전략목표의 달성에 주력하고 있다. A2/AD에 투입되는 기종은 젠(殲J)-20스텔스기, 젠(殲J)-16전투기, 수호이(蘇愷SU)-35전투기, 훙(轟H)-6폭격기 등이 있다.[117]

d. 미국의 대중국 종말게임(endgame) 논쟁

1980년대 후반, 동독의 베를린 장벽이 무너지고 동유럽 국가들의 연이은 붕괴를 이어 소비에트의 해체가 뒤따랐다. 이때, 아버지 부시(George H. W. Bush) 행정부는 붕괴 과정에 있던 소련에 대하여 냉전의 종말게임(endgame) 전략을 구상하였다. 최근 바이든 정부에서, 그리고 트럼프 후보가 다시 대통령으로 당선된 후에 미중관계에 대한 "종말 국면(end state)"과 관련한 논쟁들이 있었다. 지금의 중국은 1989년 전후의 소련과 같은 상황과는 다르지만, 현재 미중관계에 대한 종말게임 논쟁을 참고로 여기에 소개한다. 특히, 미국의 독립된 정책연구소인 전략국제문제연구소 CSIS는 "미국은 대중국정책을 위해 '종말상태(End State)'가 필요한가"라는 부제로 23명의 전문가들에 의한 연구저서인 *Defining Success*(2024)를 출판하였다.118)

◆ 미국은 중국에 대한 종말게임(endgame)을 가지고 있는가?

> # 잭 쿠퍼(Zack Cooper):
> 저자는 전 미국 백악관 국가안보위원회(National Security Council)와 펜타곤 국방장관(Secretary of Defense)으로 전략가이며 현재 미국기업연구소(AEI) 시니어 펠로우이다.(Zack Cooper. 2023)

2023년 가을, 바이든 행정부의 국가안보 어드바이저 설리번(Jake Sullivan)은 "미국은 중국과의 경쟁에서 '종말 국면(end state)'에 관하여 종종 질문을 받았다." 그는 "소련의 붕괴를 가져온 것과 같은 변화시킬 힘이 있는(transformative) 종말 국면을 기대하지 않습니다"라고 대답하였다. 그 대신 바이든 행정부는 미국과 중국관계에 있어서 3가지 노선의 노력을 확인하였다: 투자하고(investing), 조정하고(aligning), 경쟁한다(competing). 투자한다는 것은 미국에서 국내적 주도를 이끄는 반면에, 조정한다는 것은 동맹과 파트너들과의 협력을 포함한다는 것이다. 따라서 중국에 명확하게 중심을 둔 바이든 행정부의 중국전략의 유일한 부분은 경쟁(competition) 이다. 그러나 경쟁은 그 자체에 있어서 목적이 되지 않고, 차라리 현재 상황에 대한 묘사다. 백악관의 인도-태평양 조정자 커트 캠벨(Kurt Campbell)이 경고해온 것처럼 "경쟁은 그 자체가 전략이 아니다." 사실, 캠벨과 설리번은 백악관에 들어오기 전에 전략적 경쟁에 관한 접근법은 "경쟁은 무엇에 관한 것이며, 경쟁은 무엇을 얻기 위한 것인가에 대한 불확실성을 반영하는 것이다"라고 주장하였다. 그래서 질문은 계속 남아 있다: 무엇이 미국의 성공 비전인가?

견고한 국면의 매력(The Allure of Steady States)

그의 2022년 국가안보전략 보고서를 소개하면서, 조 바이든(Joe Biden) 대통령은 "21세기를 위한 경쟁에 승리할 것"을 약속하였다. 그러나 승리한다는 것이 무엇을 의미하는지 명확하지 않다. 사실 바이든 행정부 내의 시니어 관료들은 중국과 관련하여 미국은 특별히 "종말 국면(end state)" — 이것은 일반적으로 어떤 목적의 완성을 따르는 상황을 묘사한다 — 을 목표로 해야 한다는 관념에 반대했다. 그 대신, 캠벨과 설리번은 냉전의 최종 결론에 가까운 뚜렷한 종말 국면(end state)이 아니라, 미국의 이익과 가치에 호의적인 견지의 명확한 공존의 "안정된 정국(steady state)"을 얻기를 옹호해 왔다. 그들은 어떤 문제가 해결되어야 한다기보다는 관리될 수 있는 조건으로서 경쟁을 받아들이는 데 "호의적인 종말 국면을 반대한다".

미국의 대 중국정책에 대한 종말 국면을 밝히는 데 반하는 3가지의 강력한 논쟁이 있다.

먼저, "중국의 도전"을 "해결"한다는 것은 잘못된 표현이다. 왜냐하면, 중국에 있어서 정권이 교체되더라도 새로운 도전이 야기될 것이기 때문이다. 만일 중국인들이 내일 그들의 정치구조에 근본적인 변화를 가져오는 선택을 하더라도, 타이완과 미국의 지역 주둔에 관한 긴장이 분명히 존재한다. 민주화되고 있는 중국이 미국과의 관계를 악화시킬 수도 있다고 정치학 조사방법에서 암시하기도 한다. 결과적으로 몇몇 전문가들은, 미국은 "글로벌 문제를 해결하려고 노력하지 말고 관리해야 한다"고 확언하고 있는 신미안보센터(CNAS)의 CEO 폰테인(Richard Fontaine)의 주장과 함께, 바이든 행정부의 "안정된 국면"에 대하여 초점을 맞추는 것을 지지하였다.

둘째, 관료의 반대가 이상적인 종말 국면을 선택하려는 노력에 방해가 될 수 있다. 미국에서 중국에 관한 관심이 증가함에도 불구하고, 미국의 정책 입안자들이 채택해야 할 전략에 대한 합의가 전혀 이루어지지 않고 있다. 따라서 종말 국면에 관한 토론이 불화의 원인이 될 수도 있다. 왜냐하면, 유일한 종말 국면은 모든 "이익 상관자(stakeholder)"에게 호소력을 발휘할 수 없기 때문이다. 바이든 행정부 내에서조차 민주주의자들과 인권 운동가들이 환경 운동가들과 경제학자들과 의견을 일치하게 하는 것이 어렵다. 의회에서 같은 위원회에서조차 일하는 것이 어렵다. 결과적으로, 관료적으로도 어떤 종말 국면에 이르는 것이 가능하지 않을지도 모른다.

셋째, 설사 미국의 지도자들이 그들이 최후로 원하는 것에 동의하더라도, 그렇게 하는 것이 동맹국과 파트너들을 소외시킬지도 모른다. 예로써, 미국이 중국공산당의 붕괴를 가속화시킨다면, "새로운 형태와 강대국 관계"로의 회귀는 많은 이들로 하여금 강대국에 의한 공동 통치국에 관하여 우려를 갖게 할 것이다. 종말 국면에 관하여 토론을 강제하는 것은 미국은 중국이 취하는 도전을 대응할 필요가 있다는 바로 그 조건들을 강화하기보다는 오히려 약화시키는 것일지도 모른다.

종말 국면의 필요성

따라서, 종말 국면에서 "안정된 국면"으로의 전환을 강조해온 커트 캠벨(Kurt Campbell)의 주장이 완전히 합리적이다. 사실, 미국의 많은 이들이 적어도 당분간은 종말 국면론에 관하여 토론하는 것이 좀 더 현명하다고 한다. 문제는 이 접근법이 지속 가능하냐의 여부이다. 정책 입안자들이 마음속에 주된 목적 없이 어떤 지속적인 중국정책을 입안할 수 있겠는가? 미국 사람들과 해외 친구들이 최종 목적 없이 지속적인 경쟁에 기반한 전략을 지원할까? 간단히 말하여, 조절된 경쟁이 현재 상황의 묘사일까 혹은 그것이 실제의 전략일까?

"종말 국면"을 인정하는 옹호자들은 그들 자신의 세 가지 주장으로 그들의 비판을 반대한다. 첫째, 명확한 목표 없이 미국의 현재 전략의 성공 또는 실패를 평가하기는 어렵다. 바이든 팀은 가끔 중국에 대하여 관리된 경쟁을 목표로 하고 있다고 말한다. 그러나 이는 단순히 갈등 없는 경쟁을 함의하는 것이다. 이는 이미 오늘 존재하고 있다. 전략은 일반적으로 그 목적을 달성하기 위하여, 어떤 객관성을 확인하고, 그리고 자원과 계획을 동원하기를 요구한다. 만일 목적이 갈등 없이 경쟁의 현상유지를 단순히 유지하는 것이라면, 억제는 그렇게 장기간이 될 것이며, 행정부의 전략은 작동하는 것이다. 이것은 절차를 수행하거나 측정하는 것이 이미 불가능하게 된다. 왜냐하면 목표는 이미 이루어지고 있기 때문이다.

둘째, 미국이 명확한 목적 없이, 경제적 위기 탈출에서 외교적 교섭에 대한 억제 자세에 이르는 모든 것을 선택하기란 어려운 것이다. 미국 내에서 그리고 동맹과 파트너 사이에 비싼 정책을 위한 정치적 지원을 쌓기 위해서는 명확한 논리가 필요하다. 명확한 논리라는 것은 경쟁에 대한 더 명확한 논리를 필요로 한다는 것이다. 조절된 경쟁으로 인한 공허함으로 인하여 거친 수출 통제와 투자 제한에서 중국과의 깊은 대화에 이르기까지, 거의 어떤 정책까지도 정당화시킬 수 있다. 최종의 목표를 명확히 하는 것이 정책 입안자들로 하여금 어떻게 거래를 전략적으로 접근하는가를 돕는다.

셋째, 바이든 팀은 중국과의 원하지 않는 것을 묘사하는 데는 효과적이었지만, 이 팀이 "원하는" 것을 묘사하는 데는 효과적이지 않았다. 예로써, 중국의 미디어가 미국의 지도자들은 2022년 인도네시아 발리에서 개최된 시진핑-바이든 미팅 중에, "4不 과 1不意向"에 사적으로 승인하였다. 이러한 주장에 대한 진실성에 관한 고려를 차치하고, 고위 미국 관리들은 다음과 같은 넓은 폭의 다양한 말을 하였다.

중국을 봉쇄하기를 원하지 않는다.
새로운 냉전을 모색하고 있지 않다.
강대국 갈등의 틀을 통해 관계를 보지 않는다.
중국을 주요 강국으로 그의 역할을 봉쇄하는 것을 모색하지 않는다.

중국을 성장하고 있는 경제로부터 봉쇄하지 않는다.
중국에서 헤어지지 않고 있다.
중국의 정치체제를 변화시키는 것을 모색하지 않는다.
타이완 독립을 지원하지 않는다.
타이완해협에 걸친 현상유지에 일방적인 변화를 원하지 않는다.
대치나 갈등을 모색하지 않는다.

이러한 말들은 긍정적인 비전을 제시하지 않고, 미국이 원하지 "않는" 것만 배열하는 것이다. 이것이 중국의 관찰자들이 미국인의 확신 — 많은 것들이 미국행위에 기인한 물질 없는 단순함 — 그렇게 회의적인 한 이유이다. 국가안보전략과 인도/태평양전략 등은 "민주제도의 강화, 법의 지배, 그리고 책임있는 민주적 거버넌스" 같은 어느 정도의 긍정적인 목적을 명시함에도 불구하고, 중국에 비해 미국의 목적에 관해 놀랍게도 아무것도 이야기하지 않는다. 이는 많은 미국 시민들, 의회 의원들, 그리고 미국이 외교정책 결정자들에게 조절된 경쟁이 무엇을 수반하는지에 대한 비전을 가지고 있는지의 여부에 대한 불확실성을 남긴다. 모든 이러한 이유로, 미국은 그 자신의 중국정책의 궁극목표를 확인하는 것이 유익하다.

통일된 목표의 비현실성

바이든 팀이 "종말 국면들"을 거부해 온 주된 이유는 어떤 하나의 종말 국면도 동맹과 주요 파트너 나라들에게 주요한 두 청중인 아메리칸시민과 정책결정자들에게 동시에 현실적이고 수용될 수 없는 것으로 나타났기 때문이다. 행정 리더들은 "붕괴도 아니고 공동주권(condominium)이 유지될 수 있는 종말 국면도 아니며," 각자가 치명적인 결함으로 고생하고 있다고 말한다. 중국공산당의 붕괴를 야기시키는 목적에는 주목할 인물이 있다. 폼페오(Mike Pompeo)가 국무장관이었을 때, 그는 "우리 세계의 자유를 사랑하는 국가들은 중국이 변화하도록 유도해야 한다"고 제안하였다. 다른 이들도 워싱턴은 시진핑이 "좀더 부드러운 당의 리더십으로 대체"되고, 중국인들은 "중국의 고대문명은 권위주의적 미래로 영원히 운명지어져 있다고 한 공산당 — 100년 시기에는— 주장에 도전"할 것을 주장하였다. 많은 미국인들이 이 주장에 유혹되었다. 마침내 미국은 두 차례의 세계 전쟁에서 그 적들의 붕괴를 야기시켰으며, 냉전기의 소련을 퇴장시켰다. 왜 다시 미국은 그렇게 하지 말아야 하는가?

그러나 중국공산당의 종말을 야기시키는 시도를 하는 것은 많은 문제를 내포하고 있다. 미국은 중국의 국내 통치모델을 개조하는 데 필요한 수단을 거의 갖고 있지 않다. 더군다나 어떤 목표를 명확히 하는 것은 실제로 공산당으로 하여금 권력에 대한 압박을 더욱 강화하는 것이다. 그리고 미국의 목적이 강제적으로 정권교체를 공개적으로 한다면, 모두는 아니라도 대부분 미국의 동맹과 파트너 국가들로부터 반대에 직면할 것이다. 마지막으로, 공산당을 권력으로부터 제거하기를 시도하는 것은 제로섬 싸움으로 유도하는 것이 된다. 이 제로섬 싸움은 갈등의 상승한 위기로 이어질 것이다. 모든 이러한 이유들 때문에, 백악관의 트럼프 행정부의 접근법은 "중국의 국내 통치모델을 변화시키려는 시도를 전제로 하지 않는다"는 것이었다. 바이든 팀도 트럼프 행정부와 같다. 설리번(Jake Sullivan)은 "미국의 목표는 중국 그 자체의 어떤 근본적인 변화를 야기시키지 않는 것이다"라고 말했다.

바이든 행정부에 의하여 거부된 것으로, 다른 종말 국면은 강대국 권력 공동주권(a great power condominium)이라는 개념으로 창안되었다. 특별히 이는 중국과 미국이 글로벌 리더십을 공유하기 위하여 협의된 것이었다. 그러한 공동주권(condominium)에 호의적인 사람들의 기본 논리는 미 국무부 차관 로버트 졸릭(Robert Zoellick)에 의해 진행된 "책임있는 이익 상관자(responsible stakeholder)" 개념의 일반적인 이해와 비슷한 것이다. 졸릭은 20년 전 미국의 국무부 부장관(Deputy Secretary of State)이었을 때, 중국은 그들이 성공한 이 국제체제를 함께 유지하고, 또 그 체제에서 책임있는 이익 상관자(stakeholder)가 되기를 격려하는 노력에서 제안하였다. 유사한 노선에 따라, 마이클 스웨인(Michael Swaine), 제시카 리(Jessica Lee), 그리고 리첼 에스필린 오델(Rachel Esplin Odell) 등이 가장 최근에 중국을 최종적으로 포괄적 경제협력 안보메카니즘에 통합시키도록 옹호하였다.

불행하게도, 이 종말 국면은 오늘날 상상하기 어렵다. 보의(Julia Bowie)는 "중국이 현상유지 국가가 될 기대"에 의거한 것으로 "책임있는 이익 상관자(responsible stakeholder)" 이론을 묘사하였다. 사실, 졸릭은 중국이 국제체제의 근본질서를 전복시킨다는 것을 믿지 않았다. 그러나 현재 유럽위원회(European Commission)조차 공개적으로 중국을 "선택적 거버넌스 모델을 촉진시키는 체제적 경쟁자"로 묘사해 왔다. 최근 중국의 일본, 인도, 한국, 필리핀, 호주, 리투아니아, 캐나다, 노르웨이, 그리고 다른 나라들에 대한 강압적인 행동은 중국의 행위에 대한 국제적인 재평가를 가져오게 하였다. 2023년 7월의 Pew 조사에 따르면, 중국은 평화와 안전에 기여하지 않았으며, 자기의 것처럼 다른 나라들의 이익을 고려하지 않는다는 것이다. 결과적으로, 중국에서 일어나는 어떤 근본적인 변화가 없이는 개입에 성공적인 노력을 상상할 수 없다는 것이다. 개입의 시대는 현재로서는 적어도 끝이 난 것처럼 보인다.

그래서 공동주권의 붕괴도 없고 컨센서스를 이룰 실질적인 종말 국면이 나타나지도 않을 것이다. 그들은 그외 공동의 어떤 것을 가지고 있다. 시진핑의 지도 아래에서는 어느 것도 가능해 보이지 않는다. 개입에 있어서 또 다른 협력된 미국의 시도는 미국에 의하여 지도되고 있는 서구의 국가들은 중국에 대하여 전면적인 봉쇄, 포위, 그리고 억압을 실행해 왔다는 시진핑의 세계관을 변형시킬 것 같지 않다. 설사 미국 지도자들이 시진핑의 양국관계에 대한 관점을 변화시킬 수 있다고 하더라도, 이러한 입장을 점검하는 미국의 다른 측에서도 정치적 호의를 가지지 않는다. 미국의 양당에서 나온 공직자들은 스켈(Orville Schell)과 의견이 일치하는 것으로 나타난다. 그는 시진핑의 호전성은 실행가능한 미국 혹은 서구 국가의 정책으로 개입의 핵심을 통하여 제재해야 한다고 주장해 왔다.

개입을 현재 수용할 수 없는 것으로 말하는 것은 중국의 지도자들과 외교적 만남이 현명하지 않다는 것을 함의하는 것은 아니다. 중국 공산당은 사실 분명하지 않아서 미국의 지도자들은 오히려 중국의 지도자들로부터 더 많은 것을 배울 수 있을 것 같기 때문이다. 그러나 이러한 외교의 목적은 그 자체의 가치가 남아 있음에도 불구하고 변해야 한다. 베이징과 워싱턴의 지도자들은 현재 그들의 양자 간의 대화에서 그들의 목적이 관계를 "향상시키는 것"이 아니라 그것을 "안정화시키는 것"이라고 묘사한다. 이것은 그 관계에서 명백한 개선이라기보다는 계속된 경쟁에서 예상된 어떤 훨씬 제한된 목적일 것이다. 간단히 말해서, 어느 쪽도 이러한 개입들이 어떤 행위에 주요한 행동으로 변하리라고는 믿지 않는다.

조정된 목표의 필요성

"종말 국면(end states)"이 단기적인 면에서는 이루어지기가 어렵고, "견고한 국면(steady states)"은 장기적인 면에서 도달하기가 어렵다면, 미국의 대중국전략을 위해 잘 정연된 목표로 할 노력이 있는가? 둘 다 아니다. 여기에 세 번째 방법이 있다: "조정된 접근법(a phased approach)." 미국은 장기간에서는 중국에서 좀 더 근본적인 변화를 기다리는 반면, 단기적인 면에서는 안전한 "견고한 국면"을 유지하는 데 노력할 수 있다. 그렇게 하는 것은 미국의 리더들로 하여금 붕괴나 공동주권의 한 쪽을 택하도록 요구하는 것이 아니라, 중국인의 선택에 맡기면서 양쪽을 위하여 문을 열어 두라는 것이다. 만일 미국이 어떤 "종말 국면"을 분명히 알리고 있다면, 이 조정된 접근법이 미국과 주요 동맹국들에게 지원을 받을 것 같은 유일한 접근법이다.

단기간에 있어서, 바이든 행정부는 아메리카의 목표는 좀더 내구성있는 견고한 국면을 확립해야 하는 것이 옳다. 이 행정부의 많은 행동은 미국을 더 많은 건전한 토론에 올려놓았다. 특히 미국과 동맹 및 파트너 국가들과 미국의 힘의 자원에 투자를 하면서 협력을 강화하는 특별한 노력을 기울였다. 이러한 선재 행동에 중심이 되는 것은 미국과 동맹군의 능력, 정신적 자세, 그리고 계획에 적응을 통하여 억제를 다시 강조하는 것이다. 불행히도 중국과 함께 위기관리 메카니즘에 관한 상당한 진보를 가능하게 한 노력은 천천히 진행되고 있다. 그럼에도 불구하고, 바이든 행정부는 중국이 갈등의 위험을 감소하도록 압력을 가하는 것 ― 그리고 노력하고 있는 것으로 보임으로써 ― 은 옳은 일이다.

장기간에 있어서, 미국은 중국의 행동이나 거버넌스에 있어서 근본적인 변화를 기다려야 하는 것이 분명하여야 한다. 이는 강제적 레짐체인지 전략이 아니라, 오히려 중국인들 자신들이 중국에서 근본적인 변형을 야기시킬 수 있을 때까지 인내하는 것이다. 그때까지, 미국이 가장 기대할 수 있는 것은 위험한 경쟁을 관리하고, 이를 통제에서 소용돌이치지 않도록 희망하는 것이다. 시진핑 시대는 계속하여 어려움과 위험이 공존할 것이며, 결국에는 미국 시민과 해외 친구들이 좀 더 내구적인 종말국면을 원해야 한다. 만일, 이 "내구력이 있으나 확고한" 접근법이 유사하다는 생각이 된다면, 좋은 이유가 된다. — 냉전기의 미국전략에 반영되었다. 조지 캐넌(George Kennan)이 "소비에트의 해체냐 점진적인 숙성이냐"를 예견한 것처럼, 미국은 중국의 성숙이냐 혹은 파멸을 희망해야 한다. 그리고 현재로서, 레짐 실패를 기대하는 것은 강제적 레짐체인지와 동일시되어서는 안된다.

냉전 시기의 미국정책과 같은 것들을 예로 드는 것은, 오늘날 중국에 의한 도전들이 모스크바의 수십 년 전의 것과 같다고 제안하지 말아야 한다. 중국은 소련연방과 유사한 어떠한 것도 없다. 베이징은 모스크바가 지금까지 가졌던 것보다 훨씬 더 크고 훨씬 더 글로벌한 통치모델을 자랑한다. 그러나 중국공산당의 통치모델은 냉전기의 소련의 체계보다 국제적으로는 매력이 떨어진다. 중국의 정치적 호소력은 소련인의 그것에 훨씬 덜 미친다. 소련인들은 당시 국제적으로 동맹의 동정국들의 공산주의 블럭으로부터 국제적으로 이익을 얻었다. 오늘날 미국의 정책 입안자들은 중국의 행동이 시간이 지날수록 변할 수 있었기 때문에 경계해야 함에도 불구하고, 시진핑은 또한 소비에트의 지도자들보다도 해외로 군사력을 사용하는 데 적극적이지 않았다. 따라서 중국은 소련보다도 경제적으로 해외에 넓게 개입되어 있음에도, 또한 이념적으로는 더 위협적이지 못하다. 따라서 봉쇄는 적용할 수가 없으며, 특히 현재 중국의 경제적 역풍을 고려할 때, 미국은 국제적으로 미국이 당시 소련의 영향력에 직면했던 것과 같은 방법으로 중국에 도전하지 말아야 한다.

참으로 아이러니한 것은 미국의 전략가들이 지난 몇 년간 미국 외교정책을 지도해 온 봉쇄(containment)와 같은 용어와 유사한 문구를 발전시키는 노력을 해옴으로 "케난식 승자독식(Kennan sweepstake)"을 해왔다는 점이다. 좋은 전략이란 케난 자신의 조정된 접근법을 단순히 채택하는 것이다: 내일의 중국공산당이 중국의 숙성이나 기다리면서 오늘날 인내와 확고함을 채택하는 것. 이것은 만병통치약이 아니다. 이것 또한 미국, 중국, 그리고 그 이상으로 비판이 있을 것이다. 그러나 이 두 개념을 결합하는 것은 보이는 것처럼 그렇게 급진적이지 않다. 사실, 로버트 졸릭은 "우리들은 오늘날 떠오르는 중국과 협력할 수 있으며, 심지어 내일의 민주적 중국을 위하여 함께 일할 수 있다"는 것을 주장하면서, 그의 "책임있는 이익 상관자" 연설을 끝마쳤다.

바이든 팀은 내구성 있는 중국전략의 첫 국면을 실행하는 유능한 일을 해왔다. 사실 여기서 추천된 "조절된 전략"의 초기 부분은 바이든 행정부의 접근법과 거의 일치한다.

어디에서 두 단계 전략이 다르냐는 그 길이에 있다. 고유로 위험하고 점진적으로 긴장된 경쟁의 끝없는 유지는 미국전략의 궁극 목적이 되지 않아야 한다. 제2기 바이든 정부나 혹은 새로운 공화당팀에게 바톤을 넘겨줄 시간이 가까워짐에 따라, 미국의 지도자들은 "종말 국면"을 토론해야 한다. 효과적인 전략들은 명확한 목표를 요구하며, 그래서 미래로 돌아가서 조정된 접근법을 포용하여야 한다.

◆ 왜 우리가 지고 있나, 어떻게 승리를 시작하는가?:
중국공산당에 대한 승리비전

자쿠에린 딜(Jacqueline Deal):
2025년 2월 20일, 트럼프의 2기 행정부의 취임을 앞두고 2024년 12월 7일, <중국과의 경쟁: 종말게임 토론>이 워싱턴 D.C.의 레이건 도서관에서 있었다. 자쿠에린 딜은 미국 전략교육 아카데미의 설립자이다.

21세기로 전환한 이후, 중화인민공화국이 중국공산당의 지도하에 상대적으로 글로벌 헤게모니를 지배하는 데 비하여, 미국의 시도는 오히려 위험에 직면해 있다. 대부분의 경우, 미국 정부와 안보 부서는 이것이 미국의 번영과 생활방식에 위험이 된다는 것을 아는 데 시간이 걸렸다. 현재도 원로 정치인은 공개적으로 중국공산당이 권력을 가지고 있는 사람들에게 얼마나 위협적인가 하는 많은 증거에도 불구하고, 아직도 이 도전의 폭과 중력에 대하여 토론하고 있다.

이러한 차이는 중국공산당을 과소평가하고 그의 "평화적 굴기"라는 현혹적 미사여구에 빠져있기 때문이다. 먼저, 공산당이 위협으로 보여지지 않았기 때문에, 중국회사들은 서구의 시장, 자본, 기술에 접근하여 막대한 이득을 보았다. 중국은 중요한 글로벌 공급망을 지배하기 위해 자신의 최혜국대우 지위를 남용해 왔다. 지난 일로 볼 때, 작위든 부작위든, 연속적으로 미국 행정부들이 실제로 중국공산당이 글로벌 헤게모니를 향해 나아가는 것을 도운 것이다.

과거 미국은 마르크스-레닌주의의 주요 경쟁자를 만났으며, 비교적 빨리 위협을 인지하고 봉쇄정책으로 대응하였다. 방어는 공격이 아니라 소비에트의 확장을 점검함으로써 우선권이 있었다. 워싱턴은 시간이 경과하면서 모스크바의 능력과 의지를 약화시켰다. 오늘날, 만일 미국이 자신을 보호하려고 한다면, 그 첫 단계가 공산당에 의해 제안된 도전의 특성과 규모를 알아야 한다. 지금의 봉쇄는 밀어냄(추방)이 먼저 실행된 후에 진행되어야 할 것이다.

밀어냄이 실행되고, 봉쇄 대응전략이 성공을 하고, 공산당의 계획이 좌절되고 나서야, 그 야망이 박탈될 것이다. 그 부수적 결과는 예측하기가 어렵다. 그리고 중국이 취하는 형태는 제한될 것이다. 그러함에도 불구하고, 우리가 지기를 원치 않는다면, 우리의 유일한 선택은 중국공산당은 실망에 대처할 것이며 다양한 범위의 잠재적 결과에 대해 준비할 것이란 점이다.

공산당의 비전: 글로벌 부와 힘

중국공산당이 서구의 작전지시안을 따르지 않고 자신의 플레이북의 지시에 따라 작동을 해왔음에 비해, 미국은 미국 자신의 플레이북을 사용하는 데 느렸다. 베이징은 국제법과 자유무역이 번영을 촉진한다는 자유주의 관점을 부정해 왔다. 오히려 소련 공산당에 대한 봉쇄정책의 설계자 조지 캐넌을 칭찬하는 것에 대하여, 중국공산당은 "모든 국내 반대세력"을 "외부 반항세력의 기관들"로 보고, 이 외부 세력들은 반대로 그들 자신을 보호하기 위하여, 공산당은 미국을 부수고 타도하고 파괴하여야 한다고 한다. 분명히, 러쉬 도쉬(Rush Doshi)가 중국의 핵심자원을 사용하여 보여온 것처럼, 30년 이상의 기간에 중국공산당은 반미전략을 추구해 왔다.

미국인들은 부분적으로는 중국 당국이 숨겨왔기 때문에 이를 빠트렸다. 그러나 현시점에서 아무도 놀림을 당할 수는 없다. 베이징이 미국과, 넓게는 서구 전체를 아우르는 선택조정의 거대한 증거를 제시해 왔다.

경제적으로, 공산당은 2001년 WTO에 가입했을 때, 자유무역을 허용하였음에도 불구하고 자신의 자원축적과 수입대체에 우선해왔다. 중국공산당은 다양하고 중요한 마켓 등에서 국가 대표급 제품을 촉진시키기 위해 합법적이며 불법적인 회색 지대를 사용해 왔다. 그리고, 현재 제4차 산업혁명 시대의 "주도권(Commanding Heights)"을 쟁취하기를 — 예로써, 세계의 나머지를 희생하여 자신의 부와 힘을 보전하기 위하여 — 다각도로 모색하고 있다.

이러한 제로섬 접근법은 강제력을 필요로 하는데, 이러한 강제력은 믿을 수 있는 위협에 의해 지탱된다. 20년 이상의 시간에, 중국은 세계 제2의 경제 대국으로 성장하였으며, 인민해방군은 1930년대 이후 평화적 시기에 세계가 주목하는 가장 거대하게 발전된 예이다. 시진핑의 "중국몽"은 상업 파트너로부터 양보를 얻어내고 외국 자본과는 차이점을 강제하기 위해 인민해방군을 사용하는 데 목적이 있는 것이다.

바람직한 차이는 경제 영역을 넘어 확대된다. 예로, 당은 "담론권"에 대한 경쟁에 이기려 하고, 그리고 단지 대륙에서뿐만 아니라 점점 더 국제적으로 언론을 통제하려고 할 것이다.

요약하면, 개입이 인민해방군을 해방시킨다고 생각한 미국인이 틀렸다. 중국을 변화시키는 대신, 오히려 미국인들이 중국공산당이 미국을 위협하도록 중국의 능력을 발전시키는 것을 돕도록 하였다.

말 없는 압박

이 진실은 지금도 인정되고 있으나, 역전략에서는 방해로 작용하고 있다. 재래식 전략적 지혜는 중국이 인도/태평양에서 미국동맹과 파트너 국가들을 압박하거나 그 지역에 있어서 현상유지를 변화시키는 것을 방지하는 것과 억제력을 확대하는 것에 집중하였다. 그러나 인민해방군은 미군의 방어기지 상공에 근접 항공정찰기를 띄우고, 들리는 바에 의하면 미군이 대적하거나 상대할 수 없는 새로운 종류의 무기를 실험해 왔다는 것이다. 이러한 발전은 미국의 정치인들이 동의를 하든 안하든 미국의 취약성을 나타내는 것이다.

문제는 단지 군사적인 영역에서만 아니다. 2020년 3월 중국공산당 미디어의 발표에 따르면, 만일 중국의 우한 코로나 바이러스 초기발생 관리에 중국공산당의 개입에 관하여 미국이 지속적으로 주장한다면, 중국은 "미국의 병원들을 새로운 코로나 바이러스 펜데믹의 지옥으로 만들며", 중국에서 의약품 선적을 중지할 것이라고 보도하였다. 그러한 위협들은 뚜렷이 "트럼프 행정부에 있던 모든 이에게 미국이 중국에 있는 중요한 공급망에 의존하고 있다는 것이 큰 문제"로 밝혀졌다. 중국공산당은 미국을, 넓게는 서방세계를 공급망 취약성으로 이용한 것이다. 중국 당국이 펜데믹 발생 초기 단계에서 세계보건기구(WTO)에 해야 할 의무를 실행하지 않은 것에 대한 처벌도 이행되지 않았다.

따라서 미국의 확장된 억제보장을 신뢰 — 동맹보호를 약속하는 — 할 수가 없다. 여기에 미국에 대항한 중국공산당의 위협에 저항하는 워싱턴의 능력에 대하여 대꾸하는 어떤 이유가 있다.

사람들은 흔히 왜 이것이 중요한지 물을지도 모른다. 확실히 시진핑은 만일 그가 인민해방군이 이길 수 있음에도 미국에 대한 공격을 명령하지 않을 것이다. 어떠한 목적이 그러한 모험을 취하는 데 유리한가? 문제는 요점을 잊고 있다는 것이다. 만일, 중국공산당이 그의 힘이 우세하고 상대를 능가한다고 생각한다면, 공산당은 평화시에 자신의 확장주의적 계획을 강화할 수 있도록 할 것이다.

이 어느 것도 공산당의 글로벌 패권을 이루는 데 시진핑이 극복해야 하는 도전을 약화시키는 것이 아니다. 불행하게도 비인구학적 추세, 환경오염, 기초조사 결핍, 부패 등이 실제 문제로, 종종 당의 정책으로 악화되었다. 그러나, 동맹국과 파트너 국가들과 함께 미국은 중국공산당의 결점을 보완해 주면서 구제해 왔다. 서구 시장에의 접근과 서구의 자본 그리고 서구의 기술로 무장한 중국은 자신 체제의 축소를 거부해 왔다.

미국의 역전략과 승리비전

소련이 냉전시기 바르샤바조약기구(Warsaw Pact)의 외부에 그들의 경제적 영향이 확산되지 않도록 노력함으로 캐난이 당혹할 정도였던 것에 비해, 중국은 현재의 경쟁을 냉전시기의 러시아와는 다르게 한다. 다시 말하면, 소비에트가 자신의 경제적 영향력을 바르샤바조약기구 밖으로 확대되기를 바라지 않았음에 비해, 현재의 미중관계를 냉전시기의 그것과 다르게 한다. 공산당 모델은 워싱턴이 중국의 팽창을 봉쇄하고, 미국 자신이 공산당의 영향을 밀어내도록 강제하는 것이다. 혹은 논리적으로 배열하면, 미국의 역전략은 '첫째 "축출" 다음 "봉쇄"'가 목표가 되어야 한다. 결국, 아메리칸은 다른 이들에게 그들이 따르거나 포용하는 것을 거부하는 것을 확신시키는 것이다.

케난은 냉전 봉쇄정책을 소비에트 정책의 변동과 동원에 상응하는 일련의 지속적으로 변하는 저정학적 지점에서 오묘하고 능숙한 역공격의 적용으로 정의하였다. 중국의 진보에 비추어 볼 때, 오늘날 역공격을 체택하려는 일련의 노력은 펜데믹 시작과 함께 직면한 강압 혹은 그러한 종류의 협박에 노출된 미국정부를 보호하기 위해서 미국에서 시작되었다. 이것은 해외에서 기민하고 철저하게 움직이기 위한 전제조건이며, 글로벌 패권을 추구하는 데 있어서 미국의 재산과 자원을 지렛대로 하면서 중국의 능력을 감소시킬 것이다.

실제로 추방(정책)은 공공교육에서 일어나고 있다. 미국에서 중국공산당의 접촉과 영향력이 본질적으로 줄어들고 있다. 미국은 중국기업에 대하여 관세 및 제재조치를 확대하는 한편, 세계무역기구 회원정신을 결여한 책임을 물어 항구적 보편무역관계(PNTR)를 체택할지도 모르며, 동맹국들도 미국의 지도에 따른다. 자본의 흐름과 관련하여, 포트폴리오와 직접투자의 두 부문에서 극적인 단절이 있어야 한다. 2020년 외국기업소유책임입법(Holding Foreign Companies Accountable Act of 2020)의 결과로서 그 과정이 실행 중에 있을지도 모름에도 불구하고, 이는 중국에 기반을 둔 중국회사들을 외환거래소와 지표에서 퇴각시키는 새로운 규정을 요구하였다. 그러한 선제적 조치는 오늘날 중국으로 기운 회사의 플레잉 필드의 재균형을 맞추는 데 도움을 준다.

그래서 효력있는 사이클은 계속해서 일어날 수가 있다. 중국공산당의 도전과 관련한 미국의 역전략에 관련된 투명성은 백악관이 프리덤 아젠다에 대해 리드할 공간과 투자할 매력을 준다. 미국시장에 접근을 차단하고, 중국대륙에 투자를 금지시키면, 미국에서 그리고 멀지 않아 중국의 동요에서 기인한 아메리칸 엘리트들이 해방되면서 인접 국가들로부터 기회가 창출되고 새로운 기업을 위한 공적 사적 자본을 완화시킬 것이다. 국방비의 증가와 재할당이 필요한 다음 순서가 될 것이다.

　공산당 전략에 대한 미국의 방어는 국내적으로 상당한 지분을 가질 것이다. 그러한 전략은 국내에서 시작한다는 것이 진부한 것이나, 이 경우에는 국방부가 국내에서 전략을 실행하는 것이 법률적 장애가 되는 것처럼, 연방조사국(FBI)과 국가안전부(DHS)는 가까운 경쟁자를 덮어 누를 수단을 가지고 있지 않을 때, 사적 분야에서 먼저 주도해야 될지도 모른다. 미국에서 성공의 기준은 틱톡(TikTok)과 다른 중국의 선전 및 감시장비를 미국에서 신청하는 것을 금하는데, 호의적으로 로비를 하는 미국인의 수가 그러한 수에 반하여 로비하는 사람들의 수를 능가하는가에 달려 있다.

　미국에서 중국공산당의 영향을 밀어냄으로써 운동장(시장)을 고르는 데 있어서 성공은 공산당으로 하여금 그 자신의 한계(국내시장)와 경쟁하게 되었다. 그리고 이 경쟁은 공평한 것이 될 것이며, 미국과 그 동맹국들은 중국공산당의 독재체제와 그 예속자들에 반하여 그들 체제의 과일을 추수할 기회를 가질 것이다. 이것은 미국이 이길 수 있는 경쟁이다. 국내에서 주요 자원과 경제적 긴장에서 곤란을 겪고 있는 중국과는 달리, 미국은 주요 자원과 생산품에 있어서 반지구적 독립성을 확보하고 있으며, 동맹과 우호 국가들과는 자유무역을 공고히 하는 글로벌 군사 동맹관계를 맺고 있다. 중국은 이중용도(dual-use)의 투자를 통하여 글로벌 밀리터리를 건설해 왔으나 오랜 기간 실전경험의 부족으로 인민해방군은 파워의 사출 경험이 결여되어 있으며, 만일 워싱턴이 이 영역으로 경합이 일어난다면 아마도 미국과 한바탕 겨뤄야 할 것이다.

　유사하게, 중국은 중요한 핵건설에 개입해 왔음에 반하여, 미국은 그의 무기고를 재충전하였고, 그의 전진기지의 네트워크를 이용하여 억제력을 강화하였다. 냉전시대에 봉쇄정책이 작동했던 것처럼 가까운 미래에 다시 그것이 작동할지도 모른다.

이것이 중국을 어디로 인도할 것인가? 케난은 소련에 대한 성공적인 역전략의 목적을 예상하는 데 매우 신중하였으며, 오늘날 한 번 더 신중함이 합당하다. 국내적 결함과 도전을 보상하기 위한 외부적 협조의 실질적인 한계에 직면한 중국공산당은 국내적으로 문제에 빠지게 될 수도 있다. 아마도 중국은 케난의 표현을 빌리면, "원만해지도(mellow)"록 강제되거나 국제적 침략으로부터 외톨이가 되거나 재처리될 것이다. 시간이 지나면서, 이것은 또 다른 중국공산당의 고르바초프의 등장을 위한 조건을 생성할지도 모른다. 이 새로운 고르바초프는 자유화를 위한 애국 용어를 사용할 수 있을 것이다. 벌충매입(Buy-in)을 통해 공산당이 국내 및 국제적으로 지금 신장에서 일어나고 있는 인종학살과 같은 과거 잘못된 행동실행에서 면죄될 것을 보장하기를 요구할 것 같다. 미국은 승낙을 모니터링하는 것뿐만 아니라 어떤 보장을 줄 것인가를 준비하며, 그들을 주는 데 대한 조건은 무엇이어야 하는가를 고려해야 한다.

아니면 내부 압박의 수립은 이미 공산당 내에 존재하는 긴장과 분열을 심화시킬 수 있다. 시진핑의 접근 단계에 여러 암시 ─ 지리적인 그리고 인민해방군 관련 상황 ─ 가 있다. 중국에서, 그들의 주장을 억압하는 지역 안보군과 함께 배치된 다양한 지역의 당 엘리트들과의 시민투쟁이 가능할 수 있는가? 만일 그러하다면, 누가 있다면, 미국은 누구를 지원하기를 원하는가? 대륙의 다양한 소수민족과 문화 중에서 자결을 위한 후보가 있는가? 제3자, 예컨대 지역 국가 갈등의 경우 미국의 대응은 무엇인가? 조건이 주어졌을 때, 그러한 문제를 조율하는 데 미국의 개입 가능성이 작다면, 주의 깊은 사전 고려가 보장되어야 한다.

　미국인으로서, 나는 미국과 그 동맹국들이 중국의 봉신이 되기보다는 함께 미래를 경영하기 바란다. 중국공산당은 현재 진행 중임이 자명하다. 그리고 계속 분쟁에 맞서 반대하기보다 해결을 위해 접근한다면, 위기에 처한 자유의 미래보다 더 나쁜 상황은 없을 것이다.119)

◆ 미국의 대중정책 목표 — "종말 국면(end state)"

> \# 데이비드 피스(David Feith):
> 2025년 2월 20일, 트럼프의 2기 행정부의 취임을 앞두고 2024년 12월 7일, 이 워싱턴 D.C.의 레이건 도서관에서 있었다. 다음은 앞의 딜(Jacqueline Deal)의 발표문 <왜 우리가 지고 있는가, 그리고 어떻게 승리를 시작하는가: 중국공산당에 대한 승리비전> 대하여, 미국 전 국무부 동아시아 및 태평양 문제 담당 대표 차관 데이비드 피스(David Feith)가 그의 의견을 제시하였다.

과거의 그림자

　미국의 대 중국정책의 목표 — "종말 국면(end state)" — 는 무엇이어야 하는가? 문제는 과거에 의해 짙게 드리워져 있다. 이는 지난 25년간 미국의 정책 입안자들이 명확하고 강제적이며 터무니없이 잘못된 목표에 광범위하게 동의해 온 사실이다.

　어떤 이들은 그것은 수렴(convergence)으로 부르며, 독일어로는

"Wandel durch Handel"로 영어로는 "change through trade(무역을 통한 변화)"로 불렸다. 저널리스트 제임스 맨(James Mann)은 2007년에 그것을 "진정시키는 계획"으로 뛰어나게 동일시하였다. 중국과의 외교 특히 무역은 중국의 정치를 자유화하며, 미국이 수립한 세계질서에서 중국이 "책임있는 이익 상관자"로 변하는 데 박차를 가하는 것이다.

그러한 아이디어들은 우리에게 매우 유용하였다. 이러한 경험이 주어질 때, 우리들은 현재 우리의 중국정책을 위한 새로운 목표를 분명히 알리는 목적을 겸손히 모색해야 할 것이다.

그들이 아닌, 우리에 관하여

나의 관점에서, 미국정책을 위한 종말 상태(end state)는 중국의 정치조건이 아니라 미국의 안보, 자유, 그리고 번영에 반영되는 것으로서 미국의 이익을 획득하는 것이다.

중국공산당과 특히 시진핑 하의 중국은 미국 이익에 적대적이다. 우리는 중국이 권력과 강제적인 세력을 축적하는 데 능숙하다는 사실을 알고 있다. 핵심 문제는 우리와(우리 동맹국들이) 우리 자신을 방어하고, 저항을 공고히 하며, 우위를 유지할 수 있는 기술과 의지를 가지고 있느냐 여부다. 이러한 장점은 미래 글로벌 파워를 결정하는 군사 및 테크노 경제의 우위를 위한 경쟁에서 판가름 날 것이다.

제키 딜(Jackie Deal)의 논문이 가치 있는 길잡이가 될 것이다:

우리들이 중국에 도전하는 가치가 — 죽느냐 사느냐 — 막대함을 분명히 보여준다. 중국공산당은 단순히 중상주의적 관점에서 물질주의적 이익을 추구하는 것이 아니라, 그들이 국내적으로 그리고 해외에서 통제하는 이들을 이념적으로 강제하거나 폭력화하기 위한 것이다. 딜 박사가 관찰한 것으로, 우리에게 필요한 것은 "추방(extrusion)"과 "봉쇄(containment)"의 역전략(counterstrategy)인 것이다. 이것은 현명하게는 과격주의자의 공식(형식)화가 아니라, 우리의 목표가 어렵기 때문에 중국공산당이 우리의 시스템을 탈취하면서 얻은 것을 전환시키는 국내의 노력을 먼저 시도하면서 시작해야 하는 것이다.

시진핑의 종말상태는 미국의 "붕괴"

2013년 시진핑 자신이 공산당 간부들에게 한 강연에서 — 이는 2019년까지 비밀로 되어 있었는데 — 전략적 종말 상태에 대하여 말하였다. 그는 물론 미국에 의해 유도되는 글로벌 자본주의와의 현존하는 장기간의 투쟁을 당/국가가 명확한 공산주의 관점에서 싸워 이기도록 지시하였다.

어떤 사람은 공산주의는 갈망할 수는 있으나 결코 다다를 수 없거나, 도달할 수도 없으며, 희망할 수도 없고, 상상할 수도 없는 완전한 환상이라고 말한다… 사실은 우리에게 반복해서 말한다. 자본주의사회에 대한 기본적 모순을 분석한 마르크스와 엥겔스의 분석은 지금도 살아있다… 자본주의는 소멸할 것이며, 사회주의는 승리할 것이다. 이는 사회적이고 역사적 발전의 거역할 수 없는 전면적인 추세다. 그러나 길에는 바람이 분다. 자본주의의 최후의 종말과 사회주의 최후의 승리는 긴 역사의 과정에 있다.

우리는 중국공산당의 장기간 목표와 당이 얼마나 적대적인가에 대하여 환상을 갖지 말아야 한다. 미국의 붕괴에 대한 중국의 결의는 중국이 이념을 가진 중국공산당에 의하여 통치되는 한 변하지 않을 것이다.

왜 그들의 붕괴는 불가능한가?

시진핑의 적대적 연설에 대한 분석과 이에 대한 토론을 통하여, 미국의 목표로서 미국의 중국에 대한 전략은 중국공산당의 붕괴가 되어야 한다. 오직 이것만이 경쟁을 결정적으로 종식시키고, 중국인민의 보편적인 민주권리의 존중을 포함하여 미국의 가치를 더 높일 것이다. 우리의 마지막 냉전은 결국 1991년 소련공산당의 붕괴와 함께 종식하였다.

이러한 논쟁은 고려할 가치가 있다. 그러나 이러한 견지에서 어떤 목표를 공식화하는 것이 현명하지 않을지도 모른다. 결정적이고 민주적이며 1991년 식인 조건은 매우 높은 기준인 것이다. 그들은 선동적이며, 미국의 목표를 발전시키기보다는 훼방놓을지도 모른다. 전략적 "종말상태"를 준비하는 데 있어서, 우리는 합리적인 가격과 위험에서 얻을 수 있는 조건을 정의해야 하는데, 이는 실질적으로 실행할 수 있는 시간표에 따라, 그리고 아메리칸과 동맹들로부터 지속적인 지원을 얻는 조건인 것이다. 이는 soft되기 위한 것이 아니라 smart하기 위한 논쟁이다.

그러한 목표를 수립하는 것은 미국의 공직자들로 하여금 중국의 국내의 권리남용에 대한 비판을 금하는 것은 아니다. 그리고 이는 우리가 중국정부가 종국에는 중국인의 민주권리를 존중하는 미국의 참된 친구로 변형될 것을 바라지 않는다는 것을 알고 있다. 그러한 상황이 일찍이 일어나면 일어날수록 더 좋다. 인권에 대해 말하고, 희생자를 도우며, 그리고 범죄자를 재판하는 것은 해야 하는 옳은 일이며, 만일 중국공산당 권력이 늘어난다면 위기에 처해 있다는 것을 알리는 것이다.

상어, 돌고래, 그리고 우리

전 미국 국가안보 수석고문 매트 포팅거(Matt Pottinger)는 미국이 중국에 도전하기 위한 하나의 강압적이며 단순하고 유사한 예를 들었다. 과거의 실패한 "접근" 비전을 묘사하면서, 그는 다음과 같이 말하였다:

우리는 한 마리 새끼 상어를 보고, 이를 시간이 지나면서 친절한 종류의 체계가 되도록 돌고래로 변형시킬 수 있다고 생각했다. 그 대신, 우리가 한 것은 우리가 그 상어에게 먹이를 주고, 그 상어는 점점 더 자랐다. 그리고 현재 우리는 만만찮은 거대한 백상어를 상대하고 있다.

포팅거는 이 은유를 중국의 정치를 변형시키는 것이 아니라 우리의 이익에 반하여 행하는 그 능력을 제한하는 종말 상황에 확대하는 것이다:

당신은 한 마리 상어와 함께 상어 우리를 짓는다. 이 상어는 그것을 개인적으로 취하지 않는다. 그는 우리를 우연히 만난다. 그는 그러한 장애를 존경한다.

이는 변형의 논리가 아니라 압박의 논리다. 2020년에 출판된 "미

국의 대중국 전략접근"에 다음과 같이 언급되었다:

미국의 정책은 중국의 국내통치 모델을 변화시키려고 전제하는 것이 아니라, 오히려 미국의 이익을 보호하고 미국의 제도를 강화하며 공산당의 악의적인 행동과 중국의 국내 통치문제로부터 발생하는 부차적인 손해에 저항하도록 미국의 기관에게 권한을 강화하도록 구상되었다.

이러한 사고방식은 실용적이고 신중한 것이다. 이는 레짐붕괴의 목표 — 이는 어쩔 수 없이 레짐체인지로 얕보인다 — 보다도 동맹국들에게 훨씬 더 수용될 수 있는 장점이 있다. 물론 중국은 새장 안으로 들어갈 수 없다. 그래서 유사점에는 한계가 있다. 그러나 긴장과 변형 사이에는 분명한 차이가 있는 것이다.

역위압방어(Counter-Coercion Defense): 타이완 억제, 수퍼 OPEC, 주권회복

만일 미국이 중국에 대하여 광범위하고 강한 긴박한 전략목표를 수립한다면, 미국은 어디에 경계를 지어야 하는가? 명확하게 두 가지가 있다: 첫째, 타이완에 대한 침략; 둘째, 현대 경제생활의 핵심 투입에 대한 지배확보. 타이완을 강제적으로 병합하는 것은 중국이 아시아를 지배하고 세계에 대한 강제 권력을 얻는 길을 여는 것을 의미한다. 이는 우리 동맹의 통합을 포함하여 우리의 안전보장과 외교적 신뢰뿐만 아니라, 미국의 경제력과 독립을 해치는 것이다. 이는 핵무기의 확산을 초래할 것이며, 세계는 위험에 빠지게 될 것이다.

중국의 테크노 산업전략의 위협이 잘 알려 있지 않다. 수십 년의 잘못된 미국의 무역과 기술정책이 중국이 증가하는 경제적 강압력을 얻도록 도와주었다. 중국은 특히 세계경제에 대하여 반도체와 AI 컴퓨터, 태양열, 전기 자동차 배터리, 미네럴 등 녹색 테크놀로지의 핵심 내장의 공급 통제를 위해, 세계경제에서 21세기 수퍼 OPEC가 되기를 원한다. 중국의 목표는 단지 상업적인 것이 아니라 전략적인 것: 그 자신이 강제할 수 있는 지렛대, 침략을 위한 라이센스, 그리고 전쟁에서 이길 수 있는 도구를 가지는 것이다.

이에 대처하기 위하여 미국과 그 동맹들은 군사 균형을 이루어야 하며, 경제 및 기술 정책을 강화하고, 중국공산당의 영향으로부터 우리의 정치제도가 안전하도록 해야한다. 베이징의 전략에 영향을 미치기 위해 수동적이기보다는 적극적 전략을 고안해야 한다. CCP 자신이 공격적 계획이 성공할 것이라는 확신을 가지지 않아야 한다. 중국의 공직자들은 그들의 정치체제에서 내부 모순에 대하여 우려해야 한다. 그 내부 모순은 그들이 만든 것이며, 그들의 인권남용도 세계의 부정적인 시각이다.

만일 서구에서 우리가 필요한 행동을 한다면, 중국의 지도자들은 우리의 힘과 그들 자신의 취약성에 더 관심을 가질 것이다. 그들은 대담해지지 못할 것이다. 베이징이 더 이상 확신하고 자신있게 글로벌 우세를 추구하지 못할 때, 우리가 성공하게 될 것이다. 오늘 우리는 그러한 점에서 멀리 떨어져 있다. 눈앞의 일이 막대하고 급하다.120)

◆ 중국과의 경쟁: 종말게임 논쟁

알렉스 웡(Alex Wong):
2025년 2월 20일, 트럼프의 2기 행정부의 취임을 앞두고 2024년 12월 7일, <중국과의 경쟁: 종말게임 토론>이 워싱턴 D.C.의 레이건 도서관에서 있었다.
앞의 딜(Jacqueline Deal)의 발표문에 대하여 중국계 미국인으로 미국의 제2기 대통령 당선자 트럼프의 국가안전보장 대표자문 알렉스 웡(Alex Wong)이 그의 의견을 피력하였다. 제목은 저자가 편의를 위해 달았다.

미국-중국 관계에서 "경쟁(competition)" 대 "개입(engagement)" 사이에 논쟁이 미국 외교정책 분야에서 뜨거운 화제가 되었던 것이 단지 몇 년 전이었다. 그것이 이제는 크게 정리되었다. 형성되어 온 것은 — 그러하든 그렇지 않든 — 우리의 중국과의 관계는 경쟁적이다. 그리고 많은 점에서 그것은 반대적이다.

그 토론은 지금 전략의 중심문제 — 우리는 무엇을 위해 경쟁하는가? — 로 옮겨왔다. 우리가 중국과 경쟁을 하는 궁극목적은 무엇이며, 중국 그 자신을 위해서는 무엇인가. — 종말게임(endgame) — 이를 위해 우리는 우리의 정책을 정교하게 할 수 있는가? 무엇이 객관적이냐 하는 것에 의하여, 우리는 미국이 승리하였거나 그러하지 못하였다는 것을 알게 될 것이다.

그러한 것들은 명확한 질문이 되기 위해 표면에 나타날 때, "종말게임" 토론은 결코 단순하고 명료하지 않다. 우리는 최근 연구, 즉 좀더 자유주의적인 중국으로 중국공산당을 교체하려는 흐름과, 다음으로 미국정책의 세심한 영향을 초월하는 공산당과의 균형과 화해를 모색하는 연구 흐름으로 구별된다. 그러나 그것은 지나친 단순화 일지도 모른다.

그러나 내가 감지하는 것은 이번 토론에 참석자들의 의견이 뚜렷한 면으로 통일이 되지 않고 중첩되거나 혼재되어 보인다. 그리고 이들은 같은 내용의 많은 처방전이 혼제되어 있다. 나는 미국이 군 예산을 확보하고, 동맹국들 간의 방위협력을 증가시키며, 기술 및 투자 구조를 강화하며, 공급망 탄력성을 확립하고, 중국의 영향력 작동을 중화시키며, 그리고 중국공산당의 권위주의적이며 인권학대적인 제도에 빛을 비추는 다목적 논문을 발표하겠다. "미-중 종말게임"에 대하여 어떠한 논문이 일반적인 비전이 주는 것을 확인할 것이다.

이러한 논쟁의 혼합된 성격은 지식의 반응이 아니라 작가나 정책 입안자의 기술도 아니다. 그 대신, 종말게임은 중국공산당의 전략적 선택에 의해 미리 예정된 현실에서 기인하는 지도 모른다. 미국이 중국과의 화해를 추구하든 혹은 그 안에서 민주주의를 하든, 중국공산당은 그의 정통성을 위한 딜레마에 점점 더 노출되는 것이 현실인 상황이다.

이는 공산당은 민주적 헤게모니 ― 통치하는 최후의 능력 ― 는 침략적인 거대한 국제 전략에 기인하기 때문이다.

이것은 중국공산당이 그의 국내 정통성 ― 그리고 그의 최후의 지배능력 ― 을 공격적인 거대한 국제전략에 기초를 두어왔기 때문이다. 현재는 그의 국내정책과 국제정책이 어디에서 시작되고 끝나는지가 명확한 윤곽이 없는 것이 자명하다. 그러나 중국을 위하여, 세계비전의 실현과 중국의 국내통치의 영구화 사이의 연계는 이례적으로 깊고 의도적이며 불가결한 것이다. 그 통치를 정당화하기 위하여 중국공산당은 불균형한 중상주의 무역, 외국투자에 의하여 지원 받는 혁신, 그리고 기술적 노하우(어떤 것은 훔친 것이거나 다른 것은 공짜로 준 것), 강제된 국제정치적인 묵인, 국제적 인습에 반하는 국내의 "반항적인" 소수 층의 억압, 영토 주장의 실행화, 그리고 공산당의 지역군사지배를 증가시키는 것이다. 다른 말로 표현하면, 중국공산당의 레닌주의 체제는 단지 자유질서에 적합하지 않기 때문이 아니라(그것은 매우 그러함에도 불구하고), 이는 그 대신, 지속된 생존을 위하여 좀 더 위협적으로 자유질서의 남용에 의존한다.

이것은 미국과 우리 우방국들의 자유주의 이념이나 좀더 고전주의적 현실주의 이념에서 볼 때 수용할 수 없는 문제 상태다. 미국이 정책적으로 이상의 두 가지 접근법으로 남용, 불균형, 그리고 강제에 한계를 두고 절단을 시도하였다. 딜 박사는 그녀의 논문에서 "추방 혹은 밀어냄"이라는 역전략이라는 도움이 되는 표현을 사용하였다. 공산당의 남용을 되받아치며 우리의 이익을 방어하는 이 역전략은 우리가 목표로 하든 그렇지 않든 피할 수 없이 중국공산당의 국내 통치에 긴장효과를 가져올 것이다.

만일 미국이 중국의 경제적이고 정치적인 강압으로부터 자신과 파트너 국가들을 고립시키려는 조치를 취한다면, 그것은 민족주의 "중국" 신화, 즉 그의 통치를 정당화하는 중국공산당의 장치에 의도적인 도전이 아닌가?

만일 미국이 국제해양법을 강제하고, 비전략 규범을 방어하며, 인도-태평양 지역과 타이완 지역에 대한 접근을 유지하고, 타이완 해협에서 증가된 미군의 주둔으로 지역에 지속적인 유지를 모색한다면, 그것이 중국공산당이 기초한다는 "영토적 통합"에 대한 명백한 도전인가? 공산당은 역사적 정통성의 많은 것을 기초로 하고, 그의 군사적 건설을 동기로 한다.

만일 미국이 세계 무역체제의 상호 원칙을 부활하고, 지적재산권에 대한 중국의 대량 절도, 우리 시민들과 동맹국들의 국민에게 악영향을 미칠 전략기술에 대한 통제를 모색한다면, 중국의 경제성장의 운전자와 공산당의 권력장악을 유지시키는 테크노 권위주의를 의도적으로 분리시키는 것인가?

확실히 아니다. 이러한 것들은 자유질서 내에서 미국의 국가안보, 자유, 번영에 잘 맞는 행동들이다. 그러나 이러한 질문과 그들의 대답은 중국공산당의 두가지 즉, "자유질서"와 "미국경제"를 기생적으로 남용함으로 인해 미국으로 하여금 종말게임 — 우리가 하기를 원하든 그렇지 않든 — 거기에서 중국전략에 대한 우리의 합리적인 반응이 중국공산당을 위한 정통성의 딜레마를 창안할 것이다.

그리고 우리는 그러한 현실과 편안한 마음을 가져야 한다. 중국공산당은 미국의 대응에 대하여 귀에 거슬리게 반응할 것이며, 미국이 중국 사회에 해를 끼친다고 비난할 것이다. 그것 때문에 우리의 정책을 추구하는 것을 멈출 이유는 없다. 중국공산당 그 자체는 미국 사회의 응집력을 적극적으로 훼손하는 데 부끄러움을 모른다는 사실을 제쳐두라. 그리고 우리는 중국공산당 전략에 대하여 미국과 동맹의 이익이 공산당의 전략과 중국에서 당국가의 지속에 종속되지 않도록 하여야 한다는 사실을 제쳐 두라. 차라리 공산당을 위한 정통성 딜레마의 증가 — 경제, 안보, 정치 영역의 확산 — 가 미국전략이 작동하느냐 마느냐의 명확한 측정 기준이 될 것이다. 이것은 공산당이 미국의 이익이 감소하면서 그 정통성을 예상하기 위하여 정확하게 선택했기 때문이다.

이것은 즐거운 현실이 아니다. 사실 이는 극도로 위험하다. 미국과 미국인은 어떤 긴장의 수준, 지역 불안전, 그리고 가능한 우리가 제2차 세계대전 이후 보지 못한 가능한 갈등에 대비해야 한다. 내가 2차 세계대전이 아니라 의도적으로 냉전을 말하려고 하는 것은 앞에 놓여 있는 위험이 냉전 기간에 존재하였던 것보다 더 우려되기 때문이다. 사실 우리들이 벌이고 있는 중국과의 경쟁은 소련과의 경쟁이 진행 중에 끝났던 것처럼, 그렇게 "차갑게(냉정하게)" 있기가 더 어렵다.

  냉전시 미국의 봉쇄정책은 소비에트연방의 둘래를 에워싸 봉쇄하고 유지하는 데 목적을 두고, 그 내부에 "녹아들"거나 공산주의 자체의 유래하는 내부 모순의 무게에 의해서 붕괴될 것으로 생각한 반면, 중국공산당이 우리에게 강제해 온 종말게임은 다른 종류의 더욱 위험한 성격의 것이다. 딜 박사가 그의 논문에서 설득력있게 요약한 필요한 미국의 대응 행동은 사실 공산당의 선택된 시스템에서 직접적으로 모순을 노정하였다. 공산당이 재정과 기술 입력에 관한 규칙을 그렇게 함축하고, 자유질서로부터 부패하고, 그의 패권 및 영토 야심은 미국의 안보 '보장 확신 규범' 강제에 의해 인정된 지리영역 ─ 대리전에 의한 간접 냉전 형태를 위한 지리적 공간이 거의 없다 ─ 까지 확대된다. 따라서 중국공산당은 미국정책을 더 직접적인 위협으로 인식할 것 같다. 돌려 말하면 군사행동을 포함하여, 그들은 그들 자신들이 더 직접적인 행동을 고려할까?

◆ 중국과의 장기전을 준비하라

앤드류 크레핀비치(Andrew F. Krepinevich, Jr.):
미국전략 및 예산평가센터 방위정책분석가 크레핀비치(Andrew F. Krepinevich, Jr.) 교수는 <포린어페어즈> 2024년1-2월호에 실은 글에서 타이완을 둘러싸고 미국과 중국 사이의 갈등에서 우선 중국이 타이완을 선제 공격하는 경우와, 다음으로 미국이 이에 반응하여 공격하는 경우를 설명하고, 이것이 상승하여 강대국 간의 핵전쟁으로의 가능성 여부를 연구하였다. 그리고 제4의 가능성으로 미국과 중국 간에 가능한 장기간에 걸친 갈등을 설명하였다.(Andrew F. Krepinevich, Jr. 2023)

지난 10여 년에 걸쳐, 인도/태평양 지역에서 중국의 군사적 침략에 대한 전망은 가설 단계의 영역에서 미국의 방위계획자들의 전쟁룸에까지 발전하였다. 세 번째 연임을 시작한 중국의 지도자 시진핑은 중국의 군사력 건설을 주요하게 가속시켜 왔다. 동시에, 중국의 팽창주의자는 태평양에 넓은 범위에 걸쳐 점점 단언적이며, 해양에 대한 주장을 강화하면서, 미국의 주요 동맹들과 일본, 필리핀, 타이완을 포함한 주요한 미국의 안보 파트너들의 바다를 잠식해 왔다. 시전핑은 점점 더 빈번히 타이완은 중국과 통일이 되어야한다고 주장해 왔으며, 그러한 목적을 위해 무력을 사용하는 것을 부정하지 않았다. 미국이 유럽과 중동의 주요한 전쟁에 몰입해 있을 때, 워싱턴의 어떤 이들은 중국이 서방과 대응할 수 있기 전에 군사작전을 실행함으로써 수정주의자들이 야심을 실현할 기회를 가질지도 모른다고 우려하고 있다.

타이완을 가정된 충돌점으로 전제할 때, 미국의 전략가들은 어떻게 공격이 시작될 것인가에 대한 몇 가지 이론을 제시하였다. 첫째,

"기정사실"로서 중국 대륙에 의한 타이완 점령이다. 여기에는 인민해방군(PLA) 육군이 미사일 공격을 하고, 타이완 주민과 부근의 미군을 공습할 것이다. 동시에 신호와 통신체계을 교란시키며, 타이완섬의 방위를 조정하려는 그들의 능력을 분쇄하기 위하여 사이버 공격을 감행할 것이다. 만일 성공한다면, 중국군이 다양한 행동으로 빠르게 통제할 것이다. 두 번째의 경우는, 타이완에 대한 중국의 초기 공습에 대하여 미국 주도의 연합 격퇴를 예상할 수 있다. 이러한 시나리오는 주변 수역에 대한 인민해방군의 통제를 제거하기 위하여 지뢰, 반함 크루즈 미사일, 잠수함, 그리고 수중 드론 등을 갖추는 협력이 필요하다. 이것 또한 중국이 성공적인 침략을 위하여 필요한 것이다. 그동안, 공군과 미사일 연합방위군은 PLA의 공습을 지원하는데 필요한 항공보호를 중국이 하지 못하도록 하며, 전자전과 사이버군은 전쟁터의 안팎에서 교신을 통제하려고 하는 인민해방군의 의도를 좌절시키는 것이다. 최선의 결과는 이러한 강력한 방위가 중국으로 하여금 공격을 포기하고 평화를 찾게 하는 것이라는 점이다.

중국과 미국 양자 모두 핵탄두를 보유하고 있다는 점을 고려할 때, 전략가들은 다음의 세 번째를 고려하는 것이다. 이는 더욱 재난적인 결과라는 것이다. 이들은 두 강대국 사이에 통제되지 않고 극단으로 치닫는 직접적인 전쟁을 목격할 수 있다는 것이다. 이러한 상황의 경우에, 초기 공격 내지 무장갈등이 폭발함에 따라, 한쪽 혹은 양쪽의 호전자들은 결정적으로 유리한 점을 얻기를 모색하거나 주요한 혹은 압도적인 힘을 사용하여 격렬한 퇴폐를 방지하려 할 것이다. 이러한 움직임이 관습적인 것임에도, 그것은 적으로 하여금 핵무기를 사용하도록 촉진하는 것이며, 결과적으로는 국제적인 대결로 이어질 것이다. 이러한 시나리오의 각각은 개연성이 있으며, 미국의 정책 입안자들에 의하여 진지하게 고려되어야 한다.

그러나 또한 매우 다른 하나의 가능성이 있다. 이는 단순히 그럴 듯한 것이 아니라 아마도 가능할 것이다. 중국과 미국 협력의 동맹들 사이 오래 끌어온 재래식 전쟁이다. 그러한 분쟁은 핵전쟁보다는 덜 재앙적이지만 양쪽에 막대한 비용을 강요할 것이다. 이는 또한 매우 광할한 지리적인 공간을 통하여 실행될 것이며, 교전국들이 전혀 경험해보지 못한 전쟁상태를 포함하고 있다. 미국과 그 동맹국들과 파트너 국가들을 위하여, 중국과의 긴 전쟁은 우리 시대의 결정적인 군사적 실험을 취할 것 같다.

폭탄없는 전투

중국과 미국 사이의 군사적인 대치는 제2차 세계대전 후 처음이며, 두 초핵강대국 사이에 처음이다. 일본, 한국, 타이완 — 셋 모두 발전한 민주주의 국가들로 미국의 동맹이며 파트너 — 의 경제력과 첨단기술력의 집중을 고려할 때, 그러한 전쟁은 매우 높은 이해관계를 위한 싸움이 될 것이다. 일단 싸움이 시작되면 어느 쪽도 물러서기가 매우 어려울 것이다. 그 갈등이 핵전쟁으로 확산될 것이라는 것도 확실하지 않다.

20세기 후반, 소련과 미국의 관계에서처럼, 중국과 미국 모두는 상대를 기능적인 사회로서 몇 시간 내에 파괴할 수 있는 능력을 가지고 있다. 그러나 그들은 상대로부터의 핵 반격 혹은 2차 공격을 야기시켜 자신의 파괴를 유발시키는 높은 위험을 감수함으로써만 가능한 것이다. 이러한 상황이 소위 MAD, 즉 "상호 확정된 파괴(Mutually Assured Destruction)"로 알려져 있다. 냉전 시기에, 일반적인 핵 교환을 작동시키는 것에 대한 두려움 때문에 소련과 미국은 서로 간에 어떤 직접적인 군사충돌을 피하는 강력한 잇점을 누렸다.

물론 미국에 대한 중국의 핵무기 균형은 냉전 시기의 미국-소련 간의 군사력 균형에 비교가 되지는 않는다. 중국은 앞으로 10년 내에 미국의 전략무기를 따라갈 목표로 극적인 확장을 추구하고 있음에도 불구하고, 핵무기 비축에 있어서 미국의 상대가 되지 못한다. 그럼에도, 지금 중국의 핵 비축은 만일 중국이 핵공격을 받는다면, MAD를 야기시키면서 미국에 대한 보복 공격을 실행할 수 있을 만큼 충분한 핵무력을 보유하고 있다.

미중전쟁은 최초의 강대국 간의 핵전쟁

미중전쟁이 핵전으로 가지 않을 것이라는 강한 생각이 드는 근거가 있다. 2차대전 후, 70년 이상의 갈등 기간에 적어도 하나의 핵국가에 개입하는 많은 국가들 중에, 핵무기는 그들의 존재를 위하여 주요하게 뚜렷하였다. 예로써, 냉전 기간에 두 강대국은 아프리카, 아시아, 라틴아메리카에서 대리전으로 개입했으며, 이때도 여전히 양쪽에 높은 인적 군사적 비용을 부담시키는 재래식 전쟁이었다. 오직 한 쪽만이 핵을 보유한 전쟁에서조차, 그러한 측은 자체의 유리한 점을 이용하는 데 절제한다. 미국은 한국과 베트남에서 피흘리고 싸우며 이끌어 왔다. 핵무기 카드를 사용하는 것은 삼가해 왔다. 유사하게 이스라엘도 1973년 욤카이퍼전쟁(Yom Kippur War)의 가장 암울한 시기에도 이집트와 시리아에 대하여 핵무기 사용을 삼가하였다. 그와 같은 현상은 현제까지 우크라이나 전쟁에서 러시아의 경우에도 사실이다. 그러한 갈등이 현재 혹독한 싸움이 2년의 마무리에 오고, 러시아로부터 피와 재정에 있어서 막대한 비용을 치르게 하고 있는 현실에도 말이다.

핵 억제는 놀라운 사실이 아닌 것이다. 냉전 시기에, 비핵 갈등의 가능성은 양쪽 모두에게 있어서 전략 계획에 주요한 부분으로 작용하였다. 따라서 미국과 소련의 생각은 핵확산의 위협이 되었을 뿐만 아니라 연장된 재래식 전쟁의 전망을 표현하는 것이었다. 그러한 종류의 전쟁을 대비하기 위해서 — 그리고 상대방으로 하여금 그러한 갈등에서 이길 수 있다고 생각하지 않도록 하기 위하여 — 각자 강대국은 대량의 잉여 군사장비뿐만 아니라 주요한 생물자원을 비축하였으며, 미국은 항공기 폐차선장과 군함을 예비선박으로 비축하였다. — 필요시 동원되어 활용되도록 퇴역 항공기와 군함을 대규모로 비축하였다. 소련의 경우에는 수천 대의 탱크, 군용기, 항공방어 시스템과 확대된 전투작전을 지원하기 위한 다른 무기와 함께 막대한 양의 예비탄약을 저장하였다. 양쪽의 이러한 준비 과정은 실제의 필연적인 대재앙보다 확대된 범위로 나아갈 수 있다는 것이다.

중국과 미국이 주도하는 연합군 사이의 무장갈등의 경우, 유사한 무력충돌이 다시 발생할 수 있다. 양쪽 모두 통제되지 않는 전쟁확대를 피하는 데 강한 관심을 갖고, 다른 수단에 의하여 싸움을 하기 위한 방법을 찾는다는 것이다. 간단히 말하면, 상호 확증된 파괴 논리는 적대감의 시작에 목적을 두는 것이 아니라, 전쟁 동안에 핵무기의 사용을 억제시킬 수 있다는 것이다. 이러한 사실이 주어질 때, 21세기의 강대국 갈등은 무엇이며, 어떻게 전개될 것인지 이해하는 것이 중요하다.

싸워야 할 이유들

중국과 미국 사이 전쟁이 일어날 수 있는 여러 가지 방법이 있다. 인도/태평양을 지배하려는 중국의 야심을 고려할 때, 소위 "제1도련선" ― 일본의 북쪽 쿠릴아일랜드로부터 뻗치는 태평양의 여러 섬들로 이루어지는 긴 활모양, 류큐섬 아래로, 타이완을 지나, 필리핀과 인도네시아의 말래카해협에 이르는 선 ― 이다. 워싱턴의 많은 이들이 주장해온 것처럼, 일본과 필리핀 사이의 전략적 위치와, 글로벌 경제에서의 핵심 역할, 그리고 중국의 팽창주의 정책의 주요 목표로서의 이 섬의 위치를 고려할 때, 타이완은 가장 명확한 목표가 된다. 중국의 군사력은 타이완 해협에서 지속적으로 활동을 강화해 왔으며, 인민해방군은 이 섬에 걸쳐서 군사력의 집중을 가장 많이 해왔다. 중국이 타이완에 대한 공격을 할 경우에, 미국은 이 섬을 방위하도록 강압을 받을 것이거나 주요한 중립적 국가들과 심지어 동맹국들까지도 중국과의 편의를 위해 표류하게 하는 모험을 하게 된다.

그러나 타이완해협만이 전쟁이 발발할 유일한 장소가 아니다. 중국은 일본의 항공지역에 대한 침략을 지속해 왔으며, 남중국해에 소위 "9단선"을 그어놓고 전쟁 도발 가능성을 증가시키면서 필리핀과 베트남의 배타적 경제수역에 도발적인 행위를 계속해 왔다. 더구나 북한과 한국 사이에 긴장이 높다. 만일 한반도에서 전쟁이 발발한다면, 미국은 거기에 증원부대를 보내야 할지도 모른다. 이는 중국이 제1도련선을 따라 다른 점수를 따는 기회를 가지게 하는 것이다.

혹은 중국과의 전쟁은 남아시아에서도 가능하다. 과거 10년에 걸쳐, 중국은 인도와 그들의 국경문제에 관하여 몇 가지 경우에 충돌해 왔다. 미국과는 공식적인 동맹관계는 결여하고 있음에도 불구하고, 인도는 Quad(Quadrilateral Security Dialogue)의 회원국이다. 이 기구는 지난 몇 년에 걸쳐 공동으로 군사협력을 강화시켜 왔다. 만일 인도가 더욱 심각하게 중국의 침략의 희생이 된다면, 미국은 중요 군사국가이며 세계의 거대한 민주국가인 인도를 방위하는 데 강력한 관심을 가지고 있다.

간단히 말해서, 이상의 장소 어디에서 전쟁이 발발한다면, 이는 중국과 미국을 직접적으로 무장대결로 몰아갈 것이다. 그리고 그것이 발생하면, 단시일 내에 종결되지 않을 것이다. 타이완의 경우를 보자. 중국은 미국이 반응하기 전에 타이완을 기습으로 공격할 수 있거나, 미국 주도의 연합군에 의하여 완전히 저지당하는 것이 가능함에도 불구하고, 이러한 결과는 확신할 수가 없다. 2022년 우크라이나에서 러시아가 보였듯이, 급속한 정복 또는 외면상으로는 약소국가라도 그것이 실제로 보이는 것보다도 더 어렵다.

냉전기의 두 초 강대국은 각자의 강고한 동맹 — 미국의 경우는 NATO 그리고 소련의 경우는 Warsaw Pact — 에 의하여 지지를 받았다. 현재 인도/태평양 지역의 상황은 뒤죽박죽이다. 중국은 북한, 파키스탄, 그리고 러시아와 밀접한 관계를 가지고 있음에도 이들과는 공식의 동맹관계는 아니다. 이와는 달리 미국은 일련의 양자관계 혹은 차륜구조(hub-and-spoke)에 기초한 파트너십 관계를 가지고 있다. 미국이 hub로서, 그리고 호주, 일본, 필리핀, 한국, 타이완, 태국이 spoke로 이루어진다. 북대서양조약기구(NATO) 회원국들은 한 회원국에 대한 공격을 그들 모두에 대한 공격으로 보는 것이 의무이다. 그러나 NATO 회원국들과는 달리 이들 아시아 동맹들은 공유한 방위결의가 없다.

인도-태평양에서 중국이 침략할 경우에, 이 지역에서 미국 파트너들의 반응은 확실하지 않다. 오스트레일리아와 일본이 미국과의 밀착된 동맹과 주요한 군사력을 해외에 사출하는 능력과 국가들의 자유롭고 개방된 공동체를 유지하는 데 강한 관심을 갖고 있어서 미국에 참가하여 희생할 것이다. 그러나 다른 강력한 국가들은 전쟁의 특성에 영향을 미칠 수 있다. — 논의의 여지가 있지만, 두 개의 가장 중요한 인도(미국의 편에서)와 러시아(중국의 편에서). 1930년대 후반에 아시아 변방지역과 유럽에서의 전쟁이 글로벌 전쟁으로 확대되었듯이, 중국과의 전쟁이 우크라이나 혹은 남아시아에서 어떤 갈등 혹은 중동에서 싸움으로 발전될 수 있다.

전쟁의 초기 단계에 일어나는 것이 각각의 상대의 권력의 구성을 결정지을 수 있다. 침략자로 낙인 찍힌 측은 전쟁을 도덕적 관점에서 보는 형세를 관망하는 자, 즉 기회주의자를 멀리한다. 이와는 달리 좀 더 현실주의적 관점을 가진 국가들은 어느 쪽이든(2차 세계대전에서 이탈리아가 한것처럼) 먼저 성공한 국가들과 동맹을 맺는다. 혹은 이 현실주의자들은 그들 파트너가 치명적인 패배를 겪고 있을 때, 그들의 자연적인 파트너와 결합하기를 피한다. 러시아의 2022년 봄의 침략에 대항하여 우크라이나의 성공적인 초기 방어를 따라, 핀란드와 스웨덴과 같은 역사적으로 중립국가들을 포함하여 서구에서 많은 나라들이 동시에 키이우(Kyiv)의 지원에 줄을 섰다. 유사하게, 만일 중국이 자신의 목적을 빠르게 보전하지 못한다면, 인도네시아, 싱가포르, 베트남과 같은 전통적으로 중립적인 국가들은 베이징의 침략에 저항하려는 노력에 합류할지도 모른다.

억누르는 질서

일단 전쟁이 일어난 후 양 당사국인 중국과 미국은 그들 핵비축에 의한 위험에 직면해야 한다. 평화 시와 같이 양측은 치명적인 확산을 피하는 데 강한 관심을 가질 것이다. 그러함에도 전쟁의 핵심에는 그러한 가능성을 배제할 수 없다. 양측은 전면전을 야기시키지 않고 유리한 점을 얻기 위한 힘을 얻을 수 있는 점을 찾으려는 도전을 하게 될 것이다. 결과적으로 두 초강대국의 지도자는 고도의 자기통제를 실행할 필요가 있다.

전쟁을 제한하기 위하여, 양측 중국과 미국은 각자의 한계점(레드라인) ― 상승하는 것으로 보이는 특별한 행위와 대응 상승행위 ― 을 인식할 필요가 있다. 이러한 목적을 향한 노력은, 만일 양측이 그들의 준비가 무엇이고 그들을 통하여 일어난 결과를 명확하고 신뢰있게 교신할 수 있다면, 개선될 수 있다. 심지어 여기에서도, 전쟁의 역학이 이러한 역반응을 일으킬 것이다. 예로써, 인민해방군(PLA)이 미국의 공군기지를 공격하기 위하여 재래식 무장의 탄도미사일을 사용하는 것이 효과적인 것으로 입증된다면, 미국은 같은 장소에 보관된 핵무장된 PLA의 미사일을 때리는 위험에도 불구하고, 중국의 미사일 기지를 폭격하기를 결정할 것이다. 더구나, 개별적인 동료 구성국가들은 그들 자신의 레드라인을 가지고 있다. 중요한 일본의 항구에 대하여 인민해방군의 공군 및 해군이 공격하는 것은 일본의 경제를 와해시키거나 식품의 공급선을 단절하려는 위협의 상황을 가정하자. 이러한 상황에서, 일본은 그 동맹 파트너보다도 더 전쟁으로 치달으려는 의지가 강할 것이다. 만일 일본이 급등하려는 수단을 가지고 있다면, 일방적으로 그렇게 할 것이다. 만일 일본이 이를 결여하고, 미국이 그 자신의 입장에서 이를 거부한다면, 일본은 중국과 분리된 평화를 모색하기를 결정할지도 모른다. 이러한 궁지를 피하기 위하여 정치적 협력이 일본 항구에 항공 및 미사일 방어뿐만 아니라 역기뢰를 미리 배치할 수 있는 것이며, 일본은 식품과 연료 같은 주요한 수입제품을 비축할 수 있다.

그럼에도 종전의 전쟁은 호전국들이 불필요하게 전쟁이 가속되는 것을 막으려고 자신들의 전쟁방법을 종종 제한할 수 있기를 제안하였다. 예로써, 중국은 한국전에서 중국의 개입에 따라, 미군은 만주에서 국경을 가로질러 공중폭격을 실행할 능력이 있었다. 만주는 중공군에게 한반도에 있는 미군을 압도하도록 위협하는 주둔지의 역할을 하였다. 그러나 미국 대통령 해리 트루먼(Harry Truman)은 소련에 의한 확전을 야기시키는 것을 회피하기 위하여 이러한 목표들을 공격하자는 요구를 거부하였다. 유사하게도, 베트남에서 미국의 지도자들은 북베트남의 주요 항구 하이퐁을 전략적 중요성에도 불구하고 미군에게 출입금지구역으로 선포하였다.

한국의 경우와 같이, 그러한 공격은 중국과 혹은 소련과의 확전으로 번질수 있다는 두려움이 있었다. 이 둘의 경우에서, 이러한 속박이 수만 명의 아메리칸의 생명을 앗아간 전쟁 중에서도 지속되었다.

측정할 수 없는 핵확산의 잠재성을 고려할 때, 중국과 미국 양측이 어떻게 그리고 어디에서 군사작전을 강화하는가를 고려할 때, 지나치게 조심한다는 것이 합리적이다. 그러나 양측이 핵확산을 피하기 위해 절박함을 가지는 것은 생각해온 목표를 창조하는 매개 변수와 그들을 성취하기 위한 수단을 창조하는 것이다. 양측이 계속 싸우도록 이끄는 매우 주요한 자원을 가지고 있기 때문에 또한 갈등의 단계가 연장될 수있는 상태로 고정될 수 있는 것이다. 이러한 방법으로, 한점에서는 전쟁의 봉쇄는 다른 방향에서는 그것의 확대를 도모하는 것이다.

의지의 전쟁

미국 주도의 연합이 중국과 관련하여 제한되었으나 연장된 전쟁에서 어떤 전략을 추구할까? 넓게 말하자면, 전쟁에는 일반적으로 세 가지 전략이 있다: 전멸전(annihilation), 지구전(소모전: attrition), 그리고 고갈전(exhaustion). 이들은 개별적으로 또는 결합하여 추구된다. 전멸전 전략은 적의 능력이나 싸우려는 의지를 꺾으려는 일회성

행위 혹은 급속한 일련의 사건을 사용하는 것을 강조한다. 1940년 독일이 프랑스에 대하여 6주간의 전격작전을 실행한 것이 전멸전의 좋은 예이다. 이와 대조적으로, 지구전 전략은 적의 전쟁수행 잠재력을 그들이 효과적인 저항을 더 이상 할 수 없는 연장된 점 이상으로 마모시키는 전략이다. 이는 제2차 세계대전에서 동맹국이 추축국에 사용한 것으로 주요한 전략이다. 마지막으로 고갈전략은 적의 군사력을 간접적으로 소모시키는 것을 모색하는 전략이다. 예로써 적으로 하여금 중요한 자원에의 접근을 차단하거나, 수송 인프라를 저하시키며, 산업시설을 폭파시키면서 적의 힘을 간접적으로 약화시키는 것이다. 이의 고전적인 예가 미국의 독립전쟁이다.

그러한 갈등에서 미국의 남북전쟁 초기, 북군(the Union North)과 남군(the Confederate South) 모두는 결정적인 전투를 이기거나 적의 수도를 점령함으로써 전멸전략이 성공할 것으로 희망하였다. 이러한 희망은 잘못된 것으로 입증되었으며, 시간이 지나면서 남군은 북군의 훨씬 강한 군사력에도 불구하고 북군의 버티려는 의지가 고갈되는 점까지 전쟁이 연장되기를 희망하면서 고갈전략을 채택하였다. 다음으로, 인력에 있어서 우세와, 산업에 있어서 우위와, 군사력에서 우위를 둔 북군은 지구전략에 고갈전략을 결합하였다. 북군은 지속적인 군사전투에 의한 소모전략을 이용하여, 간접적으로는 남군의 항구를 봉쇄하고, 남군의 무기고와 수송 인프라를 파괴하며, 직접적으로 남군의 군사력을 축소시키는 것을 모색하였다. 이러한 방법으로, 북군은 남쪽의 그들의 분리목표는 결코 허용되지 않는다는 것을 확인시키면서, 북군 자신들이 잃은 전쟁 손실을 보상하는 데 필요한 자원과 물자를 남군으로부터 확충하였다.

중국과 미국 사이의 전쟁에서, 전멸전략은 입증할 수 없는 위험이 크다. 양쪽이 모두 핵무기를 가지고 있기 때문에, 적의 저항 능력을 파괴하려는 압도적인 군사력의 공격에 기반을 둔 전멸전략은 쉽게 상호의 자살조약에 지나지 않는다. 이러한 위험은 또한 지구(소모)전략을 택하려는 상대의 노력을 방해하는 것이다. 이 소모전략은 유사하게 핵확산으로 전이된다. 두 호전주의자들은 따라서 고갈전략(exhaustion)을 취하는 데 우선권을 갖게 된다. 적의 수단을 침식시키고, 아마도 더 중요한 것 소모전략에 의하여 가능할 때, 계속 싸우려는 그의 의지, 그러한 접근법은 전면전쟁으로 확대되는 것을 모험하지 않고 최대의 압박과 손실을 적에게 주는 것을 모색하는 것이다.

미국은 중국에게 확신시켜야 한다: 미국은 장기전에서 우세할 수 있다. 이러한 전략을 형성하는 데 있어서, 중국과 미국은 어디에서 그들이 싸워야 할 것인가를 주의깊게 고려할 필요가 있다. 예로써, 레드라인을 넘는 것을 피하기 위하여, 양측은 각자의 자국영토(그들 각자의 항공영역을 포함하여)를 제한된 성역으로 일치시킬지도 모른다. 그 대신 그들은 수평적이거나 지리적인 확산을 모색할지도 모른다. 따라서 갈등은 제1도련선 혹은 남아시아를 넘는 지역까지 확산될 수 있고, 그곳에서 중국과 미국은 아프리카 동북부나 남태평양에서처럼 군사력을 사출할 수 있다. 전쟁은 또한 직접적인 확산위험을 덜 취할 것 같은 그러한 영역으로 움직이는 것 같다. 예로써, 글로벌 시민과 연결된 영역에서의 미사일 전쟁은 양측에 의하여 정당한 게임으로 고려될지도 모른다. 이러한 것은 해양작전(해수면, 해중면, 해저면)과 우주공간, 그리고 사이버 공간을 포함한다. 양쪽 모두 또한 중국과 혹은 미국과 동맹한 필리핀과 타이완 같은 약소국가들의 영토나 그 이상에서 더 침략적으로 전쟁을 수행하고 있다.

전쟁의 초기 국면에, 미국의 연합군은 성공적인 방위를 구축하는 데 초점을 두는 것에 반하여 인민해방군은 **빠른 승리를 얻기 위한** 시도를 하는 것처럼, 군사적 목적은 양측에게 우선순위가 있다. 만일 그러하다면, 상업항구, 카고선박, 그리고 해저 오일 가스 인프라스트럭처 등 경제적인 타겟 등은 초기에는 우선순위가 높지 않다. 그러나 전쟁이 지연되어 감에 따라 각자 상대는 경제와 정보 전쟁상태를 통하여 상대의 전쟁수행 잠재력을 소진시키는 것을 모색한다. 이러한 목적을 향한 행동들은 적국의 항구에 대한 봉쇄와 연료선박과 해저 인프라스트럭처 등에 대하여 상업 공습작전을 포함한다. 한 쪽이 다른 쪽에 대하여 해저자료 케이블을 절단하고 위성교신을 방해함으로써 정보차단을 유발할 수 있다. 혹은 적의 주요한 인프라스트럭처의 효과적인 작동에 주요한 자료를 파괴시키거나 오염시키기 위하여 사이버 공격을 할 수 있다.

교전국들이 전쟁을 제한적으로 할 수 있는 또 다른 방법은 사용될 공격수단을 제한하는 것이다. 비교적 그 효과를 역전시키기 쉬운 공격은 영구적인 손상을 주는 공격보다는 상승력이 약하다. 예로써, 위성에 보내는 정보를 차단하거나 연결시킬 수 있는 고전력 방해전파 발신기를 채용하면 미사일 공격에 유리하다. 왜냐하면 이 전자방해 발전기는 주요 교전국의 영토에 있는 위성 지상통제 기지를 파괴할 수 있기 때문이다. 잃어버린 사기를 비교적 급속히 회복시켜 줄 전망을 제공함으로써, 그러한 공격은 전쟁을 지속하려는 적의 의지를 저하시키는 데 매우 효과적인 것으로 나타났다. 그와 같은 것은 원해 오일-가스 펌핑장을 물리적으로 폭파하기보다는 폐쇄하는 해저작전과, 혹은 적국의 카고선박을 격침시키기보다는 억류하는 해군작전에서도 말할 수 있다. 그러한 행동은 다음과 같이 가능하다. 이들은 주요 적국의 재산을 볼모로 전쟁에 대한 호의적인 목적으로 협상하는 데 사용될 수 있도록 보전할 수 있다.

거북이와 토끼

중국과의 전쟁에서 압도적이기 위해서, 미국과 그 동맹국들은 **빠른 승리**, 즉 중국을 부정하는 전략을 가질 필요가 있을 뿐만 아니라, 또한 장기전에서 그들 자신들의 방어를 유지하는 데 우선의 목표를 두어야 한다. 현재, 첫째 목표는 확고한 임무이다. 미국과 그 동맹국들은 — 예상되는 동맹국들, 인도, 인도네시아, 싱가폴, 그리고 베트남 — 중국의 공격으로 인한 억제와 파괴에 대해 결연히 대응하는 입장을 결여하고 있어 보인다. 만일, 중국이 제1도련선을 따라 흩어져 있는 주요한 섬들을 점령한다면, 미국과 그 파트너 국가들이 이 섬들을 다시 수복하기 위하여 이에 상응하는 비용을 쓰고 되찾는 것은 매우 어려울 것이다. 그리고, 만일 중국이 이에 성공한다면, 이미 얻은 것을 자신의 것으로 정당화하기 위한 수단으로 직접적인 정전을 제안할 것이다. 미국 주도의 동맹국 중의 몇 나라에게는 그러한 제안이 재앙적인 전쟁확산의 위험을 가져올 값비싼 싸움에 비하여 매력적인 선택지가 될 것이다.

여전히 미국과 미국의 잠재적 동맹국들은 그들의 준비를 개선할 수 있는 수단, 즉 적어도 현재로서는 시간을 갖고 있다. 미국은 그의 동맹과 파트너 국가들이 제1도련선을 따라 그들의 방위를 증강시키고 있을 때, 더 많은 미군을 주둔시키고 더 많은 전쟁물자를 지원하는 협정에 우선을 주어야 한다. 그 사이 미국의 능력은, 예컨대 우주 공간 기초시스템, 장거리 폭탄, 사이버 전쟁 등의 분야에서 **빠르게 회복되고**, 이러한 차이를 극복하는 데 도움이 될 것이다.

그러나 미국의 전략가들은 또한 다음 단계에 무엇이 일어날 것인가에 대한 계획을 필요로 한다. 왜냐하면 중국은 존재 그 자체가 훨씬 더 끌어온 강대국 전쟁에 대한 유일한 입장료로 작용하고 있기 때문이다. 그리고 초기의 침략과는 달리 대치상태는 넓은 지역에 걸쳐 있으며, 글로벌 경제, 우주와 사이버 공간을 포함하여 많은 다른 영역으로 확대되고 있다. 어떻게 그러한 전쟁이 일어날 수 있는가에 대한 전형이 없음에도 불구하고, 냉전의 전략적 사고는 수평적으로는 확대되고 다양한 전투영역을 포함하는 강대국 갈등의 일반적인 문제를 조율하는 것이 가능하다는 것을 보여준다.

1970년대와 1980년대 초에, 미국의 육군은 서유럽에 대한 소련의 재래식 침략에 대응하기 위하여 통합된 세트의 작전개념 혹은 전쟁개념을 발전시켰다. 그 하나는 AirLand Battle로 불리는, 동유럽을 통하여 소련으로부터 전진하는 적군의 연속적인 "물결"을 격파하는 육군과 공군을 구상하였다. 이 시나리오에서, 미 공군과 지상 기지의 병력과 결합한 군대 — 전투기, 미사일, 그리고 로켓포 — 가 NATO 가맹국의 국경을 향해 진격하는 제2와 제3의 물결을 공격할 때, 미 육군은 소련의 국경수비군을 봉쇄하는 것을 목표로 할 것이다. 동시에 미 해군은 소비에트 잠수함에서 북대서양을 지나 움직이는 동맹군의 선박을 보호하기 위하여 그린랜드-아이스랜드-영국에 걸친 해양 결점을 초월하는 공격잠수함을 충원할 것이다. 그리고 미국의 항공수송기들 소련의 공격기들에 대처하기 위하여 북대서양에 그들의 전투기들을 배치할 것이다. 소련이 노르웨이를 전진기지로 사용하는 것을 배제하기 위하여, 미 해병 또한 그러한 나라에 **빠르게** 배치하고, 그 자신의 항공시설을 안전화한다.

이러한 개념은 전쟁계획, 군의 작전계획, 운영개념, 그리고 예상되는 동원율을 포함하여 소련의 능력과 전략에 대한 주의깊고 체계적인 연구에 기초하고 있다. 이러한 개념들은 미국과 동맹군의 사고와 계획에 대하여 지도를 할 뿐만 아니라, 또한 명확하고 주의 깊은 방위계획과 예산우위를 확보한다. 그러나 이러한 노력의 주된 목표는 소련의 담당자들에게 서구의 민주주의 국가들에 대하여 성공적인 침략전쟁을 추구할 수 있는 매력적인 길은 없다는 것을 확신시키는 것이었다. 그러나 오늘날 중국과 관련하여 이와 같은 것은 아무것도 없다.

중국과의 강대국 권력투쟁에 관한 전쟁개념의 비교연구를 발전시키기 위해, 미국은 중국침략에 대한 일련의 가능한 시나리오를 시작해야 한다. 이러한 시나리오는 — 이는 제1도련선과 그 이상에서, 또 타이완에서만 아니라, 다양한 충돌지역을 포함하여야 한다. — 전쟁게임, 시뮬레이션, 그리고 현장연습을 통하여 가망 있는 방위계획을 평가하고 정련하기 위한 기초를 형성할 수 있어야 한다. 그러나 미국의 전략가들은 또한 만일 수개월에 걸쳐 전쟁이 확대된다면, 그 전쟁을 유지하기 위해서 막대한 자원이 필요하다고 설명해야 한다. 우크라이나전쟁에서 러시아가 보여주는 것과 같이, 미국과 그 동맹국들은 탄약 생산능력을 결핍하고 있다. 탱크, 비행기, 선박, 그리고 대포 등, 주요 군사체제를 위한 생산능력에 관하여 사실이다. 이러한 치명적인 취약점을 개선하기 위하여, 워싱턴과 그의 장래의 협력 당사자들은 전쟁을 필요한 만큼 유지하기 위해 그들의 산업기초를 필요한 체제와 탄약을 공급할 수 있도록 재활성화시켜야 한다.

오래 끈 전쟁 또한 글로벌 무역, 수송, 에너지 인프라, 그리고 커뮤니케이션 네트워크에서 높은 비용이 발생할 것이며, 세계의 여러 지역에서 인구문제에 예상하지 못한 마찰이 발생할 것이다. 설사 양측이 핵 제앙을 피하고, 미국과 그 주요 동맹국들의 본토가 부분적으로 안전하다고 하더라도, 파괴된 규모와 영역은 미국인과 동맹국의 사람들이 경험해온 어느 것보다도 심각할 것이다. 더구나 중국인은 이러한 점 — 대규모 인구, 권위적 리더십, 그리고 고난에 대한 인내와 거대한 재앙에 대한 수용에 관대함 — 에서 주요한 잇점을 가지고 있다. 중국인은 장기간의 전쟁을 통하여 인내하도록 더 잘 준비되어 있는지도 모른다. 이러한 환경에서 희생하려는 의지를 가지고, 전쟁 노력을 위한 대중적인 지원을 유지하려는 동맹의 능력이 성공의 핵심이다. 워싱턴과 동맹국의 수도에 있는 지도자들은 중국이 자신의 패권목표를 포기할 때까지 그들의 국민에게 방위를 증대시키고 전쟁과 평화에서 그들을 생존하게 할 확신을 줄 필요성이 있다.

다른 종류의 억제

독일의 야전사령관 몰트케(Helmuth von Moltke the Elder)의 말을 인용하면, 전쟁은 세 길 중에서 하나에 일어나며, 일반적으로 네 번째에 일어난다. 중국의 경우, "어떻게", "언제", 그리고 "어디에서" 전쟁이 시작될까, 혹은 일어나면 그것이 택할 "그 방향". 그러나, 그러한 갈등은 제한적일 수 있으며, 일반적으로 추정되어 온 것보다도 훨씬 오래 지속했다.

만일 그것이 사실이라면, 한편에서는 핵확산의 문턱에 있으면서, 미국과 동맹국들은 강대국 전쟁의 함의를 이들 국가들에게 경제적, 인프라, 그리고 시민의 복지에 대하여 광범위하게 미치는 비용을 야기시킨다는 것을 생각하여야 한다. 그리고 이들은 중국에 대하여 그들은 이 장기간의 전쟁에서 압도할 수 있는 자원과 힘을 가지고 있다는 것을 확신시켜야 한다. 만일 그들이 No라고 말하며, 중국은 아마도 다음과 같이 결론을 내릴지도 모른다. 아시아/태평양 지역에서 자신의 이익을 추구하기 위하여 군사력을 사용할 여유의 기회는 그 위험보다도 높다.

제6장 결론

　이 책을 집필하기 시작하던 2023년 말, 미국과 중국 사이 대립이 우선적으로 표면화되고 있었다. 그러나 연구를 계속하며 집필을 하는 동안 국제정세는 워싱턴과 베이징의 양자관계에만 머무르지 않고 그 분쟁이 글로벌로 확대되는 징조가 강하게 나타나고 있었다. 2024년 1월의 타이완 선거가 마무리되면서 소강상태를 보여오는 듯하던 타이완 해협의 관계, 잠잠해 보이던 우크라이나의 전쟁, 하마스를 포함하여 이스라엘과 이란의 중동문제, 나아가 같은 해 3월에 있은 러시아 대통령 푸틴이 5선으로 대통령에 당선되고, 바로 이어 같은 달 하순 모스크바의 한 공연장에서 ISIS로 추정되는 테러범에 의해 140여 명을 상회하는 민간인이 대량으로 학살되는 사건이 발생하였다. 언제라도 군사 충돌이 일어날 수 있는 중국과 인도 간 국경분쟁, 인도와 파키스탄의 갈등, 남중국해에서 중국과 필리핀의 충돌, 3월 25일 유엔 안전보장이사회에서 라마단(Ramadan) 동안 가자지역 정전결의안이 미국의 기권에도 불구하고 14국의 찬성에 의한 통과, 같은 해 11월 미국의 대통령선거 등 세계는 심하게 요동치기 시작하였다. 현 세계질서의 세력균형에서 이합집산은 마치 제2차 세계대전의 전야와 유사하게 나타나기 시작하였다.

1. 미국의 역사교훈과 외교원인

1). 역사적 교훈

　21세기 초반 현재의 국제정세를 제2차 세계대전 전의 유사점과 관련하여 "국제질서", "권위주의 국가", "재무장과 예산", "글로벌 질서 유지", "집단 노력" 등 다섯 개의 분야로 나누어 분석한 학자가 있다. 2024년 3월, 존 홉킨스 대학의 전략가 홀 브랜드(Hal Brands)는 지금의 세계정세는 우리가 생각하였던 것보다도 1930년대를 더 닮았다고 한다. 그는 과거도 그랬던 것처럼 지금의 세력균형이 불길하게 변하고 있다고 분석하였다. 격렬한 독재(국가)가 광범위한 제국을 모색하고 있으며, 권위주의 국가들 사이 유대가 점점 강화되고, 지역 갈등이 함께 나타나고 있으며, 민주주의 국가들이 대내외적으로 위기에 직면해 있다는 것이다. 미국은 고립주의가 다시 등장하고, "아메리카 퍼스트"라는 외양 아래 일극체제와 경비절약을 추구하는 이념 상태에 있다는 것이다.1) 이 책의 결론의 첫 부분으로 그의 관점을 인용한다.

　확실히 유사하다고는 할 수 없지만, 현재의 국제체제는 미국의 힘과 그 동맹들이 구축해 온 덕택에 1930년대에 붕괴되었던 것보다 더 강하다. 지금 수십 년째 우리가 겪고 있는 고통의 어느 것도 — 세계 금융위기와 코로나 바이러스 — "대공황"에 의해 야기되었던 것에 필적하는 박탈감과 급진성에는 비유되지 않는다. 이러저러한 이유로, 글로벌 질서의 재앙적인 붕괴가 인지되지는 않을지도 모른다. 그러나 1930년대를 살았던 많은 사람들에게 있어서 그 10년의 누적된 압박은 전례 없는 공포였다.

어떤 국제질서에서도 가장 위험한 점은, 그 체제의 우월성이 영원하며 그 적들은 항상 궁지에 몰려있을 것으로 생각하는 점이다. 따라서 2차대전 후, 미국이 창조해 온 자유질서를 방어하려면 더 앞선 암울한 시대의 교훈을 배워야 할 것이다. 그러한 자기 안심은 그 앞선 시대에서 혹독한 비용을 치르고 난 결과이기 때문이다.

역사가 정책에 정보를 주어야 한다고 아무도 논하지 않는다. 문제는 "어떤" 역사가 가장 중요한 것인가이다. 여기, 제2차 세계대전 이전 기간에 필적하는 예들이 좀더 설득력이 있을 것이다. 마음에 떠오르는 상징적인 유사성들 — 산업화 규모의 억압을 위한 집중캠프를 사용하는 네오전체주의 중국; 유사 민족학살의 정복전쟁을 수행하는 네오파시스트의 러시아; 홀로코스트 이후, 2023년 10월 7일을 유대인들에게 최악의 날로 만든 이란의 지원받는 테러리스트들 — 이 있다.

제2차 세계대전 전과 같이, 오늘날의 우세한 체제가 다양한 전선에서 다양한 행위자들에 의해 도전받고 있다. 이러한 행위자들은 선부르고 부정적인 신봉으로 다가오고 있다. 지금까지 이러한 수정주의자들의 확장은 1930년대와 1940년대의 범인들과 비교가 된다. 그들의 혐오증은 아직 히틀러(Adolf Hitler)의 "새로운 질서" 혹은 제국주의 일본의 "대동아 공영권" 그것에 미치지는 못하고 있다. 그러나 그것은 아마도 오늘날의 수정주의자들이 오랜 기간 미국의 힘에 의해 지배되어 온 환경에서 작동해 왔기 때문일 것이다. 만일 공격적인 독재국가들이 무리하게 강제되지 않았더라면 상황은 얼마나 추하였을까?

첫째 교훈은, 국제질서는 망연자실할 정도의 철저함과 속도로 붕괴될 수 있다. 회고해 볼 때, 우리는 1930년대에 무엇이 일어났는지 안다. 지역 질서의 붕괴는 글로벌 안전의 위기를 초래하였다. 격렬한 이념에 뿌리를 둔 레짐들은 역사의 가장 뻔뻔스럽고 무서운 영토 탈취를 추구했다. 그러나 대부분의 민주적 지도자들은 어떤 나쁜 바람이 불고 있다는 사실을 알고 있었음에도, 그 질풍이 얼마나 사나울지를 예측하는 이는 거의 없었다.

1930년대 중반으로 들어가면, 유럽의 어떤 지도자들은 이탈리아의 무솔리니(Benito Mussolini)가 히틀러(Adolf Hitler)를 견제해 주기를 희망하였다. 1938년의 뮌헨 위기 이후, 영국 총리 챔벌린(Neville Chamberlin)은 독일이 체코슬로바키아의 많은 부분을 병합하는 것을 허락함으로 "우리의 시대를 위한 평화"를 확보했다고 선언하였다. 1940년, 서유럽을 통한 히틀러의 발작적 광포함의 직전에, 거의 아무도 유럽의 세력균형이 곧 어떻게 전체적으로 붕괴되리라 깨닫는 이는 거의 아무도 없었다. 같은 해 — 일본이 중국에서 잔인한 전쟁을 시작하였으며 — 미국의 외교관들은 여전히 도쿄에 있는 온건파들이 그 나라의 방향을 바꿀 것으로 희망하고 있었다.

몇몇 전문가들은 파시스트 국가들의 총력화되는 야망을 저평가하였다. 다른 이들은 반대편의 군사력을 잘못 판단하였다. 지식계의 더 큰 실패는 결의를 한 침략자들이 언제 공습을 하고 그리고 이에 따른 결과가 얼마나 심각한지 그리고 세계가 어떻게 채울 수 있는지 상상할 수 없게 되었다는 점이다.

아마도, 우리 시대에는 그러한 대재앙이 가능하지 않을 것이다. — 아마도 1945년 이후에 세계가 성취하여 온 진보와 번영은 되돌릴 수 없는 것이다. 그러나 경고의 사인은 누적되기 시작하였다.

2014년 이후, 우크라이나에서 러시아의 행위는, 분쟁 지역에 대한 제한된 침범으로 시작하여 어느 한 국가를 소멸시키는 노력이 될 수 있음을 잘 보여준다. 중동에서 볼 수 있듯이, 최근의 사태는 우리에게 경제적으로 약한 수정주의자 — 이란 — 조차도 그 지역을 무질서 속으로 내동댕이칠 수 있는 대리자를 키울 수 있다는 것이다. 동아시아에서, 한 미국 제독이 중국은 "제2차 세계대전 후 역사에서 가장 큰 군사건설"이라 부르는 것을 실행하고 있다고 했다. 이 국가들은 그들 주위의 지역을 재정비하고, 미국의 힘에 의해 오랜 기간에 조직된 세계를 뒤집으려는 야망을 숨기지 않는다. 그들은 가야 할 길이 여전히 멀다: 미국-중국 경쟁의 전초기지는 태평양의 중앙이 아니라 타이완 해협에 있으며, 러시아-서구(유럽) 경쟁의 전초기지는 유럽의 중앙이 아니라 우크라이나에서 일어나고 있다는 사실은, 현재 국제질서의 성취에 대한 시금석이 되고 있다.

두 번째 교훈은 권위주의 국가들은 섣부르게 친구를 만든다는 점이다. 이란, 러시아, 그리고 중국은 공식적인 동맹관계가 아니다. 역사적으로, 그들은 친구라기보다는 종종 더 경쟁관계에 있었다. 오늘날조차 최후로 유라시아를 지배하는 중국은 러시아와 이란을 자신이 미국을 협박하였던 것보다도 훨씬 신랄하게 협박할지도 모른다. 그러나 이것은 재보장을 위한 많은 이유가 아니다. 왜냐하면, 두 번째 교훈은 독재국가들의 상반되는 동맹조차 세계를 불길 속으로 몰아넣을 수 있기 때문이다.

추축국가들 — 나치 독일, 제국주의 일본, 파시스트 이태리 — 은 결코 서로 믿지 않았다. 그들은 주로 "가능한 한 세계의 많은 것을 훔치기 위한" 그들의 욕망에 의해 맺어져 있었다고 역사가 머레이

(Williamson Murray)가 말했다. 그들이 성공하였다면, 확실히 이러한 나라들에게 동기를 부여한 솟구치는 야망과 유독한 인종주의가 ― 종국에는 민족상잔의 불화로 귀결되는 ― 확실히 그들을 비난하였을 것이다. 설사 그러하더라도, 역사의 가장 역기능적인 파트너십의 하나가 깊게 불안전시키는 효과를 만들어냈다.

이러한 국가들은 중대한 순간에는 서로 지원한다. 무솔리니는 히틀러를 1939년 오스트리아와 수데덴 체코슬로바키아 위기시에 도왔다. 한쪽의 성공은 여럿을 위한 창을 열어 주었다; 1935년 이탈리아의 아비시니아 침공은 히틀러가 그의 군대를 라인랜드(Rhineland)로 돌려보내는 데 용기를 주었고, 1940년 서유럽을 통해 독일의 기습공격인 전격전(Blitzkrieg)과 같이 일본도 동남아시아로 과감히 침략하게 하였다. 이러한 강습의 결합된 효과는, 그의 방위자들로 하여금 그들이 격퇴할 수 있는 것보다도 그의 방위자들에게 더 많은 도전에 직면하게 하면서, 현상유지를 치명적으로 갈라치는 것이다.

오늘날의 수정주의자들은 미국 힘의 불법적 규칙과 분노 이상의 것을 공유하지 않는다. 치명적인 결과와 협력하는 것으로 충분하다는 것이다. 러시아는 중국에 선진화된 항공기, 미사일, 항공 방어수단들을 팔면서 ― 그리고 지금 민감한 첨단기술의 발전을 서두르는 것으로 의도된 어렴풋한 기술의 동반자관계를 통하여 중국의 군사력 증강을 촉진시켜 왔다. 이란과 북한은 우크라이나에 대한 러시아의 공격에서 러시아에 드론, 포, 미사일 등을 판매하면서 러시아를 지지해 왔다. 중국은 마이크로칩과 러시아 무역을 위한 아웃릿을 푸틴에게 공급해 왔다. 그동안, 유라시아 코어에서 이 국가들이 수립하여 온 독재자의 평화는 그들로 하여 더 단언적으로 주변 지역을 더 탐침하게 하는 원동력이 되었다. 푸틴은 중국으로부터 적의에 대하여 고려할 필요가 없어졌기 때문에, 그의 군을 우크라이나에 파견할 수 있는 것이다.

이러한 지적이 어디까지 미치는지 저평가하지 말라. 만일 러시아가 중국에 자신의 가장 민감한 잠수함 무소음 기술을 판다고 한다면, 서태평양에서 해저의 군사균형을 뒤집는 것이 될 상황이다. 만일 모스크바가 중국-미국이 아시아에 묶여 있을 동안에 유럽에 그의 군대를 배치한다면, 워싱턴은 분리된 전선에서 위기로 인해 격파될 것이다. 오늘날 독재국가들의 축은, 그 목표가 미국이 한 번에 할 수 있는 것 이상의 것을 촉진하고 더 진지한 도전을 하게 하므로 단순히 국제체제에 과부하를 가하려 한다면, 공식적인 동맹이 될 필요가 없다.

미국의 정책목표는 주요한 전쟁, 특히 1930년대에 발생하였던 그러한 종류의 글로벌 전쟁을 방지하는 것이어야 한다. 그리고 만일 유럽, 중동, 그리고 아시아가 갈등으로 인해 한번에 소모된다면, 그것은 다시 일어날 수가 있었다. 전쟁을 억제하는 최선의 정책은 그것을 효과적으로 관리하는 준비를 하는 것이며, 어느 강대국 갈등에 의한 요구는 가혹한 것이 될 수가 있다.

세 번째 교훈을 유념해야 한다: 자신의 전쟁을 준비하기 위하여 다른 나라의 전쟁을 이용하라! 우크라이나에서의 싸움은 엄청난 인명과 돈 그리고 물자를 상실하였다. 미국과 중국 사이의 전쟁은 군수품(탄약), 선박 그리고 항공기 등 자금에 있어서 여전히 놀랍도록 소비할 것이다.

1941년 12월 일본이 진주만을 공격했을 때, 미국은 전쟁에 거의 준비가 되어 있지 않았다. 그러한 부정이 뒤에 더 악화되지 않은 유일한 이유는 미국이 1938~39년에 실제로 재군비를 시작하였으며, 1940년에는 더욱 절실하게 군비증강을 하였다는 사실이다. 방위비 증강은 평화 시에 극적으로 증가하였다. 1938년에 GDP 2% 미만에서

1941년까지 GDP 5% 이상으로 늘었다.

전쟁이 시작되면서, 지속적으로 전쟁에 연루되어 있는 대영 제국에 영토-대여 프로그램을 통하여 혹은 그들을 미국 자신을 위해서, 미국 무기를 공급하느냐 마느냐에 관한 괴로운 논쟁이 있었다. 그러나 실제로 영토-대여는 긍정적인 사업이었다. 진주만 공격 이전에 부가적인 군수생산을 자극함으로써, 그것은 미국 방위산업의 기초를 확대시켰으며, 이는 결국 자유세계를 승리로 이끌었다.

조 바이든 전 대통령은 미국은 이스라엘과 우크라이나를 위한 "민주주의의 병기고"가 되어야 한다고 말해왔다. 그러나 당시 아메리카 방위산업의 기초는 결점이 많고 허약했다. 이는 미국이 러시아로부터 방어를 위해 우크라이나가 바라는 포대와 무기 — 이는 미국 자신의 강대국 전쟁에 필요로 하는 장기리 미사일, 선박, 그리고 잠수함 등은 차치하고 — 를 생산하는 데 혈안이 되는 이유였다.

우크라이나에 대한 원조는 미국의 군비를 소진시키고 타이완으로부터 원조를 전환시킴으로써 가끔 이 문제를 악화시킨다고 말했다. 하나의 목적으로 사용된 로켓의 모터와 포의 탄피는 다른 용도로 사용될 수가 없었다. 그러나 세계적인 시야의 결단을 가진 국가를 위해서, 답은 우크라이나와 중동 전쟁을 통하여 노출된 악화되고 있는 국제질서 및 허약한 방위산업기초를 미국의 전체 생산능력을 확장시킴으로써 그러한 무역거래를 진정시킬 수 있는 더 큰 재군비 능력을 추진하는 것이었다. 민주주의의 병기고는 독재의 병기고에 의해 소진되는 위험에 처해 있었다. 아메리카는 이미 일어나고 있는 여러 전쟁에서, 닥칠지도 모르는 것에 대비할 필요가 있는 긴급상황을 발견해야 했다.

이는 무거운 짐으로 보일지도 모르는 상황이었다. 워싱턴과 그 동맹들이 현재의 순간을 전쟁 전 기간으로 인식하도록 요구하는 것 같아 보였다. 동기는 네 번째 교훈에서 나왔다. 분산되어 온 것을 다시 짓는 것보다 호의적인 질서를 유지하는 것이 더 싸게 먹힌다. 처음 파시스트 국가들을 붕괴시키는 데 실패한 비용은 어마무시하였다. 제 2차 세계대전에서 희생되거나 또는 히틀러의 유럽과 일본 지배하의 태평양을 해방시키기 위해 요구되는 권력투사의 초인적인 위업에 6천만 명의 생명을 잃는 것으로 추산될 수 있었다. 추축국들은 그들이 정복한 지역에 영구화한 사악한 범죄는 평가될 수 있었으며 — 그리고 모스크바와의 악마의 협상을 하거나 독일과 일본의 도시를 폭격함으로써, 동맹국들이 그 균형을 똑바로 수립하도록 한 도덕적 타협에서도 평가될 수 있었다.

워싱턴과 그 동맹들이 2차 세계대전과 냉전 기간에 수확한 것은 민주주의 국가들에게 역사적으로 호의적인 체제였다는 것이다. 그러한 체제를 유지하는 가치는 오직 사람들이 체제의 핵심이 유산되어 버려 그 가치가 믿을 수 없을 때이다.

우크라이나에 대한 원조 — 미국 방위예산의 약 5%에 해당함 — 는 과다해 보일지도 모른다. 그러나 우크라이나가 패배하고 복수심에 불타서 동원된 러시아가 NATO의 진격하는 것을 보는 것보다 더 싸게 치지 않았을까? 아시아에서는 현상을 유지하는 데 필요한 군사 능력과 공동 건설에 대한 투자가 상당했다. 그러나 중국이 일단 타이완을 점령하고 서태평양에 걸쳐 그의 그림자를 계속 드리울 때, 중국을 속박할 수 있었을까? 중동에서는 주요한 해양노선을 계속하여 오픈하는 것이 중요했다. 적대 세력들로 하여금 해로를 폐쇄하도록 하는 것은 경제적 손실과 전략부패를 심화시키면서, 확실히 많은 비용이 들었다. 미국인들은 지금 글로벌 질서를 계속하여 유지를 해야 하는가의 문제에 대한 고민을 하고 있다. 과거를 돌아보면, 선택해야 할 것은 훨씬 더 산 넘어 산이다.

마지막으로, 글로벌 질서를 유지하는 데는 "집단 노력"이 필요하다. 그러나 이것은 미국 없이 가능하지 않다. 2차 세계대전 전에 수정주의가 동기를 얻고, 그리고 그것이 정확히 문제가 되었던 것처럼, 워싱턴도 유럽과 동아시아에서 주요한 행위자가 아니었다.

미국의 기권은 상당한 책임 문제를 야기시켰다: 영국과 프랑스가 미국의 지원을 기대할 수 없었다는 사실은 1938년 이들 양 국가가 히틀러를 함부로 대하는 것을 꺼리게 하였다. 그때, 양국이 미국으로부터 지원을 받았더라면, 전쟁의 결과로 승리하였을 것이다. 결과적으로 제2차 세계대전과 냉전이 보여주는 것처럼 오직 미국 힘의 지속적인 적용만이 새로운 수준의 번성이 일어나는 환경을 만들어낼 수 있다. 왜냐하면 침략의 최악의 형태가 억제되기 때문이다.

이 교훈은 진주만 이후 수십 년 동안 지속되었으나, 오늘날은 시들어 가고 있다. 2차 세계대전 이전의 고립주의자들 — 아메리카 퍼스트 — 의 풍조가 되돌아왔다. 우크라이나에 대해 지원을 위한 원조는 줄어들고 있다. 이제 도널드 트럼프가 2024년 선거에서 승리하였고, 북대서양조약기구나 다른 미국의 동맹국들의 공동화 현상이 너무나도 불을 보는 듯하다. 이것이 의미하는 것이 무엇인가를 이해하는 것이 중요하다.

1938년의 뮌헨과 2022년의 우크라이나 사이의 중요한 차이는 미국의 리더십이다. 미국의 원조가 없는 상태에서, 키이유(kyiv)는 조만간 확실히 패할지도 모른다. 그리고 분열된 유럽은 밀고 들어오는 러시아에 반대하기보다는 유화하려는 태도를 보일 것이다. 이와 같이 미국에 의해 버려진 아시아는 중국의 영향력하에 있을 것이고, 중동의 여러 나라들은 이란과 그의 대리자들과 싸우기 위하여 투쟁할 것이다. 그 대리인들은 미국이 지원하는 외교적 군사적 지원도 받지 못하고 그 지역을 여전히 협박하는 테러리스트 집단의 동물원의 발언권도 없는 인간들이다.

기껏해야, 미국의 절감정책의 결과는 더 강력하게 무질서한 국제환경이 될 것이다. 최악의 경우, 80여 년 전 세계를 테러 속으로 내동댕이쳐버린 침략의 충동자들의 난동이 될 것이다. 이로 인해, 미국은 경비절감으로 안도감을 가질 수 있을 것이나, 또는 글로벌 안전, 진보, 그리고 역사의 가장 나쁜 전쟁의 결과로 만들어진 민주주의적 우위를 가질 수 있다. 그러나 아마도 같은 시대에 그 둘을 가질 수는 없을 것이다.2)

홀 브랜드(Hal Brands)는 중국이 아시아에서 압도적 지위를 모색한다는 것이다. 이는 타이완에 대해 가능한 예외로 하고 이웃하는 국가들을 물리적으로 점령하는 것을 의미하지 않는다. 중국이 서태평양에서 지배적인 역할을 해야 한다는 것이 아니라, 그의 이웃들의 안보와 경제 선택에 관하여 효과적인 거부권을 가져야 하며, 그 지역에서 미국의 동맹들을 찢어내며, 중국의 연안으로부터 미국의 군사력을 가능한 멀리 밀어낼 수 있어야 한다는 것이다. 이 과정은 미국에게는 그럴듯하게 보인다. 왜냐하면 이는 미국 자신이 걸었던 최고의 길에 이르는 과정과 유사하기 때문이다. 홀 브랜드는 트럼프의 국무장관 마이크 폼페오(Mike Pompeo)가 중국을 비난한 "시진핑은 중국 공산주의가 세계패권을 모색한다"는 표현을 사용하지는 않았지만, "베이징은 글로벌 우세를 모색한다"는 데 동의하였다.3)

2) 미국외교의 근본원인

홀 브랜드가 계속하여 미국의 글로벌 리더십을 주장하는 것처럼, 그와 유사하게 미국의 지정학자 프리드먼(George Friedman)은 2024년 2월 우크라이나 전쟁 2주년을 회고하면서, 나폴레옹과 히틀러가 모스크바 침공 중 그 거리에서 좌절되었듯이, 2022년 러시아의 우크라이나 침공도 모스크바와 NATO 간의 거리 및 2013년 11월~2014년 초까지 친러시아 지도자를 친서방 정부로 대처한 2014년 우크라이나의 유로마이단(Uro-Maidan) 반란으로 좌절되었다고 본다. 러시아는 미국과 NATO에 대한 넓은 완충지(buffer)로 우크라이나를 급습하였으나, 오히려 자국 민간 군인단체의 쿠데타, 심각한 경제적 타격, 자국 러시아의 인구학적 문제와 기습작전으로 우크라이나에 주려던 공포의 유리한 점을 살리지 못하였다.

독일과 러시아를 봉쇄하는 것은 오랜 기간 미국 외교정책의 근본 원인이었다 — 배타적으로 그 자신의 이익을 위해서가 아니라, 근본적으로 그 자신의 이해관계를 위하여 이념에 기초한 동맹 진영을 보호해야 한다는 것이다. 우크라이나에서의 전쟁은 20세기 초로 되돌아가는 지속적인 미국 외교정책의 연속인 것이다. 따라서 우크라이나에서 일어날 일은 앞으로 유럽의 나머지 지역에서 일어날 일에 영향을 미칠 것이다. 두 번의 세계전쟁에 미국이 좀 더 일찍 참여했더라면 실제 비용이 덜 들었을 것이다. 문제는 지금 미국이 러시아와 조만간 맞짱을 뜨느냐의 문제다. — 이는 다른 모든 나라들과 마찬가지로 자신의 이익을 추구하는 것이다. 이 문제에 대한 답은 필연적으로 유럽을 포함한다. 회고해 보면 냉전은 참된 동맹이었다. 우크라이나전쟁은 지금 그 점수를 주기가 어렵다. 진실은 유럽이 파이의 대부분을 가지고 있으며, 우크라이나를 위한 지원과 기금 모금을 해야 한다. 대륙의 상황은 선택되어야 할 시점에 왔으며, 선택은 비용이 든다. 우크라이나는 미국에 중요하지 않다고 하나, 우리 아버지 할아버지 선조가 우리에게 보여준 필리핀과 북아프리카에 대한 교훈을 생각하라. 그들은 그 대가를 지불했으며, 유럽도 그러하였다. 지금은 무엇을 해야 하는가?4)

미국이 우크라이나를 러시안 곰에게 던지는 것은 2021년 아프가니스탄에서 철수하는 것보다도 더 큰 재앙이 될 것이다. 아프간 오합지졸은 미국의 신뢰에 큰 타격을 주었으며, 우크라이나에서의 실패는 대서양 동맹과 북대서양조약기구의 기초를 흔들며, 중국의 타이완 침공에 청신호가 될 것이다. 따라서 우크라이나에 대한 원조를 반대하는 것은 푸틴이 의도하는 것의 실체를 피하는 것이다. 지난 10여년 동안 푸틴은 먼저 조지아 공화국을, 크리미아와 돈바스에, 시리아에, 그리고 우크라이나의 나머지에 소비에트 제국의 재건을 모색해 왔다. 그는 키이유(kyiv)를 위한 전투에서 저항에 부닥칠 때까지 그의 목적을 추구해 왔다. 만일 미국이 우크라이나에서 자유를 위한 싸움을 포기하더라도, 푸틴은 변하지 않을 것이다. 그는 머뭇거리거나 멈추지 않을 것이다. 그리고 우리 자신이 발견할 위험은 오직 우리가 불명예스러운 일을 당했을 때 비로소 알게 된다.5)

한편, 우크라이나전쟁, 타이완해협 위기, 그리고 한반도 핵위협을 "연결된 위기"의 관점에서 분석한 연구가 있다. 백승욱 교수는 2023년 출판한 책『연결된 위기』에서 우크라이나전쟁이 드러낸 세계적 동요를 '얄타체제의 해체'로 보고, 이는 1945년 2월 크림반도의 얄타에서 미국의 루즈벨트, 소련의 스탈린, 영국의 처칠이 모여, 전후 합의한 세계질서의 기본 틀로서 얄타체제는 자본주의와 사회주의의 대립 이상의 의미를 담고 있다는 것이다. 우크라이나전쟁은 마치 전후 세계질서의 기본틀인 얄타체제가 무너지고, 영토확장이나 경제적 이익을 위해 강대국 사이에 빈번히 전쟁이 일어난 1차 세계대전 이전 상태로 되돌아간 것 같다. 그리고, 얄타체제의 동요와 해체는 동아시아의 지정학적 변화에 심각한 위협을 가중한다는 것이다. 우크라이나전쟁은 "연결의 위기"로서 중국이 타이완을 무력으로 점령할 가능성이 증가하는 것과 맞물려, 이것이 또한 북한이 남한에 대하여 핵도발의 가능성을 증폭시킨다는 것이다. 세계질서가 동요하고 그것이 한반도에 미치는 것은 중국의 위상이 변하기 때문이다.6)

얄타협정으로부터 냉전의 공고화로 가는 길은 루즈벨트의 '단일세계주의'가 그를 이은 트루먼의 '자유세계주의'(두 세계주의)로 전환되고 이를 통하여 냉전이 공고화되는 과정이었다. 20세기 미국의 헤게모니는 이 과정을 거치며 세계질서를 수립하였는데, 최초의 '얄타구상'에서 '얄타체제'로 나가면서 주요한 변화가 발생하였다는 것이다.

2차 대전 후, 독일-폴란드 국경문제, 소련의 대일참전, 독일의 4대국 분할점령, 동서독 분단과 베를린 분할, 고르바쵸프의 등장과 소련의 해체, 폴란드 등 동유럽 국가의 독립, 그리고 동아시아에서는 1951년 샌프란시스코 강화조약, 베트남전쟁 등을 통하여 좁은 의미에서 얄타체제는 종결된 것으로 이해될 수 있다.7)

그러나 얄타체제를 2차대전 후 동아시아 샌프란시스코체제, 제3세계의 저항, 그리고 그에 대한 강대국의 대항을 포함하여 좀 더 넓은 국가 간 체제의 틀로 이해할 때, 새로운 국가체계로서 얄타체제는 19세기 영국의 헤게모니 세계체제와는 달리 민족국가 발전의 길을 통한 탈식민주의를 전제로 삼고 이를 가능하게 하는 다자주의의 틀로 등장했는데, 첫째 냉전 진영 대립에 기반한 세력권 유지, 둘째로 국제적 경제통합과 자유기업주의, 셋째로 주권국가 공동체 등을 원리로 작동되어 왔다고 할 수가 있다. 그리고, 얄타구상이 냉전의 진영대립으로 변형된 것은 2차 대전 후 유럽과 동아시아에서 정세가 맞물리면서 예상과 달리 분기하였다. 그러나 그 본연의 탈식민주의 및 유엔총회와 안보리 중심으로 세계경제를 통합하고 세계전쟁을 제어한다는 구도 자체는 폐기된 것은 아니다.8)

2차 대전의 종전 직전인 1945년 4월 12일, 루즈벨트의 갑작스런 사망으로 그와는 다른 스팩트럼의 자유세계주의자인 부통령 트루먼이 백악관에 들어서면서 미국은 이때까지의 협조자 스탈린의 소련에 대하여 '봉쇄(containment)'를 기본 목표로 하고, 세력균형과 핵억지, 정치와 이데올로기 경쟁을 기본으로 하는 전후체제 구축으로 나아갔다. 그러나 현실의 얄타체제는 자세히 검토하면, 루즈벨트의 첫 구상으로 소련을 대립자가 아닌 협력자로서의 '단일 세계주의'와 트루먼의 '자유세계주의'가 혼재되어 있음을 알게 된다는 것이다.9) 한편, 동아시아에서의 냉전에 따른 영토확정이 1951년 샌프란시스코 조약에서 마무리되면서 냉전구도가 공고화되기 시작되었다고 한다면, 영토확정이 마무리되지 않은 체 베를린 장벽 붕괴 후, 네 개의 연합국과 동서 두 독일이 통일조약에 서명한 1990년 9월 12일까지 이어졌다는 점이다.

'연결된 위기'로서 우크라이나 문제의 역사적 기원은 독일이 우크라이나 지역을 깊숙이 점령한 1917년 러시아에 혁명이 일어난 때이다. 반전 평화의 대중적 열망에 올라타 성공을 한 레닌의 혁명정부는 더 이상 전쟁을 하기 어려워 1918년 3월 3일 독일 등과 강화조약인 "브레스트-리토프스크 조약"을 체결하고, 우크라이나에서 발트삼국 지역, 핀란드, 튀르기예와 폴란드의 일부 지역 등 광범위한 점령지역에 독일이 일종의 자치정부를 수립하여 자신의 영향력을 발휘하는 것을 인정하게 되었다. 푸틴은 이 조약을 러시아 '굴욕의 역사'의 대표적 사례로 거론하였다. 이때 우크라이나를 넘겨줌으로 러시아는 그 굴욕으로부터 벗어나야 하는 과제가 남게 되었다고 주장하는 것이다.10)

아시아에서 '연결된 위기'의 예로 1954년 4월 26일~6월 15일, 제네바회담에서 동아시아의 두 분쟁으로 첫째, 한국전쟁을 공식적으로 종료하기 위해 평화협정을 체결하고, 둘째로 프랑스령 인도차이나의 평화유지와 남북분단을 논의하기 위한 회담이 개최되었다. 여기서 한반도 문제는 미국과 중국의 대립으로 진척되지 못하고, 후자인 베트남 분단에 대한 합의만 도출하였다. 제네바 회담은 1951년 샌프란시스코 강화조약과 1953년 한국전쟁 정전협정에서 다루지 못한 부분을 위해 비동맹 세력을 포함해 좀 더 확장된 '얄타적 구도'를 만들고자 한 시도로 해석될 수도 있었다. 회담은 실패했고 동아시아 냉전은 분산된 동맹구도 위에 수립될 수 있을 뿐이었다. 제네바회담의 향방에 따라 '아시아' 또한 동북아시아에서 남아시아까지 연결된 새로운 관계망으로 연결되었을 수도 있었으나 결국은 동북아시아, 동남아시아, 남아시아가 분리된 채, 한편에서는 냉전의 대립 구도가 다른 한편에서 탈식민지적 지배 구도가 관철되게 된다. 중국은 항미원조(抗美援朝)로 국제적 지위가 상승되었으나, 사회를 군사적으로 조직화하는 결과를 가져오고, 민주의 문제를 해결 불가능한 아포리아로 잠복시켰다. 중국의 국제지위가 상승했다고 타이완 통일 문제가 그 대가로 소멸한 것은 아니다. 다만 오랫동안 수면 아래로 잠복해 있는 것이다. 이러한 의미에서 타이완 문제는 마오쩌둥 시기로부터 현재의 시진핑 시기까지 지속되어온 역사적 맥락이 존재한다.11)

션즈화(沈志華) 교수는 중국인이 크게 놀란 것은 미국의 조선전쟁

(한국전쟁)에 대한 첫 반응이 "타이완 지위 미정론"이라고 발표하면서 미국의 제7함대를 타이완해협에 파견한 사실이라고 한다.12) 한국전쟁이 발발한 후, 트루먼은 우선 북한이 아닌 중국을 미국의 대결 상대로 인식하였다. 이에 마오쩌둥은 격렬히 반응했다. 타이완해협에 대한 미국의 행동은 중국통일의 대업완성이라는 마오쩌둥의 염원을 산산조각으로 만들었고, 완성 직전의 타이완 해방 계획을 수포로 만들었다. 그에게 있어서 타이완 해방은 그의 인생 전반기 중 중화민족을 위한 마지막 대사였다. 이때부터 그의 마음속에는 미국과의 전쟁이 이미 시작되었다. 7월 초까지 마오는 자신의 공격역량을 타이완과 한반도 두 곳 중 어디에 둘지 결정하지 못하였지만, 다음의 세 가지 사실은 분명하였다. 먼저, 이 두 곳으로부터 도전 또는 위협 모두가 미국으로부터 온 것이라는 점. 그리고, 마오쩌둥은 이미 미국의 도전에 응전하기로 결정하였다는 점. 셋째, 우세한 병력을 집중시켜 섬멸전을 진행한다는 점이다. 그는 일관된 전략사상에 따라 반드시 조선과 대만의 두 곳 중 하나를 택해야 한다는 것이었다. 따라서, 마오쩌둥이 한국의 전쟁터에서 미국과 승부수를 겨루기로 결정한 최초의 기원은 타이완 문제와 관련하여 미국에 의해 촉발된 혁명정서에 기인한다고 션즈화 교수는 결론을 내린다.

이후, 70여 년이 지난 후 시진핑은 타이완 문제 해결에 '중화민족의 위대한 부흥'이라는 색체를 덧씌웠지만 이미 1950년 시점부터 타이완 문제는 세계 강국으로서 중국의 지위, 특히 미국과의 관계 속에서 중국의 위상과 뗄 수 없는 관계에 놓이는 국제문제로 자리잡았고, 중국의 100년 과제가 되었다. 시진핑은 국내정치의 '민주' 문제와 관련하여 마오와는 반대 지점에 서 있을 수도 있다고 할 수 있지만 타이완 문제와 관련해서는 동일하게 1950년의 정서와 동일한 연장선상에 서 있다고 하겠다.13)

2. 중국의 과잉투자와 공동부유

2020년 8월 24일, 중국의 시진핑 주석은 중국의 경제사회 발전을 위한 "제14차 경제개발 5개년개획" 심포지움에 타이완 출신의 대륙학자로 베이징대 교수인 전 세계은행 수석 경제학자 린이푸(Justin Yifu Lin)를 포함한 9명의 경제전문가를 초청하였다. 이 자리에서 린은 중국이 다가올 16년 동안 개인국민소득(GDP per capita)을 두 배로 증가하는 것이 "완전히 가능할 것"이라고 하였다. 2019년에 중국의 개인당 국민소득은 구매력 기준(PPP)으로 단지 미국의 "22.6%"에 지나지 않았다. 독일은 1946년에, 일본은 1956년에, 그리고 한국은 1985년에 미국과 같은 수준이 되었고, 이들 세 국가는 16년에 걸쳐 각자 평균 9.4%, 9.6%, 그리고 9%로 성장하였다는 것이다. 중국의 저인구 성장률과 미국과 무역 및 기술전쟁에 의해 방해를 받음에도 불구하고, 중국의 매년 잠재적 경제성장률 ― 2019 - 2035년의 6%와 2036 - 2050년 4% ― 은 매년 실질적으로 각자 6%와 4%로 이행될 수 있다고 결론지었다. 그러나 독일의 개인소득이 미국의 22.6%와 같을 때, 독일의 중년층은 34세였으며, 일본과 한국은 각각 24세였다. 16년의 강력한 성장 후에, 이들 세 나라들의 중년 나이는 각각 35, 30, 그리고 32세가 되었다. 이와 대조되는 중국에서는 2019년과 2035년에 중년 나이가 각각 41세와 49세가 된다.

같은 방법으로 린이푸가 참고하는 16년의 첫해에, 독일, 일본, 한국의 64세 이상의 인구비율은 각각 8%, 5%, 4%이며, 마지막 해에는 12%, 7%, 7%로 일어난다. 중국에 있어서, 그 비율은 2019년에 13%

였고, 2035년에는 25%가 될 것이다. 16년이 지나서, 64세 이상의 비율이 13%가 독일에서는 1966년에, 일본은 1991년에 되었다. 두 나라의 년평균 성장은 단지 2.9%와 1.1%였다. 더구나 독일, 일본, 한국의 노동력 인구(15~59세)가 미국의 국민소득(GDP per capita)과 같은 수준인 22.6%에 도달한 후, 각각 12년, 38년, 31년 만에 줄기 시작하였다. 그러나 중국에서 이러한 현상은 이미 2012년에 시작하였다.

만일 중국의 경제를 항공기에 비유한다면, 1978년 개혁개방의 시작은 경제가 이륙하여 30여 년 동안 높이 날게 할 수 있는 연료 — 젊은 노동자 — 였을 것이다. 그러나 2012년은 그 연료가 비행기를 저속화시키는 원인을 제공하면서 저공으로 날게 하고 있다. 새로운 현실에 적응하는 대신, 린이푸와 같은 경제학자의 자문을 받는 중국 당국은 대규모로 부동산에 투자하고 대량의 재산 버블을 일으키며 목을 조르고 있다. 충분한 연료도 없이 위험하게 계속하여 고속으로 비행을 하려는 것이다. 이것이 바로 몇몇 나라가 중국으로부터 공급망을 전환시킴으로써 그들의 무역을 "de-risking"하려고 시도하는 것이다. 서구의 관찰자들은 중국 지도자들의 말과 결정을 비판하는 데 중점을 두는 경향이 있다. 그러나 중국의 정책을 형성하는 데 발생하는 잘못을 지적하는 것은 더 건설적일지도 모른다. 중국을 위하여, 2024년 3월 중국공산당 3중전회에서 이루어질 결정들이 현실을 반영하고, 그림의 떡이 되는 예견이 되지 말아야 할 것이다.14)

그리고 2024년 3월 24~25일 베이징에서 "중국발전포럼(CDF)"이 개최되었다. 26일 시진핑 주석은 이 회의에 참가한 미국 측 대표 미중관계국가위원회(NCUSCR) 회장 에반 그린버그(Evan Greenberg)와 애플의 CEO 팀 쿡(Tim Cook) 등 미국의 기업과 교육계의 최고지도자들을 만나, 중국경제의 건전성과 지속 가능성을 설명하면서 중국은 경제성장률이 가장 빠른 국가들 중의 하나라고 강조하였다. 그리고 중국은 해외로부터 투자를 위해 시장 지향적 비즈니스 환경과 국제무역을 위해 법에 기초한 국제화된 넓은 발전 공간을 제공할 것을 약속하였다.

중국은 앞서 양회 기간에 "2024년 정부공작10대임무(政府工作十大任务)"를 발표하였다. 여기에서 먼저, 현대의 산업체제건설에 노력하여 생산력 발전을 가속화하고; 다음으로, 과학기술을 통한 국가부흥전략으로 고품질 발전의 기초를 지원하고; 셋째, 내수의 확대로 이미 시작된 경제의 선순환을 추진하며; 넷째, 계속된 개혁을 통하여 내부동력을 증강하고 발전시키며; 다섯째, 대외개방의 확대로 상호간 공동번영을 촉진시키며; 여섯째, 통합발전 및 안보노력에 힘써 중점영역의 위험을 해소하며; 일곱번째, 3농정책을 추진하여 농촌의 전면진흥을 가져오며; 여덟 번째, 도농 및 지역간 융합을 추진하여 경제포석을 최적화하며; 아홉 번째, 생태문명의 건설로 녹색 저탄소 발전을 추진하며; 마지막으로, 민생의 보장 및 개선 그리고 안전망을 개선하고 강화한다는 것이다.15) 이러한 정책임무는 현실상황에 대한 대처방안인 것이다.

사실, 시진핑 3기가 시작하는 2023년 초 이전인 제20차 중국공산당대회가 열리는 2022년 10월 전후부터 중국에서는 표면의 흐름과는 반대되는 저류로서 중국의 사회 및 경제 문제가 나타나기 시작하였다. 그는 처음의 두 번의 임기 동안에는 사회 및 경제 문제를 해결하는 데 총력을 집중하였다. 그러나, 그의 많은 비판론자들에 의하면 중국의 뿌리깊은 구조적 문제는 아직 사라지지 않았다는 것이다. 이들을 해결하는 데는 시진핑이 이미 되돌려 놓은 시장경제가 수단이라는 것이다. 이를 위해서 전문가의 관심, 대범한 정책조치, 확고하고 명확한 리더십이 필요하다는 것이다. 여기에는 다음의 설명이 따른다.16)

첫째, 중국의 인프라투자를 포함하여 수출주도의 성장모델이 계속되면서, 소비의 자신감이 떨어지는 것처럼, 경제발전과 사회안정을 동시에 지속해야 하는 문제에 직면해 있다. 둘째, 부동산 분야에서 수요감소와 부동산 개발업자의 도산, 그리고 수입을 위해 토지공매를 통해 축적된 지방정부의 부채는 GDP의 300%를 상회한다. "중산층"이 보유하고 있는 아파트가 실질 재산인데, 그 가치가 매일 떨어지고 있다. 셋째, 해외투자가 계속 감소하고 있다. 이는 중국 정부가 사적 분야보다 국가 부문, 해외보다 국내 우선 정책에서 기인하고 있다. 넷째, 급속화 하는 노령사회, 저출산율, 노동력 감소에 따른 1인 부양 인구수가 증가하고 있는 인구학적 문제를 해결해야 한다. 정년의 연장과 로봇의 도입 등이 논의되고 있으나 아직 뚜렷한 대책이 없다. 다섯 번째, 외교관계에 있어서 러시아 및 다른 독재국가들과의 밀접한 관계는 차치하고, 가치 있는 시장과 주된 투자자로서 민주국가들과의 괴리감이다. 여섯 번째, 타이완 문제다. 시진핑은 그의 유증으로 중국을 위해 예상할 수 없는 극단적인 결과로 통일을 모색할 것인가?17) 마지막으로, 경기침체로 인한 예산 부족은 일대일로(BRI)에 대한 지원에 차질이 생기고 있다는 것이다.

이러한 문제들에 대하여 시진핑 주석은 미국에 원인이 있다고 한다. 그래서 시진핑은 일대일로 정책을 안보가 경제에 우선하는 경제 프로그램으로서 미국을 봉쇄하는 연결고리로 모색해 왔다고 한다. 조지 프리드만은 중국이 자신의 경제체제를 위해 미국에 의존한 정도와 미국이 중국의 제1수출 대상국이었다는 것을 이해하지 못한다고 한다.18) 중국에 대한 미국의 투자와 기술전이는 중국의 경제성장을 견인하였다고 한다. 시진핑은 국내외적인 이유로 미국을 중국의 주된 적으로 자리매김했다는 것이다.

시진핑이 가진 문제는 미국도 그를 똑같이 심각하게 대한다는 것이다. 시진핑은 미국이 대체로 경제적 사이클에 의하여 건국되었다는 것을 이해하지 않았다. 미국의 행위가 중국의 주된 문제가 아님에도 불구하고, 이것이 주요한 함의를 갖게 되었다. 동시에, 중국은 미국의 능력을 깎아내리면서 자신의 해군발전과 기술능력을 과대평가했다. 최근 미국은 필리핀과 파퓨아 뉴기니와 동맹을 심화하면서 알류산열도에서 호주까지 중국의 전략지위를 심히 약화시키며 봉쇄라인을 완성하였다.

따라서 현재 중국이 처한 문제해결을 위해 시장경제로 성공한 중국경제가, 지금은 지난 10년간 국가자본주의에서 발생한 문제 ─ 중진국 함정 ─ 는 과거로 돌아가 원래의 시장 시스템에서 풀어야 한다는 것이다. "공동부유(共同富裕)"가 이론적으로는 옳지만 실천에 있어서 쉽지 않다는 것이 전문가들의 의견이기도 하다. 중국의 지도자들은 사적 분야의 자신감을 확대하고 지속가능한 경제모델로 성장을 재생시키면서 그들이 직면한 도전(challenge)을 충분히 평가해야 할 것이다. 국가자본주의가 오히려 시진핑 주석의 발전목표와 상응하지 않다는 것이다.[19]

중국은 지난 10여 년 전부터 연간 경제성장률 10%로 내려오기 전 30년간 10% 전후를 유지해 왔다. 그후 제로-코로나 전후로 성장률은 5.2%로 하락하고, 국제통화기금(IMF)은 2028년까지 3.4%로 하락할 것으로 평가된다. 그리고 현재의 정책이 계속된다면 2020년대 말까지 중진국 함정에 빠질 것으로 본다. 더구나 중국의 문제는 경기순환적이기보다 구조적이고, 다른 요인 중에 보다 급속한 노령화, 파산한 부동산 버블, 현재 GDP의 300%에 가까운 과도한 공/사적채무 및 시장지향개혁에서 국가자본주의로 회귀이다. 신뢰기반 투자(credit-fueled investment)가 국유기업(SOEs)과 지방정부에 과대하게 증가하였다. 동시에 정부가 비즈니스 신뢰감과 사적투자를 침식시키면서, 기술분야와 다른 사적 기업에 제재를 강행해 왔다. 이러한 새로운 탈글로벌화와 보호주의 시대에, 중국은 수출주도 성장에 제한을 해온 것으로 나타난 것이다. 서방의 지정학적 동기에 의한 기술적 제재는 중국의 하이테크 분야의 성장과 해외 직접 투자(FDI)의 흐름을 감소시키며, 높은 국내 가계 저축율과 빈약한 사회보험과 낮은 가계소득 분배로 인한 낮은 소비율은 성장을 더욱 방해하고 있다.[20]

과거 중국의 성장모델은 파괴되었다. 초기, 중국의 저임금은, 따라서 국제적으로 경쟁력 있던 저임금은, 인프라스트럭처와 부동산에 대량의 투자를 추구하기 이전에 경공업과 수출에 의존할 수 있었다는 것을 의미했다. 현재, 중국 당국은 기술적으로 선진화된 매뉴팩처링과 수출(전기차, 태양열판, 그린/하이테크 상품)에 기초를 둔 고수준 성장을 옹호하고 있다. 그러나 국내수요에 있어서 상응하는 증가가 없이 특히 사적 소비에서, 이러한 분야에 과잉투자는 과잉설비와 글로벌마켓에 덤핑이 되는 것이다. 중국의 국내 수요에 비하여 과도한 공급은 이미 디플레이 압박을 나타내고 있으며, 세속적인 정체위기를 증가시키고 있다. 중국의 경제규모가 더 작고 더 가난하였을 때, 수출에 있어서 가파른 증가는 글로벌시장에서 통제가 가능하였다. 그러나, 현재 중국은 세계 제2의 경제대국이다. 그의 과잉 능력에서 오는 어떠한 덤핑도 중국상품을 대상으로 하는 더 혹독한 관세장벽과 보호주의에 부닥칠 것이다.

따라서 중국은 국내 서비스에 중점을 둔 신성장모델을 필요로 한다. ― 차라리 상품보다도 ―그리고 개인소비 GDP의 분배로서 서비스는 글로벌 기준에서는 너무 낮다. 중국의 정책결정자들은 국내수요를 부양시키는 것에 관하여 계속해 이야기함에도 불구하고, 사적 소비를 증가시키고, 가계저축을 감소시키는 데 필요한 재정 및 다른 정책을 채택할 의지가 없어 보인다. 상황은 더 많은 연금 이익, 더 큰 건강 보호금 지급, 실업 보험, 현제 공공 서비스에 접근이 어려운 농촌 이주 노동자의 영구 도시 거주, 물가 인상에 따른 높은 실질 임금과 국유기업의 이익을 주택소유자가 더 사용할 수 있게 하는 재분배 구조를 필요로 한다.

중국은 사적 분야의 확신을 부양하고 더욱 지속가능한 경제모델로 성장을 재생할 필요가 있으면서도, 중국의 지도자들은 그들이 직면한 도전을 충분히 평가하는 데 명확하지가 않다. 시진핑 주석은 지난 10년을 뒤돌아보는 동안, 시장지향의 개혁가로 알려진 신임 이창 총리가 옆에서 있어온 것으로 알려져 있다. 그는 최근의 인민대표자 대회를 이은 공식 기자회견을 개최하지 않았으며, 최근의 중국발전 포럼에서 전체 외국대표와도 만나지 않았다. 대신, 시진핑 주석 자신이 외국의 소수 비즈니스 대표들을 만났다.

이러한 상황의 가장 긍정적인 해석은 시진핑 주석이 지금 그들의 자신감을 유지하고 해외 직접투자와 사적 분야의 주도성장과 개인 소비를 증가시키기 위하여 사적분야와 국제적 다국적 연계의 필요성을 실현하고 있다는 것이다. 이 총리가 여전히 그의 주위에 있으므로, "시진핑에게 다른 점을 겸손히 보여주면서" 조용히 압박을 하고 있을지도 모른다.

그러나 많은 관찰자들은 좀더 비관적인 해석을 한다. 전 총리 리커창은 이미 이 세상에 없고, 전 인민은행장 이강, 고문 리우허와 왕치산과 다양한 재정 규제자들 등 시장지향의 테크노크라트들을 물러나게 한 후, 시진핑 주석은 정부체제를 대신하는 경제 및 재정 문제에 관한 새로운 인물들로 당위원회를 구성하였다. 그는 경제 부총리로 허리펑을, 국가발전개혁위원회 위원장에 국가자본주의에 철두철미한 장샨지를 임명하였다. 개혁과 외국투자를 유도하고 충고하는 데 성명과 진언은 의미가 없다. 중요한 것은 다음 해에 걸쳐 중국이 추구하는 실질적인 정책이다. 이것이 중국이 중진국 함정을 벗어나서 더 확실한 성장의 길로 돌아갈 수 있느냐 마느냐 하는 문제인 것이다.21)

3. 마치며

한국의 지방선거일인 2024년 4월 10일, 미국의 수도 워싱턴 D.C.에서 미국 대통령 조 바이든과 일본 수상 기시다 후미오(岸田 文雄)는 정상회담을 갖고, 강화된 미일군사동맹을 확인하였다. 주한 미군(28,500명)의 후방 성격이 강한 주일 미군(54,000명)과 자위대의 지휘통제 강화, 한일 양국의 훈련기 공동개발과 생산, 극초음속 미사일 탐지와 추적에 관한 협력, 미국-호주-일본 사이 미사일 방어체제 구축을 합의하였다. 아울러, 호주와 영국 및 미국의 안보동맹(AUKUS)을 미일동맹과 연결함으로 일본의 인도태평양 지역에서 역할 확대를 기대하게 되었다. 경제과학 분야에서는 나사(NASA)의 달 탐사에 일본 우주비행사의 참여와 AUKUS가 일본의 반도체, AI, 에너지 등 첨단기술과 공급망에 초점을 맞춘 Pillar II에의 참가를 고려했다. 중국에 대한 견제로, 센카쿠열도(디아오위다오)에 대한 방위공약을 재확인하고, 중국의 힘 혹은 위압에 의한 현상 변경을 강력히 반대한다는 것이었다. 2024년 4월 11일, 필리핀, 일본, 미국의 3국 정상회담에서 중국의 경제적 영향을 견제하기 위한 기반시설 프로젝트인 "글로벌 인프라 파트너십(PGI) 루손회랑"의 신설에 합의하였다. 여기에 새로운 미군기지가 들어설 것이다. 이로써, 미국은 중국을 견제하기 위하여 동북아에서 한-미-일 동맹과 남중국해에서는 미국-일본-필리핀 동맹으로 두 개의 삼각동맹을 구축하였다.

특히, 2024년 11월, 한미일 동맹협력의 변수로 트럼프 대통령의 재등장이다. 그가 2025년 1월 20일 미국대통령에 취임하면서 기존의 세계 및 안보 정책에 큰 변화가 초래될 것이다. "미북 군축협상이 안 될 건 뭔가 …북핵은 호리병을 빠져나온 지니(genie out of battle)"라고 "트럼프 국방정책 보고서"를 총괄 집필한 크리스토퍼 밀러 전 미국 국방장관 대행은 현재의 미국의 대북정책과는 결이 다른 이야기를 주장하였다. 그는 지난 30년간 북한을 통제하지 못한 것이 현실이라 북핵협상을 위해 제재완화를 검토해야 하며, 한국정부는 좀 더 넓은 시각을 가져야 한다고 주장했다. 주한 미군의 인계철선 역할을 바꿀 시점이나 한국 자체의 핵무장을 말할 단계는 아니라는 주장도 서슴지 않았다.[22]

중국은 미국에 트럼프행정부가 들어서면서 국내외정책에 수세적인 면이 두드려져 보인다. 러시아와의 협력을 유도하며, 2024년 4월 11일, 인민대표자대회 상무위원장 자오러지(赵樂际)의 북한 방문을 계기로 북한과의 관계를 다시 회복하려고 할 것이다. 2024년 4월 초, 러시아와의 관계에서 왕이(王毅) 중국 외교부장은 러시아 외무장관 라브로프(Lavrov)의 중국 방문 시 양국 간에 'Five Always'를 강조하였다.[23] 시진핑은 과거 청나라의 영토였던 연해주에 대한 영향력을 확대하면서, 표면상으로는 핵의 선재 사용을 부인하고, 중동사태와 우크라이나 상황을 관망하며 세계 안전을 강조하고, 패권에의 전환 기회를 포착하려고 할 것이다. 미-중 간 관세전쟁과 중국의 패권도전을 미국이 어떻게 주도적으로 작용해가느냐에 세계의 운명이 바뀐다. 나아가, 2024년 후반기부터 시진핑의 권력구조에 이상 변화현상에 대한 의구심이 대두되고, 최근에 이르러서는 구체적인 근거에 의한 위기설 소식이 전해진다. 2025년 7-8월의 베이다이허회의(北戴河會議)를 통하여 그 구체적 사실이 확인될 것이다.

러시아의 푸틴은 2022년 우크라이나 침략을 통해 국내위기를 극복하고, 2024년 3월 선거에서 압도적으로 5선의 재집권에 성공하였다. 그러나 러시아/우크라이나 평화협상에서 러시아/미국과 러시아/우크라이나 및 유럽협상에서 합의에 이르지 못하고 있다. 한편, 푸틴은 2024년 6월 19일 평양을 방문하고 김정은과 함께 북한과 러시아 간에 "포괄적인 전략적 동반자관계에 관한 조약"을 체결하였으며, 이는 1961년 북한과 러시아의 전신인 소련이 체결하였던 "조소 우호협조 및 상호협조와 동맹조약"과 유사하다. 더구나, 재래식 무기 생산국인 북한의 전략적 가치가 급등하여 북한외교가 만조기가 되고 있는 것처럼 보였다. 2024년에는 북한 포탄의 러시아로 반출과, 하반기에는 북한군의 우크라이나전쟁에 참여를 위해 러시아에 파병되는 사태까지 왔다. 2025년에는 북러 군사협력이 더욱 강화되고 있다. 2025년 6월 현재, 러시아를 위해 3,000~5,000명의 북한군이 러우전선에 재파병될 예정이라고 한다. NATO 방어를 위한 미국에 대항하는 축으로 푸틴의 러시아는 중국과 이란 및 북한과 동맹을 구축해 왔으며, 그가 필요로 할 때에 이들 중에서 김정은이 가장 신뢰를 줄 것이다.24)

이에 비추어 볼 때, '북중러 협력'은 자신들이 느끼는 안보위협에서 비롯되는 것이다. 21세기 신냉전은 기존의 이념 이외에 진영(bloc) 간의 이합집산을 토대로 하는 것이다. 중국, 러시아, 이란, 그리고 북한 등 도전국들이 세력을 형성하여 유럽과 미국 등 자유민주 진영과 갈등 구조를 형성하고 있으며, 이들 간의 공급망의 특성으로 말미암아 양 진영 사이에 완전한 디커플링은 용이하지 않다.25) 과거 중국과 러시아 양국관계와 그리고 지도자 간에 다루기 어려운 문제나 이

넘분쟁이 존재했음에도, 중국은 높은 충격은 아니나 낮은 가능성이 있는 사건 등 ― 우크라이나에서 핵무기의 사용, 독립된 러시아 위성국가들의 붕괴, 그리고 타이완에서의 전쟁 ― 으로 러시아와의 관계를 조율하는 변수들을 이미 조정할 것이다. 때로는, 중국은 러시아에 좀 더 밀접한 우호적인 관계를 제안할 것이며, 상황이 필요로 하면 다시 그 거리를 유지할 것이다.26) 그러나 현재 우크라이나 전쟁에서 북한의 김정은과 러시아의 푸틴의 관계가 중국의 시진핑에게 개입할 여지를 보여주지 않고 북한과 중국 사이의 괴리가 쉽게 좁혀지지 않을 것 같다. 트럼프의 등장으로 미국과 러시아 관계가 호전되고 미북관계가 악화되면, 북중관계는 더욱 냉정하게 될 가능성이 높다.

기존의 강화된 한미동맹관계에서 한국의 대중국 정책전략은 ① 예방전(preventive war), ② 단절(distancing), ③ 속박(binding), ④ 균형/봉쇄(balancing/ containment), ⑤ 개입/ 교류(engagement), ⑥ 양다리 걸치기(hedging), ⑦ 편승(bandwagoning)의 대안으로 생각해 볼 수 있다.27) 첫째, 한국은 중국의 굴기에 대해 예방전을 펼칠 필요가 없으나, 다른 나라가 중국의 부상에 예방전을 벌이는 데 연루되지 않도록 해야 할 것이다. 다음으로, 현재의 한중관계에서 단절은 생각할 수가 없고, 셋째, 한국은 중국과 양자동맹이나 집단안보가 없음으로 속박이나 중국에 편승할 가능성은 없다. 여기에서 중국의 대외전략을 고려할 때, 중국에의 속박이 우려된다. 네 번째와 다섯 번째의 "균형/봉쇄"와 "교류/개입"의 두 대안에서 한국은 경제와 통상 방면에 적극적으로 교류를 하고 군사면에서 미미하며, 한국이 군사면에서 미국과 일본에 편향되어 중국봉쇄의 성격을 띠고 있다. 한미동맹의 군사 및 안보영역이 다른 영역을 장악하게 되고, 그 결과 중국에 대한 봉쇄정책으로 인하여 한중관계의 악화 또는 단절이 초래될 수도 있다. 여섯 번째, 양다리 걸치기는 이슈 영역과는 관계없이 한국이 미국과 중국양 측에 지속적인 우호를 강조하며, 상대적으로 한국의 이익을 더 많이 보장하는 쪽에 선택지지를 하는 것이다. 여기에는 두 조건이 있다. 먼저, 중국이 미국을 중심축으로 하는 현상유지를 선호하지 않는 성향을 가지고 있어야 한다. 다음으로, 한국정부가 지금보다도 더 탁월한 외교력과 협상력을 발휘하여 미중 양국에 현명하게 대처할 수 있어야 한다. 만약 2049년, 중국 건국 100주년이 되는 해 즈음에 동북아에서 중국의 영향력이 미국을 압도할 때, 한국은 중국에 편승을 생각해 볼 수 있다. 그것도 지금부터 준비가 된 전제가 되어야 하는 것이다. 따라서 한국이 할 수 있는 선택은 "균형/봉쇄"와 "교류/개입" 그리고 "양다리 걸치기" 정책이다.28)

한국은 자신의 외교원칙과 기준을 설정하고 이행하며, 미중관계 대응팀과 중국 전문가를 보강하고, 강대국의 제로섬 게임에 빠지지 않는 유연하고 결단성있는 행동을 보여야 한다. 외교력이 자립하도록 끊임없이 국력을 키워야 한다. 타이완에 군사분쟁이 일어나 미군이 개입할 경우, 우리는 한미동맹을 자각하고 북한을 포함한 북방으로부터의 위기를 고려하여 종합 대응방안을 결단력있게 준비해야 한다. 현재의 미국패권에 대한 중국의 도전은 의미가 없다는 관점과, 앞으로 미국의 패권이 어떤 성격을 가질 것인가라는 시각도 연구해 보아야 한다. 전 지구적 전환 과정에서 한국에 필요한 리더십은 '전환적 리더십'이라고 말한다. 전환이란 열린 생각과 가슴 그리고 단호하고 유연한 의지를 갖고 미래의 틈새를 여는 것을 지칭한다. 그리고, 북한의 변화가능성과 이것이 발생할 때, 이에 대한 준비와 주변국들의 북한관계의 다양성을 사전에 고려하고 대처 방안도 모색해야 할 것이다.

미중 관세전쟁은 양국 간의 문제일 뿐만 아니라, 한반도를 둘러싼 국제문제들과 상호 긴밀히 연관되어 있다. 현재의 국제체제는 2차

대전 후 초기 냉전시기와 매우 유사하다. 현재의 세계는 한-미-일-나토와 북-중-러-이란을 양 축으로 하고 중동-기타 지역을 한 그룹으로 구성되어 있다. 한반도에서는 1950년에 남과 북의 배후에 각각 미국과 소련이 대치하고 있었는데, 지금은 남북의 배후에 소련 대신 중국과 미국이 대치하고 있는 상황이다. 중국몽을 위해 일대일로(BRI)의 깃발을 들고 글로벌로 나가는 중국과, 이에 다시 위대한 미국을 세우기 위한 깃발(MAGA II)을 메고 중국을 포위공격하고 있는 미국이다. 이를 위해 미국은 우크라이나에 조기 종전을 모색하고 이데올로기를 넘어 러시아에 대하여 유화정책을 전개해왔다.

트럼프의 새로운 미국패권이 유라시아, 중동, 유럽, 아시아(남중국해와 동중국해) 등 여타 지역으로 새롭게 확대되면서 무력 충돌 발생 등 새로운 시험과 도전에 직면하고 있음을 보여준다. 2025년 5월과 6월, 우크라이나 전쟁해결을 위한 트럼프 중재외교, 트럼프의 중동 3국순방, 그리고 이란 핵시설의 파괴를 통하여 트럼프 외교의 성격이 가시화되고 있다. 연이어 유럽의 NATO 회원국들로 하여금 그들 국가의 GDP의 5%를 방위비로 쓰도록 하는데 합의를 보았다. 이어, 우크라이나전쟁 휴전협정에 관하여 러시아의 푸틴과 통화 후, 우크라이나에 다시 군사지원을 할 것을 천명하였다. 다음 단계로 남중국해와 타이완과 북한을 포함한 중국이 대상이 될 것이며, 현재 한반도와 일본 그리고 타이완과 필리핀 및 호주와 인도양에 걸쳐 전략재산이 미국과 유럽에서 합류하고 있다. 미국의 위대한 지도자는 대체로 50년 말을 주기로 나타나는 경향이 있다. 트럼프행정부2.0의 새로운 미국의 부상(MAGA II)이 예상되는 미국의 고립주의의 한 특징은 무역적자와 재정적자를 줄이고 해외 주둔군의 비용을 줄이는 새로운 동맹관계를 구축하는 것이다. 도날드 트럼프는 역사적인 유추나 교훈을 인지하지는 못할지도 모른다. 그러나, 그는 푸틴이 변곡점에 있다는 것을 이해하는 것으로 보인다. 푸틴은 우크라이나에서 저지당하거나, 아니면 NATO에 대한 최후의 공습과 그가 꿈꾸어온 짜르를 위해 힘을 축적하는 것을 늦추어야 할지도 모른다. 지금, 트럼프는 푸틴에게 단지 50일의 기간을 더 주고 있다.29)

2025년 6월 3일, 한국의 대통령 선거에서 다수 야당인 더불어민주당 이재명 후보가 여당인 국민의힘 김문수 후보를 누르고 제21대 대통령으로 당선되었다. 우리는 역사의 전환점에 있다. 한국으로서는 한미동맹을 기반으로 하여 트럼프 대통령이 한국에 가져오는 긍정적 파이를 최대로 하며, 중국에서 오는 강한 흡입력을 설득력있게 관리하면서 부정적인 요인을 최소화할 때이다. 지혜롭고 크게 보고 결단력이 있으면, 국가의 지속적 번영을 위해 행동으로 옮기는 현명한 지도자가 필요한 때이다.30) 국제체제라는 글로벌 틀에서 국가는 하나의 행위주체(actor)로서 국제질서의 긍정적인 움직임에 유연하게 적응해야 할 것이다.

참고문헌

강봉구, 2018. "중국-파키스탄 경제회랑". 『中苏研究』 2018/2019 겨울, 서울: 한양대학교 중소문제연구소.
거자오광 등, 2020. 『중국, 새로운 패러다임 II: 23인 세계 석학에게 묻다』. 경기 파주: (주)글항아리.
김동현, 2023. 『우리는 미국을 모른다』, 서울: 부키, 2013.12.15.
김우진, 2024. "마루코 루비오 새국무장관의 '대중 정책 보고서': 공산주의 중국은 미 역사상 가장 강력한 적수". 『최신해외동향』. 태재미래전략연구소 Vol 24., 2024.11.29.
김재중, 2021. "'민주주의 후퇴국' 불명예 안은 미국", 국제기구 "지난해 한국 총선은 선거 보호 훌륭한 사례". <경향신문>, 2021.11.23.
나창주, 2020. 『새로 쓰는 중국혁명사』, 서울: 들녘.
남성욱, 2024. "북중러 동맹강화에 따른 지정학적 위기 대응 방안". 제16회 동북아미래전략포럼, 동북아공동체문화재단, 2024.06.28.
뉴시스, 2023. "남중국해 9단선이 뭐길래?". 동아일보, 2023.06.06.
로버트 케이건, 2021. 『밀림의 귀환: 자유주의 세계질서는 붕괴하는가』, 서울: 김앤김북스
마이클 버클리. 할 브랜즈 지음/ 김종수 옮김, 2023. 『중국은 어떻게 실패하는가: 미중 패권대결 최악의 시간이 온다』, 서울: 부키.
박병관, 2020. "미중 패권경쟁과 우리의 대응방향". INSS 전략보고 February 2020 No.67., 국가안보전략연구원. Www.inss.re.kr.
박인성, 2024. "중국, 인구분포와 유동(1) - 인구규모와 변화추세". 2024.01.31. www.brunch.co.kr.
박춘호 저/박찬호 역, 2000. 『동아시아와 해양법』. 서울: 수성, 2000년 5월 30일.
백승욱, 2024. 『연결된 위기: 우크라이나 전쟁에서 한반도 핵위기까지, 얄타체제

의 해체는 무엇을 의미하는가』, 서울: 생각의 힘.

문흥호·이동률. 2024. "총통 선거 결과와 대만의 미래". EAI. 2014.01.14. www.eai.or.kr

션즈화 지음/김동길 옮김, 2014.《조선전쟁의 재탐구: 중국 소련 조선의 협력과 갈등》, 선인.

신동준, 2023.『후흑학』, 서울: 위즈덤 하우스. 2023.8.30.

신동훈, 2022. "美는 트럼프 때, 한국은 文정부 때 민주주의 퇴보, 패턴 유사하다." <조선일보>, 2022.06.14.

아산정책연구원, 2023. "한국판 MAD와 전술핵 재배치의 필요성". ISSUE BRIEF 2023-16.

안병진, 2021.『미국은 그 미국이 아니다: 미국을 놓고 싸우는 세 정치 세력들』. 서울: 메디치.

안정식, 2022. "'핵'에는 '핵'으로, 부상하는 '전술핵 재배치'", 효과 있을까? SBS, 2022.10.13.

우약영, 2024. "인구 축소 사회로 접어든 중국, 도시화 끝나는 2035년이 대 전환점". 태제미래전략연구원『쵀신 해외 동향』Vol. 13.1, 2024-07-12.

에밀리 드 라브뤼예르, 더그 스트럽, 조나단 마레크 편집, 2022. "중국의 디지털 야망: 자유질서를 대체하는 글러벌 야망: 자유질서를 대체하는 글로벌 전략". The National Bureau of the Asian Research. NBR 특별보고서 #97, 2022년3월.

오철수, 2018."남중국해 9단선", 서울경제, 2018.12.23.

이동률, 2025. "이재명 정부 대중 외교의 우선순위". *EAI* 논평·이슈브리핑, 2025-06-30.

이승주, 2024. "2024년 세계경제 질서전망: 미중 전략 경쟁, 공급망 재편, 그리고 재세계화". EAI. 2023.01.04. www.eai.or.kr.

이춘근, 2018.『미중 패권 경쟁과 한국의 전략』. 서울: 김앤김북스.

이현우, 2021. "中 '진주목걸이'전략에 맞서는 美 '다이아몬드'전략", 아세아 경제, 2021.6.13.

자오팅양 지음/노승현 번역, 2010.『천하체계: 21섹; 중국의 세계인식』, 서울: 길.

자오팅양 저/김중섭 역, 2022.『천하: 세계와 미래에 대한 중국의 철학』, 서울: 이음.

차오령·왕상수이 지음/이정곤 옮김. 2023. 『초한전超限战』. 서울: 교우미디어.

전병서, 2023. 『한국반도체-슈퍼乙정책: 끝나지 않는 불황도 없고, 영원한 전쟁도 없다』. 서울: 경향BP, 2023년 5월 10일.

전인갑, 2016. 『현대중국의 제국몽: 중화의 재보편화 100년의 실험』. 경기도 덕양: 학고방.

정달식, 2021. "미국 자유 · 민주주의 모델의 수명은 끝났다." 서평: 미국은 그 미국이 아니다/안병진. <부산일보>, 2021-06-03.

정재호, 2000. "중국의 부상, 미국의 견제 한국의 딜레마". <신동아>, 2000년 10월호.

조영남, 2010. "중국의 부상과 함의". 안민정책포럼 중국전략 세미나, 2010.12.01.

조현규, 2022. "중국의 반접근/지역거부(A2/AD)전략이란?" 시시타임즈, 2022.11.02.

존 J. 미어세이머 지음/이춘근. 옮김, 2018. 『강대국. 국제정치의 비극: 미중 패권 경쟁의 시대』, 서울: 김앤김북스.

차태서, 2024. 『30년의 위기: 탈단극 시대 미국과 세계질서』. 서울: 성균관대학교 출판부.

천영우, 2024. "우크라이나에 대한 무기수출 자제해야 하나?" <조선일보>, 2024.02.23.

최종현, 2010. "독일과 미국의 부상에 대한 패권쇠퇴기의 영국의 대응", 『세계정치 13』 제31집1 호, 2010봄-여름.

최화식, 2024. "미국의 동아시아 군사전략과 우리의 대응방안: 미 대선에 대한 적극적 대비를 위하여". 최화식박사 초청강연회, 국회의원회관 제1세미나실, 2024.06.12.

추부길, 2024. "핵전쟁 엄포놓던 푸틴, 하루 만에 말 바꾼 이유?" 『Why Time 정세분석: 2603』, 2024.03.17.

케빈 루드 지음. 김아영 옮김, 2023. 『피할 수 있는 전쟁』, 경기도 파주시, 글항아리.

펑페이, 2015. "'중국제조 2025' 추진배경과 중점분야". 『한중경제포럼』 제15호-03호, 북경사무소, 2015.06.11.

피경훈, 2019. "'천하(天下)'는 작동할 수 있는가?: 자오팅양(赵汀阳)의 천하론에 대한 비판적 고찰". 『중국연구』81권, 한국외국어대학교 중국연구소, 2019.12.

피터 자이한 지음/홍지수 옮김. 2023. 『붕괴하는 세계와 인구학』, 서울: 김앤김북스.

홍정표, 2024. "Make America Great Again II", 『BJC 저널』 2024년 12월 No. 260. 한국방송기자클럽, 2024.12.01.

홍정표, 2024. "트럼프 외교혁명I", 『BJC 저널』 2025년 1월 No. 2603. 한국방송기자클럽, 2025.01.10.

홍정표/장즈롱 공저, 2011. 『신중국외교: 중국외교의 이론과 실천』, 나남 출판사.

홍호펑 지음/하남석 옮김, 2022. 『제국의 충돌: 차이메리카에서 신 냉전으로』, 서울: 글항아리.

Al-Mughrabi, Nidal & Cornwell, Alexir,. 2025. "Hamas Studies Gaza Ceasefire Proposal Labelled 'Final' by Trump". *Reuters*, 3 July 2025.

Alison, Graham, 2017. *Destined for War: Can America and China Escape Thucydides's Trap?* Boston: Houghton Mifflin Harcourt.

Alterman, Jon B., 2025. "Israel and Hamas Reach a Ceasefire". *CSIS*, 21 January 2025.

Aron, Leon, 2024. "Why Putin's Going Big with Nuke Threats — and Why We Need to Be Ready". *The New York Post*, 4 March 2024

Aron, Leon. 2024. "What Putin and Xi Have in Common". *AEI*, 14 February 2024.

Babones, Salvatore. 2017. *American Tianxia: Chinese Money, American Power, and the End of History*. Bristol, UK : University of Bristol.

Becket, Stefan. 2015. "Pentagon Reveals New Details on Iran Strikes, Named Operation Midnight Hammer". *CBS NEWS*, Mon, 23 JUNE 2025.

Berkeley, Michael and Brands, Hal, 2022. *Danger Zone: The Coming Conflict with China*, New York: W. W. Norton & Company.

Beckley, Michael. 2024. "A Peaceful Solution on Taiwan Is Slipping Away". *The New York Times*, 17 January 2014.

Blanchette, Jude & McElwee, lily, 2024. Defining Success: Does the United States

Need an "End State" It's China Policy? CSIS, 2024.

Blumenthal, Dan. 2023. "China Takes Advantage of as New Era World War". *The National Interest*, 27 November 2023.

_____. 2023. "A Coalition Against Atrocity in the Middle East Can Also Undermine China". 19fortyfive.com, 16 October 2023.

Blumenthal, Dan & Kalgan, Frederick W. 2023. "China's Three Roads to Controlling Taiwan". *AEI*, March 2023.

Brands, Hal. 2024. 7). "Israel's Devastation of Hezbollah Puts Iran in A Corner". *Bloomberg Opinion*, 01 October 2024.

_____. 2024. "The US' Waning Naval Dominance and China's Surge Should Worry You". *Bloomberg Opinion*, 21 March 2024.

_____. 2024. "It's Looking a Lot Like World War II Out There". *Bloomberg Opinion*, 17 March 2024.(6- i)

_____. 2023. "How Would China Take Over Taiwan? : One of These 5 Strategies", *Bloomberg Opinion*, 5 November 2023.

_____. 2023. "The Epic Ambitions of the Chinese-Russian Alliance". *Bloomberg Opinion*, 26 March 2023.

_____. 2022. "Ukraine's Victories May Become a Problem for the US". *Bloomberg Opinion*, 22 November 2022.

Brands, Hal and Edel, Charles. 2021. "A Grand Strategy of Democratic Solidarity", *The Washington Quarterly*.

Buckley, Michael & Brands, Hal. 2022. "China's Threat to Global Democracy", *AEI*.

Csri, Nicholas, 2024. "Israel Killed a Top Iranian Commander in Syria — Now What?" *AEI*, 5 April 2024.

Cebr. 2024. "Worlds Economic League Table 2024: A World Economic League Table with Forcasts for 190 Countries 2038". Cebr.com, 15 edition December 2023,

Continetti, Matthew, 2024. "Putin Won't Stop". *The Washington Commentary*.

Cooper, Zaek. 2023. "Does America Have an End Game on China?: Washington Wants Change, But It Can Come. In Stages". *AEI* 15 December 2023.

Deal, Jacqueline, 2023. "Why Are Losing & How to Start Winning: Vision of

Victory Over the Chinese Communist Party". The Reagan Foundation, Washington, D.C.. October 2023.

Department of Defense, "Sustaining U.S. Global Leadership: Priorities for the 21st Century Defense". USA, January 2012.

Delong, J. Bradford., 2021. "Xi's Historic Mistake". *Project Syndicate*, 2 January 2021.

Donald J. Trump. 2015. Great Again: How to Fix Our Crippled America. New York: Threshold Editions.

Editorial. 2023. "Kissinger's Pragmatism and Rationality Are What US Lacks Moat Today". *The Global Times*, 2023.

Eberstadt, Nicholas, 2024. "North Korean Troops in Russia Bring a 'World-Island' Conflict a Step Closer". *The Washington Post*, 27 Oct. 2024.

Feith, David & Wong Alex, 2024. "Why Are Losing & How to Start Winning: Vision of Victory Over the Chinese Communist Party". COMPETITION WITH CHINA: DEBATING THE ENDGAME. Ronald Reagan Presidential Foundation and Library, Washington D.C., 7 December 2024.

Friedberg, Aaron L. 2011. *A Contest for Supremacy: China, America, and the Struggle for Mastery in Asia*. London, Norton.

Friedman, George, 2024. "What Is a Superpower?" *GPF*, 21 October 2024.

_____, 2024. "An Idiosyncratic View of Two Wars". *GPF*, 30 September 2024.

_____, 2024. "Europe's Strategic Moment". *GPF*, 27 February 2024.

_____. 2023. "Russia, Ukraine and Thinking Extreme Thoughts". *GPF*, 24 October 2023.

_____. 2023. "The Chinese Mystery". *GPF*, 19 September 2023.

_____. 2022. "The State of Play in Ukraine". *GPF*, 27 December 2022.

Glosserman, Brad. 2024. "What Is Beijing's Ultimate Endgame? The Answer Is Clear". *The Japan Times*, 27 March 2024.

Godehardt, Nadine. 2024. "China's Geopolitical Code: Shaping the Next World Order". *NBR*, 24 January 2024.

Graham, Thomas. 2025. "Toward a Settlement of the Russia-Ukraine War: Bring Russia to the Table". Council Special Initiative on Securing Ukraine's Future and the Wachenheim Program on Peace and Security. 29 January 2025.

_____. 2023. "Putin – Xi Summit Reinforces Anti-U.S. Partnership". *CFR*, 24 March 2023.

Henry, Kissinger. 2015. *World Order*. New York: Penguin Books.

Hi Fuxian, 2024. "China's Economic Engine Is Running Out of Fuel". *The Korea Times*, 1 January 2024.

Hung Tran, 2024. "Is the End of the Petrodollar Near?" Econograpics, 20 June 2024.

Huntington, Samuel P., 1996. *The. Clash of Civilizations and the Remaking of World Order*. New York: Touchstone.

Hung, Ho-fung, 2022. *Clash of Empires: From Chimerica to the New Cold War*, Cambridge University Press.

Ian, Easton. 2022. *The Final Struggle: Inside China's Global Strategy*. New York: East Bridge Books.

Johnson, Ian. 2023. "How to Read Xi's Muscular Message on China's Global Role". *CFR*, 17 March 2023.

Johnson, Jesse. 2023. "U.S. Four Star General Warns of War with China by 2025." *The Japan Times*.

Juris, Frank. 2024. "How Chinese Strategists View, Understand, and Contend with Russia's Strategic Space". *NBR*, September 26, 2024.

Kagan, Robert, 2018. *The Jungle Grows Back: America and Our Imperiled World*. New York: Knopf.

Kamin, Steven and Sobel, Mark, 2024. "Risks to Dollar from Policy Inaction at Hoome and Shift to Unilateralism Abroad". OMFIF Seminar in Washington D.C., 25 Oct. 2024

Kaye, Dalia Dassa and Vakil, Sanam. 2024. "Only the Middle East Can Fix the Middle East: the Path to a Post-American Regional Order." *Foreign Affairs*, 1 February 2024.

Kennedy, Paul, 1987. *The Rise and Fall of the Great Powers: Economic Change and*

Military Conflict from 1500 to 2000. New York Random House.

Kitchen, Klon. 2023. "'Big Tech' Is a Big Deal in the Strategic Competition with China". *AEI*, 6 March 2023.

_____. 2022. "Espionage with Chinese Characteristics". *AEI*, 17 Nov. 2022.

Krepinevich, Jr. Andrew F. 2023. "The Big One: Preparing for a Long with China". *The Foreign Affairs*. January/ February, 12 December 2023.

LaGrone, Sam, 2022. Biden-Harris Administration's National Security Strategy. US Naval Institute, 12 October 2022

Lee, Matthew & Isachenkov, Vladimir, 2025. "A Deeper Look of the Talks between US and Russian Officials as Trump Suggests Ukraine Is to Blame." *AP*, 19 February 2025.

Lin Bonny, Hart Brian, Chen Ming-chi, Shen Ming-ship, Lu Samantha, and Liao Yu-Jie (Grace). 2024, "Surveying the Expert: U.S. and Taiwan Views on Chins's Approach to Taiwan in 2024 and Beyond". *CSIS*. Washington, D.C. January 2024. www.csis.org

Liu Xin, 2024. "Not a Soft Signal But a Further Advancing of Separatist Agenda." *The Global Times*, 13 Oct. 2024.

MaCahill Jr., William C., 2022. "Xi Jinping's Uncomfortable Crown". *NBR*, 25 December 2022.

Ma, Debian, 2024. "China's Long March Back to Stagnation", 12 January 2024. HTTPS://prosy.org/UH9kP9r

MaCahill Jr., William C., 2023. "Xi Jinping's Uncomfortable Crown". *NBR*, 25 October 2022.

Madahani, Aamer & Megarian, Chris., 2025. "Trump Say the US Knows Where Iran's Khamenei Is Hiding and Urges Iran's Unconditional Surrender". *AP*, Tue. 17 June 2025.

Maestro, Oriana Skylar. 2021. "The Taiwan Temptation". *The Foreign Affairs*, July/August 2021.

Malik, A. Parks, B., Russell, B., Lin, J., Walsh, K., Solomon. K., Zhang, S., Easton. T., S, Goodman. "Banking on the Belt and Road: Insights from a new global dataset of 13,427 Chinese Development Projects". Williamberg VA.: AidData at College of William & Mary, September 2021.

Meraner, Fabian-Lucas Romero, 2023. "CHINA'S ANTI-ACCESS/ AREA - DENIAL STRATEGY". *The Defense Horizon Journal*, February 9, 2023.

McCahill, William C. Jr., 2022. "Xi's Uncomfortable Crown". *NBR*, 25 Oct. 2022

Minzner, Cark. 2023. "Xi Jinping Can't Handle an Aging China". *The Foreign Affairs*, 2 May 2023.

Norrlof, Carla, 2024. "The Decline and Fall of the Petrodollar?" *PS Quarterly*, 5 July 2024.

Pavienko, Vladimir. 2022. "Chinese Socialism's Success Creates an Enduring Alternative to Globalism", *the Global Times,* 4 December 2022.

Permal, Sumathy. 2024, "Conflict at Sea and the Need for Crisis Mechanism in the South China Sea." Korea Institute for Maritime Strategy. KIMS Periscope No. 287. KIMS.or.kr researched on 2 January 2025.

Pillsbury, Michael. 2015. T*he Hundred-Year Marathon: China's Secret Strategy to Replace America as the Global Superpower*. New York: STMartin's Griffin.

Pletka, Daniellle, 2025. "Trump vs. Putin Finally. *What is the hell going on?"*, 18 July 2025

Pottinger, Matt, Johnson, Matthew, and Faith, Davis. 2022. "Xi Jinping in His Own Words: What China's Leader Wants ― and How to Stop Him from GettingIt". *The Foreign Affairs*, 30 November 2022.

Pillsbury, Michael. 2015. T*he Hundred-Year Marathon: China's Secret Strategy to Replace America as the Global Superpower*. New York: STMartin's Griffin.

Rising, David; Gambrell, Jon & Lidman, Melanie 2025. "Iranian Missile Barrage Strikes Israel After Deadline Trump Announced for Ceasefire Passes". *AP*. 23 June 2025.

Ross, Tim; Caulcutt Clea; Vonnegut Der Burchard, Hans, and Barigazzi, Jacobo Are 2025. "Trump and Putin Stun Europe with Peace Plan for Ukraine". *POLITICO,* 12 February2025.

Roubini, Nouriel, 2024. "China Confronts the Middle-Income Trap". *Project Syndicate*, 4 April 2024.

Roy, Denny. 2023. "In a Taiwan War, Seoul's Problem Won't Be Pyongyang". *The Asia Times*, 8 August 2023

Rubin, Michael. 2025. "China's Claim to Tiwan is Valid, Mongolia Deserves Its Historic Lands Back." *AEI*, 23 March 2025.

_____. 2024. 3) "Defeating Hezbollah Inside Lebanon Is Only Half the Battle." AEI, 25 November 2024.

_____. 2024. "Gaza Is Not the Real Crisis in the Middle East ― Jordan Will Be", *AEI* 4 March 2024.

_____. 2022. "China's Territorial Threats Reach Far Beyond Taiwan". Washington Examiner , 6 December 2022.

Rubini, Rouriel. 2024. "China Confronts the Middle -Income Trap". *Project Syndicate*, 4 April 2024.

Rubio, Marco. 2024. RUBIO RELEASES REPORT: "THE WORLD CHINA MADE: 'MADE IN CHINA 2025' NINE YEARS LATER", 9 September 2024. www.rubio.senate.gov. Researched on 27 Dec. 2024

Rudd, Kevin, 2022. *The Avoidable War: The Dangers of a Catastropic Conflict between the US and Xi Jinping's China*, New York: Hacheete Book Group.

Sanger, David E. 2018. *The Perfect Weapon: War, Sabotage, and Fear in the Cyber Age*, London: Scribe.

Sanger, David E. 2009. *The INHERITANCE: The World Obama Confronts and the Challenges to American Power*, London: BANTAM Press.

Sekulow, Jay. 2014. Rise of ISIS: A Threat We Can't Ignore. New York: Howard Books.

Soldatkin,Vladimir; Balmforth, Tom and Hayatsever, Huseyin,. 2025. "Russia Sets Out Punitive Terms at Peace Talks with Ukraine", Reuters, 2 June 2025.

Sonne, Paul; Troianoyski, Amton, and Judah, Jacob. "Secret Russian Intelligence Document Shows Deep Suspicion of China". *the New York Times*, 9 May

2025.

Spaniel, John & Hook, Steven W. 1998. *American Foreign Policy since WWII*. Washington D.C.: A Division of Congressional Quarterly Inc.

Stoessinger, John G. 1985. *Why nations Go to War*. New York: ST. Martins'

Suranjana, Tenaru. 2023. "US-China Chip War: American is Wining", *BBC*, 11 January 2023.

Sutter, Robert. 2014. "Taiwan's Election: A Fraught but Not Dire Equilibrium Endures". *NBR*, 16 January 2024.

Torigian, Joseph, 2024. "Xi Jinping's Russian Lessons: What the Chinese Leader's Father Taught Him About Dealing with Moscow". *The Foreign Affairs*, 24 June 2024.

Trump, Donald J., 2015. *Great Again How to Fix Our Crippled America*. New York: Treshold Editions, 2015.

Wan, Ming, 2014. "Xi Jinping's 'China Dream' : Same Bed, Different Dreams?" 3 George Mason University, August 2013. The ASAN FORUM July-August 2014.

Wang, Dan, 2023. "China's Hidden Threatens U.S. Revolution: How Beijing Threaten U.S. Dominance". *The Foreign Affairs*, March/ April 2023.

Wang Gungwu, 2013. *Renewal: The Chinese State and the New Global History*. Hong Kong: The Chinese University Press.

Wang Wen, 2024. "Busting 6 'Peak China' Myths". *The Diplomat*. 09 March 2024.

Wang Yong, 2023. "The Securitization of Economic Interdependence:Sino-US Strategic Competition and China's Response". Presented in Seoul, Korea, 22 January 2023.

Wolf, Richard, 2024. "The End of the US.Empire and the Denial of the US, and the Rise of China and BRICS." Quoted from Youtube 29 Nov. 2024. https://youtu.be/R0lPWGlwPvk?si=IhDRGEiiy2XHDBt6

World101.cfr.org, 2023. "How Does History Inform the Chinese Communist Party's Domestic and Foreign Policy", World101.cfr.org. 30 March 2023

Yang Uangbin, 2021. "The National Rejuvenation and Communist Party of China".

Think Tank Forum by Tsinghua University and China.oh.cn, 25 April 2021. *The Global Times*, 28 April 2021.

Yang Sheng, 2024. "Xi Meets Lavrov, Reaffirms China's Emphasis on Partnership with Russia". *The Global Times*, 9 April 2024.

Zhang Feng. 2010. "The Tianxia System: World Order in a Chinese Utopia". *Global Asia*, January 2010, East Asia Foundation.

Zeihan, Peter. 2022. *The End of the World is Just the Beginning: Mapping the Collapseof Globalization.* New York: Harper Business.

Zheng Jian, 2014. "Lai's Fire of Provocation: Roaring But Leading Nowhere". *The Global Times*. 12 Octo. 2024.

Zhou Shixin, 2024. "Making Trouble in South China Sea Wrong Move for India". *The Global Times*, 29 May 2024.

习近平，2023.《新时代中国特色社会主义思想的世界观和方法论钻题摘编》北京: 党建读 物出版社/中央文献出版社 出版.

习近平，2014. "习近平出席中央外事工作会议并发表重要讲话". 中央外事工作会议，北京：新华网，2014.11.29.

中共中央党史研究室，2001. 《中国共产党历史》第一卷（1921-1949），第二卷（1949-1978）°北京：中央党史出版社.

王 勇，2023. "中美贸易战：深层背景与未来展望". Is 发表在北京大学，2023年6月.

王义桅，2015. 《一带一路：机遇与挑战》，北京：人民出版社.

一带一路，维基百科. 12 October 2023. https://zh.m.wikipedia.org/wiki/%E4%B8%80%E5%B8%A6%E4%B8%80%E8%B7%AF

叶自成，2003.《中国大战略》. 北京： 中国社会科学出版社，2003年11月.

李克强，2023.《政府工作报告：2023年3月5日在第十四届全国人民代表大会第一次会议上》北京: 人民出版社.

叶自成，2003.《中国大战略》. 北京： 中国社会科学出版社，2003年11月.

刘 颖，2022. "习近平总书记的天下观". 《瞭望》，2022. 06.20.

张曙光. 2017. "天下理论和世界制度就《天下体系》问学于赵订阳先生". 中国理

论法学　　　　　　　信息网，吉林大学理论法学研究中心，2017.06.01. www.aisixiang.com

郑永年·杨丽君，2014.《中国崛起不可承受之错》，北京：中出版集团.

张和生 校注 今译，1993. 孙子兵法，长沙：湖南出版社.

国务院，2020.《中国制造2025》白皮书. 2020年07月27日.

金一南，2016.《世界大格局中国有态度》. 北京：北京联合出版公司.

张　弓，2004,《三十六计》，呼和浩特：远方出版社.

洪停杓·张植荣 著，2004.《当代中国外交新论》. 北京：励志出版社.

赵汀阳,2016.《天下的当代性：世界秩序的实践与想象》，北京：中信出版社.

新华社，2024. "2024政府工作十大任务", 2024.03.05. www.nice.gov.cn

杨公素，2006.《统一与分裂：关于中国民族与国家演变的历史礼记》. 北京, 励志出版社.

미 주

제1장 웨스트팔리아와 세력균형

1) 최종현, 2010.

제2장 중국천하와 아메리칸천하(Tianxia)

1) 존 J. 미샤이머 지음/ 이춘근 옮김. 2017, pp. 335-336.
2) 전인갑, 2016. pp. 49-55.
3) Kissinger, 2015, p. 214.
4) 杨公素, 2006. pp. 222-225.
5) 杨公素, 2006. pp. 220.
6) Henry Kissinger, 2015, p. 221; 나창주, 2020, pp. 35-48; Debian Ma, 2024.
7) Zhang Feng, 2010,
8) Wang Gungwu, 2012, p. 8.
9) Wang Gungwu, 2012, pp. 9-10.
10) Wang Gungwu, 2012, pp. 10-11.
11) Wang Gungwu, 2012, p. 15.
12) 杨公素, 2006. pp. 212-223.
13) Wang Gungwu, 2012, p. 15.
14) 杨公素, 2006. 222-225.
15) Wang Gungwu, 2012, p. 15.
16) Wang Gungwu, 2012, p. 17.
17) 자오팅양 저/김중섭 역, 2022. p. 9.
18) 자오팅양 저/김중섭 역, 2022. p. 32.
19) 자오팅양 저/김중섭 역, 2022. pp. 112-113.

20) 자오팅양 저/김중섭 역, 2022. p. 37.
21) 超汀阳, 2016, p. 13.
22) 피경훈, 2019, p. 396.
23) 超汀阳, 2016, pp. 100-101.
24) 피경훈, 2019, pp. 399-400.
25) Pillsbury, 2015, pp. 29-30.
26) 刘颖, 2022.
27) Nadine Godehardt, 2024.
28) Nadine Godehardt, 2024.
29) Brad Glosserman, 2024.
30) John Spaniel & Steven W. Hook, 1998. pp. 9-18.
31) Babones, 2017, p. 1.
32) 피터 자이한 지음/홍지수 옮김. 2023. pp. 51-52.
33) 피터 자이한 지음/홍지수 옮김. 2023. p. 52.
34) Babones, 2017, pp. 15-17.
35) Starts, 2013, pp. 822-823.
36) Babones, 2017, pp. 17-18.
37) McCauly, 2015.
38) Babones, 2017, pp. 19-21.
39) Babones, 2017, pp. 21-25.
40) Salvatore Babones, "the United States and the New Middle Kingdom", Policy 2017.
41) 신동훈, 2022.
42) 김재중, 2021.
43) 정달식, 2021.
44) 이춘근, 2018, pp. 110-111.
45) 이춘근, 2018, p. 104.
46) 이춘근, 2018, p. 105.
47) 존 J. 미어세이머 저/ 이춘근 역, 2004, pp. 60-62; 이춘근, 2018. pp. 70-72.
48) Department of Defense, U.S., 2012.
49) 이춘근, 2018, p. 305.
50) 차태서, 2014. pp. 208-223.
51) 차태서, 2014. pp. 223-225.

제3장 중국 특색의 천하구상

1) Friedberg, 2011, pp. 30-31.
2) Friedberg, 2011, p. 31.
3) Friedberg, 2011, p. 31.
4) Friedberg, 2011, pp. 31-32.
5) Friedberg, 2011, p. 32.
6) Friedberg, 2011, p. 32.
7) Klondike Kitochen, 2022.
8) Friedberg, 2011, pp. 32-33.
9) World101.cfr.org, 2023.
10) Friedberg, 2011, pp. 143-46.
11) Aaron L. Friedberg, 2011, pp. 146-147.
12) Friedberg, 2011, pp. 148-149.
13) Friedberg, 2011, p. 149.
14) Friedberg, 2011, pp. 149-50.
15) Friedberg, 2011, pp. 150-151.
16) Friedberg, 2011, pp. 151-152.
17) Friedberg, 2011, pp. 152.
18) Friedberg, 2011, p. 153.
19) Friedberg, 2011, p. 153.
20) Friedberg, 2011, p. 154.
21) Friedberg, 2011, p. 154.
22) Friedberg, 2011, pp. 154-155.
23) Friedberg, 2011, p. 155.
24) 신동준, 2023, pp. 163-164.
25) 신동준, 2023, p. 165.
26) 캐빈 러드 지음/김아영 옮김, 2022, pp. 303-304.
27) 王义桅, 2015, p.15.
28) 캐빈 러드 지음/김아영 옮김, 2022, pp. 304-307.
29) 姜风求, 2018. pp. 263-267.
30) 캐빈 러드 지음/김아영 옮김, 2022, pp. 310-311.
31) 캐빈 러드 지음/김아영 옮김, 2022, p. 314.

32) 캐빈 러드 지음/김아영 옮김, 2022, p. 316.
33) 캐빈 러드 지음/김아영 옮김, 2022, pp. 316-317.
34) 캐빈 러드 지음/김아영 옮김, 2022, pp. 318-320.
35) 김동현, 2023.
36) 习近平, 2014; 캐빈 러드 지음/김아영 옮김, 2022, pp. 362-366.
37) 王勇, 中国制造2025.
38) 캐빈 러드 지음/김아영 옮김, 2022, p. 391.
39) 캐빈 러드 지음/김아영 옮김, 2022, p. 187.
40) 에밀리 드 라브뤼예르, 더그 스트럽, 조나단 마레크 편집, 2022. "중국의 디지털 야망". NBR특별보고서 #97, 2022년3월. pp. 179-180.
41) 에밀리 드 라브뤼예르, 더그 스트럽, 조나단 마레크 편집, 2022. "중국의 디지털 야망". NBR특별보고서 #97, 2022년 3월. pp. 181-184.
42) 에밀리 드 라브뤼예르, 더그 스트럽, 조나단 마레크 편집, 2022. pp. 186-189.
43) Marco Rubio, 2024; 김우진, 2024.
44) Vladimir Pavienko, 2022.
45) Yang Guangbin, 2021.
46) Matt Pottinger, Jonson, Matthew, and Faith Dabid., 2022.

제4장 중국굴기(崛起) vs. 미국패권(霸權)

1) George Friedman, 2024.
2) Michael Pillsbury, 2015, pp. 6-14).
3) 홍호평 지음/ 하남석 옮김, 2022, pp. 53-54.
4) 홍호평 지음/하남석 옮김, 2022, p. 67.
5) 홍호평 지음/하남석 옮김, 2022, pp. 68-69.
6) 홍호평 지음/하남석 옮김, 2022, pp. 74-83.
7) 홍호평 지음/하남석 옮김, 2022, pp. 88-93.
8) 홍호평 지음/하남석 옮김, 2022, pp. 94-95.
9) 홍호평 지음/하남석 옮김, 2022, pp. 96-97.
10) 홍호평 지음/하남석 옮김, 2022, pp. 115-120.
11) 홍호평 지음/하남석 옮김, 2022, pp. 128-129.

12) 홍호펑 지음/하남석 옮김, 2022, pp. 138-142.
13) Wang Yong, 2023.
14) 피터 자이한 지음/홍지수 옮김. 2023, pp.110-111.
15) 피터 자이한 지음/홍지수 옮김. 2023, pp. 112-116.
16) 피터 자이한 지음/홍지수 옮김. 2023, pp. 116-124.
17) Minzner, Carl, 2023.
18) 우약영, 2024.
19) 우약영, 2024.
20) 우약영, 2024.
21) 박인성, 2024.
22) 박병관, 2020, p. 9.
23) Sam LaGrone, 2022.
24) 박병관, 2020, p. 6.
25) 王勇, 2023.
26) Shang-Jin Wei, Tue. 22 Apr. 2025.
27) Isaac Chotiner, 2025.
28) Global Times, 14 April 2025.
29) Suraniana Tewari, 2023.
30) Suraniana Tewari, 2023.
31) Suraniana Tewari, 2023.
32) Wang Dan, 2023.
33) Klon Kitchen, 2023.
34) Klon Kitchen, 2023.
35) Klon Kitchen, 2023.
36) Hung Tran, 2024.
37) Steven Kamin and Mark Sobel, 2024.
38) Wang Wen, 2024.
39) Nouriel Roubini, 2024.
40) Michael Buckley and Hal Brands, 2022.
41) Michael Buckley and Hal Brands, 2022.
42) Hal Brands and Charles Edel, 2021.
43) Matt Pottinger, Matthew Johnson, and Davis Faith, 2022.
44) Johnson Ian. 2023.

45) Wan, Ming, 2014.
46) J. Bradford Delong, 2021.
47) Hal Brands, 2023.

제5장 소용돌이치는 천하질서

1) Frank Juris, 2024.
2) Hal Brands, 2023; Thomas Graham, 2023.
3) Thomas Graham, 2023.
4) Leon Aron, 2024; 추부길, 2024.
5) Leon Aron, 2024.
6) Matthew Continetti, 2024.
7) Hal Brands, 2023; Thomas Graham, 2023.
8) Hal Brands, 2022.
9) Hal Brands, 2022.
10) Hal Brands, 2022.
11) Hal Brands, 2022.
12) Hal Brands, 2022.
13) Hal Brands, 2022.
14) Hal Brands, 2022.
15) George Friedman, 2022.
16) George Friedman, 2023.
17) George Friedman, 2024-5.
18) Nichols Eberstadt, 2024.
19) 홍정표, 2024.
20) Graham, Thomas. 2025.
21) Graham, Thomas. 2025.
22) Tim Ross, Clea Caulcutt, Hans Vonnegut Der Burchard, and Jacobo Barigazzi, 2025.
23) Matthew Lee & Vladimir Isachenkov, 2025.
24) Matthew Lee & Vladimir Isachenkov, 2025.
25) Michael Froman, 2025.

26) Michael Froman, 2025.
27) Jon Gambrell & Illia Novikov, 2025.
28) Matthew Continetti, 2025.
29) Matthew Continetti, 2025.
30) Barack Ravid 2025.
31) Nina L. Khrushcheva, 2025.
32) Ivan Diakonov, 2025.
33) Peter J. Wallison, 2025.
34) Vladimir Soldatkin, Tom Balmforth & Huseyin Hayatsever, "Russia Sets Out Punitive Terms at Peace Talks with Ukraine", Reuters, 2 June 2025.
35) Paul Sonne, Amton Troianoyski & Jacob Judah, the New York Times, 9 May 2025.
36) Frank Juris, "China's View of Russia". NBAR......
37) Dan Blumenthal, 2023.
38) 김강식, 2024.
39) Dan Blumenthal, 2023.
40) Dan Blumenthal, 2023.
41) Dan Blumenthal, 2023.
42) Dan Blumenthal, 2023.
43) Dan Blumenthal, 2023.
44) Dan Blumenthal, 2023.
45) Dan Blumenthal, 2023.
46) Dan Blumenthal, 2023.
47) Dan Blumenthal, 2023.
48) Dan Blumenthal, 2023.
49) Dan Blumenthal, 2023.
50) Dalia Dassa Kaye and Sanam Vakil, 2024.
51) Dalia Dassa Kaye and Sanam Vakil, 2024.
52) Dalia Dassa Kaye and Sanam Vakil, 2024.
53) Dalia Dassa Kaye and Sanam Vakil, 2024.
54) Dalia Dassa Kaye and Sanam Vakil, 2024.
55) Dalia Dassa Kaye and Sanam Vakil, 2024.
56) Dalia Dassa Kaye and Sanam Vakil, 2024.

57) Michael Rubin, 2024.
58) Michael Rubin, 2024.
59) Michael Rubin, 2024.
60) Michael Rubin, 2024.
61) Michael Rubin, 2024.
62) Hal Brands, 2024.
63) Nicholas Csri, 2024.
64) Michael Rubin, 2024. 3.
65) Michael Rubin, 2024. 3.
66) Jon B. Alterman, 2025.
67) Michael Rubin, 2025.
68) 홍정표, 2025.
69) Seyer Arabia Amir, 2025.
70) Stefan Becket, 2025.
71) Aamer Madahani & Chris Megarian, 2025.
72) David Rising, Jon Gambrell & Melanie Lidman, 2025.
73) Nidal Al-Mughrabi & Alexir Cornwell, "Hamas Studies Gaza Ceasefire Proposal Labelled 'Final' by Trump". Reuters, 3 July 2025.
74) Michael Rubin, 2022.
75) Michael Rubin, 2025.
76) Oriana Skylar Maestro, 2021.
77) Oriana Skylar Maestro, 2021.
78) Oriana Skylar Maestro, 2021.
79) Oriana Skylar Maestro, 2021.
80) Jesse Johnson, 2023.
81) Denny Roy, 2023Denny Roy, 2023.
82) Robert Sutter, NBR, 2024.
83) 문흥호/ 이동률, 2024.
84) Zheng Jian, 2014.
85) Liu Xin, 2024.
86) Hal Brands, 2023.
87) Leon Aron, 2024.
88) Leon Aron, 2024.

89) Zack Cooper, 2005.
90) David E. Sanger, 2009. p. 287.
91) David E. Sanger, 2009. p.287.
92) David E. Sanger, 2009. pp. 297-299.
93) David E. Sanger, 2009. pp. 299-300.
94) David E. Sanger, 2009. pp. 299-300.
95) 김동현, 2024, pp. 116-121.
96) 김동현, 2024, pp. 155-157.
97) 김동현, 2024, pp. 157-159.
98) 아산정책연구원, 2023.
99) 안정식, 2022.10.13.
100) 아산정책연구원, 2023.
101) Ho-ryong LEE, 2025.
102) Ho-ryong LEE, 2025.
103) K. Eric Drexler, 1992; Myunghee Na, 2025.
104) Smaller, Lighter, Faster, Lethaler, Smarter.
105) Ray Kurzweil, 2005.
106) James Pethokoukis, 2025.
107) David E. Sanger, 2009. pp. 358-363.
108) David E. Sanger, 2009. p. 369.
109) David E. Sanger, 2009. p. 370.
110) 박춘호 저/ 박찬호 역, pp. 219-220.
111) 동아일보, 2023; 오철수, 2018.
112) 챠오량/왕샹수이 지음, 이정곤 옮김, 2023, pp. 233-236.
113) 챠오량/왕샹수이 지음, 이정곤 옮김, 2023, pp. 139-140.
114) 챠오량/왕샹수이 지음, 이정곤 옮김, 2023, pp. 253-255.
115) 챠오량/왕샹수이 지음, 이정곤 옮김, 2023, pp. 253-255.
116) 조현규, 2022.
117) 조현규, 2022.
118) Jude Blanchette and Lily McElwee, 2024.
119) Jacqueline Deal, 2024.
120) David Feith, 2024.

제6장 결론

1) Hal Brands, 2024. 1-a)
2) Hal Brands, 2024.
3) Brad Glosserman, 2024.
4) George Friedman, 2024.
5) Matthew Continetti, 2024.
6) 백승욱, 2024. pp. 12-13.
7) 백승욱, 2024. pp. 148-149.
8) 백승욱, 2024. pp. 150-153.
9) 백승욱, 2024. pp. 160-161.
10) 백승욱, 2024. p.200.
11) 백승욱, 2024. pp. 281-282.
12) 션즈화 지음/김동길 옮김, 2014. pp. 481-483.
13) 션즈화 지음/김동길 옮김, 2014. p. 488; 백승욱, 2024. pp. 283-284.
14) Yu Fuxian, 2024.
15) 新华社, 2024.
16) William C. McCahill Jr. 2022.
17) William C. McCahill Jr. 2022.
18) Friedman, George. 2023.
19) Nouriel Nourini, 2024.
20) Nouriel Nourini, 2024.
21) Nouriel Nourini, 2024.
22) 남성욱, 2024.
23) Yang Sheng, 2024.
24) Pletka, Daniellle, 2025. "Trump vs. Putin Finally. What is the hell going on?", 18 July 2025.
25) 남성욱, 2024.
26) Joseph Torigian, 2024.
27) 정재호, 2000, pp. 261-265.
28) 정재호, 2000, <신동아>.
29) Pletka, Daniellle, 2025. "Trump vs. Putin Finally. What is the hell going on?", 18 July 2025.
30) 홍정표, 2024.

저자 소개

홍정표

서울대학교 아시아센터 객원연구원

일본 미야자키국제대학 교수

미국 Georgetown University International Visiting Professor

미국 Michigan State University Visiting Scholar

사회과학원 해외초빙교수

고려대학교 아세아문제연구소 객원교수

한국개발원 KDI School 강사 및 조교수

중화인민공화국 베이징대학 국제관계학원 박사

고려대학교 정치외교학과 석사 및 학사

미국과 중국, 천하를 다투다

제1쇄 찍은날: 2025년 7월 30일

지은이: 홍 정 표
펴낸이: 김 철 미
펴낸곳: 백산서당

등록: 제10-42(1979.12.29)
주소: 서울 은평구 통일로 885(갈현동, 준빌딩 3층)

전화: 02) 2268-0012(代)
팩스: 02) 2268-0048
이메일: bshj00@naver.com

값 33,000원

ⓒ 홍정표 2025

ISBN 978-89-7327-864-0 03340